Tanzlust

Empirische Untersuchungen zu Formen alltäglichen Tanzvergnügens

Projektgruppe „Tanzen" am Ludwig-Uhland-Institut
für Empirische Kulturwissenschaft der Universität Tübingen

Tanzlust

Empirische Untersuchungen zu Formen alltäglichen Tanzvergnügens

Projektleitung:
Ute Bechdolf

Projektgruppe:
Franz-Xaver Baur, Heiko Berner, Annabelle von Girsewald, Achim Haibt,
Ivonne Launhardt, Michael Marek, Kristin Pauli, Harald Rechberger,
Gaby Reichel, Anja Rützel, Mo Sauer, Monique Scheer, Sandra Schönbrunner,
Martina Schuster, Christine Skwara, Ellen Staudenmaier, Almut Sülzle,
Tanja Wedel, Steffen Walz, Daniel Wittinger, Jan Michael Zinnäcker

GastautorInnen:
Ulrich Hägele, Sabine Kiefer, E. Hollister Mathis, Gergana Panova, Jorgos Zagouras

Die Deutsche Bibliothek - CIP-Einheitsaufnahme

Tanzlust : empirische Untersuchungen zu Formen alltäglichen Tanzvergnügens / Projektgruppe „Tanzen" am Ludwig-Uhland-Institut für Empirische Kulturwissenschaft der Universität Tübingen. Projektleitung: Ute Bechdolf. Projektgruppe: Franz-Xaver Baur ... GastautorInnen: Ulrich Hägele ... [Red.: Ute Bechdolf ...]. - Tübingen : Tübinger Vereinigung für Volkskunde, 1998
  ISBN 3-932512-03-0

Redaktion: Ute Bechdolf, Ivonne Launhardt, Gaby Reichel, Anja Rützel, Mo Sauer, Monique Scheer, Martina Schuster, Almut Sülzle, Tanja Wedel, Jan Michael Zinnäcker
Endkorrektur: Ralph Winkle
Satz und Gestaltung: Steffen Rompel
Umschlag- und Plakatentwurf: Mo Sauer, Sandra Schönbrunner, Steffen Walz, Daniel Wittinger
Fotoarbeiten: Sandra Schönbrunner
Druck: Gulde-Druck Tübingen

ISBN 3-932512-03-0

Tübingen 1998

Tübinger Vereinigung für Volkskunde e.V., Schloß, 72070 Tübingen

Inhalt

Ute Bechdolf
Vorwort 7

Ute Bechdolf und Monique Scheer
Einleitung 9

Darf ich bitten?

Monika Sauer und Gaby Reichel
„Frauen wollen immer nur das Eine…"
Zwei Forscherinnen im Tanzcafé 17

Gaby Reichel und Monika Sauer
„Darf ich bitten?"
Aufforderungsritual und Körperlichkeit
im Paartanz 27

Monika Sauer
Sizilianisches Intermezzo
im Leben von Louise S. 37

Michael Marek
„Harte Männer tanzen nicht!"
Männer im Konflikt mit der Tanzlust 39

Aller Anfang ist schwer

Ellen Staudenmaier und Steffen Walz
Körper, Kids und Kreativität
Zur Vermittlung von Kindertänzen 49

E. Hollister Mathis
Für eine Karriere schon zu spät
Zur Motivation von Freizeit-Bühnen-
tänzerInnen 61

Ulrich Hägele
Kurzes Glück am Nachmittag
Ein Rückblick auf die frühe Stehblues-Zeit 67

Warum in die Ferne schweifen?

Ivonne Launhardt, Martina Schuster
und Tanja Wedel
„Warum in die Ferne schweifen…?"
Von exotischen Tänzen im deutschen Alltag 73

Monique Scheer
„Der weiblichste aller Tänze"
Wie deutsche Frauen sich den
orientalischen Tanz zu eigen machen 79

Tanja Wedel
Diesseits von Afrika
Oder: Was hat der afrikanische Tanz
mit Afrika zu tun? 91

Ivonne Launhardt und Martina Schuster
Tango Argentino
Faszination und Widersprüche 101

Zeit-Sprünge

Achim Haibt
Trachten nach Geselligkeit
Volkstanz zwischen Brauchtumsbewahrung
und Freizeitvergnügen — 115

Sabine Kiefer
Zwischen Exotik und Historie
Deutsche Volkstanzgruppen in Blumenau — 123

Gergana Panova
„Die schönste Art, miteinander zu kommunizieren"
Bulgarische Volkstänze im Spannungsfeld
von Abgrenzung und Integration — 129

Sandra Schönbrunner
„Liebe Schwester, tanz mit mir…"
Kreistanz von Frauen für Frauen — 137

Feier-Abend

Anja Rützel und Jan Michael Zinnäcker
Spielen mit Stilen
Tanzen in der Mainstream-Disco –
Zwischen Anpassung und Wahlfreiheit — 147

Anja Rützel
Die Single-Party
Herzenhatz in der Disco — 157

Heiko Berner und Harald Rechberger
Dreschflegel und Stroboskop
Tanz-Räume Jugendlicher von der
Schwäbischen Alb — 159

Rave New World

Daniel Wittinger
Raver im Wunderland
Techno-Parties als neue Rituale — 169

Franz-Xaver Baur
TechnoTanz
„Kick", „Klick" und andere Wirkungen — 177

Annabelle von Girsewald
Ravehörnchen und Baby-Machos
Geschlechterspiele im Techno — 189

Kristin Pauli
Neue Freiheit Marke 'Techno'?
Körper zwischen Lust und Kontrolle — 197

Christine Skwara und Almut Sülzle
„In dance we are one nation"?
Zum Umgang mit Nationalität
und Ethnizität im Techno — 203

***

Daniel Wittinger und Jorgos Zagouras
Tanz als Wettkampf
Ein Interview mit den Southside Rockers
zum Breakdance — 213

Anhang

AutorInnenverzeichnis — 219
Literaturverzeichnis — 223
Bildquellenverzeichnis — 228
Danke — 229

Ute Bechdolf

Vorwort

„Tanze mit mir in den Morgen", „Let's Dance" oder „Move Your Ass" – unzählige Schlager, Popsongs oder Technostücke thematisieren das Tanzen und bringen die Bewegungsfreude, das körperlich erzeugte Glücksgefühl in Wort und Klang zum Ausdruck. Mit diesem Vergnügen am ganz alltäglichen Tanzen setzen sich die Beiträge in diesem Band intensiv auseinander, indem sie der Frage nachgehen, wer welche Tänze warum gerne tanzt. Das Spektrum der untersuchten Tanzformen reicht dabei von Tango zu Techno, von Ballett zu Bauchtanz und schließt auch Volks-, Disco- und Standard-Paartänze ein. Herausgekommen ist dabei keinesfalls ein flächendeckender Überblick, der die Tanzszene in der Region Tübingen und Stuttgart dokumentieren könnte, sondern vielmehr ein buntes, gut bestücktes Mosaik, bestehend aus mehreren kleineren Fallstudien, die begrenzte und vorläufige Antworten zu geben versuchen und dabei weiterführende Fragen nach den kulturellen Funktionen dieser Alltagspraxis aufwerfen.

Der vorliegende Band „Tanzlust", der begleitend zu einer gleichnamigen Ausstellung mit Filmreihe erscheint, steht am Ende einer dreisemestrigen Projektarbeit. Als wir im April 1997 damit begannen, uns mit dem Thema des Projekts „Tanzen: Empirische Untersuchungen zur aktuellen Freizeitkultur" zu beschäftigen, waren wir über zweierlei verblüfft: zum einen darüber, wie viele verschiedene Arten des Tanzens wir in unserer näheren Umgebung aufspürten, und zum anderen, wie wenig empirische Studien bislang zu diesem Themenbereich existierten. Schnell wurde klar, daß wir uns hauptsächlich auf unsere eigene ForscherInnenneugier verlassen mußten.

Dabei versuchten wir von Anfang an, soviel wie möglich gemeinsam zu arbeiten: Wir sondierten die verschiedenen Tanzarten und -räume, suchten nach passenden theoretischen Kontexten und wählten einige Fragestellungen zur Bearbeitung aus. In Kleingruppen erforschten wir ausgewählte Felder und beobachteten und befragten die Tanzenden. Im Plenum diskutierten wir die Exposés für die hier versammelten Beiträge, die nach der Fertigstellung von der Redaktionsgruppe, zu der fast die Hälfte der Projektmitglieder zählte, bearbeitet und redigiert wurden.

Auch die zentralen Entscheidungen wurden in der Gruppe getroffen – ein nicht immer einfaches oder reibungsloses Verfahren bei 22 TeilnehmerInnen mit zum Teil höchst unterschiedlichen Interessen und Temperamenten. So erforderte es zum Beispiel einen längeren, mehrstufigen Prozeß der Entscheidungsfindung, bis wir uns darauf einigen konnten, unsere Ergebnisse nicht als Film oder CD-ROM, sondern als Ausstellung mit einem Begleitband der Öffentlichkeit zugänglich zu machen. Der Vorteil solch mühevoller Gruppenprozesse besteht allerdings darin, daß die gemeinsam getroffenen Entscheidungen in hohem Maß als für alle verbindlich angesehen werden. Nicht zuletzt deshalb haben sich die Studierenden mit ungewöhnlich großer Motivation, viel Energie und einem enormen Durchhaltevermögen an diesem aufwendigen Projekt beteiligt – trotz weiterer Verschärfung der Studienbedingungen, die aufgrund von Zeitdruck und drohenden Strafgebühren solche Arbeitsformen kaum noch zulassen wollen. Aus unserer Sicht scheint es deshalb widersinnig, gerade die praxisnahen Unterrichtsformen mit ihren realitätsnahen Schwierigkeiten, produktiven Umwegen und selbst erarbeiteten Erfolgen zugunsten eines rasanten und hypereffizienten Studiums aus dem Weg zu räumen. Denn in einem Projekt, das Studierenden den Freiraum gibt, möglichst viel selbst zu machen und sich dabei in verschiedenen Rollen und Arbeitsbereichen zu versuchen, wird der gesamte Prozeß wissenschaftlichen Arbeitens erprobt und mit praktischen Kenntnissen wie z.B. Finanzierung und Öffentlichkeitsarbeit angereichert. Ganz nebenbei werden hier die sogenannten „Schlüsselqualifikationen" gefordert und gefördert, die bei HochschulabsolventInnen immer wieder angemahnt werden: Leistungsbereitschaft, Teamfähigkeit, Kommunikationsvermögen, Verantwortungsbewußtsein, Kreativität, Zuverlässigkeit und Konfliktfähigkeit.

Aber Projektarbeit, darüber waren wir uns einig, soll und darf auch Spaß machen. Das zeigte sich nicht nur in vielen Gruppen- und Plenumssitzungen oder bei den beiden Sponsoring-Parties, mit deren Erlös wir unsere Projektkasse enorm aufbesserten, sondern auch an den drei Wochenenden, die wir in Oberjoch, Freudenstadt und Tieringen verbrachten – sowohl während der arbeitsreichen Tage als auch in manchen durchdiskutierten und -getanzten Nächten.

Ohne die vielfach erfahrene Unterstützung innerhalb der Gruppe, durch die Angehörigen der Projektmitglieder wie auch von außen hätte das Projekt „Tanzen" allerdings die verschiedenen Formen von „Tanzlust" nicht verwirklichen können. Wir wollen daher an dieser Stelle all denen danken, die entscheidend zum Gelingen beigetragen haben: zunächst dem eigenen Institut, das uns trotz der allgemeinen Kürzungen die notwendige Grundausstattung an Sachmitteln zur Verfügung stellte, aber auch dem Verein der Freunde der Universität Tübingen e.V., der uns in großzügiger Weise unterstützte, sowie dem Allgemeinen Studentenausschuß und den VertreterInnen der Räte-VV, die uns für die Ausstellung kurzfristig einen Zuschuß bewilligten. Des weiteren geht unser Dank an Volker Lamm (Vereinigte Lichtspiele K. Lamm GmbH & Co.KG), der uns das Geld für den Kauf unseres Ausstellungsbusses gab und in Kooperation mit dem „Filmforum" die Möglichkeit einräumte, eine die Ausstellung begleitende Filmreihe durchzuführen. Elfriede Arnold von der Volkshochschule Tübingen begleitete unser Projekt netterweise mit Ideen und Hilfestellungen aller Art, Frau Dr. Paula Lutum-Lenger vom Haus der Geschichte in Stuttgart stellte uns die notwendigen Gerätschaften für den Bus „einfach so" zur Verfügung und Dr. Susanne Knödel vom Museum für Völkerkunde in Hamburg gab uns wichtige Hinweise für die mobile Ausstellung. Wir danken auch den zahlreichen Tanzlehrerinnen und -lehrern, die uns mit Informationen und Fotos weitergeholfen haben. Ein ganz besonderer Dank gilt jedoch den vielen Befragten, vor allem den Interviewpartnern und -partnerinnen, die uns mit Offenheit begegneten, uns ihre Begeisterung vermittelten und dadurch Einblicke in ihre ganz persönliche Tanzlust gewährten.

Ute Bechdolf und Monique Scheer

Einleitung

„Das erste Mal getanzt habe ich so mit vier oder fünf, in der Backstube von unserer Nachbarin, 'Lütt' Anna Susanna' und solche Kinderreigen, mit den anderen Mädchen. Dann bei den Jungmädeln, so mit neun, das kam vor dem BDM, da haben wir die üblichen Volkstänze gelernt: Polka, Rheinländer oder Ländler, auch mehr in der Kreisform. Das habe ich später dann, als ich Jungmädelführerin war, auch wieder den Kleineren beigebracht. Oder wir haben so ein Spiel gemacht, da sangen wir 'Laurenzia, liebe Laurenzia mein' und mußten dabei ganz oft in die Knie gehen, das war auch wie eine Art Tanz, bis zum Exzeß haben wir das gemacht und uns fast totgelacht dabei. Im Krieg gab's dann eigentlich Tanzverbot in der Heimat [...], doch als ich zum Heuernte-Einsatz in Ostpreußen war, mit zwölf, da haben uns die polnischen Knechte auf der Weide, zwischen den Kühen, das Tanzen beigebracht, Walzer, Polka und Krakowiak.
Standardtänze hat mir dann mein Vater zuhause im Wohnzimmer gezeigt, so daß ich das ganz passabel konnte. Einmal bin ich dann mit meinem älteren Bruder ausgegangen, als der auf Heimaturlaub war, in ein Musikcafé, da hätte ich auch Lust gehabt zum Tanzen, aber man durfte ja nicht. Da war ich fünfzehn. Bei unserer Hochzeit, kurz vor Kriegsende, war dann auch keinem danach. Nach dem Krieg hatte ich bald ein Kind, aber wir sind trotzdem immer viel tanzen gegangen, zu Festen und öffentlichen Tanzveranstaltungen auf dem Dorf, und später, in den 50er Jahren, sogar in die Stadt, in Tanzcafés. [...] Für Rock'n'Roll war ich zu groß, da hatten die Amis Probleme, mich 'rumzukriegen, aber ich habe trotzdem immer viel 'rumgetobt. Twist, ein paar Jahre später, das war viel besser und auch sehr lustig. Ja, und Ende vierzig habe ich nochmal einen Tanzkurs gemacht, mit meinem Mann, da haben wir all die lateinamerikanischen Tänze gelernt, das hat auch unheimlich viel Spaß gemacht. Mein Mann war ein guter Tänzer, da hatte ich Glück. Wenn irgendwas los war oder wir auf Reisen waren, haben wir immer gern mitgemacht. Den blöden Ententanz hab' ich in halb Europa getanzt [...].
Seit mein Mann nicht mehr lebt, gehe ich ab und zu allein zu Veranstaltungen. Hier um die Ecke gibt es einmal im Monat einen Tanztee, das macht mir immer noch viel Freude, wenn das einer gut kann. [...] Warum ich so gern und viel getanzt habe? Na, weil ich gern mit anderen Leuten zusammenkomme und weil es mir immer Spaß gemacht hat!"[1]

Von der frühen Kindheit bis ins hohe Alter: das Vergnügen am Tanzen kann ein ganzes Leben durchziehen. Daß es dabei immer wieder neue Formen annimmt, hängt zum einen von persönlichen Umständen ab, wie zum Beispiel der Übergang von Ringelreihen zu Paartänzen den Eingang ins Erwachsenenalter markieren kann. Zum anderen aber sind Tanzarten und Bewegungsweisen immer von historischen, kulturellen und politischen Rahmenbedingungen geprägt: Neuerungen, die beispielsweise durch den Kontakt zu anderen Kulturkreisen oder als Ausdruck eines neuen Lebensgefühls etwa während des Wiederaufbaus nach dem Krieg entstehen. Doch der Spaß am Tanzen scheint zeitlos zu sein.

Lust und Spaß

„Weil es Spaß macht!" Wir hörten diesen Satz im Verlauf unserer Forschungen so viele Male, daß wir im Projekt immer wieder die Frage stellen mußten: „Was heißt hier eigentlich Spaß?". So konzentrierten wir uns darauf, nach den verschiedenen Formen von Spaß und damit nach den Ausprägungen von „Tanzlust" zu fragen. Der vermeintlich so banale „Spaß" kann ja aus ganz unterschiedlichen Quellen herrühren, deren Spannbreite von der Freude an der sportlichen Betätigung und einer intensivierten Wahrnehmung des eigenen Körpers über die Verlockungen erotischer Bewegungen bis hin zu Erfahrungen von Transzendenz und Spiritualität reicht.

Andere Motivationen offenbaren sich auf unsere Frage: „Warum ausgerechnet *dieser* Tanz?" Die Antworten führten uns tiefer in die Komplexität der Tanzlust. Tanzen ist für viele eine Art Gegenwelt, ob nur für ein paar Stunden, gelegentlich am Freitagabend als Ausgleich zum Alltag oder als Hobby, in das viel Zeit und Geld investiert wird. Das Betreten dieser Gegenwelt bedeutet für manche eine „kleine Flucht", für andere die Chance, Gemeinschaft zu erleben. Andere wiederum erfüllen mit ihrer bevorzugten Tanzform bestimmte Sehnsüchte, oft einfach nach Spontaneität, Ausgelassenheit, Sinnlichkeit, aber auch nach traditioneller Weiblichkeit, Nähe zur Natur oder zu anderen Menschen.

Diese Untertöne der Lust sind es, wonach wir fragen wollten, die tieferliegenden Sinnkonstruktionen und Deutungsmuster, die den Spaß untermauern und ihm je nach Tanzform seine spezifischen Konturen verleihen.

'Der' Tanz entzieht sich einer allgemeingültigen Definition. Es geht uns auch nicht um 'den' Tanz, sondern um das Tanzen, die Aktivität, den Prozeß. Dem 'Wesen des Tanzes' (so es dieses geben sollte) wollen wir uns nicht nähern, sondern seiner Funktion im Leben der Tanzenden und den kollektiv konstruierten Deutungsmustern, die sich um diese beliebte Freizeitaktivität ranken. Tanzen wird hier als eine rhythmisch geregelte Bewegung zur Musik betrachtet, eine kulturelle Praxis, die gegenwärtig von einem Großteil der Bevölkerung – zumindest sporadisch – in ihrer Freizeit betrieben wird und somit von sozialen Verhältnissen sowie kollektiven Mustern und Werten abhängig ist. Wir verstehen Tanzen als eine Form von Kommunikation in einer Symbolsprache – ein Schnittpunkt, an dem Gesellschaft und Tanz aufeinander einwirken.

Unser Augenmerk richten wir also auf das Freizeitvergnügen und die Unterhaltungskultur, nicht auf den Tanz von Berufs wegen, als Therapie- oder Kunstform. Deshalb sind manche Bereiche der Tanzszene, wie Wettkämpfe, professioneller Bühnentanz und andere Show-Tänze nicht Gegenstand unserer Forschung geworden.

Arbeiten über die historische Entwicklung von Tanzformen und -wellen haben wir verwendet, um den Blick für den Zusammenhang zwischen Gesellschaft und Tanz zu schärfen. Wir selbst haben keine geschichtlichen Themen bearbeitet, sondern sind in aktuellen Tanzräumen ethnographisch forschend vorgegangen, um der gesellschaftlichen Reproduktion von Tanzlust auf die Spur zu kommen.

Tanz und Gesellschaft

Das Tanzen reproduziert kulturelle Muster, indem es sie über ein scheinbar unbedeutendes soziales Handeln in die Körper einschreibt. Es drückt also bestehende gesellschaftliche Hierarchien aus und fixiert sie damit. Beim Tanzen kann aber auch Raum für neue gesellschaftliche Entwicklungen entstehen, der über die konkrete Tanzfläche hinaus wirkt. Die Tanzenden können unter anderem durch alternative Körperbewegungen am kulturellen Wandel mitwirken. Die Soziologin Gabriele Klein geht in Anlehnung an Norbert Elias' „Prozeß der Zivilisation" von historischen Zirkelbewegungen aus, von einem „Wechselspiel von Trends und Gegentrends mit beständigen Vor- und Rückschritten".[2]

Das Tanzen ist ein potentiell anarchisches Vergnügen, das gesellschaftlich reguliert, institutionalisiert und in akzeptable Bahnen gelenkt wird. 'Anständig' wird von 'unanständig' geschieden und letzteres entsprechend sanktioniert. Die Ausschweifungen eines Karnevalsumzugs werden gelassen als 'Tradition' und harmloser Spaß von der Öffentlichkeit wahrgenommen, während die großen Techno-Parties der jungen Generation nicht nur in Konflikt mit dem Gesetz geraten sind[3], sondern auch in den Medien als deviant beschrieben werden. Heute wird die Love Parade von Medien und Gesellschaft immer mehr als eine Art Jugendkarneval anerkannt.

Tanzen ist ein heftig umkämpftes Terrain, was sich nicht nur an den Diskussionen um die Love Parade, sondern auch an einem historischen Beispiel aufzeigen läßt. So wurde etwa der Walzer[4] oder Dreher bis zum 18. Jahrhundert vor allem von der ländlichen Bevölkerung Frankreichs und Österreichs getanzt. Während der französischen Revolution nahmen sich dann die städtischen Unterschichten die Freiheit, mit wilden Schritten und Sprüngen im berauschenden Walzertakt nicht nur die bisher unzugänglichen adeligen Ballsäle zu erobern, sondern sie verlegten die Lustbarkeiten sogar auf öffentliche Plätze – zum Entsetzen der bisherigen Eliten. In den Jahren nach dem Wiener Kongreß allerdings hielt der Walzer nach und nach bei den Festen des aufstrebenden Bürgertums Einzug. Musik und Tanz wurden nun stärker reglementiert, stilisiert und verfeinert. Die höheren Schichten legten großen Wert auf die Disziplinierung der Körper, deren Bewegungsfähigkeit durch die Kleidungsnormen stark eingeschränkt wurde. Einengende Anzüge, Uniformen und Korsetts unter den Ballkleidern – die einstige befreiende Qualität des Tanzes war dahin. Inzwischen steht der Walzer für erstarrte gesellschaftliche Konvention. Ein ehemals wilder, revolutionärer Tanz, der anarchisch-ekstatische Qualitäten hatte, die Körper befreit und übrigens auch das Paar als wichtige gesellschaftliche Einheit konstituiert hatte, wurde gezähmt. Derselbe Tanz, mit dem die aufbegehrenden BürgerInnen einmal die „Verhältnisse zum Tanzen gebracht" hatten, wurde einige Jahrzehnte später der Inbegriff des Zivilisierten und Verfeinerten.

Körper und Kultur

Tanzen gehört zu den wenigen anthropologischen Konstanten, denn es gibt offenbar keine Kultur, in der Menschen nicht tanzen. Dennoch kann man nicht schlußfolgern, daß das Tanzen zu allen Zeiten und überall die gleiche Bedeutung hat. Aussagen nach dem Muster „Tanzen ist schon immer XY gewesen" spiegeln ein Interesse wider, Tänze als außerhalb der Geschichte stehend zu betrachten. Kulturgeschichten des Tanzes, die eine ungebrochene Kontinuität der Bedeutung der Bewegungen von frühesten Zeiten bis heute nachweisen wollen, offenbaren im Grunde eine ahistorische Sichtweise und laufen auf eine 'Wesensschau' des Tanzes hinaus. Es wird davon ausgegangen, daß die Bedeutung der Tänze den Bewegungen selbst innewohnt und daß damit die Absicht der Tanzenden weniger wichtig und die Rezeption der ZuschauerInnen festgelegt ist.

Diese essentialistische Sicht ist oft die Grundlage eines Diskurses vom Tanzen als unmittelbarste Ausdrucksform der 'menschlichen Natur' oder überhaupt als besonders naturnah (und daher weiblich). Die Verknüpfung von Natur und Tanz erfolgt über die Identifizierung des Körpers mit Natur. Als Ort der Sexualität, der Fortpflanzung, der Lusterzeugung, scheinbar der Triebe im allgemeinen, erscheint der Körper nach diesem Verständnis als vorkulturell und natürlich.

Den 'kulturlosen' Körper aber gibt es nicht. Die unmittelbaren sensorischen Eindrücke, die der Körper dem Gehirn vermittelt, sind sinnlos ohne die Deutungsmuster, die Kultur liefert. Das gilt auch für die Information über den Körper selbst: das Aussehen wird kulturell geformt wie auch der Bewegungsstil und das Körpergefühl. Unser Wissen vom Körper wird über Diskurse vom Körper sozial hergestellt, wir kommen nicht an seine 'Wahrheit' heran. Seine alltäglichen Bewegungen sind sozial eingeschrieben oder nahegelegt. Die ausdrücklichere und komprimiertere Symbolsprache des Tanzens ist ebenfalls sowohl historisch als auch nach Schicht, Ethnizität, Geschlecht, Alter oder Lebensstil verschieden.

Tanz und Wissenschaft

In der sich als kunstwissenschaftliche Disziplin herausbildenden Tanzwissenschaft dominieren kulturgeschichtliche Beschreibungen von Tanz sowie Biographien einzelner einflußreicher TänzerInnenpersönlichkeiten. Tanzwissenschaftliche Arbeit wird hier oft von engagierten TanzkritikerInnen, PädagogInnen und PublizistInnen geleistet, die das Interesse vertreten, die Kunstform Tanz als wissenschaftlichen Gegenstand zu etablieren. Ihre Studien orientieren sich allerdings oft an den Bedürfnissen der pädagogischen und künstlerischen Praxis.[5]

In den sozialwissenschaftlichen Feldern tauchen vereinzelt Arbeiten im Bereich Tanzen auf, die jedoch weniger einer fachspezifischen Bedeutungszuschreibung oder Zugangsweise zu verdanken sind, sondern eher auf einer persönlichen Affinität der ForscherInnen zum Thema beruht, wie z.B. bei der Soziologin und Tänzerin Gabriele Klein.

Die Tanzethnologie, die als anthropology of dance im englischsprachigen Raum mit der Arbeit von Franz Boas in den 40er Jahren begann, geht meist kulturvergleichend vor, um die Funktionen von Tanz für den *homo symbolicus*, den „Symbole schaffenden Menschen", systematisch aufzuarbeiten. Diese Absicht verfolgt auch Judith Lynne Hannas Arbeit zu Tanz und Geschlecht.[6] Unsere Untersuchungen teilen ihre Auffassung vom Tanz als Träger kultureller Zeichen und gehen ebenfalls ethnographisch vor, verfolgen jedoch ein anderes Ziel.

Studien zu Tanz als einer Form von populärer Kultur etwa aus dem Umkreis der anglo-amerikanischen Cultural Studies sind ebenfalls kaum veröffentlicht. Ausnahmen bilden die Arbeiten z.B. von Angela McRobbie[7] und Barbara O'Connor[8]. Auch die Popular Music Studies verstehen Tanz nicht als zentralen, sondern eher als marginalen Aspekt der Musikrezeption.[9]

Ein traditionell volkskundliches Thema ist der Volkstanz seit Mitte des 19. Jahrhunderts. Dazu ist die Literatur fast unüberschaubar, doch handelt es sich dabei meist um Beschreibungen von Traditionen und Überlieferungen, nicht um kritische Analysen der Tanzgeschichte oder gar um Untersuchungen der gegenwärtigen Tanzszenen.[10] Auch in Tübingen ist bisher kaum zum Thema geforscht worden obwohl der kulturell geprägte Körper als wichtiger Schwerpunkt der Empirischen Kulturwissenschaft (EKW) gilt.

Forschen und Tanzen

Die EKW begreift sich als eine 'verstehende' Wissenschaft, die vor allem mittels qualitativer Forschungsmethoden an den Sinn, mit dem Menschen ihr Handeln versehen, herankommen will. Somit betreten wir als EKWlerInnen mit unseren Untersuchungen zum Thema Tanzen in vielen Fällen Neuland. Es konnte kaum auf Fachliteratur zurückgegriffen werden, manche Artikel gehen daher eher beschreibend als analytisch vor.

Unsere Vorgehensweise war eher induktiv: Fragen, Hypothesen und/oder Theorien wurden nicht an das Feld herangetragen, sondern entwickelten sich aus der Beobachtung und ersten Gesprächen heraus. Insgesamt wurden eine ganze Reihe von Methoden eingesetzt: Erhebung mittels Fragebögen, Tanzraumkartierung, Kurzbefragungen, Intensivinterviews und teilnehmende Beobachtung. Zum einen läßt sich manches, wie etwa der Körperkontakt zwischen Paaren im Tanzcafé, tatsächlich nur direkt auf der Tanzfläche beobachten. Zum anderen haben wir aber auch festgestellt, daß nicht nur der Kopf, sondern der ganze Körper ein wichtiges Forschungsinstrument darstellt und daß z.B. die Technokultur ohne die Erfahrung des „Kicks", des temporären Eintauchens in die Musik, nicht verstanden und interpretiert werden kann.

Unsere Feldforschungsphase dauerte 4-5 Monate, ein Zeitraum, in dem eine Fülle von Material erhoben wurde. Es folgte eine intensive Auswertung. Dabei wurde auch die Rolle der ForscherInnen in vielen Gruppengesprächen reflektiert. Wenn auf der einen Seite subjektive Deutungsmuster der Befragten selbst in den meisten Texten im Vordergrund stehen, wollten wir uns auf der anderen Seite vor einer unkritischen Übernahme der Innensicht hüten und waren mit verallgemeinernden Interpretationen sehr vorsichtig. Die Balance zwischen kritisch-wissenschaftlichem Blick und respektvollem Umgang mit den InformantInnen und ihren Ansichten wurde für manche zu einer Gratwanderung, die das endgültige Niederschreiben der Ergebnisse in den folgenden Artikeln nicht erleichterte.

Es war uns ein Anliegen, unsere Ergebnisse zu unseren InformantInnen zurückzutragen. Deshalb entschieden sich die ProjektteilnehmerInnen für die Darstellungsform einer Wanderausstellung. Um die Vorteile einer festen Installation mit Beweglichkeit zu verbinden, findet die Ausstellung in einem Bus statt, der von Tanzort zu Tanzort fährt. Darin werden ausgewählte Ergebnisse des vorliegenden Bandes dargestellt und verschiedene Tanzwelten für die BesucherInnen erlebbar gemacht.

Die verschiedenen Facetten der Tanzlust

Die Beiträge in diesem Band sind mehr oder weniger nach der Tanzart gegliedert, jedoch gibt es viele Querverbindungen, die über diese oberflächlichen Gruppierungen hinausgehen. Einige davon sollen hier kurz Erwähnung finden.

Tanzen ist, wie der Umgang mit Musik generell, altersabhängig. Jugendliche sind meist besonders tanzlustig und, vielleicht weil ihre Körper noch weniger stark oder anders diszipliniert sind, empfänglich für neue tänzerische Erfahrungen, die sich in ihre Bewegungen einschreiben. Ab einem bestimmten Alter nimmt das Interesse an neuen Rhythmen eher ab, und der Körper wird am liebsten nur noch zu Bekanntem und Vertrautem bewegt. Für alle Generationen aber gilt, daß das Tanzen persönliche Freiheit im Augenblick ermöglicht und sexuelles Potential öffentlich enthüllt. Für junge Frauen bietet die Technoszene beispielsweise eine ganz neue Freiheit, ihre Sexualität selbstbewußt auszudrücken (*Neue Freiheit Marke 'Techno'?*) während das Tanzcafé älteren Frauen einen Ort bietet, wo sie dasselbe auf ihre Art tun können (*Darf ich bitten?*).

Schichtbezogenheit und vor allem die ethnischen Abgrenzungen sind weitere Perspektiven unter denen wir Tanzen betrachtet haben. In allen Bereichen lassen sich etliche „feine Unterschiede" zwischen den verschiedenen Schichten entdecken. So sind es beispielsweise überwiegend Angehörige der oberen Mittelschichten, die an exotischen oder esoterisch ausgerichteten Tanzkursen teilnehmen, um ihren Körpern neue Erfahrungen zu ermöglichen, während HipHop-Diskotheken häufiger von Unterschichtsangehörigen besucht werden. Lebensstil-Orientierungen spielen bei diesen Distinktionen natürlich eine große Rolle. Allerdings werden die ethnischen Grenzziehungen in der Tanzkultur nicht nur über selbst gewählte Räume und Formen hergestellt und reproduziert, sondern auch über Kontrollinstanzen wie Türsteher abgesichert, eine alltägliche rassistische Sortierpraxis, die gesellschaftliche Hierarchien verteidigt, indem sie darüber bestimmt, wer an einem bestimmten Ort tanzen darf und wer nicht („*In dance we are one nation*"?).

In seiner Funktion als Ausgleich zum Alltag wird um das Tanzen herum in verschiedenen Abstufungen und auf unterschiedliche Weise eine Gegenwelt konstruiert. Das kann dadurch geschehen, daß eine andere Kultur zum Vorbild wird. Eine kritische Haltung gegenüber der eigenen Gesellschaft ist typisch für AnhängerInnen der 'exotischen' Tanzformen („*Warum in die Ferne schweifen...?*") wobei die Beschäftigung mit den Tänzen anderer Kulturen nur bedingt eine wirkliche Annäherung an diese bedeutet (*Diesseits von Afrika*). Die Beschäftigung mit dem 'eigenen' Tanzgut hängt allerdings nicht zwangsläufig mit einer nationalistischen Haltung zusammen (*Trachten nach Geselligkeit*). Die neue Jugendkultur des Techno scheint die konsequenteste Form von Tanz als Gegenwelt zu sein (*Raver im Wunderland* und *TechnoTanz*). Hier steht das Tanzen, stundenlang, ununterbrochen und nur für sich, im Mittelpunkt, während in der Mainstream-Disco und noch mehr in der Landdisco der Aspekt der Geselligkeit und des sozialen Geschehens bedeutsam sind (*Spielen mit Stilen* und *Dreschflegel und Stroboskop*).

Da Geschlecht in erster Linie über den Körper vermittelt wird, ist Tanzen eine Handlung, in der Fragen der Geschlechterspezifik besonders stark zum Ausdruck kommen. Stereotypen werden dabei reproduziert aber auch hinterfragt, wie z.B. die angebliche 'Unmännlichkeit' des Tanzens („*Harte Männer tanzen nicht!*") oder das Bild der Bauchtänzerin als Sexualobjekt („*Der weiblichste aller Tänze*"). Auch das Verhältnis der Geschlechter zueinander wird im Tanz verhandelt, sowohl im Paartanz (*Tango Argentino*) als auch auf der Discotanzfläche. In der Technokultur scheint sich die Geschlechterdifferenz teilweise aufzulösen, zumindest auf den ersten Blick (*Ravehörnchen und Baby-Machos*).

Tanzende Körper werden von Judith Lynne Hanna als „window to a person's world view" bezeichnet, und als KulturwissenschaftlerInnen können wir durch dieses Fenster wahrnehmen, welche kulturellen Muster beim Tanzen reproduziert oder auch hinterfragt und aufgebrochen werden. Die notwendige Übersetzung einer nonverbalen und flüchtigen Aktivität in sprachlich faßbare und wissenschaftlich fundierte Forschungsergebnisse bedeutet immer auch eine Fixierung, was aber nicht heißt, daß der lustvolle und vergnügliche Aspekt der Beschäftigung mit dem Thema automatisch verlorengeht. Wir hoffen daher, mit „Tanzlust" sowohl eine kritische Auseinandersetzung zu ermöglichen als auch Lesevergnügen zu bereiten und dadurch wissenschaftlich Interessierte und Tanzbegeisterte gleichermaßen anzusprechen.

Anmerkungen

1 Interview mit Irma S. am 3. Jan. 1998.
2 Gabriele Klein: FrauenKörperTanz. Eine Zivilisationsgeschichte des Tanzes. München 1994, S. 278.
3 Vgl. Marion Koch/Frank Buschmann: Wer tanzt hier eigentlich noch? Historischer Wandel und jugendliche „Unordnung". In: Dieter Baacke (Hg.): Handbuch Jugend und Musik. Opladen 1998, S. 93-113.
4 Vgl. Rudolf Braun/David Gugerli: Macht des Tanzes – Tanz der Mächtigen. Hoffeste und Herrschaftszeremoniell 1550-1914. München 1993; Remi Hess: Der Walzer. Geschichte eines Skandals. Hamburg 1996; Reingard Witzmann: Der Ländler in Wien. Ein Beitrag zur Entwicklungsgeschichte des Wiener Walzers bis in die Zeit des Wiener Kongresses. Wien 1976.
5 Vgl. Anke Abraham: Frauen, Körper, Krankheit, Kunst. Zum Prozeß der Spaltung von Erfahrung und dem Problem der Subjektwerdung von Frauen. Dargestellt am Beispiel des Zeitgenössischen künstlerischen Tanzes. 2. Bd. Oldenburg 1992, S. 51-54.
6 Judith Lynne Hanna: Dance, Sex and Gender. Signs of Identity, Dominance, Defiance and Desire. Chicago 1988.
7 Angela McRobbie: Dance and Social Fantasy. Angela McRobbie/Mica Nava (Hg.): Gender and Generation. London 1984, S. 130-161; Angela McRobbie: Dance Narratives and Fantasies of Achievement. In: Dies.: Feminism and Youth Culture. From „Jackie" to „Just Seventeen". London 1991, S. 189-219; Angela McRobbie: Shut Up and Dance. Youth Culture and Changing Modes of Femininity. In: Young. Nordic Journal of Youth Research, 1. Jg. 1993, H. 2, S. 13-31.
8 Barbara O'Connor: Safe Sets. Women, Dance and 'Communitas'. In: Helen Thomas (Hg.): Dance in the City. London 1997, S. 149-172.
9 Roy Shuker: Understanding Popular Music. London 1994.
10 Vgl. Marianne Brücker: Tanzforschung zwischen Tradition und Disco. In: Günther Noll (Hg.). Musikalische Volkskunde – heute. Köln 1992. S. 203-217.

Darf ich bitten?

Monika Sauer und Gaby Reichel

„Frauen wollen immer nur das Eine..."

Zwei Forscherinnen im Tanzcafé

Ein fremdes Feld. Unsicherheit wie auch die heimliche Erregung beim Tanzengehen, die jedesmal wieder dazuzugehören scheint, lassen uns zögern. Die Hand am Türgriff, versuchen wir, einen ersten Blick nach drinnen zu werfen. Gedämpft sind Heiterkeit und Musik zu vernehmen, die beschlagenen Scheiben lassen Bewegungen schemenhaft erahnen. Sind wir soweit? Dann nichts wie rein. Entschlossen ziehen wir die Tür auf, warme Luft und schnelle Rhythmen schlagen uns entgegen, lächelnde Gesichter kreiseln schnell vorbei, andere, verbissene, eher stockend. Wir wagen unseren ersten Abend im Tanzcafé.

Tanzcafés bieten die seltene Gelegenheit auszugehen, um Gesellschaftstänze zu tanzen. Man findet sie, mal groß, mal klein, im ländlichen wie im städtischen Raum. Das eine ist eleganter, das andere rustikaler, doch das Wesentliche haben sie alle gemein: den Paartanz und alles, was dazugehört.

Getanzt wird, was Tanzschulen seit Jahrzehnten lehren: standardisierte lateinamerikanische Tänze wie Cha-Cha-Cha, Samba und Rumba oder europäische Tänze wie Langsamer Walzer, Foxtrott und Tango.[1] Aber auch die fremder anmutenden Schritte eines Shuffles erkennen wir an einzelnen Fußpaaren. Der Foxtrott in all seinen Varianten (Two-Step, Tipfox, Diskofox, langsamer Foxtrott am Platz oder Quickstep) dominiert das Parkett.

Es sind jedoch nicht die Tänze selbst, die das Geschehen in Tanzcafés ausmachen, sondern vielmehr das Ambiente und die Ambitionen seiner Gäste. Wir verbrachten Nachmittage und Nächte damit, uns mit ihnen im Kreis zu drehen. Warum uns dabei manchmal schwindlig wurde, läßt sich wohl am besten an einem exemplarischen Tanzabend[2] nachvollziehen. Wenn Sie uns also folgen wollen...

Der Saal ist groß, auch wenn es erst nicht so scheint: Wir müssen uns durch tanzende Paare drängen, die die Tanzfläche einfach auf den Eingangsbereich ausgeweitet haben. Ein bekannter Schlager begleitet uns zu den Tischen: „Tanze Samba mit mir, tanze Samba mit mir die ganze Nacht...". Wir entdecken in einer Ecke die Kapelle. Ausgestattet mit Keyboards, Gitarre und Schlagzeug glitzern die drei Herren, einheitlich im Glamour-Stil der 70er Jahre gekleidet, während sie gutgelaunt zu

ihren Rhythmen schunkeln. Einige der wenigen Gäste, die gerade nicht tanzen, wippen mit. Nur kurz lösen sie ihre Blicke von den Tanzenden, um uns zu mustern.

„Die müssen sich verirrt haben!" – der Gedanke mag ihnen durch den Kopf gegangen sein, ehe wir vorerst wieder aus ihrem Blickfeld verschwanden. Zwei junge Frauen allein beim Tanztee – eine seltene Situation, wird doch dieser Tanzraum von einem Publikum im Alter zwischen fünfzig und Mitte sechzig dominiert. Wir sind mit fünfundzwanzig bzw. fünfunddreißig Jahren verhältnismäßig jung und wurden für noch viel jünger gehalten. Die Tatsache, daß wir so wenig in die Szenerie paßten, mag unsere Wahrnehmung einerseits geschärft, uns andererseits auch manchen Blick hinter die Kulissen verwehrt haben.

Besonders beim jeweils ersten Besuch in einem Tanzcafé wußte uns niemand recht einzuschätzen, wir gehörten einfach nicht hierher. Wenn wir dann auch noch unsere Notizhefte und Stifte auspackten, erheiterten uns Fragen der Tanzenden, ob wir uns bei der Musik denn überhaupt auf unsere Arbeit konzentrieren könnten. Auf die Idee, daß die mit Notizen bekritzelten Zettelchen etwas mit ihnen zu tun haben könnten, kam von sich aus niemand.

Die vorderen Tische sowie die an den Gängen zur Tanzfläche sind bereits belegt, wie wir an den Handtaschen über den Stuhllehnen und der Weinschorle oder dem Wasser auf den Tischen erkennen. Aber nicht nur die aufforderungstaktisch günstig gelegenen Plätze, sondern auch die an strategisch klugen Beobachtungspositionen sind beliebt. Es gibt Zweiertische in kleinen Nischen, aber auch mehrere große Tische für bis zu zwölf Personen. An diesen tröpfeln die Gäste nacheinander ein, einzeln oder in Grüppchen, man kennt sich.

Sie nicken uns interessiert zu – unsere beiden Tischherren

Wir setzen uns schließlich zu zwei Herren an einen der 'Beobachtertische'. Die beiden, so um die sechzig, nicken uns interessiert zu. Beim Anblick unserer Schreibblöcke kommt auch prompt der Satz, der wohl am treffendsten beschreibt, welche Rolle wir in ihren Augen einnehmen: „Oh, macht ihr hier eure Schulaufgaben?" Doch schon bald nehmen die tanzenden Paare wieder ihre Aufmerksamkeit in Anspruch.

Wirkten wir wirklich so jung und fremd? Uns erschien die Idee, Hausaufgaben beim Tanztee zu erledigen, völlig absurd. Doch waren wir froh, nicht auf Mißtrauen zu stoßen oder gar für feindliche Spione gehalten zu werden,[3] wie es etliche FeldforscherInnen über ihren Kontakt mit fremden Kulturen berichten.

Die Kommentare unserer Tischgenossen stehen für zweierlei: Besonders die Männer nehmen uns – auch wenn wir unser Tun ausführlich erklären – als Forscherinnen nicht ernst. Weder beeindruckt sie unsere Neugier, noch die Vorstellung, erforscht zu werden; in den meisten Gesprächen bleibt es ihr Hauptthema, daß „die netten jungen Mädels auch wiederkommen"[4]. Das verweist auch schon auf den zweiten Aspekt. Anscheinend entsteht aus der Kombination „Schulmädchen" zu sein und „immerzu nur Reporte zu schreiben" (statt mit ihnen zu tanzen) eine gewisse Attraktivität.[5] Die einseitige Wertschätzung bis hin zur anstrengenden Belästigung, die viele Herren uns „jungen, knackigen Dingern" entgegenbrachten, beeinflußte zweifellos unseren Blick auf das Feld.

Rolf Lindner, der sich mit Problemen bei der Feldforschung beschäftigt hat, formuliert den Konflikt, den ForscherInnen mit Identität und Status im fremden sozialen Feld austragen müssen, folgendermaßen:

„Um erwünschte Reaktionen zu stimulieren und unerwünschte Reaktionen auf ein Minimum herabzusetzen, kleidet sich der Forscher in eine soziale Rolle, von der er annimmt, daß sie das Untersuchungsobjekt 'milde' stimmt."[6]

Welche Rolle wollen wir also beim Forschen spielen? Welche halten wir durch? Wir versuchten uns als autoritäre Wissenschaftlerinnen (Sagen Sie jetzt alles, was Sie wissen!) oder als einfühlsame Vertraute (Jetzt mal unter uns ... mir können Sie's doch sagen). Am erfolgreichsten waren allerdings die riskanteren Varianten der flirtenden jungen Dame oder der herausfordernden Tänzerin. Nebenwirkungen dieser Rollen wie beispielsweise die ungewünschte Anmache verlangten, daß wir einige persönliche Grundsätze und Einstellungen an der Garderobe zurücklassen mußten, wollten wir uns nicht von vornherein den Zugang zum Feld verbauen. Wir hofften, gerade durch Irritationen auf wesentliche Gesichtspunkte der Szene zu stoßen, ohne dabei aus der Rolle zu tanzen.

Das Rollenspiel lieferte uns die Voraussetzungen dafür, von den übrigen Gästen akzeptiert zu werden, die Attraktion, die unsere „jungen Körper" darstellten, vereinfachte den Kontakt zu den Männern. Um mehr als nur Beobachtungen von ferne anstellen zu können, bedurfte es jedoch immer wieder neuer Strategien.

Das grundsätzliche Desinteresse der Herren an unseren Forschungen, den „Schulaufgaben", bekamen wir durch keine der 'harmloseren' Rollen effizient in den Griff. Notgedrungen verlegten wir unsere Erforschung männlichen Tanzverhaltens von direktem Befragen auf die Analyse beobachtender Teilnahme im Feld. Um die Gespräche produktiv zu gestalten, schlüpften wir gern in die Rolle des naiven Mädchens, dem man alles erklären muß.

Der Kontakt zu den Frauen hingegen war viel unkomplizierter. Wir vermuten zwar, daß wir, bis wir uns als Forscherinnen zu erkennen gaben, eher als Konkurrentinnen gesehen wurden. War allerdings einmal ein Gespräch gelungen, mußten wir keine erst von unserem Forschungsinteresse überzeugen. So kam es dazu, daß wir mit Frauen hauptsächlich lange narrative Interviews führten.[7] Hier hatten wir zunächst Bedenken, wir könnten unsere eigenen Ansichten für die 'generelle Frauenmeinung' halten, denn auch die scheinbare Übereinstimmung kann zum Forschungsproblem werden, doch wurde diese erst bei der Interviewauswertung relevant und dort reflektiert.[8] Da wir im Feld nie mit Damen tanzten[9], also auch keine Probleme mit der teilnehmenden Beobachtung hatten, soll hier nicht weiter darauf eingegangen werden.

Wir wollen weiter beobachten. Die Kapelle spielt in Runden, immer drei oder vier Lieder hintereinander, dann folgt eine kleine Pause. Die BesucherInnen finden sich für fast jede Runde zu neuen Paaren zusammen. Die wenigen Beziehungspaare, die nie die Partner wechseln, erkennt man schnell. Sie tanzen aufeinander eingespielt und somit auch viel häufiger komplizierte Figuren, die der Herr nicht einfach so führen kann, sondern die gemeinsam erlernt sein wollen. Auch flirten sie wesentlich weniger.

Uns interessieren die anderen, zu denen wir ja jetzt auch gehören. Wie finden sie zusammen? Beim Tanzen selbst fällt uns besonders das Flirten und die betonte Körperlichkeit auf. Hüften schwingen, Hände wandern über Rücken und Arme, der versehentliche Zusammenstoß mit einem anderen Paar wird zum Anlaß für Heiterkeit und kann für eine kurze Umarmung der eigenen Partnerin benutzt werden.

Das vorsichtige Herantasten der TänzerInnen an ihre TanzpartnerInnen erinnerte uns an unser eigenes ethnographisches Vorgehen. „Schwanzwedeln" nannten wir es einmal in unserem Feldtagebuch. Immer freundlich bleibend, zeigten wir großes Interesse für noch so irrelevante Nebensächlichkeiten, gaben unseren Gesprächspartnern zwischen zwei Drehungen Tips zu Rückenproblemen und Weinsorten. Lächelnd verbringt auch ein sich fremdes Paar zuerst eine Runde plaudernd. Eigentlich taten wir den ganzen Abend dasselbe wie unsere Beforschten. Wir waren nett und entgegenkommend, um Kontakt aufnehmen zu können, und versuchten dann herauszubekommen, wer was von wem wollen könnte.

„So gewinnt die Kontaktphase den Charakter eines Flirts ('liebenswürdig sein'), um zur Penetration zu gelangen", charakterisiert Lindner die Situation beim heiklen Erstkontakt aus Männersicht.[10] Möglicherweise war es unsere Liebenswürdigkeit, die manchen Herrn anfangs an einen „Flirt" glauben ließ oder gar, wir seien auf „Penetration" im körperlichen Sinne aus. Dabei sollten sie uns doch nur erzählen, wie sie tanzend den Kontakt zu den Damen knüpften, die einem näheren Kennenlernen weniger abgeneigt waren als wir. Es war schwierig, die TänzerInnen zu konkreten Aussagen zu diesem Thema zu bewegen. Die Gespräche kreisen immer nur um das geheimnisvolle Wörtchen „mehr".

Nach ersten erfolgreich absolvierten Tänzen gelte es zu erfahren, so sagte man uns, ob die reizende Partnerin oder der nun wiederholt charmant zum Tanz bittende Herr vielleicht auch persönliches Interesse am Gegenüber habe. Darauf, daß sie es zugibt, könne kaum ein Herr hoffen. Die meisten Damen behaupten grundsätzlich, nur zum Tanzen hier zu sein, erklärten die abgewiesenen Herren. Doch die Erfahrung zeige, daß selbst ein erst ernst gemeintes „Nein" bei entsprechender tänzerischer Überzeugungskraft zum „Na gut" werden könne. Offenbar gilt hier noch der Satz, gegen den sich jüngere Frauen seit Jahren so vehement zur Wehr setzen: „Nein heißt vielleicht, vielleicht heißt ja."

Die Inneneinrichtung mancher Tanzcafés rückt die Annäherung beim Paartanz in einen sexuell bedeutsamen Kontext

Das letzte Lied der Runde verklingt, die Herren begleiten ihre Partnerinnen zum Tisch zurück. Man bedankt sich freundlich, manchmal versichert er sich eines weiteren Tanzes. Vorher Sitzengebliebene nicken Vorbeikommenden zu, während diese sich, noch ganz außer Atem, an ihre eigenen Tische zurückschlängeln.

Die Tanzpause ist kurz, ein paar Minuten nur. An manchen Tischen kommen Gespräche in Gang, die eine oder andere Dame sitzt bereits aufrecht auf der Stuhlkante, während sie mit der Hand beiläufig an den Stoffblumen auf dem Tisch spielt; einzelne Herren mustern, lässig zurückgelehnt, über den Rand ihres Hefeweizens die umstehenden Tische. Auch uns streifen vorsichtige Blicke, doch hat uns noch keiner tanzen sehen. Viele gehen wohl auch gar nicht davon aus, daß wir zum Tanzen da sein könnten.

Unsere Bedenken, wir könnten die Szene verändern, wurden vor allem dann konkret, als wir anfingen, beim Tanzgeschehen mitzumischen. Wie können wir sagen, ob das Tanzverhalten des jeweiligen Partners vielleicht nur bei uns die beobachteten bzw. erlebten Qualitäten hatte? Welchen Einfluß hatten wir selbst auf unsere Ergebnisse, wie hätten sie sich dargestellt, wären wir fünfzig Jahre alt oder gar männlich?

„Meine Damen und Herren, als nächstes ein Walzer für Sie!" Schon erklingen die ersten Takte des selten gespielten Wiener Walzers. In die eben noch gemütlich Sitzenden kommt Bewegung – jetzt heißt es schnell sein, auf daß einem kein anderer zuvorkomme. Wir schauen eifrig in die Runde, um nichts zu verpassen – da! Eine Dame weiß dezent wegzuschauen, und der Herr, der gerade noch zielstrebig auf sie zueilte, wechselt geschickt die Richtung und findet sich vor einer anderen Dame wieder. Diese übersieht die unfreiwillige Entscheidung lächelnd und erhebt sich. Andere scheinen sich ihrer Sache schon sicher zu sein, sie gehen sich entgegen oder treffen sich gleich auf der Tanzfläche.

Die zwei Herren an unserem Tisch nehmen sich jetzt ein Herz und fragen vorsichtig an: „So junge Damen wie Sie, kön-

nen die denn überhaupt noch tanzen?" Wir überraschen uns selbst mit unserer spontanen Antwort auf die gar nicht unbedingt als Aufforderung gedachte Frage: „Klar können wir! Wollen wir?" Sie wirken nicht weniger beunruhigt als wir selbst, doch jetzt gibt es kein Zurück mehr: Körbe geben, das gehört sich nicht! Und so führen uns die beiden aufs Parkett.

Erst als wir uns der Tanzfläche anvertrauten, begannen wir, Besonderheiten zu erkennen, zu verstehen, was das Tanzen im Tanzcafé bedeutet. Hier kam uns zugute, daß wir beide sichere Tänzerinnen sind. Im Gegensatz zu anderen uns bekannten Tanzräumen wird hier mit mehr oder minder Fremden getanzt. An der Art der Interaktion zeigt sich das Besondere daran: Eine ausgeprägte Kommunikation findet sowohl zwischen den Partnern und Partnerinnen als auch zwischen Tanzpaaren statt. Und diese war nur tanzend zu untersuchen.

Wir haben Glück. Unsere beiden Herren führen gut, wir müssen uns nicht auf die Schritte konzentrieren. Auch sind sie zunächst mehr damit beschäftigt, mit uns, ihren neuesten Eroberungen gesehen zu werden als sich tatsächlich mit uns auseinanderzusetzen. Wir nutzen die Gelegenheit, uns auf die anderen Tanzenden zu konzentrieren.

Wir wundern uns darüber, daß — obwohl alle auffällig gut tanzen — kaum ein Paar die großzügige Tanzfläche für weitläufige, schwungvolle Figuren oder lange Reihen von Drehungen nutzt. Die meisten Paare drehen sich auf der Stelle, einige steif und distanziert, andere kuscheln sich eng aneinander, wieder andere tanzen nur ihren Grundschritt und unterhalten sich dafür angeregt. Nach und nach begreifen wir: Hier geht es nicht um das

Auf der Tanzfläche

für uns attraktive Dahinschweben im Paartanz, sondern um Tanz als Mittel zum Zweck. Das Gegenüber ist das Wichtigste, die Schrittfolge, die wir für den Kern des Paartanzes halten, ist nebensächlich.[11]

Gerade am Anfang einer Runde handeln viele die Intensität des Körperkontaktes aus. Entsprechend der Ambitionen schiebt und zieht man sich in eine vertrauliche oder distanzierte Tanzhaltung. Überhaupt läuft die Kommunikation hier häufig eher auf der körperlichen als auf der verbalen Ebene. So amüsiert uns (und nicht nur uns) der Gesichtsausdruck des offensichtlich peinlich berührten Herren, der von seiner Partnerin gerade gefragt wurde, ob seine Frau denn zur Zeit in Kur sei — was ihn sofort dazu veranlaßt, deutlich sichtbar auf Abstand zu gehen. Spannend ist auch die Beobachtung eines korpulenten Paares, das sich in der letzten Runde noch angeregt unterhalten hatte, sich beim zweiten Lied dieser Runde, ein langsamer Foxtrott, tief in die Augen schaute und mittlerweile Wange an Wange tanzt, was dem Herrn deutliche Führungsprobleme auferlegt.

Doch es war selten, daß wir derart ausgiebig Gelegenheit erhielten, andere aus der Nähe beim Tanzen zu beobachten oder gar zu belauschen. Meistens erforderte der Tanzpartner unsere ganze Aufmerksamkeit, was unserem Forschungsvorhaben erst hinderlich schien. Wir wollten ja aber auch wissen, was alles zwischen den Tanzpartnern passieren kann. So erkannten wir beispielsweise erst im Arm eines sexuell ambitionierteren Partners, was es heißen kann, dem Herrn die Führung zu überlassen. Viele TänzerInnen sind sehr geschickt darin, über bestimmte Figuren oder einfach über eine enge Tanzhaltung sexuell konnotierte

„Ich schau' Dir in die Augen, Kleines"

Nähe aufzubauen. Auf den wenigen Zentimetern zwischen den Tanzpartnern entspinnt sich das Knistern, das sich nicht beobachten läßt. Wir wollten wissen, wie das geheimnisvolle „mehr" auf der Fläche entsteht – und bekamen prompt die ersten richtigen Probleme. Unsere bisherige Methode, die teilnehmende Beobachtung, funktionierte ab einem bestimmten Punkt nicht mehr: Hatten wir einmal angefangen zu tanzen, ließen uns die Herren nicht eine Runde für eine Pause. Das Hauptproblem lag darin, daß wir, wenn wir beide den ganzen Abend hindurch tanzten, zwar eindrückliche Erlebnisse hatten, die uns bis in den Schlaf verfolgten, wir aber nicht dazu kamen, uns Notizen zu machen oder unsere Beobachtungen auszutauschen. Wir mußten das Teilnehmen strikter von der Beobachtung trennen.

Trickreich

Wir begannen festzulegen, welche von uns phasenweise tanzt und welche nicht. Es brachte immense Vorteile mit sich, daß eine von uns die Beobachtung vom Platz aus übernahm. Wir waren nicht mehr darauf angewiesen, uns selbst immer mitzubeobachten. Wieder am Tisch, ließen sich die Innen- und die Außensicht dessen, was passiert war, vergleichen und kombinieren. Häufig bestätigten sich die Beobachtungen, hin und wieder konnten Eindrücke widerlegt werden. Die Beobachtende konnte auch den Damenpart einmal außer acht lassen und sich nur auf die Aktionen des Herrn konzentrieren, ohne vom Gefühl geplagt zu werden, etwas Wesentliches zu verpassen.

Auch der Vergleich mit anderen Paaren wurde möglich, wußten wir doch, was beim Tanzen passierte und konnten dieser Erfahrung das bei anderen Beobachtete gegenüberstellen und so besser einordnen. Tatsächlich schien es oft möglich, von uns auf andere zu schließen.

Hilflos

Doch mit dieser Strategie wagte sich jeweils eine von uns sehr weit auf den teilnehmenden Bereich der Beobachtung und gab so die Distanz zu den Beforschten weitgehend auf. Wir waren nicht selten ganz persönlich betroffen, da half kein Rollenspiel mehr. Uns wurde unheimlich zumute.

„Diese Ängste kommen u.a. in psychosomatischen Störungen wie Herzklopfen und Bauchschmerzen, in motorischer Unruhe bei gleichzeitiger Entschlußunfähigkeit [...] zum Ausdruck."[12]

Lindner meint hier die Angst des Forschers vor dem Feld, doch wir erkannten Parallelen zur Nervosität, zur temporären Verliebtheit, die dem Tanzen mit seiner auch erotischen Nähe zu eigentlich Fremden eigen ist. Zwar halfen uns die Schmetterlinge im eigenen Bauch, die Beweggründe der Tanzcafé-BesucherInnen nachzuvollziehen, doch wie wurden wir die aufkommenden Gefühle wieder los?

Unsere Feldtagebücher wissen um den Schock, sich von einem Siebzigjährigen angezogen zu fühlen oder um die Wut, sich zum Wohle der Wissenschaft von einem „alten Schleimer" angrabschen zu lassen. Die hier tanzenden Altersgruppen sind keineswegs weniger sexuell ambitioniert als die Disco-TänzerInnen unserer eigenen Generation. Peinlich, daß uns erst der reizende Tanzstil unserer Tanzpartner die Augen für unsere eigenen diesbezüglichen Vorurteile geöffnet hat.

Bemüht

Wir stellten Formeln auf zur Dekonstruktion des Erlebten und der Rekonstruktion des 'Eigentlichen'; wir versuchten, vom Beobachteten das überbetonte Bemühen des Partners (aufgrund unseres Seltenheitswertes) abzuziehen wie auch die Auswirkungen der persönlichen Reaktionen zu berücksichtigen. Wir bemühten uns, den Vergleich mit anderen Paaren sowie die Überlegungen zu unseren eigenen Vorannahmen auch noch miteinzubeziehen und kamen zu höchst kompliziert formulierten Ergebnissen. Stolz stellten wir fest, daß der ursprüngliche Eindruck richtig gewesen sein mußte, denn die Ergebnisse entsprachen meistens dem Ausgangspunkt unserer Rechnung.

Zwar bekämpften wir so erfolgreich die aufkommenden Gefühle, doch wer konnte schon sagen, ob wir richtig gerechnet hatten? Der zugegebenermaßen etwas krampfhafte Versuch, Objektivität zu basteln, wurde schnell irrelevant. Uns kam die einfachste Lösung in den Sinn: Nachfragen.

Um unsere Beobachtungen in Ergebnisse zu verwandeln, bedurfte es nun der Relativierung durch die Innensicht der Untersuchten.[13]

Mittlerweile ist die Runde zuende, wir werden galant zum Platz geführt. Der kurze Weg fort von der körperlichen Nähe auf der Tanzfläche birgt seine eigenen Gefahren, aber auch Möglichkeiten. So beobachten wir einen Herrn, der versucht, sich eine Einladung an den Tisch seiner Tanzpartnerin zu ergattern, von ihr jedoch abgewimmelt wird. Unsere Tischherren erläutern, wie schwierig diese Phase des Rundenablaufs ist. Denn jetzt wird einiges konkret: Läßt sie sich noch mal „holen"? Wie erklärt man ihr am geschicktesten, daß man jetzt erst mal mit anderen tanzen möchte? Wie durfte – oder sollte – das enge Tanzen verstanden werden? Einer von ihnen weiß zu berichten, daß das Tanzen selbst zwar die Grundlage für „mögliches Weiteres" ist, jedoch durchaus auch mißverständlich sein kann: „Manche sind beim Tanzen ganz zutraulich, aber mehr läuft trotzdem nicht. Da muß man gut aufpassen!"

Das nehmen wir uns zu Herzen und achten weiter darauf, was um uns herum geschieht. Der Abend neigt sich dem Ende zu, die ersten TänzerInnen machen sich auf den Heimweg. Manch ein frisch gefundenes Paar ignoriert die Mahnung der Kapelle im Anschluß an das Lied „Ein Bett im Kornfeld": „Meine Damen und Herren, jetzt rennen Sie doch nicht gleich alle 'raus in die laue Nacht. Schmusen Sie lieber noch ein bißchen zu 'Rote Lippen'." Sie folgen der Aufforderung, rote Lippen zu küssen, lieber im Privaten. Die meisten machen sich jedoch allein auf den oftmals langen Heimweg.[14] „War wohl wieder nichts Passendes dabei", kommentiert einer unserer Tischgenossen, während der andere feststellt, daß es Zeit sei für die Disco. Er wolle sich noch müde tanzen.

Vornehm und höflich – die Zuvorkommenheit des Herrn zeigt sich in der Tanzhaltung

Wie bitte? Der Herr an diesem Abend stellte sicherlich die Ausnahme dar, doch konfrontierte auch er uns mit unseren eigenen Vorurteilen. Ausgehend davon, daß sie sich in einem Tanzkurs in den 50er Jahren 'zu benehmen' gelernt hatten, attestierten wir unseren TänzerInnen ein Weltbild von damals, zogen ein Benimmbuch von 1955[15] zu Rate und mußten uns nicht nur in diesem Fall eines Besseren belehren lassen.

Daß die oben geschilderten Verhältnisse nicht mehr so sind, zeigte vielleicht auch das Gegenteil, nämlich daß wir Jüngeren langsam Gefallen am steifen Charme und dem Zuvorkommen der Älteren fanden. Denn nicht immer verliefen die Abende so, daß unsere Feldnotizen hinterher von der Schlagzeile „Prostitution für die Wissenschaft – ein Skandal!" gekrönt wurden. Vielmehr lernten wir mit der Zeit auch die feinen Regeln der Kunst, nur diejenigen zum Auffordern zu bewegen, mit denen wir auch selbst tanzen wollten.

Als wir uns abschließend noch einmal genau überlegten, welche Vorteile uns unser Alter und Geschlecht mit auf den Weg gegeben hatten, erkannten wir allerdings, daß sich gerade diejenigen besser zum Erforschen eigneten, mit denen wir weniger gern tanzten. Nicht ernst genommen zu werden und stattdessen (auf-)reizend zu wirken, stellte sich dann als mehrfacher Vorteil heraus, sobald wir begannen, die Reaktion der Herren auf uns zu analysieren und unsere Irritationen miteinzubeziehen.

Als Frauen waren wir für sie leicht einzuordnen, sie behandelten uns wie alle anderen Frauen auch. Die Tatsache, daß wir so viel jünger waren, verleitete sie keineswegs dazu, ihr Verhalten zu ändern, sondern führte eher zur Betonung desselben. Auch nach den Fragebogenaktionen und Interviews zählten wir nicht als 'Forscher'. Diese sind im Weltbild der meisten Männer im Tanzcafé weder weiblich noch jung. Lediglich unsere Interviewpartnerinnen zeigten mit ihrer Nervosität einen gewissen Respekt vor der imaginierten Macht der FragestellerInnen. Insgesamt forschten wir als Frauen hauptsächlich „von unten nach oben"[16], und die Erforschten sahen keine Notwendigkeit für Versteckspiele. Im Gegenteil: unsere besonders attraktive Anwesenheit schien die Herren zu beispielhaftem, aus ihrer Sicht „männlichen" Verhalten anzutreiben, sie waren nur noch charmanter, drängend umschmeichelnder, expliziter oder unverschämter.

Unsere beiden Herren verabschieden sich, nicht ohne noch einmal zu betonen, wir müßten unbedingt wieder mit ihnen tanzen. „Abschied ist ein bißchen wie sterben..." säuselt die gesampelte Katja Epstein in der letzten Runde des Abends für die wenigen Paare, die sich noch nicht voneinander trennen können. Wir haben genug erlebt. Wie erschlagen treten wir durch die Glastür in die späte Nacht und holen erst einmal tief Luft. Ob wir wiederkommen? Wir grinsen uns zu: Aber sicher!

Anmerkungen

1 Gemeint ist hier der europäisierte Tango, der seit ca. 100 Jahren bei uns zum Standartprogramm zählt. Zur ursprünglichen, südamerikanischen Form vgl. Martina Schuster und Ivonne Launhardt: Tango Argentino, in diesem Band.

2 In diesem Text sind Erlebnisse verschiedener Abende in unterschiedlichen Lokalen collagenhaft zu einem verdichtet, der exemplarisch für unseren ersten Abend in einem fremden Tanzcafé stehen soll.

3 Nur in einem Fall verdächtigte uns die Tanzband, Finanzprüferinnen zu sein. Vgl. auch Rolf Lindner: Die Angst des Forschers vor dem Feld. Überlegungen zur teilnehmenden Beobachtung als Interaktionsprozeß. In: Zeitschrift für Volkskunde, 77. Jg. 1981, S. 51-66; hier S. 53.

4 Alle Zitate ohne besonderen Quellennachweis sind Notizen wörtlich mitgeschriebener Kommentare entnommen. Sie stammen aus Gesprächen mit Männern, die an verschiedenen Abenden stattfanden.

5 Wir fühlten uns dabei an die „Schulmädchenreporte" der 70er Jahre erinnert, eine Serie von Erotik-Spielfilmen, in der angebliche Schulmädchen von sexuellen Kontakten zu meist älteren Männern berichteten.

6 Lindner 1981, S. 55.

7 Unsere Feldforschung bestand aus teilnehmender Beobachtung in Tanzcafés im Raum Tübingen und Herrenberg von Juli bis November 1997, vielen kurzen Interviews und Gesprächen mit TänzerInnen und fünf narrativen Interviews von eineinhalb bis zweieinhalb Stunden. Zum Einstieg verteilten wir 130 Fragebögen zu grundlegenen Fragen danach, wer wo was und warum tanzt. Interviews mit den MusikerInnen und BetreiberInnen der Tanzcafés ergänzten das Bild.

8 Vgl. Susanne Sackstetter: „Wir sind doch alles Weiber." Gespräche unter Frauen und weibliche Lebensbedingungen. In:

Utz Jeggle (Hg.): Feldforschung. Qualitative Methoden in der Kulturanalyse. Tübingen 1984, S. 159-176.
9 Wir hielten uns dabei an eine ungeschriebene Regel des Feldes: Solange sie männliche Partner bekommen kann, tanzt eine Frau nicht mit Frauen. Zwar überlegten wir, männliche Reaktionen durch ein Brechen dieser Regel zu provozieren und miteinander zu tanzen, doch wollten wir uns nicht noch weiter distanzieren und waren zudem nicht sicher, was wir dadurch in Erfahrung bringen wollten.
10 Lindner 1981, S. 53. Man beachte, daß Lindner nicht nur davon ausgeht, daß Forschende männlichen Geschlechts sind, sondern auch männlich konnotierte Bilder verwendet. Ich kann mir keine Situationen ins Gedächtnis rufen, in denen wir tatsächlich den Wunsch verspürt hätten, uns um „Penetration" zu bemühen.
11 Wir gingen allerdings auch nur von eigenen Erfahrungen aus: In Tanzstunden und im Turniertanz-Training geht es vor allem um Schrittfolgen, wobei das körperliche Vergnügen mit eineR PartnerIn zum positiven Nebeneffekt verkommt.
12 Lindner 1981, S. 54.
13 Einige der aus der Kombination von teilnehmender Beobachtung, Kurzgesprächen und Interviews erzielten Ergebnisse sind enthalten in Gaby Reichel/Monika Sauer: „Darf ich bitten?" in diesem Band.
14 In Fällen großer Scheu, das Feld unverzüglich zu betreten oder auch bei ausgedehnten Spaziergängen über den Parkplatz, um allzu anhänglicher Aufmerksamkeit von seiten eines unerwünschten Partners zu entgehen, bemerkten wir viele fremde Nummernschilder. In Gesprächen bestätigte sich, daß besonders Männer Strecken von über 100 km in Kauf nehmen, um dort „gepflegt tanzen zu gehen", wo sie niemand kennt.
15 Gertrud Oheim: Das 1x1 des guten Tons. Gütersloh 1955.
16 Vgl. auch Bernd Jürgen Warneken/Andreas Wittel: Die neue Angst vor dem Feld. Ethnographisches research up am Beispiel der Unternehmensforschung. In: Zeitschrift für Volkskunde, 93. Jg. 1997, S. 1-16.

*Sie verkörpern die Vorstellung eines klassischen Tanzpaares:
Fred Astaire und Ginger Rogers*

Gaby Reichel und Monika Sauer

„Darf ich bitten?"

Aufforderungsritual und Körperlichkeit im Paartanz

Zwei Menschen, die sich zum ersten Mal begegnen, fassen sich nach ein paar kurzen Worten bei den Händen. Sie halten sich in fester, aber dennoch fast zärtlicher Umarmung und beginnen sich zu drehen, in rhythmischen, harmonischen und fast erotisch anmutenden Bewegungen. Es sieht aus wie ein Spiel, das die beiden da miteinander spielen, vor und zurück, sich im Kreise drehen, ein Spiel nach bekannten Regeln.

Als wir die ersten Male Tanzcafés zu Forschungszwecken besuchten, wirkte das Verhalten der BesucherInnen sehr förmlich auf uns. Fast steif erschien uns, was sich da um uns herum an den Tischen abspielte, wenn zu einer neuen Tanzrunde aufgefordert wurde. Aber ist das alles wirklich so festgelegt? Gelten hier noch dieselben Umgangsformen[1], die bei früheren Generationen für einen eingespielten und reibungslosen Ablauf beim Kennenlernen sorgten? Sind es diese Regeln, die viele Menschen auch heute noch am Paartanz faszinieren? Oder was lockt sie zu den zahlreichen Tanztees und Tanzabenden? Und was erhoffen sich die Männer und Frauen von den Tanzrunden, die sie mit immer neuen TanzpartnerInnen drehen? Antworten auf diese Fragen versuchten wir durch teilnehmende Beobachtung, ausführliche Gespräche und offene Interviews zu finden.

... feste, aber zärtliche Umarmung...

Aufforderung zum Tanz

Zuerst interessierten wir uns für das oberflächlich so eindeutig „kniggig" erscheinende Aufforderungsritual. Gingen wir anfangs davon aus, daß die Paartanzszene durch sichtbare und unsichtbare männliche Führung dominiert ist, so wurden wir relativ schnell eines besseren belehrt. Die Männer führen zwar auf der Tanzfläche, in den Gesprächen zeigte sich aber, daß ansonsten eher die Frauen entscheiden, indem sie die Tanzpartner auswählen. Allerdings verstehen sie es sehr gut, den Männern trotzdem das Gefühl zu lassen, die Führungsrolle innezuhaben.

Dies wird deutlich, wenn man sich mit dem Aufforderungsritual befaßt, anhand dessen wir die Regeln rund um die Tanzfläche rekonstruieren wollen.

Entgegen unseren Vorstellungen ist es nicht die Frage „Darf ich bitten?", die die Aufforderung darstellt, sondern diese ist meist nur noch eine Höflichkeitsfloskel, die den gemeinsamen Tanz einleitet. Zum Tanz aufgefordert wird man lange vorher. So beobachteten wir oft, daß bereits auf der Tanzfläche, während man noch mit anderen PartnerInnen tanzt, nach neuen TänzerInnen Ausschau gehalten wird. Auch in den Pausen, über die Tische hinweg, werden durch Körpersprache und Mimik neue

TanzpartnerInnen auserkoren. Durch Lächeln oder Zunicken, aber auch durch Blicke wird signalisiert, daß man eventuell für die nächste Runde ein Paar werden könnte.

Körpersprache wird hierbei geschlechtsspezifisch unterschiedlich eingesetzt. Männer präsentieren sich im Paartanz teils über ihre Tanzkunst – im besonderen das gute Führen –, teils über andere körpersprachliche Merkmale wie zum Beispiel einen aufrechten, zielstrebigen Gang zum Tisch der Auserwählten oder ein selbstsicheres Lächeln. Hat ein Mann eine Partnerin, mit der die tänzerische Übereinstimmung auch nach außen hin sichtbar ist, setzt er das strategisch ein. In stolzer, aufrechter Körperhaltung, oft mit subtilem Lächeln, manövriert er die Partnerin möglichst geschickt durch den ganzen Saal, so daß alle Anwesenden, bevorzugt potentielle Partnerinnen, davon Notiz nehmen müssen. Mit einer nicht ganz so geglückten, weniger harmonischen Tanzpartnerschaft wird er sich eher in eine Ecke zurückziehen und am Platz tanzen, um seinerseits andere beobachten und sich aktiv um eine Partnerin für die nächste Tanzrunde bemühen zu können. Ein selbstsicheres Auftreten ist für den Mann in der Paartanzszene wichtig, es erhöht seine Chancen, sich beim Auffordern keine Absage, keinen „Korb" zu holen. Wir hörten oft in unseren Gesprächen, daß Männer ein „Nein, danke" schlechter ertragen können als Frauen und Strategien entwickelt haben, mit denen sie das Risiko einer Absage möglichst ausschließen.

Beobachtung vom Tisch aus

„Ich mach's immer anders, ich bin da vielleicht raffinierter: Wenn ich mit einer tanzen will – ich bin noch nie einer Frau nachgelaufen –, da gucke ich dann ein bißchen, und wenn sie auch schaut, dann mach ich so (beschreibt Kreise mit dem Zeigefinger), ob sie tanzen will. Wenn sie nickt, dann steh' ich auf und fordere sie auf. [...] Einen Korb kriegen?! Ne! Das ist mir zu blöd, da tanze ich lieber gar nicht." (Alfons F., 57 Jahre)

Durch genaue Beobachtung vom Tisch aus werden eventuelle TanzpartnerInnen sondiert. Verteilt sie oder er häufig Körbe, ist jemand – ganz ungewöhnlich – vielleicht gar nicht zum Tanzen da? Tanzt er oder sie mit jedem, und vor allem, wie tanzt jemand?

Hier kommen wir nun zum Part der Frauen im Aufforderungsritual. Sie sind nur scheinbar die Passiven, die Beobachtenden, die Zurückhaltenden im Paarungsspiel um die Tanzfläche. Signale wie ein vorsichtig erwiderter Blick oder ein lächelndes Nicken sind nur durch intensive Beobachtung zu durchschauen und, so vermuten wir, auch nur für Geschlechtsgenossinnen als bewußt ausgeführte wahrnehmbar. Gefragte Tanzpartnerinnen lassen sich gut führen und zeigen dieses Können, denn verkörpern sie mit einem Tanzpartner das Ideal des harmonischen Paares, könnte das für andere gute Tänzer ebenfalls gelten. Auch sie treffen dabei bereits eine Vorauswahl auf der Tanzfläche. Wir beobachteten, daß ein schlechter Tänzer, sollte er sein Unvermögen mit unerwünschten Annäherungsversuchen zu vertuschen versuchen, durch entsprechende Körperhaltung in seine Schranken verwiesen wird und kaum jemals eine zweite Chance bekommt.

Die meisten Frauen, mit denen wir sprachen, folgen nur dann einer Aufforderung zum Tanz nicht, wenn sie schon einmal mit einem Mann getanzt und dabei schlechte Erfahrungen gemacht haben:

„Ich habe auch mit Leuten getanzt, die mir nicht so sympathisch waren, die halt auch immer da waren, und dann hat man halt getanzt, denn es ist auch ein bißchen ungerecht, du kommst zum Tanzen und gibst jemand einen Korb. Ich finde das einfach nicht so gut. Ich habe also nur Leuten einen Korb gegeben, die mir irgendwann einmal zu nahe gekommen sind und einfach dann böse reagiert haben. Aber sonst habe ich auch mit Leuten getanzt, die mir nicht so angenehm waren, habe dann halt versucht nur einmal zu tanzen, daß es nicht verletzend war." (Susanne B., 58 Jahre)

Frauen versuchen meist, einem direkten Affront aus dem Weg zu gehen, indem sie lieber ihren Tisch für kurze Zeit verlassen oder den Mann geschickt in ein Gespräch verwickeln, um nicht noch einmal mit ihm tanzen zu müssen.

„Also es gibt die, die grundsätzlich Körbe verteilen, bloß, ich sage mir, gut... Mich wollte eine Zeit lang immer so ein ganz Kleiner holen, da hab ich dann gesagt: Sie, schauen Sie mal, Sie reichen mir gerade mal bis hierher (deutet auf ihren Bauchnabel) oder noch weiter runter, setzen Sie sich doch ein paar Minuten zu mir, dann können wir miteinander schwätzen. Aber ich werde keinen Korb verteilen, in dem Sinne, daß derjenige beleidigt wäre. [...] Eine Tour kriegt man einfach mit jedem Mann rum, und dann weiß man, wenn der wieder kommt, dann muß ich grundsätzlich jedesmal aufs Klo." (Ilse S., 58 Jahre)

Viele Männer dagegen wissen genau, was sie wollen und gehen oft sehr direkt vor. Wir haben es erlebt,

Konzentriert auf den anderen und den eigenen Körper

daß ein Mann lautstark, für ein ganzes Lokal hörbar, seinen Mißmut über eine Frau deutlich gemacht hat, die ein Nein nicht sofort akzeptieren wollte. Allerdings wissen wir nicht, ob es dazu eine Vorgeschichte gab.

„Also, bei der Damenwahl war's so: Du hast aufpassen müssen. Hatte es viele Frauen, dann wurdest du 'rumgereicht wie so ein Handtuch, das war nicht gut. Einmal kam eine an, die war über siebzig, das war so eine ganz große [deutet Leibesumfang an], mit der mußte ich dann. Die konnte gar nicht tanzen. Die habe ich dann gefragt, ob sie sich in der Adresse geirrt hat. Ich meine, irgendwo muß ich das mal loswerden. Ich tanze gern mal mit einer anderen Frau, aber die konnte überhaupt nichts." (Alfons F.)

Das Aufforderungsritual wie auch die sich anschließende gemeinsame Tanzrunde können dazu dienen, sich jemandem auf unverfängliche Weise und ohne weitere Verpflichtungen zu nähern. Das Risiko, zu schnell Gefühle zu investieren, wird dabei klein gehalten, und die Angst, enttäuscht zu werden, kann durch die klare Begrenzung dessen, was „üblich" ist, vermieden werden. Mit jedem neuen Partner, mit jeder neuen Partnerin werden die zwischenmenschlichen Berührungsbereiche verbal und körperlich immer wieder neu verhandelt und abgesteckt. Erotik darf im Spiel sein, doch wenn etwas den individuellen Gefühlshaushalt durcheinander bringen könnte, verlassen die TänzerInnen lieber das Parkett.[2]

Die Frage nach der Motivation

Warum gehen die Leute in Tanzetablissements? Welche Gründe sind dafür ausschlaggebend, wenn man sich in der heutigen Zeit fürs Paartanzen begeistert? Gibt es für Frauen und Männer unterschiedliche Motivationen, den Gesellschaftstanz anderen Tanzarten vorzuziehen?

Während unserer Forschung verteilten wir Fragebögen und stellten ganz am Anfang die Frage nach dem „Warum?". Über 90% der Befragten, überwiegend zwischen 50 und 70 Jahre alt, gaben unter anderem an, den Gesellschaftstanz aus Gründen der Fitness und als Sport zu betreiben. Diese hohe Zahl war um so erstaunlicher, als – gerade unter den BesucherInnen von Tanzcafés – auch bei gesundheitlichen Problemen mit dem Bewegungsapparat weitergetanzt wird. Die von uns vermutete sexuelle Motivation oder die explizite Suche nach einer PartnerIn war eher nur zwischen den Zeilen zu finden, dafür aber durch Beobachtung und eigene Erfahrungen zu entdecken. Welche Rolle der intensive Körperkontakt beim Paartanz spielt, wird uns im letzten Teil dieses Beitrags näher beschäftigen.

Als weitere Hauptgründe werden die Liebe zur Musik genannt, der Wunsch, abends auszugehen und relativ zwanglos andere Leute kennenlernen zu können. Für viele ist der Paartanz auch eine Möglichkeit, alltäglichen Frust oder Streß abzubauen. Manche tanzen der Partnerin oder dem Partner zuliebe – der Paartanz wird von ihnen als eine gemeinsame und harmoniefördernde Freizeitbeschäftigung betrachtet. Als „Herausforderung" bezeichneten es einige, als eine Möglichkeit, nicht nur körperlich, sondern auch geistig fit zu bleiben, andere – für uns ein interessanter, in späteren Gesprächen mit Befragten vertiefter Aspekt. Die Anforderung, Geist und Körper in Einklang zu bringen, dies dem Partner zu vermitteln, die körperliche Nähe in gemeinsame Bewegungsformen umzusetzen, um dann scheinbar mühelos über die Tanzfläche zu schweben, macht einen Großteil der Faszination aus. Ursula Fritsch[3] entdeckte bei ihren Untersuchungen des Paartanzes, wie wichtig für die Tanzenden die Übereinstimmung der Bewegungen ist. Diese evoziert ein neues Körpergefühl, das vom Miteinander, vom Gleichklang hervorgerufen wird.

Wir fragten uns, ob dieser Reiz für Frauen und Männer gleich groß ist oder ob es dabei geschlechtsspezifische Unterschiede gibt. Sehr oft hörten wir, meist von Frauen, daß das Tanzen in einer festen Partnerbeziehung einschläft, wofür uns häufig materielle Gründe genannt wurden. Ilse S. jedoch sagte uns, „daß sich irgendein Grund ja immer findet", den Männer als Ausrede benutzen, wenn sie die Lust am Tanzen verlieren. Es erscheine vielen dann nicht mehr notwendig, vielleicht auch nicht mehr so reizvoll, man habe ja eine feste Partnerin, die Werbephase und das Flirten erübrigten sich. Frauen stellten dies in unseren Gesprächen oft bedauernd fest, denn ihre Tanzlust bleibt unabhängig von einer Partnerschaft groß. Da wir in unseren Tischgesprächen mit Frauen immer wieder mit derartigen Äußerungen konfrontiert wurden, überlegten wir, ob das Tanzen für Frauen eine andere soziale Bedeutung haben könnte als für Männer.[4]

Zwei Frauen antworteten auf die Frage, warum sie gerade ein bestimmtes Tanzcafé immer wieder besuchen, daß sie hier sicher sein könnten, nicht angemacht oder belästigt zu werden, weil der Betreiber Anzüglichkeiten aller Art mit einem Hausverbot ahnde. Sie könnten einfach hierherkommen, um gepflegt zu tanzen, vielleicht auch mal zu flirten, sich nett zu unterhalten, um dann aber auch ohne Verpflichtungen wieder zu gehen. Eine Interviewpartnerin brachte unsere Vermutung in einem anderen Kontext auf den Punkt. Ihr Mann wollte in ihrer langjährigen Ehe nicht mehr mit ihr zum Tanzen gehen, obwohl sie sich auf einer Tanzveranstaltung kennengelernt hatten. Nach ihrer Scheidung aber „durfte" sie dann endlich wieder, was sie seitdem bei jeder sich bietenden Gelegenheit nutzt. Sie erzählte uns, daß sie ähnliche Beobachtungen auch bei anderen Paaren gemacht habe.[5]

Männer tanzen zwar nach Beendigung einer Partnerschaft auch bald wieder, sind dabei nach Ansicht der Frauen allerdings gezielt auf Partnersuche und im Falle einer erneuten Bindung wieder weniger motiviert. Ein Mann berichtete uns, er kenne viele Paare, die sich im Tanzcafé kennengelernt haben und kurz danach von der Tanzfläche verschwanden, um nach einem halben Jahr, jeder für sich, wieder zu erscheinen, weil die Beziehung zu Ende war.

Immer wieder wird die Formulierung „nur tanzen" als Gegensatz zur Partnersuche benutzt, wenn uns GesprächspartnerInnen, vor allem Frauen, ihre Gründe für ihre Entscheidung zum Paartanz nennen. Wie deuten wir nun dieses „nur" im weiblichen bzw. männlichen Erlebens- und Erfahrungskontext? Wenn es um die weibliche Motivation zum Paartanzen geht, wird eine Diskrepanz zwischen den Aussagen von Frauen und Männern deutlich. Während Frauen fast durchweg von sich behaupteten, sie gingen wirklich nur zum Tanzen aus, ohne den Vorsatz, einen Partner für die Nacht oder für eine längere Lebensspanne kennenlernen zu wollen, meinten die Männer, die Frauen wollten das nur nicht zugeben. Über die Motivation von Männern herrscht dagegen Einigkeit: Tanzen dient alleinstehenden Männern zur Partnersuche.

Ein Zwiegespräch während eines Interviews mit Susanne B. und Alfons F. ist uns in lebhafter Erinnerung geblieben:

A: „Also bitte, man geht eigentlich ja schon fort, um jemanden kennenzulernen."
S: „Nein , also ich wollte immer..."
A: „Doch! Immer!"
S: „Ich wollte tanzen, ich wollte..."
A: „Schon jemanden kennenlernen! Ich hab' Langeweile, also geh' ich zum Tanzen, und vielleicht ergibt..."
S: „Ja, kennenlernen für fünf Stunden oder für nachher? Ohne, wie sagt man, Verpflichtungen."

Es erstaunte uns zunächst etwas, daß es kaum eineR unserer GesprächspartnerInnen in Erwägung zieht, andere Orte aufzusuchen, wo man auch alleine tanzen kann. Doch muß dabei berücksichtigt werden, daß diese Generation zum Teil noch nie etwas anderes als Gesellschaftstanz getanzt hat. Ihre Tanzsozialisation fand in den 50er und 60er Jahren statt, bevor sexuelle Revolutionen die jugendkulturellen Tanzszenen beeinflußten. Rockmusik und das dazu gehörende Solotanzen der 68er fällt nicht unter ihr Verständnis von „gepflegtem" Tanzengehen oder unter die Bezeichnung „zum Tanzen ausgehen", was in unserer Generation auch unabhängig von PartnerInnen stattfinden kann. Dies zeigt sich in Kommentaren wie: „Ach, diese jungen Leute wissen überhaupt nichts von Erotik, vom Kribbeln im Bauch, wenn man sich so nahe ist."

Fritz Böhme beschreibt die Attraktion des Paartanzes in seinem Aufsatz über den „Tanzfimmel" folgendermaßen:

„Man kann auf seine eigene Art und Weise selig werden: es kümmert sich keiner darum, wie man mit dem Partner zu einem tanzenden Stern zusammenfließt. [...] Das ist die stärkste Änderung, die der [...] Gesellschaftstanz hervorgebracht hat: Er hat die Distanzlosigkeit der Partner zur Vorbedingung des Gelingens des gemeinsamen Tanzes gemacht."⁶

„.... hier werden wir nicht angemacht oder belästigt..."

Der sexuelle Körper im Paartanz

Die uns zunächst strikt erschienenen Spielregeln der Paarbildung haben wir über Wochen hinweg beobachtet, reflektiert, erfragt und am eigenen Leib erfahren, und sie wurden uns verständlicher bei dem Gedanken, wie nahe sich Fremde hier sehr schnell kommen, wenn sie miteinander tanzen. Wir können den Wunsch inzwischen sehr gut nachvollziehen, vor einer Tanzrunde halbwegs sicher gehen zu wollen, daß der Partner einem sympathisch ist. Die anfänglich köstliche Fremdheit ist eine Phase, die es zu überwinden gilt, da eventuelle Liebesbeziehungen in unserer Gesellschaft vom Gebot der Transparenz bestimmt sind: man möchte schließlich wissen, mit wem man es zu tun hat.[7]

Ziehen wir die Sichtweise in Betracht, daß die oben angesprochenen Umgangsformen dazu dienen, die Fremdheit am Beginn eines intimen Zusammenseins wie dem Paartanzen wohl dosiert in unverfängliche Vertrautheit umzuwandeln, erstaunt es uns, wie weit der Körperkontakt bereits beim ersten Tanz gehen kann. Teilweise tanzen die Paare so geschickt auf Tuchfühlung, daß sich nicht einmal bei schwungvollen Drehungen die Hüften voneinander lösen. Judith Lynne Hanna[8] beschreibt, wie das Tanzen die Aufmerksamkeit auf den Körper und die körperlichen Regungen lenkt. Tanzbewegungen dienen der Kommunikation zwischen den TänzerInnen und können sexuelle Empfindungen wie auch Reaktionen darauf hin und her transportieren.

Wie aufreizend diese selbstverständlich dazugehörende Körperlichkeit auch mit Wildfremden sein kann, erfuhren wir mit einzelnen Tänzern selbst, erzählten uns aber in Gesprächen und Interviews vor allem die Frauen. Susanne B. verriet uns, daß es ihr schon hin und wieder passiert sei, daß bei engem Tanzen „so ein Gefühl aufkommt, ein Kribbeln", daß sie es sich aber nicht erlaubt, *mehr* zu riskieren. Das sollte man ihrer Meinung nach vor allem dann nicht, wenn man verheiratet ist.

Üblicherweise geschieht das enge Tanzen im Einvernehmen beider Seiten. Selten muß man direkt werden, um ungewollten Vertraulichkeiten der PartnerInnen zu entgehen, doch es kommt vor:

„Es gibt verflixt Hartnäckige, ich kann's ihnen sagen... Daß man wirklich schon teilweise meint, man wäre im Bett mit ihnen! Die halten Sie aber so fest, versuchen sie mal, da weg zu kommen. Ich hab' mal einen stehenlassen auf der Tanzfläche. Denn ich halte das so: 'Das Berühren der Figuren ist verboten.' Die möchten das aber eigentlich nicht akzeptieren. Die sind so unheimlich von sich eingenommen..." (Ilse S.)

Die Strategie, grob zu werden, stellte sich auch für uns als sehr effektiv heraus, doch sie ist radikal. Es gibt kaum eine Möglichkeit, einen Mann stärker bloßzustellen, als ihn allein auf dem Parkett stehen zu lassen. Daß Männer solch eine Demütigung eher selten schlucken müssen, verweist uns wieder einmal auf kulturelle Geschlechterdifferenzen. Frauen setzen sich zwar selten aktiv zur Wehr, doch einige unserer Interviewpartnerinnen schilderten uns die körperlichen Aufdringlichkeiten von Männern als äußerst unangenehme Begleiterscheinungen eines Tanzabends. Dieses Hinnehmen von Zudringlichkeiten hat sicherlich mit dem Alter unserer Befragten zu tun, auf die die Frauenbewegung nicht denselben Einfluß hatte wie auf Frauen unserer Generation. Und während bei Männern diese Art der Aktivität, die mitunter schon in sexuelle Belästigung mündet, eher toleriert wird, ist eine von Frauen ausgehende körperliche Annäherung, die über eine durch das Tanzen erforderliche Berührung hinausgeht, schlichtweg ein Tabu.

Dabei übernehmen Frauen leicht die Perspektive der Männer, wie uns auffiel, wenn uns einige Anwesende gestanden, wie sie so ein Verhalten von Frauen bewerten. Sich als Frau einfach zu nehmen, was man im Tanz sucht, wird von Männern und Frauen gleichermaßen als „widerlich" bezeichnet:

„Klar, das kennt man ja von den Herren, meistens machen sie's aber so, daß es nicht stört. Frauen steht das nicht an." (Frau, ca. 50 Jahre)

An einem Abend mit Damenwahl konnten wir eine auffällig gekleidete und immer wieder von Männerblicken verfolgte Frau beobachten. Sie tanzte in jeder Runde und war oft schon beim ersten Lied sehr anschmiegsam. Genauso wie auch bei vielen Herren immer wieder zu beobachten war, ließ sie ihre Hände wandern, statt sich auf die eigentliche Tanzhaltung festzulegen. Sie hatte daraufhin auffallend viele Körbe zu verzeichnen, wie überhaupt der Kontakt zu ihr (besonders der körperliche) vermieden wurde. Dagegen wurde ein Mann mit der gleichen Technik, der trotz der Damenwahl ständig selbst aufforderte, nie abgewiesen und keineswegs seltener von Frauen zum Tanz gebeten als andere Herren.

Kaum ein Mann, bei dem eine Frau auf Tuchfühlung geht, begrüßt es, einer unter vielen zu sein. Wir erhielten von weiblichen wie männlichen GesprächspartnerInnen immer wieder negative Resonanz, wenn wir die Aktivität einiger Ausnahme-Frauen zur Sprache brachten, denn Frauen ist es im Tanzcafé nicht gestattet, sexuelle Wünsche explizit zu zeigen. Für eine solche Kommunikation sind sie auf die Aktivität des Mannes angewiesen oder müssen auf klug versteckte Botschaften zurückgreifen.

An der divergierenden Bewertung von Körperlichkeit lassen sich aber auch unterschiedliche Tanzmotivationen von Frauen und Männern nachweisen. Während Männer oft zielgerichtet agieren, mögen viele Frauen den behutsamen, teilweise auch engeren Körperkontakt zum Partner, doch bedeutet das für sie nicht zwangsläufig auch ein weitergehendes sexuelles Interesse. Der Körperkontakt gehört für sie viel selbstverständlicher zum Tanzen und macht auch einen wichtigen Reiz aus, wird aber seltener bewußt für eben dieses sexuelle „Mehr" eingesetzt. Bei unseren Gesprächspartnerinnen beispielsweise sind traditionelle Werte wie Anstand und Treue tief verinnerlicht. Am besten, so meinen viele, sei ja auch das „heimlich kribbeln lassen", was darüber hinausgeht, wird häufig als plump empfunden.

Doch dieses *Mehr* interessierte uns: Es geht zurück auf eine Macht, die dem Tanzen innewohnt, die komplexe innere Erlebnisse, Wünsche und Gefühle erzeugt und verwandelt und Menschen in die Bereitschaft zur Akzeptanz, zur Ruhe oder auch zur Erregung lockt.[9]

Bei Frauen scheint es mit einem Tabu belegt zu sein, von Männern jedoch wird das körperliche Reizpotential, die Nähe im Paartanz, viel häufiger für ein von der Partnerin nicht akzeptiertes *Mehr* eingesetzt – und weniger für den von diesen gewünschten unverbindlichen Flirt über eine Runde. Da sind Mißverständnisse vorprogrammiert, und zum Bedauern mancher unserer Gesprächspartner endet deshalb ein Tanzabend viel zu selten mit einer Verabredung oder gar einer Fortsetzung des Kontakts in den eigenen vier Wänden: „Wie oft bin ich abends allein heimgegangen und habe keine kennengelernt", erzählte uns beispielsweise Alfons F.

Häufig ist auch die belanglos erscheinende Unterhaltung ausschlaggebend für mehr oder weniger Körpereinsatz im Tanz – und dabei manchmal von falschen Deutungen geprägt, wie im folgenden Beispiel, das eine von uns in ihrem Forschungstagebuch notierte:

Er: Sie tanzen aber auch sehr gut! (*und zieht mich näher ran*)
Ich: Oh, danke!
Er: Sind Sie auch aus Tübingen? (*Händedruck*)
Ich: Ja, wir sind zusammen da.
Er: Ist der junge Mann ihr (*ich verstehe* „*ein*") Freund?
Ich: Ja, klar (*dann, bei seinem Gesichtsausdruck verstehe ich endlich* „**ihr Freund**" *und seine Bezugnahme auf meine Kollegin, an der er vorhin schon starkes Interesse zeigte und korrigiere:*) Wir sind alle Freunde! (*Aber es ist schon zu spät, nur kurz eine enttäuschte Miene; er tanzt jetzt weit von unserem Tisch weg*)
Er: Sie tanzen wirklich sehr gut! (*zieht mich noch enger ran*)
Arbeiten Sie? (*Seine Hand rutscht auf meinen Po. Ich drehe mich einfach unter seinem Arm durch in eine offene Tanzhaltung*)
Ich: Nur halbtags! (*Mit bösem Blick. Er dreht mich sofort wieder herein, tanzt aber auf Abstand und begutachtet dafür meine Oberweite*)

Ich: Kommen Sie oft hierher? *(die Frage überrascht ihn offensichtlich, er tanzt sofort wieder enger)*
Er: Nee, eher ab und zu. Ich bin nämlich selbständig und habe wenig Zeit.

Der Weg von der Tanzfläche zurück zum Platz bedeutet meist die Trennung des eben noch vereinigten Paares, weg von dem Ort, der – innerhalb der abgesteckten Spielregeln – einen Freiraum bietet für gezielten, aber meist unverbindlichen Körperkontakt. Wir resümieren, daß das Betreten der Tanzfläche immer wieder etwas von einer Ausnahmesituation hat, in der zwar viel passiert, aber meist uneindeutig bleibt, wer was wie meint. Dagegen steckt man auf dem Rückweg vom Parkett gemeinsam ab, wie man außerhalb des Tanzens miteinander umgehen will und soll. Schaut man genau hin, wird jetzt klar, wer was wie gemeint haben könnte. In dieser Phase des Runden-Kreislaufs wird manches von diesem *Mehr* konkret oder verschwindet einfach. Rudi R. (57 J.) schilderte uns eine seiner Erfahrungen:

„Da wirft sich meine Tanzpartnerin an mich heran, tanzt ganz eng und drückt so mit der Brust. Als ich sie dann zum Tisch bringe, möchte ich ihr die Hand auf den Po legen, und da fährt sie mich an, als ob ich sonstwas verbrochen hätte."

Mit dem Wissen um den männlichen Körpereinsatz ist es für uns um so erstaunlicher, wenn ausgerechnet Männer auf die potentielle „Unkörperlichkeit" der Frauenrolle im Paartanz schwärmerisch zu sprechen kommen. So erklärte uns Alfons F., der uns gerade noch die Methoden verraten hatte, wie er Frauen in sexuell konnotierten Körperkontakt verstrickt:

„Ganz vereinzelt [gibt es] sehr blendende Frauen [...], die sind meistens schlank. [...] Die nimmst du in den Arm, und du spürst sie nicht. Egal, was du machst, das ist der egal, die fühlt das

Sexuell konnotierter und tolerierter Körperkontakt

schon, was du machst. Gibt wenige, aber das gibt's. Und die läßt man nicht mehr gehen!"

Überraschend wird das Tanzen auf eine ganz andere Ebene der Körperlichkeit gehoben – auch wir haben das erfüllt. Es geht dabei um Geschicklichkeit und Übereinstimmung der Bewegungen, um Konzentration wie auch um technische Brillanz. Führen bedeutet dann nicht, sexuelle Dominanz auszuüben, sondern vielmehr „Harmonie möglich zu machen" und „sich ganz aufeinander einzustellen", wie es Bernd W. (59 Jahre) ausdrückt. Wir erfuhren, was es heißt, den Tanzpartner nicht mehr als sexuellen Körper zu empfinden. Die Hüfte ist nicht mehr erotische Zone, sondern Dreh- und Angelpunkt jeder kleinsten Bewegung. Nach außen hin mag das erotisch aussehen, es wird aber nicht so empfunden, denn die Konzentration liegt auf der Technik, auf dem Zusammenspiel der Bewegungen.

Für unsere Ohren weniger positiv, aber mit dem gleichen Hintergrund, bezeichnet ein anderer Mann, der bis dahin sehr auf körperliches Aufreizen der Damen bedachte Heinz-Martin, plötzlich seine aktuelle Tanzpartnerin als ein „hervorragendes Tanzsportgerät". Bietet eine Frau aus Sicht des Mannes ein sportlich und technisch würdiges Gegenüber, wird die Herausforderung, den Tanz als gemeinsames Dahingleiten bestreiten zu können, das Wesentliche und sexuelle Ambitionen lösen sich in Luft auf. Im Idealfall heißt das, mit einem guten Tänzer bzw. einer guten Tänzerin muß keinerlei sprachliche Abstimmung stattfinden.

Diese besondere Faszination haben wir beobachtet, erfragt und selbst erlebt. Vielleicht ist das ja der Wunsch aller Tanzenden: dem subtilen Reiz zu erliegen, der durch eine spezielle Art von Erotik erzeugt wird, die über die rein körperliche Nähe zum anderen Geschlecht hinausgeht. Sie ist zwar nach außen hin als solche sichtbar, wird aber von den Tanzenden nicht mehr als sexuelle, sondern als allumfassende Anziehung und Harmonie, als gemeinsames Entschweben verspürt. Dieses Gefühl, das sich nicht nur für unsere GesprächspartnerInnen so schwer in Worte fassen ließ, übt eine magische Anziehungskraft aus, die viele Menschen immer wieder ins Tanzcafé zieht. Aber auch die im Alltag seltene Situation, sexuelle Attraktion ganz nach Wunsch registrieren oder ignorieren zu können, genießen viele TänzerInnen.

Die Regeln, die diesen Umgang ermöglichen, haben wir am Beispiel des Aufforderungsrituals gezeigt. Diese, für die Paarbildung der älteren Generationen gültigen Spielregeln sorgen für die gewünschte Mischung aus Nähe und Unverbindlichkeit im Tanzcafé, das die Vorzüge eines intimen mit denen eines öffentlichen Raums vereint. Dadurch entsteht eine besondere Atmosphäre der Ambivalenz, ein Freiraum, in dem Frauen und Männer beim Tanzen Erotik erleben können.

Anmerkungen

1 Um uns den Umgangsformen unserer Beforschten anzunähern, haben wir uns mit Benimm-Literatur befaßt. Vgl. z.B. Kurt von Weißenfeld: Der moderne Knigge. Berlin 1954.
2 Vgl. Elisabeth Badinter: Ich bin Du. Die neue Beziehung zwischen Mann und Frau oder Die androgyne Revolution. München 1987, S. 249-262.
3 Vgl. Ursula Fritsch: Tanz, Bewegungskultur, Gesellschaft. Verluste und Chancen symbolisch-expressiven Bewegens. Frankfurt/M. 1988.
4 Einige Wissenschaftlerinnen haben auf die Wichtigkeit des Tanzens für jüngere Frauen hingewiesen, über ältere Tänzerinnen liegen jedoch bislang keine Untersuchungen vor. Angela McRobbie: Dance and Social Fantasy. In: Angela McRobbie/Mica Nava (Hg.): Gender and Generation. London 1984, S. 130-161; Vivienne Griffith: Stepping Out: The Importance of Dancing for Young Women. In: Erica Wimbush/Margaret Talbot (Hg.): Relative Freedoms. Women and Leisure. Milton Keynes 1988, S. 115-125.
5 Vgl. auch Monika Sauer: Sizilianisches Intermezzo im Leben von Luise S., in diesem Band.
6 Fritz Böhme: Der Tanzfimmel. In: Kurt Neff (Hg.): Vom Tanz. Frankfurt/M. 1993, S.162-174; hier S.166 und 167.
7 Vgl. Badinter 1987, S. 249-262.
8 Vgl. Judith Lynne Hanna: Dance, Sex and Gender. Signs of Identity, Dominance, Defiance, and Desire. Chicago 1988, S. 13.
9 Vgl. ebd.

„... es kribbelt im Bauch, wenn man sich so nahe ist!"

Monika Sauer

Sizilianisches Intermezzo im Leben von Luise S.

Luigi? Oh ja – das war ein Tänzer! Ach, ist das schon wieder lange her. Ich war sechzig, als mein Mann starb und Herd und Haushalt mich direkt ins Tanzcafé entlassen haben. Getanzt hab' ich schon immer gern, aber als Hausfrau, da wird man ja nie mit der Arbeit fertig. Auf jeden Fall, zum Tanzen waren wir nie. Und jetzt durfte ich wieder – endlich! Dreimal die Woche, manchmal sogar noch öfter, habe ich mich auf den Weg gemacht. Wissen Sie, das ist gar nicht so einfach von hier ins Tanzcafé, erst Bus, dann Bahn, dann Straßenbahn, drei Stunden hin und zurück! Aber ich zahle ja nichts, habe doch einen Schwerbehindertenausweis, wegen Wasser in den Beinen. Aber zum Tanzen reicht's noch!

Ich war immer mit meinen Freundinnen da, wir haben oft miteinander getanzt. Am liebsten war mir der Foxtrott, vor allem der schnelle, aber auch ein Wiener Walzer kann entzücken! Diese Drehungen, immer rum und rum, bis einem schwindlig ist – das war fast wie früher in der Wirtschaft von meinem Vater, da haben wir auch viel getanzt und gesungen.

Ja, aber dann kam Luigi. Das war so ein Kleiner, fast einen Kopf kürzer als ich. Und dünner war er auch, nichts dran an dem Kerl, aber ein hübscher Mann, noch jung mit seinen fünfzig Jahren. Obwohl, in seinem Alter war ich auch noch ein Prachtexemplar. Und tanzen konnte der! Warten Sie mal, wie war das... Er hat mich eines Abends aufgefordert, ich wollte erst nicht recht, habe mir gedacht, was wir wohl für ein Bild abgeben! Aber ich habe ihm wohl gefallen, immerhin hat er mich aufgefordert. Und dann, auf der Tanzfläche, das kann man gar nicht beschreiben – geflogen sind wir! Das hat von Anfang an gestimmt, die Harmonie, der Rhythmus, das war einfach fantastisch, so richtig verzaubernd. Wir haben viel getanzt, an dem Abend, ganz selbstverständlich, als wären wir schon lange ein Paar.

Und am nächsten Tag war er wieder da. Am Samstag auch, wir haben getanzt und getanzt, wie die Jungen. Montags dann, da saß er schon da, als ich kam, und war ganz böse. Warum ich am Sonntag nicht dagewesen wäre! Aber sonntags gehe ich in die Kirche, das geht nicht, daß man da tanzen geht. Das hat er verstanden. Er war nämlich Sizilianer, da ist man auch katholisch.

Wissen Sie, beim Tanzen, auch wenn man sich nicht kennt, da ist man sich ja ganz nah, ohne große Worte, da lernt man sich viel schneller und ganz anders kennen, als wenn man einen Kaffee trinken geht. Nun ja, wie soll ich sagen: Wir haben uns gefallen! Wenn man so miteinander tanzen kann, wird der Altersunterschied ganz gleichgültig und das Aussehen auch. Er ist dann bei mir eingezogen. Das große Haus ganz für mich war ja auch nichts Rechtes, und seit mein Mann tot war, bin ich mit dem Garten auch nicht mehr hinterhergekommen, und sowas, das

Frau Marie B. hat Spaß am Senioren-Tanzkurs – auch ohne festen Partner

konnte der Luigi. Mein Sohn, der fand das gar nicht gut, der hat immer auf mich eingeredet: „Ein verheirateter Mann! Mutter, in deinem Alter" und so, aber der Junge weiß einfach nicht, wie das ist, der geht sowieso nicht tanzen! Ich hatte eine wunderschöne Zeit mit Luigi. Ich finde, in meinem Alter ist es egal, ob man verheiratet ist oder nicht. Das wichtige waren wir zwei und der Schwung, den das Tanzen mir gab. Runde um Runde tanzten wir uns zusammen. Schön war das.

Nur im Sommer, da wollte Luigi nicht nach Hause fahren wie sonst jedes Jahr. „Bei dir gefällt's mir besser", hat er gesagt, und daß seine Frau so dumm wäre, die könnte nicht mal lesen und schreiben. Das war mir aber zu blöd, und ich habe ihm gesagt, er soll sehen, daß er nach Sizilien verschwindet, seinen Bauarbeiter-Lohn mitnimmt und das Geld seiner Frau gibt, daß wenigstens seine drei Töchter lesen und schreiben lernen! Das haben wir gern, erst die Frauen dumm halten und dann sitzen lassen – nicht mit mir! Ich hab' ihm gesagt, erst wenn er zu Hause war, darf er sich bei mir wieder sehen lassen.

Er ist dann auch gefahren, aber danach war nichts mehr wie vorher. Erst hat er den Flieder vorm Haus zu Tode gestutzt, das hat meinen Sohn wieder auf die Palme gebracht. Und dann fing es an, daß er meinte, ich müßte ihm immer Essen kochen, mit dem Gemüse, das er im Garten gezogen hat. Ich hab ihm gesagt, daß ich davon nichts wissen will, aber ganz zufrieden war er nicht mehr.

Und dann, dann wollte er nicht einmal mehr tanzen gehen! Immer seltener haben wir es geschafft, zusammen ins Tanzcafé zu fahren, wieder unsere Runden zu drehen, wie damals, als alles anfing. Das war vielleicht das Problem, daß wir nicht mehr so richtig miteinander getanzt haben, daß das Gefühl bei mir einfach nicht mehr aufgekommen ist. So bin ich eben wieder allein losgezogen. Das fand ich schon sehr schade, aber als er dann eines Tages heimkam und verlangt hat, wenn er nicht tanzen geht, darf ich das auch nicht. Da hat's mir dann gereicht! Wo kämen wir denn hin, wenn ich nur noch mit ihm tanzen dürfte und er überhaupt nicht mehr will!

Ich habe ihn rausgeworfen. Jetzt geh' ich wieder ohne Mann ins Tanzcafé. Meine Freundinnen, die bleiben mir beim Tanzen treu, auch wenn ich ihnen nichts koche.

Luise S. lebt mittlerweile im Altersheim und kann nicht mehr tanzen. Ihre Enkelin erzählte mir diese Geschichte. Was aus Luigi wurde, weiß niemand.

Michael Marek

„Harte Männer tanzen nicht!"

Männer im Konflikt mit der Tanzlust

Zu Beginn der Projektarbeiten im April 1997 bezeichnete ich mich in der Vorstellungsrunde als „Tanzmuffel", als Mann, der so gut wie gar nicht tanzt. Nach ersten gemeinsamen Studien im Tanzfeld Disco und voranschreitender theoretischer Auseinandersetzung mit dem Thema Tanzen beschäftigte mich zunehmend die Frage, warum ich nicht auch so gerne tanze wie die zahlreichen Disco- oder Tanzcafé-BesucherInnen in unseren Feldern – oder wie viele meiner Projekt-KollegInnen.

Ein Satz, der mir schon häufiger begegnet war, fiel mir wieder ein: „Harte Männer tanzen nicht". Eine ganze Reihe von Fragen knüpfte sich daran: Wie definiert sich ein „harter" Mann in unserer Gesellschaft? Warum sollen Männer nicht tanzen? Warum ist Tanzen eine geschlechtsspezifisch ausgeprägte Freizeitbeschäftigung? Das oftmals spannungsgeladene Verhältnis von Männern zum Tanzen wurde so zu meinem Thema.

Zunächst fand ich einen Roman von Norman Mailer mit dem Titel „Tough Guys Don't Dance"[1]. Mailer behandelt darin das Tanzen zwar nicht ausdrücklich, befaßt sich aber ausgiebig mit Vorstellungen von Männlichkeit. In einem Dialog zu Beginn des Romans sagt der Vater des Protagonisten: „Harte Männer tanzen nicht." Dies macht deutlich, wie sehr seine persönlichen Vorstellungen von Männlichkeit, z.B. keine Gefühle zu zeigen und keine Ängste zu haben, den Vorstellungen des Sohnes, nämlich über Gefühle sprechen bzw. sie ausleben zu dürfen, entgegenstehen. Mailer rekonstruiert dadurch auf literarischer Ebene den kulturellen Zusammenhang von Tanzverbot und bestimmten traditionellen Männlichkeitsvorstellungen.

Jüngstes Beispiel für diesen Zusammenhang ist der amerikanische Spielfilm „In & Out"[2]. Der Hauptdarsteller Kevin Kline spielt darin einen kleinstädtischen Lehrer, der von einem seiner ehemaligen Schüler als homosexuell geoutet wird. Um dieser für ihn rufschädigenden Behauptung entgegenzutreten, versucht er alles Erdenkliche, um die ortsansässige Bevölkerung vom Gegenteil zu überzeugen. Zum Erlernen von Verhaltensweisen, die nicht homosexuell konnotiert sind, bedient sich der Lehrer einer Tonbandkassette mit dem Titel „Explore Your Masculinity". Darauf werden mit tiefer Stimme Anweisungen für männliches Verhalten gegeben, doch er hört vor allem die Musik und fängt an, dazu zu tanzen – allerdings nur bis zu dem Moment, an dem die Stimme sagt: „Denke daran – Männer tanzen nicht! Richtige Männer tanzen nicht!"[3]

Tänzelnder Kevin Kline auf dem Filmplakat von „IN & OUT"

Aber läßt sich diese fiktional verarbeitete Verbindung von Männlichkeit und dem Gebot, nicht zu tanzen, auch in der Realität nachweisen? Wie sieht es z.B. in Tanzschulen aus? In einer Studie des Allgemeinen Tanzlehrerverbands (ADTV) aus dem Jahr 1997 wurde ich fündig. Die Repräsentativbefragung von 15- bis 24jährigen TanzkursbesucherInnen deckte eine geschlechtsspezifisch ungleiche Verteilung von Tanzlust auf:[4]

„Von einem nicht zu unterschätzenden Anteil der jungen Männer wird der Besuch eines Tanzkurses subjektiv als eine Art 'Pflichtveranstaltung, der man sich unterziehen muß', empfunden. Für die Mehrheit der jungen Frauen hingegen ist der Besuch eines Tanzkurses eine 'unbeschwerte, überwiegend spaßorientierte Angelegenheit'."[5]

Es schien also doch etwas dran zu sein. Um herauszufinden, warum viele Männer Tanzen eher als Pflicht denn als Vergnügen ansehen, begab ich mich auf die Suche nach weiteren Tanzmuffeln.

Erste Beobachtungen zeigten, daß diese besondere Spezies in Discotheken nur an bestimmten Orten zu finden ist. Es gibt die Tanzfläche, den Tresen und den Raum dazwischen – den Tanzflächenrand im weiteren Sinne, der als Heimat der Tanzmuffel bezeichnet werden kann.[6] Nach längerer Beobachtungszeit, auf unauffälligem Posten in der Nähe der Bar, ließen sich einige Männer ausmachen, die in zwei Stunden nicht ein einziges Mal den Weg in Richtung Tanzfläche einschlugen. Direkte Fragen nach dem Grund für ihr Nichttanzen oder auch indirekte Fragen wie „Tanzen Sie auch in dieser Discothek?" oder „Was halten Sie vom Tanzen allgemein?" wurden allerdings falsch aufgenommen und evozierten mitunter heftige Reaktionen vom Abwinken über irritierte Mimik bis hin zu verbalen Attacken oder der Unterstellung, ich müsse schwul sein. Gleich bei meinem Einstieg ins Feld stellten sich mir die ersten Hindernisse entgegen.[7]

Eine Interviewsituation auf neutralem Gebiet schien mir also weitaus angebrachter. Doch dafür mußten die entsprechenden Männer erst einmal ausfindig gemacht und zu einem Interview überredet werden.

Beim Auffinden nichttanzender Männer waren Frauen äußerst hilfreich. Einige Telefonnummern bekam ich von Kolleginnen oder Freundinnen mit der Bemerkung: „Der tanzt bestimmt nicht!" oder „Den habe ich überhaupt noch nie tanzen gesehen!" Nach vielen Telefonaten ergab sich für meine Forschungen eine Zahl von immerhin fünf gesprächswilligen Interviewpartnern.[8] Bei den Gesprächen zeichnete sich schnell ein erstes Ergebnis ab: Diese „Tanzmuffel" haben offenbar überhaupt nichts gegen das Tanzen und scheinen eher sporadische oder verhinderte Tänzer zu sein. So erklärte beispielsweise Bernd S.: „Nein, ein Tanzmuffel bin ich nicht. Ich würde schon tanzen, aber ich habe es nie so richtig gelernt."

Und Matthias S. ist auch nicht ganz abgeneigt: „Ich tanze zwar selten, eigentlich nie, aber ich gehe mit Freunden gerne ab und zu in die Diskothek und sehe anderen gerne beim Tanzen zu."

Eher ungewöhnliche Aufforderung zum Tanz

Helmuth H. hat ebenfalls ein ambivalentes Verhältnis zum Tanzen: „Nein, ich tanze schon auch, zu Hause halt, aber nie, wenn jemand zusieht. Selbst wenn meine Freundin das Zimmer betritt, höre ich auf zu tanzen."

Und Gerhard S. tanzte früher gern, hat es inzwischen aber aufgegeben:

„Früher habe ich bestimmt zweimal in der Woche getanzt. Aber jetzt, durch familiäre und berufliche Verpflichtungen, komme ich gar nicht mehr dazu [...]. Ich glaube aber, auch wenn ich die Zeit wieder hätte, so ist das, wozu ich früher getanzt habe, die Musik und was ich damit verbinde, einfach schon so weit weg von mir. Irgendwie kommt mir das heute ein bißchen lächerlich vor. Ich würde heute nicht mehr unbedingt tanzen gehen."

Zunächst führte er berufliche und familiäre Verpflichtungen als Hinderungsgrund für das Tanzen an, revidierte dies aber anschließend und sprach von einer bedingten Unlust. Der einzige meiner Befragten, der von sich behauptete, ein konsequenter Nichttänzer zu sein, war Hugo R.:

„Ich bin kein Tanzmuffel. Ein Tanzmuffel ist meiner Meinung nach jemand, der ab und zu doch tanzt, zwar nicht so gerne, aber eben ab und zu. Ich tanze überhaupt nicht, selbst früher, als junger Mann, habe ich eigentlich nie getanzt."

Auf die Nachfrage, ob er denn wirklich nie getanzt hätte, mußte jedoch auch Hugo R. folgendes eingestehen:

„Doch ja, mit 14 oder 13 Jahren, aber nur unter Protest und meiner Mutter zuliebe, habe ich mal so einen Tanzkurs besucht. [...] Ich habe den nicht mal ganz zu Ende gemacht."

Daß das Etikett „Tanzmuffel" hier nicht weiterführen würde, zeigte sich an der unterschiedlichen Verwendung des Begriffs. Keiner dieser fünf Männer wollte ein „Tanzmuffel" sein, aber mit unterschiedlichen Begründungen. Ebenso deutlich wurde, daß keiner von ihnen als absoluter Nichttänzer zu bezeichnen ist.

Dies gilt im übrigen nicht nur für die Befragten, sondern auch für den Forscher selbst. Das „ab und zu" oder „eigentlich nie" liegt vielleicht darin begründet, daß es abhängig ist von Ort, jeweiliger Situation und Stimmung, ob sich jemand „nicht traut" oder befürchtet, „sich lächerlich zu machen". Die Handlungs- und Verhaltensweisen eines Individuums werden aber in ähnlichen Situationen nicht jedesmal neu überdacht, sondern durch Normen gesteuert, welche sich direkt oder auch indirekt an weitverbreiteten Wertvorstellungen orientieren.[9]

Allgemeine Wertvorstellungen, an denen sich Männer mit ihren Verhaltensweisen ausrichten, existieren z.B. in der bei uns vorherrschenden Form von Männlichkeit. Robert Connell beschreibt in seinem Aufsatz „The Big Picture"[10], daß das Gebot der Heterosexualität u.a. eine christliche Doktrin ist und weder kulturhistorisch noch ethnologisch betrachtet allgemein gültig ist. Sprachliche Stereotypen wie „harte Männer" bzw. „richtige Männer tanzen nicht" tragen mit Hilfe medialer Reproduktionen zur Verbreitung und Aufrechterhaltung dieser hegemonialen Vorstellung von Männlichkeit bei.

Da das Tanzen in unserer Kultur als „weibliche Beschäftigung" gilt und dadurch bei Männern leicht als „homosexuelle Verhaltensweise" angesehen werden kann, lehnen es viele heterosexuelle Männer als „unmännlich" ab. In den Interviews gibt es zwar keine expliziten Äußerungen über Sexualität, doch bei den Kommentaren dazu, wie ein Mann zu sein und zu handeln hat, finden sich einige Gemeinsamkeiten. Diese betreffen den Körper in seinem Aussehen und in seiner Leistungsfähigkeit.

Der historischen Auffassung „mens sana in corpore sano"[11] folgend, kam es in den letzten zwei Jahrzehnten, besonders durch neuere medizinische Erkenntnisse und deren populärwissenschaftliche Umsetzung, zu einer Flut von Gesundheits-Ratgebern. Die Auswirkungen der Fitnesswelle und die Betonung von schönen Körpern in der Werbung betreffen nicht mehr nur Frauen. Auch Männer müssen sich inzwischen immer häufiger mit den Idealbildern aus den Medien messen lassen und tun es mittlerweile auch selbst. Hinzu kommt das im Berufsleben stetig voranschreitende Ersetzen körperlicher Leistungen durch Maschinen und die ständig wachsenden Anforderungen an die geistige Leistungsfähigkeit. Die körperliche Fitness ist nun vor allem im Freizeitbereich unter Beweis zu stellen.

Tanzen als eine Form der körperintensiven und körperbetonenden Freizeitgestaltung ist dann aber nicht jedermanns Sache, denn viele Männer erfüllen die geltenden Schönheitsnormen nicht. Helmuth H. zum Beispiel fühlt sich zu „dünn":

„Wenn ich ehrlich bin, mag ich meinen Körper nicht gerne zur Schau stellen, und beim Tanzen macht man das irgendwie. Beim Tanzen weiß man nie, wer einem zusieht. Wenn ich selber zugucke, merken diejenigen das doch auch nicht oder es kümmert sie nicht. Mich kümmert das schon."

Bei Matthias S. ist es sein „Bierbauch", der ihn hemmt: „Mit der Kugel vornedran ist das so eine Sache. Elegant sieht das nicht gerade aus." Und Bernd S. findet sich insgesamt zu „vollschlank". Doch dabei merkt er an:

„Es gibt ja auch welche mit meinen Körperausmaßen, die echt toll tanzen können. Wenn ich das sehe, bin ich schon manchmal... Das ist das, was ich vorher meinte, weil ich es nie so richtig gelernt habe."

Nur wer den Vorstellungen vom gutaussehenden Tänzer entspricht, soll nach Ansicht der Männer seinen Körper auch „zur Schau stellen", und nur wer 'richtig' tanzen kann, soll es auch zeigen:

„So richtig gelästert habe ich noch nie, aber in dem einen Musik-Club, wo ich dann doch öfters bin, da tanzt einer von Anfang an. Der wirkt immer wie in Trance. Ich selber würde das nicht machen, aber manchmal denke ich auch, das ist doch prima, wenn der sich nicht darum schert, was die anderen denken." (Bernd S.)

„Bei manchen Leuten auf der Tanzfläche denke ich schon, die sollten es lieber bleiben lassen, das sieht nicht aus oder so, aber im Prinzip soll jeder, wie er kann." (Helmuth H.)

In Aussagen wie diesen zeigen sich spezifische Wertvorstellungen, die auf einen Konflikt der Männer mit der Tanzlust verweisen: Einerseits nehmen sie das Tanzen bei anderen als unabhängiges, autonomes (und somit auch für Männer passendes) Verhalten wahr, andererseits können sie sich aufgrund ihrer Selbsteinschätzung nicht vorstellen, sich selbst in der Öffentlichkeit so für alle sichtbar zu präsentieren und damit zum Objekt eines taxierenden Blicks, d.h. auch „verwundbar" zu machen.

Stimmen aus einer Umfrage in einer Discothek[12] zeigen, wie berechtigt solche Befürchtungen sind. So meinte etwa Tina über Männer, die nicht tanzen: „Die sind so langweilig." Bei Tanzenden ist ihr wichtig, „daß es auch schön aussieht". Sie äußerte sich dabei eher indirekt und würde es den betreffenden Personen wohl auch nicht persönlich sagen. Florian hingegen sprach offen aus, was ihm mitunter durch den Kopf geht:

„Das sieht aus, als ob sie irgendwelche Verrenkungen machen oder so, als ob sie auf die Toilette müßten. Ich habe schon manchmal gedacht, ob ich zu denen hingehen soll und sagen, die Toilette ist dahinten."

Um solchen Urteilen zu entgehen, werden Tanz-Orte von den Interviewten eher selten besucht. Und wenn sie doch einmal Freunde dahin begleiten, stehen sie generell lieber abseits als im Mittelpunkt des Geschehens, wo die Darstellung des eigenen Körpers kritisch betrachtet und bewertet wird. Doch es gibt Ausnahmen, wie Bernd S. erzählte:

„Also, mit den richtigen Leuten am richtigen Ort, wo eben anständige Musik läuft, da passiert das schon mal, daß ich tanze. Dazu muß aber die Stimmung richtig gut sein, also ich bin dann nicht betrunken oder so, aber vier, fünf Bier habe ich dann schon getrunken."

Auch Matthias S. kennt die notwendige Überschreitung der inneren Hemmschwelle: „Das letzte Mal, als ich so richtig getanzt habe, da war ich sturzbesoffen. Das war, glaube ich, Lambada, und das ist bestimmt schon zehn Jahre her."

In diesen Ausnahmesituationen, wo die „richtigen Leute", eine „anständige Musik" und die enthemmende Wirkung von Alkohol Einfluß auf die gewohnten Verhaltensweisen nehmen, verlieren bestimmte Normen vorübergehend ihre Gültigkeit und lassen somit eine kurzzeitige Veränderung des Handelns zu.

Helmuth H. hingegen trinkt überhaupt keinen Alkohol. Auf die Frage, ob er auch schon einmal aus der Reihe getanzt sei, kam er im Interview zu folgender Selbsteinschätzung: „Nee, eigentlich nicht. Ich habe da bestimmt ein Problem, mich gehen zu lassen. Ich glaube, daß da schon bei meiner Erziehung etwas schiefgelaufen ist."

Helmuth H. verbindet hier das Gebot, sich nicht „gehen zu lassen", also keine Gefühle zu zeigen, mit der Fähigkeit und der Lust zu tanzen. Auch wenn er seine Erziehung in diesem Punkt kritisch sieht, bleibt das Problem, sich als „bewegter Körper" darzustellen:

„Als ich mal mit Freunden in einer Musik-Kneipe war, da war ich nach drei Stunden der einzig Nüchterne, und eine Freundin von mir, die schon ordentlich was getrunken hatte, forderte mich zum Tanzen auf. Die wußte ganz genau, daß ich nicht tanze, aber das war ihr egal. Das war dann nur peinlich."

Da für ihn das Tanzen mit dem Zeigen von Gefühlen (und dem damit zusammenhängenden Gebot seiner Erziehung) verbunden ist, gerät er in einen Konflikt. Nur widerwillig ist er bereit, sich einer anderen gesellschaftlichen Norm zu fügen und die Aufforderung zum Tanz durch eine Frau nicht abzulehnen. Wenn bestimmte Kontexte oder Gelegenheiten das Tanzen erfordern, hat sich nicht nur Helmuth H. damit auseinanderzusetzen, auch Matthias S. muß dann einen Kompromiß eingehen:

„In den Zeiten in denen ich solo war, habe ich mich immer darum gedrückt. Von wegen 'wenn ich tanzen könnte, dann natürlich mit dir' oder so was. Aber seit ich in festen Händen bin, hat meine Freundin schon darauf bestanden, einen Tanzkurs mit mir zu machen. Sie meint, auf unserer Hochzeit komme ich dann sowieso nicht darum herum."

Damit ist er – durch eine Frau – mit den gesellschaftlichen Tanz-Normen konfrontiert, die er inzwischen weitgehend akzeptiert hat. Für Hugo R. hingegen gilt es, sich so weit wie möglich zu widersetzen: „In die Tanzschule gehen und diesen ganzen gesellschaftlichen Normen ausgeliefert sein... nein, das mache ich erst gar nicht."

Und auf die Frage, wie er denn antwortet, wenn er zum Tanzen aufgefordert wird, erklärte er mir im Interview: „Auf Hochzeiten oder so, da trifft es nur die hart, die mich nicht kennen. Die anderen fragen schon gar nicht mehr."

Sind die befragten Männer mit Situationen konfrontiert, in denen es erforderlich ist, zu tanzen, nutzen sie diesen Spielraum unterschiedlich: Einige überdenken ihre Vorstellungen und ändern eventuell ihre individuelle Handlungsweise, andere beharren auf ihrem bisherigen Standpunkt.

Diese verschiedenen Wertvorstellungen sind somit keine festgefügten, starren Komplexe, sondern offen für Veränderungen. Sie unterliegen einem stetigen gesellschaftlichen Wandel, der auch die Männlichkeitsvorstellungen betrifft und sich in den individuellen Einstellungen zum tanzenden Körper niederschlägt.

Die Soziologin Gabriele Klein erläutert, daß Tanz als Beitrag zur Gesellschaftsgeschichte analysiert und als Teil der Zivilisationsgeschichte menschlicher Körper interpretiert werden kann.[13] Die bei einigen Männern geäußerte Zurückhaltung, ihren tanzenden Körper zu präsentieren, sieht sie im Kontext „hochdifferenzierter Gesellschaften, die dem einzelnen ein hohes Maß an bewußter und unbewußter Selbstkontrolle aufnötigen". In solchen Gesellschaften findet sich dann auch

„ein formalisierter Ausdrucksstil, eine Verleugnung unmittelbarer und unwillkürlicher körperlicher Bedürfnisse sowie ein Mißtrauen und eine Angst gegenüber Erlebnisweisen, bei denen die bewußte Selbstkontrolle aussetzt."[14]

Für Klein ist der bei Frauen und Männern unterschiedliche Umgang mit dem Körper eine Folge geschlechtsspezifischer Sozialisation. Ihrer Ansicht nach haben Frauen im Gegensatz zu Männern „von klein auf gelernt, ihren Körper als einen wesentlichen Bestandteil ihres Selbst zu begreifen"[15]. Auch aufgrund der Zuschreibung, für das Emotionale zuständig zu sein, haben Frauen weitaus weniger Probleme, ihre Gefühle über körperliche Bewegung zum Ausdruck zu bringen und sich dabei den möglicherweise kritischen oder begehrenden Blicken der ZuschauerInnen zu präsentieren: „Tanz, der immer eine sensible Aufmerksamkeit für den eigenen Körper voraussetzt, kommt der weiblichen Sozialisation eher entgegen als der des Mannes."[16]

Leidenschaftliche Tänzerinnen haben ebenfalls Theorien entwickelt, warum viele Männer so ungern tanzen, wie beispielsweise die Interviews mit afrikanisch tanzenden Frauen zeigen.[17] So meinte etwa Gisela K. im Gespräch mit der Forscherin:

„Ich habe Männer eher so kennengelernt, daß sie eben alles unter Kontrolle und im Griff haben müssen und nicht riskieren können, daß sie da mal was probieren, was sie vielleicht nicht gleich hinkriegen."

Sie vermutet bei den Männern mangelnde Risikobereitschaft und erklärt sich so deren Zurückhaltung beim Tanzen, das auch einmal die Lust am Experimentieren erfordere. Katrin S. deutet die Abstinenz in ähnlicher Weise:

„Es sind erotische Bewegungen, es sind sehr kraftvolle Bewegungen. [...] Ich glaube, daß Männer das nicht gewohnt sind, sich da einfach so zu zeigen und sich das nicht trauen."

Einen kulturell geprägten Zusammenhang zwischen der Tatsache, daß etliche Männer nicht oder nur ungern tanzen, und den dominanten Vorstellungen von Männlichkeit in unserer Gesellschaft sieht auch Silke K.: „Ich glaube, daß das mit dem Männerbild in unserer Kultur nach wie vor zusammenhängt, daß Tanzen nach wie vor als unmännlich angesehen wird."

Anschließend spezifiziert sie die allgemein als männlich angesehenen Bewegungsformen: „Fußballspielen, Bogenschießen oder Karate sind natürlich männlich, aber Tanzen nicht."

„Als er das Buch von der ersten bis zur letzten Seite gelesen hatte, war Frank verwirrter als je zuvor."

Welche Bewegungsarten eher als 'weiblich' und welche eher als 'männlich' angesehen werden, ändert sich immer wieder. Spätestens seit Techno hat das Tanzen für die meisten jungen Männer eine andere, weitaus positivere Bedeutung, doch die befragten Männer gehören der Generation der Dreißigjährigen an und haben nicht zuletzt daher auch andere Einstellungen und Körperwahrnehmungen.

Einerseits sind die für tanzende Frauen und Männer unterschiedlichen gesellschaftlichen Zuschreibungen durch geschlechtsspezifische Sozialisation geprägt. Sie werden durch kulturelle Reproduktionen hegemonialer Männlichkeitskonzepte, z.B. durch bestimmte Bilder vom Körper in Medien und Werbung verfestigt. Andererseits sind diese Zuschreibungen auch veränderbar, z.B. durch einen Wandel im kulturell dominanten Männerbild, durch das Aufkommen neuer Tänze – oder auch durch eine intensive Auseinandersetzung einzelner mit diesem Thema.

Meine eigene Sozialisation als Nichttänzer oder Wenigtänzer wurde in den letzten zwölf Monaten durch die Forschungsarbeiten zum Gegenstand meiner Fragen, woraus sich bei mir andere Vorstellungen vom Tanz und vom Tanzen in unserer Gesellschaft entwickelten. Ich werde mein üblicherweise abstinentes Verhalten zwar nicht dahingehend ändern, daß ich nach Abschluß des Projekts die nächstgelegene Tanzschule aufsuche, aber in manch einer Diskothek zuckt mein Körper nicht mehr nur beim Bier am Tresen.

Anmerkungen

1. Norman Mailer: Tough Guys Don´t Dance. Dt. Ausgabe: Harte Männer tanzen nicht. Frankfurt/M. 1987.
2. In & Out. Regie: Frank Oz, Prod.: Paramount Pictures, USA 1997.
3. Ebd.
4. Auszüge aus der 1997 vom Institut ICONKIDS & YOUTH durchgeführten Studie sind im Internet auf den Seiten des ADTV gespeichert. Diese Studie wird alle zwei Jahre durchgeführt und dient der Marktkontrolle.
5. Ebd.
6. Ich fühlte mich im Forschungsfeld zwischen Tresen und Tanzflächenrand ebenfalls heimischer als auf der Tanzfläche.
7. Hier soll nicht verschwiegen werden, daß meine Ängste vor dem Feld dabei sicherlich eine Rolle spielten. Vgl. dazu Rolf Lindner: Die Angst des Forschers vor dem Feld. In: Zeitschrift für Volkskunde, 77. Jg. 1981, S. 51-66.
8. Dabei handelt es sich um leitfadengestützte, narrative Interviews, die im Zeitraum Oktober/November 1997 in Tübingen geführt wurden. Die Interviewpartner waren zwischen 31 und 37 Jahre alt. Die Interviews fanden entweder bei bei den Interviewten oder bei mir zu Hause statt und dauerten im Durchschnitt sechzig Minuten. Alle Namen wurden geändert.
9. Vgl. auch Hans Paul Bahrdt: Schlüsselbegriffe der Soziologie. München 1994, S. 48f.
10. Vgl. auch Robert W. Connell: The Big Picture. Formen der Männlichkeit in der neueren Weltgeschichte. In: Widersprüche, 15. Jg. 1995, H. 56/57, S. 23-46. Connell versucht durch den verwendeten Plural „Männlichkeiten" auf die zu durchbrechende Vorstellung einer einzigen bestimmenden Männlichkeit hinzuweisen. Damit ermöglicht er Unterscheidungen – nicht nur zwischen mehreren Vorstellungen von Männlichkeit in verschiedenen Kulturkreisen, sondern auch je nach Schicht, Generation, Ethnizität etc. innerhalb der eigenen Kultur.
11. „Lat. = ein gesunder Geist (kann nur) in einem gesunden Körper (wohnen), steht bei dem römischen Satiriker Juvenal (47-113 n. Chr.); heutzutage gern zitiert, um die Bedeutung körperlicher Ertüchtigung zu begründen." Zitiert nach Lutz Mackensen/Eva van Hollander: Das neue Fremdwörter-Buch. Hamburg 1983, S. 2495.
12. Hier konnte ich auf die Forschungen von Anja Rützel und Michael Zinnäcker zurückgreifen. Für ihren Beitrag „Spielen mit Stilen" (in diesem Band) führten sie Interviews mit BesucherInnen der Discothek Färberei 4 in Reutlingen. Zwei dieser Interviewten, Tina und Florian, kommen hier zu Wort.
13. Vgl. auch Gabriele Klein: FrauenKörperTanz. Eine Zivilisationsgeschichte des Tanzes. München 1992.
14. Ebd., S. 281.
15. Ebd., S. 288.
16. Ebd.
17. Hier konnte ich auf die Forschungen von Tanja Wedel zurückgreifen, die für ihren Beitrag „Diesseits von Afrika" (in diesem Band) Interviews mit Tanzlehrerinnen und Kursteilnehmerinnen führte.

Auch das Tanzen steckt zu Beginn in den Kinderschuhen

Aller Anfang ist schwer

Ellen Staudenmaier und Steffen Walz

Körper, Kids und Kreativität

Zur Vermittlung von Kindertänzen

Irgendwann fängt jede(r) an. Besser gesagt: Auch das Tanzen steckt zu Beginn in den Kinderschuhen. „Kinder hüpfen von sich aus, Kinder drehen sich von sich aus, Kinder springen von sich aus", erklärt uns am Anfang unserer Forschungen die Kindertanzlehrerin Susanne M.[1] Wir gehen davon aus, daß diese Spontaneität bei Kindern vorhanden ist, gleichgültig, ob man sie als „Tanztrieb" bezeichnen will oder nicht. Ohne Unterricht bleiben sie aber nur das, was sie ursprünglich sind: Drehungen, Sprünge und Hüpfer.

Wir wollten erforschen, was geschieht, wenn Kinder zum Tanzen *angeleitet* werden. Welche Wege lassen sich dabei aufzeigen und wie fließen die Körpervorstellungen der LehrerInnen in ihre Vermittlungsangebote ein? Denn wenn TanzlehrerInnen Kindern etwas beibringen, geschehen mehrere Dinge. Zum einen vermitteln die LehrerInnen natürlich den von ihnen angebotenen Tanzstil. Zum anderen aber vermitteln sie auch eine besondere Sicht dieses Tanzstils, der durch ihre eigene Erfahrung geprägt ist. Darüber hinaus geben die VermittlerInnen ihre eigenen Prägungen auch an die SchülerInnen weiter: Die Vorstellung von ihrem eigenen Körper, die auf ihrer physischen Wahrnehmung beruht, spiegelt sich in ihrer Unterrichtsmethode.

Wer sind die Personen, die Kindern Tanzen beibringen? Wie gehen sie dabei vor, wie organisieren sie die Bewegungsvielfalt ihrer SchülerInnen? Bedienen sie sich bei der Vermittlung einer spezifischen Methode? Welche Vorstellungsmuster von Körperlichkeit existieren in diesen individuellen Unterrichtsstilen? Inwiefern werden diese Muster auf die Kinder übertragen?

Kreativer Kindertanz: Spielen, Toben und Tanzen

Ausgehend von diesen Überlegungen erstellten wir unser Forschungsdesign: In einem ersten Schritt führten wir mit einigen TanzlehrerInnen Interviews mit Hilfe eines Leitfadens, der sich auf die Kategorien „Methodik" und „Körpervorstellungen" konzentrierte. In einem zweiten Schritt hielten wir unsere Beobachtungen der Unterrichtssituationen in Feldprotokollen fest. Diese dienten uns dazu, die Aussagen der VermittlerInnen mit der praktischen Umsetzung ihrer Vorstellungen zu vergleichen. Zuletzt führten wir ein ergänzendes Gespräch mit den beiden TanzlehrerInnen, auf die wir uns konzentriert hatten.

Wir forschten zunächst in mehreren Feldern[2]: Kreativer Kindertanz, Kinderballett, Kinderbauchtanz, Turniertanz für Kinder und Tänzerische Früherziehung. Nach dieser ersten Phase wurde uns klar, daß wir nicht ohne weiteres eine Vierjährige, die bei der Tänzerischen Früherziehung Ringelreihen tanzt, mit einer elfjährigen Turniertänzerin vergleichen konnten. Wir begrenzten deshalb die Altersspanne auf die sechs- bis achtjährigen Kinder und konzentrierten uns auf die Felder Ballett und Kreativer Kindertanz. Ein weiteres Argument sprach für diese Wahl: Beide Lehrende benutzten in den ersten Interviews häufig den Begriff „Kreativität", was uns beim Ballett überraschte und auf die Idee brachte, die Frage nach dem Kreativitätsbegriff zum

Dreh- und Angelpunkt zu machen, von dem aus wir die Vermittlung von Körpervorstellungen näher betrachten konnten.

Ballett: „Es ist nur der Schmerz, der hat keine Bedeutung!"

Der Grund, weshalb uns Unterricht und Lehrmethoden eines Tübinger Ballettlehrers besonders interessierten, war ein kurzer Satz in seinem Werbeprospekt, der uns beim Durchblättern aufgefallen war: „Beim Tanzen erfährt man sich selbst als einen Menschen, der seiner Kreativität Ausdruck geben kann." Wir stutzten, denn wir konnten uns nicht vorstellen, wie sich Kreativität, die sich für uns im Zusammenhang mit Tanz zunächst einmal als ein Reichtum an eigenen Bewegungsideen erschloß, mit Ballettunterricht verbinden lassen sollte. Wir dachten eher, daß die streng vorgegebenen Formen des Balletts ein kreatives Moment ausschließen. „Natürlich gibt es Kreativität im Ballett, aber Kreativität setzt immer ein technisches Grundwissen und den richtigen Umgang mit diesem voraus."[3]

Konzentration auf den Körper

Der Ballettlehrer Hans-Jörg M. vergleicht das Ballett mit dem Erlernen eines Musikinstruments. Nur wenn die Technik vollständig beherrscht wird, kann der Musiker es sich leisten, kreativ zu sein.

„Man muß von dem Material, von dem technischen Rüstzeug, mit dem man umgeht, immer Ahnung haben. Beim Ballett muß man die Tanzschritte erlernen und die Körperfunktionen kennen. Man muß immer feste Formen lernen, um kreativ sein zu können."[4]

Erst wenn der Tänzer die Technik des Tanzes verinnerlicht hat, wenn er seinen Körper kennt, wenn er weiß, *was* er mit seinem Körper *wie* machen kann, dann ist ein kreatives Moment im Ballett vorstellbar. Bei Anfängern, also Kindern, ist das folglich kaum möglich, denn Kinder befinden sich jahrelang auf dem Weg zur Perfektion und bei den meisten kommt es gar nicht so weit, da sie den Unterricht vorher abbrechen.[5]

Freiräume hält Hans-Jörg M. für notwendig. Er gibt seinen SchülerInnen am Ende eines jeden Halbjahres die Gelegenheit, sich selbständig Bewegungen, deren Abläufe und Gestaltung auszudenken. Dabei gibt er jedoch ein Thema vor, z.B. die „Gespensterburg":

„Es ist ein Tanz, der aus zwei Teilen besteht, Teil A gebe ich vor und Teil B dürfen die Kinder selber gestalten. Voraussetzung ist aber, daß das, was sie dann tanzen, zur Musik und zum Thema paßt."[6]

Wenn die Schüler älter sind und sich das technische Grundwissen des Ballett-Tanzes angeeignet haben, räumt ihnen Hans-Jörg M. eine weitere Möglichkeit ein, kreativ zu sein. Zur Technik, also den Schritten und Bewegungsabläufen, muß später der Körperausdruck hinzukommen. Natürlich gibt es auch für den Ausdruck bestimmte Techniken, doch Individualität und Kreativität spielen in der Gestaltung des Ausdrucks eine wichtige Rolle. Um beispielsweise Traurigkeit darstellen zu können, muß man Tanzschritte reproduzieren können, die man zuvor gelernt hat, und sie mit der entsprechenden *eigenen* Körpersprache versehen. Seine Meinung entspricht der in der Ballett-Literatur vertretenen Auffassung:

„Erst wenn das ABC des Tanzes sicher beherrscht wird, ist der Weg zu künstlerischer Durchdringung und Gestaltung frei. Die selbstverständliche Handhabung der Technik ist hier wie in allen Künsten die Grundlage."[7]

Im Unterricht von Hans-Jörg M. treffen wir auf drei achtjährige Mädchen und einen siebenjährigen Jungen. Sie kommen hier zweimal pro Woche zum Ballett-Tanzen zusammen und sind alle gleichfarbig gekleidet. Der Junge trägt eine hellblaue Legging und ein Polo-Shirt, die Mädchen langärmelige, hellblaue Bodys mit rosa Ballettschuhen und weißen Strümpfen.[8] „Die sollen uniform sein, da sollte keine vor der anderen hervorstechen", erklärt uns Hans-Jörg M. Seine SchülerInnen bildet er alle zu Corps-[9] und nicht zu Solo-TänzerInnen aus, da es sich bei ihnen um HobbytänzerInnen handelt. Mit persönlichem Fleiß und Begabung kann sich jedes Kind dann darüber hinaus zur Solistin oder zum Solisten fortbilden. Aber zu den Corps-TänzerInnen gehöre zunächst eben immer eine gewisse Gleichheit und ein Anpassungswille.[10]

Auch seine eigene Ausbildung war nicht auf eine Solo-Karriere hin angelegt. Er strebte von vornherein den Lehrberuf an, wollte also kein professioneller Bühnentänzer werden. Das hängt in erster Linie damit zusammen, daß er, wie Hans-Jörg M. erzählt, erst als 19jähriger mit dem Tanzen begann. Hans-Jörg M. unterrichtet Ballett nach der „Russischen Schule", d.h. nach der stilistischen Tradition des Waganowa-Instituts in St. Petersburg[11]. Er hat selbst die russische Methode gelernt und findet, daß „die Russen didaktisch nicht zu schlagen sind"[12].

Schon Mitte der 50er Jahre hatte der „Tanz in der Sowjetunion gegenüber dem europäischen Ballett einen erheblichen technischen Vorsprung vorzuweisen"[13]. Das Russische Ballett zeichnet sich vor allem durch sein striktes Festhalten am klassischen Tanz, durch stark athletische Züge sowie durch das Streben nach tänzerischer und stilistischer Perfektion aus.[14] Ein weiteres Merkmal ist ein „äußerst homogenes und stilsicheres, auch technisch blendendes Corps de Ballet"[15].

Das Russische Ballett, das, wie aus den Zitaten hervorgeht, den technisch und stilistisch perfekten Tanzkörper anstrebt, verlangt von den TänzerInnen höchste Disziplin und Anstrengung. Diese Körpervorstellung, die auf der physischen Wahrnehmung des eigenen Körpers beruht, findet sich auch bei Hans-Jörg M. wieder: „Wenn man tanzt, dann feiert man das Leben", ist der erste Gedanke, der Hans-Jörg M. auf unsere Frage nach dem Gefühl, das er mit seinem tanzenden Körper verbindet, in den Sinn kommt. Er erklärt uns diesen Satz folgendermaßen: Beim Tanzen empfindet er Freude, wie auch beim Feiern, aber gleichzeitig birgt dieses Feiern auch Anstrengung. Er gibt ein weiteres Beispiel: Wenn man beim Umzug versucht, einen Kleiderschrank an den rechten Platz zu rücken, so bereitet das große Anstrengung, vielleicht sogar Schmerz. Steht der Schrank dann da, wo man ihn haben will, bereitet es Freude, ihn dort zu sehen.

Dehnungsübungen – manchmal tut es auch weh

"Und beim Tanzen ist das so, daß das selber Spaß macht und daß man alle Funktionen des Körpers spürt, also, daß es schwer ist, manchmal sogar weh tut, aber es macht Freude, es beglückt einen."[16]

Die Körperwahrnehmung Hans-Jörg M.'s beim Tanzen ist eine schmerzvolle, aber danach auch eine beglückende. „Ohne Schmerz ist im Ballett nichts zu erreichen" – diese Einstellung gibt er frühzeitig auch an seine SchülerInnen weiter. Bei den Dehnungsübungen gegen Ende des Unterrichts beobachten wir, wie sich der Junge bei Hans-Jörg M. beklagt, daß ihm eine Übung wehtue. „Das ist nur der Schmerz, der hat keine Bedeutung", entgegnet der Lehrer. „Ja, es darf ziehen," erklärt er uns, „aber es lohnt sich, wenn ich dafür mein Bein höher bekomme, [...] dann ist das auch mit Freude verbunden."

Wenn nun eine zentrale Körperwahrnehmung von Hans-Jörg M. der Schmerz ist, zu dem sich dann später die Freude beispielsweise über einen gelungenen Tanzschritt einstellen kann, liegt es nahe, daß der Ballettlehrer diese Vorstellung auch den Kindern vermitteln will. Er selbst hat ja diese strenge Entwicklung durchlaufen und hält sie für richtig: „Ich weiß aus meiner eigenen Ausbildung: Wenn ich das, was ich nicht gerne gemacht habe, trotzdem gemacht habe, das hat mich bereichert."[17]

Übung an der Stange mit Blick zur Wand

Er will den Kindern weitergeben, daß es sich lohnt, nicht immer nur den bequemen Weg zu gehen, sondern an sich zu arbeiten, um die eigenen Möglichkeiten auszubauen. Die Körpervorstellung Hans-Jörg M.'s, die er auch seinen SchülerInnen im Ballett-Tanz vermitteln will, ist die eines zwar zunächst schmerzvollen, aber dafür leistungsfähigen und deshalb später auch Freude empfindenden Tanzkörpers.

Im Ballettunterricht von Hans-Jörg M. beachten uns die Kinder kaum. Solange der Lehrer am Kassettengerät beschäftigt ist, um die richtige Musik zu suchen, wärmen sich die SchülerInnen unaufgefordert auf. Sie hüpfen mit Ballettschritten durch den Raum und korrigieren sich gegenseitig. Am einen Ende des quadratischen Raums stehen zwei Spiegelwände, an den anderen drei Wänden sind Stangen zum Festhalten aufgestellt. Nun spielt die Musik, ein Soloklavier. Hans-Jörg M. beginnt mit einer Schrittübung, die er später zu einem Tanz zusammensetzen will. Die Kinder kennen diese Übung offensichtlich, denn der Lehrer zählt nur den Takt und tanzt nicht mit. Als nächstes folgen Übungen an der Stange. Dafür müssen sich die Kinder zur Wand drehen, sie können den Lehrer also nicht sehen. Trotzdem folgen sie seinen Anweisungen, machen *pliés* und *tendus* und werden dabei von Hans-Jörg M. beobachtet und korrigiert. Er nimmt viele Einzelkorrekturen vor, schaut sich jede Übung bei allen Kindern genau an und wartet so lange, bis die Bewegung sitzt. Die Grundstellungen an der Stange werden jeweils immer nach rechts und nach links gewandt geübt.

Eine dritte Übung besteht aus dem Abfragen von Positionen, ein Frage-und-Antwort-Spiel, bei dem der Lehrer Begriffe nennt, die die Kinder in Bewegungen umsetzen müssen. Mit freundlichem, aber bestimmtem Tonfall will Hans-Jörg M. wissen, wie die einzelnen Körperteile bei bestimmten Positionen bewegt werden. Die Antworten kommen prompt, die entsprechenden Bewegungen sitzen.

Bis dahin könnte man meinen, daß der gesamte Unterricht nur aus Übungen bestünde.

„Die Kinder müssen viele Übungen machen, die müssen die Übungen auch ordentlich machen. Ich versuche aber immer den Bezug zum Tanz klarzustellen. [...] Das Tanzen nehme ich sehr ernst und deswegen muß ich auch die Übungen und die Vorbereitung sehr ernst nehmen." [18]

Hans-Jörg M. bezeichnet seine Lehrmethode als akkumulativ und linear. Die SchülerInnen beginnen mit den einfachsten Bewegungsabläufen, „mit zwei Händen zur Stange und nur einer einzigen Bewegung, und mit der Zeit kommt Koordination dazu", sagt der Ballettlehrer. Es wird immer wieder das gleiche Bewegungsproblem oder der gleiche Bewegungsablauf mit dem Kind geübt. Der Erwartungsdruck, der dabei auf den Kindern lastet, ist hoch und wird vom Lehrer explizit geäußert: „Du hast jetzt 80 Stunden Ballett, ich erwarte von dir, daß du das auf die Reihe bringst", ermahnt er den Jungen, der, wie wir beobachten können, in einigen Positionen noch unsicherer ist als die drei Mädchen. Nun folgt ein Rondo an der Stange, bei dem wir als BeobachterInnen das erste Mal eine Tanzformation erkennen können. Es ist die Probe für eine Aufführung, die am Ende des Halbjahres stehen soll.

„Alles, was wir können" [19] kommt im Anschluß, und die Kinder zeigen alle Schritte, Positionen und Bewegungsabläufe, die sie bisher gelernt haben. Die Klaviermusik und das ständige Zählen des Lehrers sollen ihnen hierbei Hilfestellung geben. Dann wird eine neue Bewegung hinzugelernt. Die Kinder stellen sich hinter die Stange, so daß sie den Lehrer sehen können und verfolgen seine Anweisungen. Er zeigt die Position nur einmal, dann müssen sie wieder vor die Stange treten und diese selbständig, ohne ihren Lehrer zu sehen, wiederholen.

Vor den Dehnungsübungen, die am Boden gemacht werden, dürfen die Kinder im Kreis hintereinanderher Galopp springen. Dann biegen sie ihre Körper in einem Spagat, um die Bänder zu dehnen. Nach 60 Minuten konzentrierten Arbeitens läßt Hans-Jörg M. seine Ballett-SchülerInnen zum Austoben eine wilde Polka tanzen.

Kreativer Kindertanz: Wo sich Ich und Du zum Spielen treffen

Auf den ersten Blick schien uns der Kreative Kindertanz etwas völlig anderes zu sein als der Ballettunterricht. Die englische Erziehungswissenschaftlerin Vivienne Griffiths stellt in ihrem Vergleich von Ballett und „creative dance classes" ebenfalls große Unterschiede fest, zum Beispiel das Fehlen choreographierter Stücke, an deren Stelle das spielerische Selbstentwickeln von Geschichten tritt, die die Kinder selbst inszenieren. Ein Mädchen aus ihrer Studie beschrieb den Kreativen Kindertanz als einen „Tanz voll guter Spiele". [20]

Griffiths weist darauf hin, daß bislang nie eine Geschichte dieser Tanzform geschrieben wurde [21], was u.a. wohl daran liegt, daß die Gestaltung des Kreativen Kindertanzunterrichts stark von der jeweiligen Vermittlerperson abhängt, die ihn als einen zutiefst individuellen Ausdruck empfindet. Dennoch steht Kreativer Kindertanz nicht außerhalb jeglicher Tradition, sondern kann zumindest partiell als Ergebnis der Reformbewegung des Bühnentanzes gesehen werden. Der expressionistische Ausdruckstanz entstand zwischen den Weltkriegen und wandte sich explizit gegen das als unnatürlich und körperfeindlich empfundene Ballett und betonte Subjektivität und Innerlichkeit. Die InitiatorInnen dieser Tanzreform waren in gewisser Weise die VordenkerInnen des Kreativen Tanzes, indem sie eine ganzheitliche Sicht des Tanzens entwikkelten:

„Im Ausdruckstanz gab es keine festen Bewegungsvorschriften, keinen einheitlichen Stil. Das tänzerische Gesamtwerk ergab sich aus einer organischen Zusammenfügung von Körperausdruck, Seele, Rhythmus und Linie." [22]

Der Einfluß dieser Tanzbewegung erklärt vielleicht, weshalb die individuellen Ausprägungen des kreativen Kindertanzes dennoch eine gemeinsame Auffassung von Kreativität aufweisen.

„Kreativität ist, aus sich heraus eigene Ideen zu entwickeln. Alles, was die Kinder entwickeln, ist richtig. Nicht das Ergebnis zählt, der Weg ist wichtig. Ich fördere die Ideen der Kinder. Mir ist ganz wichtig, daß die Kinder ihre Tanzideen selbst erarbeiten. [...] Alles ist richtig im Kreativen Kindertanz. Ich habe mein System selber entwickelt, aus ganz vielen Ansätzen heraus."[23]

sagt die Tanzpädagogin Andrea Braun, die auch eine Anleitung zum Thema verfaßt hat und hier stellvertretend für die vielen ähnlichen Definitionen von „Kreativität" stehen soll, die uns bei unserer Forschung begegneten.

Eine Geschichte des Kreativen Kindertanzes gibt es also nicht, aber es lassen sich einzelne Geschicht*en*, die stets an Menschen, deren Leben und Lebenskonzepten festgemacht sind, erzählen.[24] Anne S., Lehrerin für Kreativen Kindertanz an einer Jugendkunstschule im Großraum Stuttgart, erklärt uns ihre Perspektive folgendermaßen:

„Also, ich nenne es Kreativen Tanz, aber eigentlich ist es [...] aus ganz vielen Techniken zusammengesetzt. Daraus habe ich eigentlich meine ganz eigene Geschichte zusammengebaut. [...] Ich mache das hier jetzt seit fast fünf Jahren, bin eigentlich von Grundberuf Sonderschullehrerin, also Sonderpädagogin und tanze selber, seit ich vier Jahre alt bin. Meine Ausbildung ist aus ganz vielen Bruchstücken zusammengeschnipselt. Ich habe eine Ausbildung im Elementaren Tanz, in Sonderschulsport, eine richtige Ausbildung in Tanztherapie, eine Kinderballett-Grundausbildung und dann...was hab ich noch gemacht? Und dann so überall reingeschaut, in Afro, Capoiera[25]*, verschiedene Tanz-Kampfsportarten, alles mögliche."*[26]

Was aber bedeutet für sie nun „Kreativität"? Wenn in selbst erfundenen Spielen alles möglich ist, ist auch jede neue Idee im Prinzip ein Ausdruck von Kreativität. Was anfangs schwammig wirkt, wird deutlich, als wir dem Unterricht beiwohnen und unsere Beobachtungen die Erläuterungen Anne S.' ergänzen:

„Kreativität muß gelehrt werden, und es müssen Freiräume geschaffen werden, [...] wo wir dann die Tänze erfinden, im Spielen. [...] Daß man die Freiheit hat, sich selbst darin auch zu verwirklichen, [...] daß es nicht nur was vorgefertigtes ist, kein Frontalunterricht mit Nachahmeeffekt, sondern daß die Kinder [...] selbst einfach etwas bringen."[27]

Nähe ist für die Kinder selbstverständlich

Der Lehrerin ist es besonders wichtig, daß sie ein ganz festes Programm hat, „mit Warm-up, Technik-Programm, die freieren Sachen und Entspannung", also ein Konzept mit einer Reihenfolge von bestimmten Teilen. Ihre Schilderung gleicht dem von Griffiths geschilderten Unterricht in einer Londoner „creative dance class", wobei sich Anne S. auch an Grundstellungen des klassischen Balletts anlehnt und sich dessen Strukturen nicht vollständig verweigert:

„Ich lasse auch Dinge einfließen, die ich gut finde. Die Kinder wollen das auch irgendwann einmal, daß sie ganz konkrete Schritte und Sprünge machen können."[28]

Trotz der sehr individuellen Gestaltung des vermittelten Tanzstils und Unterrichts haben sowohl Braun, die Lehrerin in Griffiths' Studie und Anne S. eines gemeinsam: die Auffassung von Kreativität, in der die Beteiligung der Kinder am Geschehen wichtig ist.

Aber wie erfährt Anne S. ihren eigenen Tanzkörper, und welche Körpervorstellungen möchte sie an ihre Schülerinnen weitergeben?

Im Interview beschreibt Anne S. die Assoziationen und Gefühle, die sie mit ihrem tanzenden Körper in Verbindung bringt:

„Für mich bedeutet der Tanz Glück, Droge, Arbeit und Schmerz, Mitteilung, Ästhetik, Schönheit, [...] Nähe zu sich selbst, zu seinem Inneren, aber auch Nähe zu anderen Menschen."[29]

Diese Empfindungen sind keine unmittelbaren Körpergefühle, sondern jeweils auf einen bestimmten Tanzvorgang, einen winzigen Tanzaugenblick bezogen. Die Vielfalt in der Aufzählung verdeutlicht auch die Stilmélange im Tanzausdruck von Anne S. Die extrem unterschiedlichen Gefühle und Assoziationen, die in einem einzigen Satz aufgezählt wurden, lassen die Vermutung zu, daß sie diese Körpereindrücke beim Tanzen bereits erfahren hat und immer wieder erfährt, wenn sie ihren Körper und dadurch auch sich selbst als Person wahrnimmt. Mit Hilfe des Tanzens erlebt sie durch und über ihren Körper eine emotionale Vielfalt, die vor allem Lusterfahrungen beinhaltet.

Dieses „Körperlustprinzip" ist für Anne S. nicht nur vermittel*bar* aufgrund ihrer Lebensgeschichte und ihrer Vermittlungskompetenz, sondern vor allem auch vermittelns*wert* aufgrund einer positiven Selbsterfahrung. Das heißt, sie stellt die „seelische wie auch körperliche Gesundheit"[30] der Kinder in den Mittelpunkt ihrer Arbeit. Ein weiteres Vermittlungsziel ist „die Liebe zu sich selbst, Liebe zum anderen"[31]. Wir verstehen Anne S. so, daß die Körperwahrnehmungen, die sie beim Tanzen empfindet und mit dem Tanzen assoziiert, Ausdruck ihres Seelenlebens sind. Sie möchte daher eine positive, lebensbejahende Grundhaltung vermitteln.

Die sechs- bis achtjährigen Mädchen, fünf an der Zahl, treffen sich einmal wöchentlich nachmittags. Ballettkleidchen dominieren. Wir erfahren von Anne S., daß die Mädchen früher in nahezu identischer Konstellation in einer Kinderballettgruppe gewesen sind. Sie hat die Gruppe als ganze übernommen.

Wir fragen sie, was sie von den Tutus halte. Anne S. sagt, sie überlasse den Kindern, worin sie sich am liebsten bewegen. Daß sich die Kinder wohlfühlen, merken wir recht schnell: Anne wird sehr herzlich begrüßt, respektvoll, aber ungezwungen.

Die Mädchen reden durcheinander, bis die Lehrerin alle auffordert, in der Raummitte zu einem Kreis zusammenzukommen.

„Der Kreis ist bei uns immer wieder sehr wichtig, um uns zu finden, um zur Ruhe zu kommen. Er ist die einzige Form überhaupt, wie ich die Kinder treffen kann. Und deshalb findest du den Kreis immer wieder als Konversationsgrundelement",

erläutert Anne S. im Interview. Sie fragt die Mädchen nach ihren Tanz-Wünschen, worauf sie verschiedene Spiele nennen. „Feuer-Hochwasser-Sturm" wird schließ-

„Und deshalb findest du den Kreis immer wieder als Konversationsgrundelement"

lich ausgewählt, es soll später stattfinden. Zunächst wärmen sich die Kinder auf: Sie laufen im Raum umher und erstarren auf Zuruf in ihren Bewegungen. Auf einen zweiten Zuruf hin beginnen sie, erneut umherzulaufen, und zwar „jede, wie sie möchte", wie Anne S. zu verstehen gibt.

Anschließend muß Anne S. nur „Spaghettitopf" sagen und die Mädchen wissen sofort, was gemeint ist. Sie kommen in der Raummitte zusammen und legen sich – die Beine zur Kreismitte hin ausgestreckt – sternförmig auf den Holzboden. Anne S. legt sich zu ihren Schülerinnen und beschreibt den Spaghetti-Kochvorgang, während sie und die Kinder mit ihren Körpern das langsame Einkochen der Nudeln simulieren. Alle biegen ihre Körper durch und richten den Oberkörper langsam, Zentimeter für Zentimeter, auf. Schließlich kommen die Teilnehmerinnen einander immer näher. Einige stehen auf. Plötzlich wuseln die Mädchen und Anne S. durcheinander, das Wasser im Topf hat zu kochen begonnen! Mit Hilfe dieser Übung sollen die Muskeln gedehnt werden.

Im „Klipp-Klapp-Tanz", den die Mädchen wie alle anderen Unterrichtseinheiten bereits kennen und freudig erwarten, werden die Anforderungen schwieriger. Komplexe Bewegungen sind darin eingebaut, wir erkennen ein paar Grundstellungen aus dem Ballett.

Die Mädchen tollen umher und fragen ständig nach dem von ihnen ausgewählten Spiel. Nach einem erneuten Kreistreffen sind die Kinder ziemlich unkonzentriert. Anne S. ist freundlich, aber bestimmt, die Kinder gehorchen ihr. Endlich: Feuer-Hochwasser-Sturm! Jetzt sind die Mädchen wieder voll dabei, immerhin geht es ja um 'ihr' Spiel. Sie wirbeln wie eine Feuersbrunst wie wogendes Wasser und wie ein heftiger Sturm durch den Raum und toben sich dabei richtig aus. Bei dem nachfolgenden „Puppen-Spiel", einer Kreativitätsübung, geht es ruhiger zu. Die Mädchen, paarweise aufgeteilt, schmücken ihre Partnerinnen mit Tüchern.

Eine Ganzkörpermassage beschließt die Stunde. Die Mädchen und Anne S. haben ihre Partnerinnen gewechselt und massieren sich gegenseitig die Glieder, den Torso und die Gelenke. Die Mädchen kichern und glucksen oder beschweren sich lauthals über allzu festes Anfassen. Schließlich, während des Abschlußkreises, läßt sie die Lehrerin rekapitulieren: „Was haben wir gemacht?" Die Mädchen antworten, am Rand warten schon die ersten Mütter, um ihre Kinder abzuholen.

Von Schmerz und Freude

Zunächst verglichen wir den Ablauf der beiden Unterrichtsstunden. Die Aufwärmphase sieht in beiden Fällen unterschiedlich aus. Bei der Ballettgruppe beobachteten wir ein lockeres, selbständiges Aufwärmen. In der Gruppe von Anne S. wurde der Raum erst dann zur freien Verfügung gestellt, nachdem sich die Kinder zu einem Kreis zusammengefunden hatten. Anne S. führt mit diesem Kreis-Gespräch den Gruppenbildungsprozeß herbei, den wir so bei Hans-Jörg M. nicht finden konnten. Sie bestätigt unsere Annahme im Interview, indem sie sagt, daß das Herz der Gruppe das wichtigste Element ihrer Stunde sei.[32] Für sie ist das Miteinander, die Gemeinschaft zentral. Im Gegensatz dazu finden wir es interessant, daß sich die BallettschülerInnen bereits beim Aufwärmen gegenseitig korrigieren. Dieser unaufgeforderte Vergleich der eigenen bzw. fremden Bewegungen mit einer Idealvorstellung zeigt, daß es in diesem Feld ein klares 'richtig' und 'falsch' gibt. Im Kreativen Kindertanz kommen solche Kategorien nicht zur Anwendung.

Am Ende der Unterrichtseinheit läßt Hans-Jörg M. die Kinder eine wilde Polka tanzen. Die Kinder, die Anne S. betreut, treffen sich abschließend im Kreis wieder, um das Erfahrene gemeinsam zu reflektieren. Hans-Jörg M. beendet seine Stunde mit einem expressiven Element, wohingegen Anne S. die Stille und Gemeinsamkeit der Runde, ein Sich-nach-innen-Richten bevorzugt.

Inhaltlich dominieren im Kreativen Kindertanz Spiele, im Ballett Übungen. Der Unterricht Hans-Jörg M.'s ist darauf ausgerichtet, durch Übungen eine Technik zu erlernen. Wir interpretieren diese Vorgehens-

druck. Die Kinder sind also dann kreativ, wenn sie auch ohne Anleitung 'richtig' reproduzieren.

Dieses Konzept unterscheidet sich von dem Anne S'. „Selbst etwas bringen", also kreativ sein, können die Kinder nur unter der Voraussetzung, daß sie ihre „innere Wahrnehmung" geschult haben. Sie erleben dann ihre Selbsterfindung unmittelbar an sich selbst. Anne S. betont, daß Kreativität gelehrt werden müsse. Die Ideen der Kinder, die sie mit Hilfe von Spielen entwickeln, bedürfen daher einer Anleitung.

Ein Resümee unserer Überlegungen zu den beiden Kreativitätsvorstellungen ist also, daß in beiden Tanzstilen das kreative Moment vermittelt, also auf die eine oder die andere Weise erlernt werden muß. Beide Lehrenden schaffen die Voraussetzungen dafür, daß ihre Schützlinge kreativ werden können. Nur der Rahmen, in dem dieses Kreativitätstraining dann stattfindet, ist ein anderer.

Hier zeigt sich auch, daß Ballett als Schau- oder Bühnentanz angelegt ist, Kreativer Kindertanz dagegen den TeilnehmerInnen ermöglichen soll, sich und ihren Körper zu begreifen und dieses Wissen für den Augenblick im Tanz zu erleben. Insofern definiert sich im Ballett Kreativität durch die technische Beherrschung des Körpers. Im Kreativen Kindertanz dagegen bestimmt die Kreativität, d.h. die individuelle Entdeckung der Bewegungsmöglichkeiten – abhängig von der Körperwahrnehmung – die Körpervorstellung.

„Man muß immer feste Formen lernen"

weise als *Ergebnisorientierung*. Im Gegensatz dazu steht das spielerische Konzept einer *Prozeßorientierung*, die bei Anne S. zu finden ist.

Im Ballett ist der Weg, der aus Übungen besteht, auch wichtig. Aber nicht der Weg ist das Ziel, sondern eine geplante Aufführung. Tanzschritte und 'richtige' Körperbewegungen, d.h. das Wissen darum, was der Körper zu sein hat und können muß, wird die Kinder dazu befähigen, sich später einmal kreativ auszudrücken. Für Hans-Jörg M. besteht Kreativität im Zusammenfügen der von ihm gelehrten Techniken, also die selbstchoreographierte Aneinanderreihung 'richtiger' Bewegungen zum 'richtigen' Zeitpunkt, verbunden mit 'richtigem' Körperaus-

Sowohl Anne S. als auch Hans-Jörg M. wollen ihre jeweilige Körperselbstsicht an die Kinder weitervermitteln. Während Anne S. zunächst über ihren Körper alle möglichen Gefühle wahrnimmt und alle diese Wahrnehmungen gleichrangig in diesem Körper existieren und ausgedrückt werden sollen, geht für Hans-Jörg M. der Freude beim Tanzen stets eine schmerzhafte Empfindung voraus.

Hans-Jörg M.'s Körpervorstellung beruht auf einem *mechanistischen Körperbild*, was vor allem mit dem Lehrprinzip der Russischen Schule zusammenhängt. Wenn der Körper tanzen will, dann muß er funktionieren, womit Leiden verbunden sein kann. Wenn der Körper nur Körper ist, weil er funktioniert, ist er mechanisiert. Für Hans-Jörg M. besteht der Körper aus „Muskeln", „Sehnen", „Knochen"[33]. Dieser Körper wird benutzt, er ist geradezu dafür geschaffen, benutzt, d.h. gezähmt zu werden, um nach spezifischen Regeln zu funktionieren.

Für Anne S. ist das Tanzen das Ventil ihrer Gefühle. Ihre Vorstellung von Körper beruht im Gegensatz zu Hans-Jörg M. auf dem Zulassen von Emotionen und auf der bewußten Wahrnehmung dieser Empfindungen, die sie im Tanz ausdrückt. Der tanzende Körper ist somit der unmittelbare Spiegel der Seele. Die Gefühle, die die Ballettkinder unterdrücken, damit sie Regeln befolgen können, sollen in der Körpervorstellung von Anne S. dem Tanz seine Funktion und sein Aussehen geben. Hier richtet sich die Form nach dem Inhalt, wohingegen im Ballett der Inhalt der Form angepaßt wird.

„Die Individuen formen eine Gruppe"

Beim französischen Soziologen Pierre Bourdieu finden wir eine Bestätigung unserer Ergebnisse:

„*Der asketischen Form der traditionellen Gymnastik, die praktisch den Wert einer Übung an der Anstrengung, ja dem Leiden mißt, die sie kostet - 'wer schön will sein, muß leiden Pein' -, die Disziplin über alles lobt, aus der physischen Anstrengung eine 'Schule des Willens' macht und selbst aus dem Erleben der Anspannung Lust gewinnt, stellt die neue Gymnastik, die sich manchmal selbst als 'Anti-Gymnastik' bezeichnet, ein System von Vorschriften entgegen, die, ganz ebenso gebieterisch, genau das Gegenteil anordnen: Entspannung statt Anspannung, Genießen statt Anstrengen, 'Kreativität' und 'Freiheit' statt Disziplin, Kommunikation statt Einsamkeit; sie behandelt den Körper wie der Analytiker die Seele, 'hört' dem Körper 'zu' ('auf unsere Muskeln horchen'), der 'entknotet', befreit oder einfach wiederentdeckt und akzeptiert werden soll ('sich in seiner Haut wohlfühlen').*"[34]

Was Bourdieu als Gymnastik und Anti-Gymnastik bezeichnet, läßt sich zum größten Teil auf unsere beiden Tanzstile übertragen. Dennoch stimmen unsere Untersuchungsergebnisse mit seinen Überlegungen in dem Punkt nicht überein, daß Bourdieu der Anti-Gymnastik – unserem Kreativen Kindertanz – unterstellt, sie sei ebenso „gebieterisch" wie ihr Konterpart. Sicherlich findet ein „System von Vorschriften" in beiden Tanzstilen Anwendung, doch die Regeln innerhalb der Felder unterscheiden sich immens voneinander. Klassisches Ballett funktioniert nach dem Leistungsprinzip. Hans-Jörg M., so schien uns, initiiert keinen Gruppengeist, bildet seine SchülerInnen gemäß seiner Aussagen aber zu Corps-, d.h. GruppentänzerInnen, aus. Daß wir ein Gruppengefühl eher vermißt haben, ist ein Ergebnis unserer Beobachtungen, aber nicht relevant für das Ziel, das Hans-Jörg M. anstrebt. Wichtig ist für ihn: Das einzelne Kind muß funktionieren. Doch nicht nur deswegen, damit es später einmal tanzen 'kann', sondern damit das Corps funktioniert. Insofern geht es nicht nur um ein persönliches Funktionieren, sondern um Funktionalität auf einer höheren Ebene.

Die Ballerina, das Königinnenziel, ist letztlich auch ein Traum von Individualität. Der Preis, den Mädchen für diesen Traum und für den Ballett-Tanz insgesamt zahlen, ist hoch: Ehrgeiz und unbedingter Leistungswille werden verlangt wie auch die Übernahme eines Regelsystems, das auf der Vorstellung eines modellierten Körpers und auf Affektkontrolle basiert.[35]

Individualität ist dagegen zentrales Motiv und Ausgangs-, nicht Endinstanz des Tanzens, wenn wir uns auf Anne S. besinnen. Die Individuen formen eine Gruppe, in der sie als Einzelpersonen wahrgenommen werden sollen. Anne S.' Intention ist es, die Kinder erkennen zu lassen, daß nicht jeder Körper gleich ist.[36]. Da Anne S. jedem Kind überläßt, *wie* es sich beim Tanzen bewegt, wie also diese ungleichen Körper eingesetzt werden, unterscheidet sie sich in diesem Punkt von Hans-Jörg M. Trotzdem hat sie ihre Methode, wie der Ballettlehrer auch, in ein festes Konzept gepackt. In diesem Sinn kann man auch bei ihr von einem „System von Vorschriften" sprechen, doch bewegen diese sich auf einer anderen Ebene.

Da Körper nicht nur in ihrer Physis als ungleich wahrgenommen werden, sondern das einzelne Kind mit den ihm eigenen Wahrnehmungen aufgefordert ist, diese auszudrücken, stellt es über diesen Weg seine Individualität unter Beweis. Die Aufforderung, dies in einem bestimmten Rahmen zu tun, interpretieren wir als Regel. Die Form, in der dies geschieht, wählt jedoch das Kind, man kann also von einem System mit offenen Regeln sprechen. Aufgrund unserer Beobachtungen meinen wir, daß das System im Kreativen Kindertanz auf Zwanglosigkeit und gegenseitigem Respekt gründet, während das System im Ballett von sanftem Zwang und einer Selbstaufgabe zugunsten eines Ideals ausgeht.

Auch wenn in beiden Kindertänzen Tanzbewegungen und Körpervorstellungen jeweils mit Hilfe von Regeln (und im Rückgriff auf die eigene Körpererfahrung der Lehrenden) vermittelt werden, sind diese doch, wie wir gezeigt haben, im Ansatz sehr unterschiedlich. In welcher Weise sich das Tanzen tatsächlich auf die Körperkonzepte oder gar auf die Lebenseinstellungen der Kinder auswirkt, müßte allerdings noch erforscht werden.

Anmerkungen

1. Interview mit Susanne M. (Juni 1997), Kulturregion Stuttgart.
2. Unsere Felder sind im Großraum Stuttgart angesiedelt. Der Forschungszeitraum erstreckte sich von Juni bis August 1997. Im Mittelpunkt standen die verschiedenen Unterrichtseinheiten der VermittlerInnen. Das Alter der Kinder betrug vier bis elf Jahre. Im Verlauf unserer Arbeit verteilten wir zwar auch Fragebögen an die Kinder, um sie nach ihrer Meinung zum Tanzen zu befragen, da wir jedoch stets stereotype Antworten erhielten, konnten wir unsere Auswertung nicht auf diese Bögen stützen. Von Interviews sahen wir ab, weil zur Durchführung erziehungswissenschaftliche Vorarbeit geleistet werden müßte.
3. Telefoninterview mit Hans-Jörg M. (Jan. 1998).
4. Ebd.
5. Vgl. ebd.
6. Ebd.
7. Rudolf Liechtenhan: Vom Tanz zum Ballett. Geschichte und Grundbegriffe des Bühnentanzes. Stuttgart 1993, S. 211.
8. Zum Thema der uniformen Kleiderordnung im Kinderballett vgl. auch Vivienne Griffiths: Getting in Step. Young Girls and Two Dance Cultures. In: Women's Studies International Forum, 19. Jg. 1996, Nr. 5, S. 481-491; hier S. 484f.
9. „Corps de ballet" ist die gängige Bezeichnung für die Gruppentänzer, die zusammen mit den SolistInnen das Ballettensemble bilden. Vgl. Liechtenhan 1993, S. 189.
10. Vgl. Interview mit Hans-Jörg M. (Juli 1997).
11. Das Waganowa-Institut in St. Petersburg gilt als die renommierteste Schule des Russischen Balletts. Vgl. Liechtenhan 1993, S. 173.
12. Interview mit Hans-Jörg M. (Juli 1997).
13. Liechtenhan 1993, S. 173.
14. Vgl. ebd., S. 128 und 173.
15. Liechtenhan 1993, S. 173. Weiterführende Literatur: Rolf Schrade: Sowjetisches Ballett. Berlin 1977; Agrippina Jakolewna Waganowa: Grundlagen des klassischen Tanzes. Wilhelmshaven 1979.
16. Interview mit Hans-Jörg M. (Juli 1997).
17. Ebd.
18. Ebd.
19. Erstes Beobachtungsprotokoll der Ballettstunde (Juli 1997).
20. Griffiths 1996, S. 488.
21. Ebd.
22. Gabriele Klein: FrauenKörperTanz. Eine Zivilisationsgeschichte des Tanzes. Weinheim 1992, S. 186.

23 Telefoninterview mit Andrea Braun (Jan. 1998).
24 Vgl. dazu auch Klein 1992, S. 192-202 und Griffiths 1996, S. 488.
25 Capoiera ist ein Tanz-Kampfsport, d.h. es werden Angriffs- und Verteidigungssituationen ohne Körperkontakt tänzerisch dargestellt.
26 Interview mit Anne S. (Juli 1997).
27 Ebd.
28 Ebd.
29 Ebd.
30 Ebd.
31 Ebd.
32 Ebd.
33 Interview mit Hans-Jörg M. (Juli 1997).
34 Pierre Bourdieu: Die feinen Unterschiede. Kritik der gesellschaftlichen Urteilskraft. Frankfurt/M. 1997, S. 578f.
35 Vgl. auch Klein 1992, S. 128.
36 Vgl. Interview mit Anne S. (Juli 1997).

E. Hollister Mathis

Für eine Karriere schon zu spät

Zur Motivation von Freizeit-BühnentänzerInnen

Frage: *Warum lernst du Ballett?*
Antwort: *Weil es einfach Spaß macht.*
                       (Sabine S., Studentin, Mitte dreißig)

„Im mehr oder weniger stupiden Training erreicht man wenigstens, daß die Empfindungen, die man bei einem Luftsprung irgendwo in der Natur oder beim Sport hat, nicht irgendwie Spaß machen, sondern eben doch eine ganz bestimmte Erfahrung sind."[1]

                       (Rudolf zur Lippe, Professor für
                       Sozialphilosophie und Ästhetik)

„Spaß haben" — dies erwähnen sechzehn von einundzwanzig FreizeittänzerInnen auf meine Frage „Weshalb lernst du Ballett bzw. Modern Dance?" Die Mehrheit meint damit eine allgemein verständliche Antwort zu geben. Rudolf zur Lippe hingegen verweist darauf, daß solche tänzerischen Erfahrungen nicht beliebig, sondern spezifisch subjektive Empfindungen sind. Was kann „Spaß" in diesem Fall alles sein?

Als Studentin der Sozialwissenschaften und als Bühnentanzpädagogin an der Volkshochschule hatte ich zwar einige Ideen, weshalb Leute in meine Kurse kommen, doch aus der Perspektive einer Berufstänzerin, die schon mit vier Jahren zu tanzen begann, erscheint mir dieser späte Beginn ohne jegliche Aussicht auf eine Karriere als fremd bzw. vollkommen rätselhaft. Bühnentanz als Hobby?! Wie und weshalb entscheiden sich 'ganz normale' erwachsene Menschen scheinbar spontan und unvermittelt dazu, zum Bühnentanzunterricht zu gehen? Besonders im Ballett wird harte Arbeit verlangt, und ein etwaiger Erfolg — die Fähigkeit, einige Schritte halbwegs präsentabel zu tanzen — setzt erst nach Jahren ein. Ich habe in meinen Kursen zu verstehen versucht, worum es den TeilnehmerInnen im Tanzkurs eigentlich geht. Durch Feedback habe ich erfahren, daß sie es gut finden, wenn sie korrigiert werden. Sie wollen etwas lernen, auch aus ihren Fehlern. Ich habe von Anfang an angenommen, daß sie kleine technische Herausforderungen zu bewältigen versuchen und daß ihnen dies Befriedigung oder sogar Freude bereitet. Da Ballett mit höchsten technischen Anforderungen verbunden ist, haben diese KursteilnehmerInnen eine Tanzform gewählt, bei der einer Lust nach Herausforderung am systematischsten und konsequentesten nachgegangen werden kann. Meine Annahme steht im Kontext einer Leistungsgesellschaft, in der zählt, was du machst, und nicht, wer du bist oder woher du kommst. Aber als Studentin der Empirischen Kulturwissenschaft wollte ich meine Vermutung nicht einfach stehen lassen, sondern vielmehr die subjektiven Erfahrungen meiner TeilnehmerInnen durch Kurzinterviews systematisch zu erfassen versuchen.

Wiedererlangung des Körpergefühls

Eine 22jährige Studentin erzählte mir, daß sie Ballett lernt „um ein besseres Körpergefühl zu kriegen". Aus dieser Aussage entnehme ich eine Kritik an unserer Kultur: der Körper wird zugunsten des Geistes vernachlässigt. Unsere Körperlichkeit, also die von unserer Gesellschaft bereitgestellte Erfahrungsform des Körpers, beschränkt sich primär auf Leistung in Form von Produktion.[2] Ein sogenannter „Ausgleich" wird dann nötig, um diesen Körper leistungsfähig zu halten. Erst dann können wir ihn auch auf andere Weise spüren.

In christlichen und anderen dualistischen Diskursen wurde der Leib des Menschen über Jahrhunderte hinweg erfolgreich vom Geist abgespalten und verteufelt. Wie andere Vergnügungsformen wurde auch der Tanz aus der religiösen Sphäre ausgeklammert und allein dem weltlichen und daher potentiell mit Sünde beladenen weltlichen Bereich zugeschrieben. Mit dem entstehenden Bürgertum wurde diese Haltung säkularisiert und in eine neue bürgerliche Arbeitsethik integriert. Möglichkeiten, den Körper „zum guten Zwecke" zu erhalten, wurden offiziell dosiert, strukturiert und kontrolliert. Das Körperliche wurde im Eliasschen Sinne „zivilisiert".[3] Die Vollendung dieses Prozesses gelang nach der Industrialisierung dadurch, daß die Menschen den bislang äußeren Zwang internalisierten, körperliche Hochleistungen im Dienste der Maschine zu vollbringen. Ausschweifungen wie das Tanzen wurden zu unterbinden versucht, denn die körperlichen Auswirkungen hätten sich bei der vom Zeittakt bestimmten Arbeit in der Industrie bemerkbar gemacht, nicht erst beim bürgerlichen bzw. Jüngsten Gericht.

Heute wird unser Alltag immer konsequenter auf Effizienz getrimmt – an der Computertastatur erledigen wir Käufe und Amtsgänge, bei Step-Aerobic und auf dem stationären Fahrrad erzielen wir einen optimalen Sauerstoffverbrauch. Es scheint mir, daß meine KursteilnehmerInnen mehr denn je einen erlebnisorientierten Ausgleich brauchen, bei dem „Spaß" gleichzusetzen ist mit der Rückeroberung verschollener Aspekte der Körpererfahrung.

Warum steht aber für viele Menschen gerade das Tanzen im Mittelpunkt des Interesses, wenn Spaß an der Bewegung auch durch anderes sportliches Training erreichbar ist? Die Sportwissenschaftlerin Andrea Hubert schildert, welchen Gewinn Menschen durch das Tanzen haben können und bezeichnet ihn als wichtig für die zwei wesentlichen Mechanismen der Selbstverwirklichung: Erfahrungsübertragung und Erlebnisgestaltung:

„Im Tanz kann der Mensch sich von der unmittelbaren Realität in seine Innenwelt [...] begeben. Er kann sich schöpferisch mit sich selbst auseinandersetzen und nimmt (auf eine indirekte, andere Art und Weise als zum Beispiel über Arbeitswerkzeuge) Kontakt und 'Fühlungen' mit den Innenwelten anderer Menschen auf. Durch tänzerisch-mimetischen Ausdruck von Erfahrungen wird ein Netz kollektiver Empfindungen und Vorstellungen zwischen den Menschen geknüpft. Einzelheiten einer gemeinsamen Wahrnehmungswelt sowie sinnlich-emotionale Befindlichkeiten können auf diese Weise strukturiert und miteinander verschmolzen werden. In der Tanz-Gestaltung realisiert sich ein hohes Maß an Emotionalität und Sinnlichkeit, Organisation und kollektiver Lenkung."[4]

Ballettgruppe, Lehrstufe III „En Posé"

Für Hubert ist Selbstverwirklichung die wesentliche Erfahrung beim Tanzen, wobei die nichtsprachliche, mimetische Ebene für sie im Mittelpunkt steht. Auch die Sozialpädagogin Anke Abraham, die Lebensläufe von Ballettänzerinnen empirisch untersucht hat, spricht konkret von den körperlich-sinnlichen Aspekten des Tanzens.[5] Die körperliche Ebene erlaubt ihrer Meinung nach einen Rückgriff auf „archaische", aber sublimierte Erfahrungen, die Selbstfindung ermöglichen oder das Selbstgefühl (wieder)herstellen können. Beide verweisen damit auf die Notwendigkeit eines Ausgleichs zu einer als „verkopft" empfundenen Lebensart, die im Lauf der Jahrhunderte entstanden ist und unter dem Leistungsethos westlicher Gesellschaften auch weiterhin verschärft wird.

Kulturelles Kapital

Meine InformantInnen haben ihre persönlichen Beweggründe, tanzen zu lernen, nicht in diesen gesellschaftlichen Kontext gestellt. Sie sprechen viel häufiger über konkrete Dinge, z.B. über die Rolle der Musik beim Tanzen. Ich gehe also davon aus, daß die musikalische Gebundenheit des Tanzes ein wichtiger, mehr oder weniger bewußter Grund dafür ist, sich bei der Befriedigung des Bedürfnisses nach körperlicher Bewegung dem Tanz zuzuwenden. Auch die Entscheidung für oder gegen bestimmte Tanzformen ist von bestimmten Musikvorlieben abhängig.

Musik leitet gemeinsame Erlebniswelten ein. Je nachdem, welches Stück gespielt wird, empfindet die tanzende Person etwas ihr Entsprechendes und kann dies wiederum über kulturell angeeignete Bewegungsformen ausdrücken.[6] Das Vermögen von Musik, Menschen in einen anderen Zustand zu versetzen, könnte den Zulauf zum musikbegleiteten Tanz begründen.

Ich vermute also, daß die Anziehungskraft von Ballett und Modern Dance auch an der kulturellen Symbolkraft der dabei verwendeten „E-Musik"[7] liegt. Das Hören solcher Musik ist zum einen ein Zeichen der Zugehörigkeit zur bürgerlichen Schicht. Zum anderen stellen die Musikstücke und ihre tänzerischen Interpretationen vertraute Werte der bürgerlichen Kultur dar, die im Bühnentanzunterricht 'eingeübt' werden können. Das Gefühl, dazuzugehören, dieser nonverbalen Elitensprache mächtig zu sein, etwas 'künstlerisch Wertvolles' zumindest für sich selbst zu schaffen, könnte auf die Lernenden beruhigend oder aufbauend wirken. Vielleicht geht es ihnen also beim Tanzen auch um die Aneignung kulturellen Kapitals im Sinne von Pierre Bourdieu[8], mit Hilfe dessen sie sich von anderen Tanzenden abheben können.

Ballett bietet eine Form der Körpererfahrung an, die Struktur, System und Hierarchie beinhaltet und deren Ästhetik europäischen Kulturtraditionen entspricht. Die Erfahrung des tanzenden Körpers wird zwar der Ästhetik, die als höheres Ziel des Balletts gilt, untergeordnet und damit etwas eingeschränkt, gleichzeitig wird sie aber genau dadurch gesellschaftlich legitimiert. Ballett wird eben nicht als 'wilder' Tanz betrachtet, der zum ungestümen Ausleben körperlicher Lust dient, sondern eher als ein sublimierter Tanz – ein hochwertiges ästhetisches Produkt, das sich zur Distinktion eignet. Daher ist die leidenschaftliche Hingabe bei diesem Tanz sogar für die zurückhaltendsten Angehörigen höherer bürgerlicher Schichten akzeptabel.

Die Lust am Zuschauen

Die seit den 60er Jahren wachsende Anziehungskraft des Balletts ist meiner Meinung nach nicht nur als eine allgemeine Tendenz der bürgerlichen Nachkriegsgeneration zu verstehen, welche aus Abneigung gegenüber einer von den Nationalsozialisten mißbrauchten Musik und Literatur andere, unverdächtigere Kunstformen suchte.[9] Diese Entwicklung ist auch das konkrete Verdienst von John Cranko, einem südafrikanischen Choreograph englischer Abstammung, und seinem „Stuttgarter Ballettwunder" (1961-73). Seine auch für Nicht-Eingeweihte zugänglichen Choreographien sorgten für plötzliche Publikumsansürme – nicht nur in Stuttgart, sondern auch in anderen Tanzmetropolen der Welt. Überall in Deutschland entstanden Ballettkompagnien, deren Zuschauerzahlen wuchsen, während die der anderen Theatersparten stagnierten.

Aus den Reihen dieser hinzugewonnenen ZuschauerInnen stammen auch die Freizeit-BühnentänzerInnen. Eine 50jährige promovierte Romanistin erklärte ihre Motivation, Ballett- und Modern Dance-Unterricht zu nehmen, folgendermaßen:

„Um mich besser 'reindenken zu können, wenn ich etwas sehe, also, wenn jemand tanzt, ob er klassisch oder modern tanzt; um ein bißchen Ahnung zu bekommen, was für ein Körpergefühl der hat, der vor mir tanzt, weil ich sehr gerne zuschaue."

Die durch das Betrachten empfundene Befriedigung kann sich in die Frage verwandeln, wie sich die TänzerInnen fühlen. Das Körpergefühl eines Menschen, der sich ein Leben lang dem Bühnentanz gewidmet hat, wird so auch für Laien interessant und lockt inzwischen etliche Tanzbegeisterte in die Übungsstunden.

Generationenwechsel

Meine KursteilnehmerInnen sind zwischen 20 und 62 Jahre alt, der Altersdurchschnitt liegt bei 36 Jahren. Normalerweise fangen Kinder zwischen 5 und 15 Jahren mit dem Ballettunterricht an. Allerdings war es vor zwanzig bis dreißig Jahren noch nicht üblich, Kinder zum Ballettunterricht zu schicken. Zudem gab es nur wenige Bühnentanzschulen in Deutschland.

Viele meiner GesprächspartnerInnen erzählten mir, daß sie als Kind zum Ballettunterricht gehen wollten, aber aus unterschiedlichen Gründen nicht konnten, sei es das mangelnde Angebot, fehlende Zeit oder die Abneigung der Eltern. Aber die Aussagen meiner InformantInnen weisen auch auf andere Aspekte hin:

„Ich habe mir einen unerfüllten Kindheitswunsch verwirklicht. Ich mag Musik sehr gerne und die Bewegung im Ballett, die Bewegungsform, den Ausdruck, das Gestalterische dabei. [...] Ich durfte nicht als Kind, aus finanziellen Gründen. Ich mußte mich entscheiden für Klavierspielen oder Ballett, und da war das Klavierspielen, ja, von der Elternseite her, mehr angesagt, und ich wurde mehr oder weniger dazu überredet. [...] Man sagte, vom Klavierspiel hat man mehr im Leben, man kann das länger verwenden als Ballett." (44jährige Verwaltungsbeamtin)

Unter ökonomischem Druck wurde die Beschäftigung mit dem Körper als weniger wertvoll oder schlechter verwertbar empfunden als die Beschäftigung mit einem Musikinstrument. Wenn sich die heute so spät tanzende Generation jedoch mit den elterlichen Ablehnungen ihrer kindlicher Tanzwünsche intensiv und bewußt auseinandergesetzt hat, könnte das auch zu einer neuen Einstellung gegenüber dem Körper führen. Zumindest scheint vielen klar zu sein, daß bei der Elterngeneration eine gewisse Körperfeindlichkeit vorhanden war, wie mir beispielsweise eine 42jährige technische Angestellte und ein 43jähriger Diplom-Physiker erzählten:

Modern Dance- Gruppe, Fortgeschrittene „En Posé"

„Ich wollte das immer schon als Kind anfangen, aber es hat nicht ganz geklappt. [...] Meine Eltern waren nicht sehr begeistert davon, [...] die halten halt nicht sehr viel vom klassischen Tanz."

„Als Kind nicht, erst so mit 22 herum habe ich angefangen. Also, der Sportunterricht in der Schule, der hat nicht so Lust gemacht auf Bewegung und [darauf,] auch den Körper kennenzulernen. Das war eher so ein Sportunterricht nach der Turnvater Jahn-Methode. Viel Geräteturnen, wo ich immer zuviel Angst hatte. Also irgendwie ein sehr körperfeindlicher Sportunterricht. Das hat mich eher abgeschreckt, mich zu bewegen. Deswegen habe ich ziemlich spät angefangen, leider."

Diese Art der Körperpraxis wird inzwischen vielfach abgelehnt, was ein Anzeichen für einen Veränderungsprozeß in bezug auf die Einstellung zum Körper sein könnte. So schicken etwa viele der heute tanzenden Mütter ihre Töchter auch zum Bühnentanzunterricht, wie eine 40jährige Straßenbauingenieurin mir berichtete:

„Ich wollte meiner Tochter das gönnen, Ballett zu lernen, und wollte es aber zuerst selber mitkriegen, wie das ist. Und habe es ausprobiert, und es macht Spaß, und es tut mir gut!"

Schönheitsideale

Die verlockende Elitenaura des Balletts ist interessanterweise heute im ganzen Abendland hauptsächlich für Frauen anziehend. In drei Jahren und über 30 Kursen mit jeweils etwa zehn Teilnehmenden habe ich nur fünf Männer unterrichtet. Ich frage mich, ob das mit der aktuellen Betonung des Optischen in der Kultur zusammenhängen könnte. Seit der Erfindung der Photographie hat sich eine drastische Betonung des Sichtbaren entwickelt. Mit der Betonung des Visuellen geht die der Jugendlichkeit einher. Für Frauen gilt ein muskulär definierter Körper mit wenig Fettansatz, festen Brüsten und straffem Hintern ohne Cellulitis als schön und fungiert wegen der 'angenehmen' Erscheinung als Erfolgsgarant. Ein (Frauen-)Körper, der seine Geschichte, sein Alter preisgibt, verstört und befremdet viele.

Das Ballett hat diese Richtlinien des Körperbildes mitgeprägt: Vorpubertäre Androgynität nach männlichem Muster ist bei den Balletttänzerinnen der ganzen Welt in unterschiedlichen Graden zu beobachten.[10]

Während in den Interviews nichts dergleichen erwähnt wurde, habe ich in informellen Gesprächen mit meinen Kursteilnehmerinnen oft von den Unsicherheiten aufgrund ihres Gewichts gehört, und dies ausgerechnet von den Frauen, die als „schön schlank" einzuordnen sind. Der einzige Hinweis aus den Interviews besteht darin, daß sie fast alle meinen, „etwas für ihren Körper" tun zu müssen. Im Kontext der kulturell dominanten Schönheitsideale lassen sich diese Aussagen nicht nur als ein Bedürfnis nach Körpererfahrung interpretieren, sondern auch als Versuch, durch Kalorienverbrennung und Muskelstraffung ein Idealmaß zu erreichen. Ballett erscheint ihnen dabei angenehmer als Fitnesstraining:

„Es ist mir angenehmer als 'rumhüpfen, mit Aerobics und so. Und es ist ein schönes Gefühl, sich mit der Musik zu bewegen, und ich weiß nicht, es macht einfach mehr Spaß als irgendwelches Training. Und ich habe dabei doch das Gefühl, daß ich nachher ziemlich viel gemacht habe. Ich gehe nach Hause und kann gut schlafen, und es ist super!" (29jährige freiberufliche Übersetzerin)

Fazit

Unter Einbeziehung kulturtheoretischer Überlegungen habe ich anhand der Kurzinterviews sowie meiner eigenen Feldkenntnisse einige Interpretationsmöglichkeiten aufgezeigt, die zur Erklärung der subjektiven Motivation beim Besuch von Bühnentanzunterricht dienen können. Alle Befragten sagten, sie machen es hauptsächlich „aus Spaß", aber ich wollte versuchen, diesen Aussagen etwas mehr Präzision zu verleihen. Bei der Analyse ihrer Begründungen, warum sie Ballett oder Modern Dance lernen, habe ich insgesamt drei Motivationskomplexe erkannt:

1. Eine unbewußte Rebellion gegen die Abspaltung des Körperlichen in unserer Kultur. Eigene körperliche Grenzen werden erforscht, überschritten und damit neu definiert. Doch Schönheitsideale und Weiblichkeitsvorstellungen werden dabei meist unhinterfragt übernommen.

2. Eine Erlebnisorientierung: Selbsterfahrung bzw. Selbstfindung und nichtsprachlicher Selbstausdruck sind dabei zentrale Aspekte. Dieser traditionell als 'weiblich' deklarierte Bereich bleibt dabei von Frauen besetzt; nur wenige Männer erobern sich diesen Raum.

3. Eine Leistungsbezogenheit, die sich in der harten, systematischen Arbeit am Körper manifestiert. Mag das leistungsorientierte Training auch vielen Frauen zunächst als 'männlich' konnotiert erscheinen, so stellt der Bezugspunkt Körper doch ihre traditionelle Domäne dar. Durch das Erlernen von Ballett oder Modern Dance können sie sich kulturelles Kapital erwerben.

Alle drei Motivationskomplexe zeichnen sich durch eine Mischung von bewußten und unbewußten Aspekten aus. Individuelle Wünsche und Bedürfnisse sind dabei untrennbar mit sozialen Entwicklungen verwoben. Ebenfalls läßt sich ein Ineinandergreifen von Statik und Dynamik feststellen, von kulturellen Veränderungsprozessen, die mit einer gleichzeitigen Bestätigung oder Wiederherstellung traditioneller Kulturmuster einhergehen.

Anmerkungen:

1 Rudolf zur Lippe: Naturbeherrschung am Menschen. Bd. 1. Körpererfahrung als Entfaltung von Sinnen und Beziehungen in der Ära des italienischen Kaufmannskapitals. Frankfurt/M. 1974, S. 13f.
2 Utz Jeggle: Im Schatten des Körpers. Vorüberlegungen zu einer Volkskunde der Körperlichkeit. In: Zeitschrift für Volkskunde, 76. Jg. 1980, H. 2, S. 169-188; hier S. 172.
3 Auf der Zivilisationstheorie von Norbert Elias beruht auch die Arbeit von Gabriele Klein: FrauenKörperTanz. Eine Zivilisationsgeschichte des Tanzes. München 1994.
4 Andrea Hubert: Das Phänomen Tanz. Gesellschaftstheoretische Bestimmung des Wesens von Tanz. Ahrensburg 1993, S. 101.
5 Vgl. Anke Abraham: Frauen, Körper, Krankheit, Kunst. Zum Prozeß der Spaltung von Erfahrung und dem Problem der Subjektwerdung von Frauen. Dargestellt am Beispiel des zeitgenössischen künstlerischen Tanzes. Oldenburg 1992, S. 212.
6 Wie im Sport das Miteinanderspielen häufig der Leistung und dem Wettkampf geopfert wird, so ist der individuelle Ausdruck beim Tanzen oft dem Technikgedanken und der Konkurrenz nachgeordnet.
7 Die Zweiteilung von Musik in eine ernste (E) und in eine unterhaltende (U) Sparte wird inzwischen auch von zahlreichen MusikwissenschaftlerInnen kritisiert, ist aber kulturell noch immer dominant. Vgl. etwa Wieland Ziegenrücker/Peter Wicke: Sach-Lexikon Popularmusik. Pop, Rock, Jazz, Folk. 2. erw. Aufl., Mainz 1989.
8 Pierre Bourdieu: Die feinen Unterschiede. Kritik der gesellschaftlichen Urteilskraft. Frankfurt/M. 1992.
9 Die Nationalsozialisten hatten den Bühnentanz auch als Propaganda eingesetzt. Zum Mißbrauch insbesondere des Ausdruckstanzes und zur Kooperation der ProtagonistInnen des Ausdruckstanzes mit der Diktatur vgl. Lilian Karina/Marion Kant: Tanz unterm Hakenkreuz. Eine Dokumentation. Berlin 1996.
10 Ich habe zwar schon eine 'vollschlanke' Tänzerin auf einer Stuttgarter Bühne gesehen, die mich und das Publikum hinreißen konnte. Ich fürchte aber, sie wird eine Ausnahme bleiben. Abendländische Tanzformen beruhen auf dem Bild eines extrem schlanken Körpers. Ballettänzerinnen haben daher im Durchschnitt 25%, Modern Dance-Tänzerinnen 20% Untergewicht. Anorexia nervosa (Magersucht) und Bulimie (Eß-Brech-Syndrom) kommen in der Bühnentanzwelt extrem häufig vor, was erst allmählich in der internationalen Tanzöffentlichkeit thematisiert wird. Es ist allerdings nicht bloß ein „Berufsrisiko" der Profis, auch Freizeittänzerinnen sind gefährdet, da der Kampf gegen den eigenen Körper kulturell bedingt ist.

Ulrich Hägele

Kurzes Glück am Nachmittag

Ein Rückblick auf die frühe Stehblues-Zeit

Tanzen ist nicht unbedingt an ein bestimmtes Lebensalter gekoppelt. Manche Tanzarten wie Foxtrott, Walzer und Tango verbinden Generationen. Andere wie Rave und Rock richten sich an ein eher junges Publikum. Vorwiegend von Jugendlichen getanzt wird der Stehblues. Er kam erst Ende der sechziger Jahre in Mode. Wie das Körper-an-Körper-Tanzen richtig funktioniert, lernen die jugendlichen ProtagonistInnen auch heute noch ausschließlich autodidaktisch auf speziellen Stehblues-Parties durch Zuschauen, Nachahmen und Ausprobieren.

Martina R. und Volker S. sammelten ihre ersten Stehblues-Erfahrungen unabhängig voneinander in den frühen 70er Jahren. In Martinas Clique waren Parties üblich, die donnerstags bei jeweils wechselnden Gastgebern im Jugendzimmer zwischen Schreibtisch, Bett und Kleiderschrank stattfanden. Der Raum wurde mit schwarzen Pappkartons und Alufolie hermetisch abgedunkelt. Eine rot eingefärbte 15-Watt Glühlampe sorgte für schummriges Licht: „Da kam man rein wie in eine Höhle. Dann saß man auf den Betten und es lief *Imagine*, *Heart of Gold* oder *Satisfaction*."

Bis zur ersten Stehblues-Runde dauerte es meist eine Stunde. Zum Warmtanzen wurden zunächst einige schnelle Rockstücke gespielt. Die Partygäste kannten sich. Für Jungen wie Mädchen war es entscheidend, die Vorliebe für einen potentiellen Tanzpartner nicht zu offensichtlich zu zeigen. Als besonders attraktiv empfanden Mädchen die etwas älteren Sitzenbleiber aus der Klasse oder aber fremde Heranwachsende, die sich hin und wieder zur Clique gesellten. Mädchen suchten Augenkontakte:

„Es fängt ja damit an, daß man auf eine Party kommt und dann guckt man erst mal...wie guckt der zu mir 'rüber...und da spürt man es eben, ob man einem mehr bedeutet als dem anderen."

Wollte ein Mädchen besonders gerne mit einem bestimmten Jungen tanzen, „setzte man sich erst mal hin und wartete ab, ignorierte denjenigen, den man gut fand, daß er auch etwas zappelt".

Volker meint, auch Jungen seien zunächst auf Distanz gegangen. Außerdem hätte die Wahl der Tanzpartnerin zufällig erfolgen müssen:

„Dem Mädchen gegenüber, mit dem man am liebsten Stehblues tanzen wollte, verhielt man sich am gleichgültigsten. Man guckte sie insgeheim an, aber nie auffällig. Und dann auf der Tanzfläche begab man sich wie beiläufig in ihre Nähe, und wenn dann auch noch ein langsames Stück lief, mußte man partout so tun als ergebe sich das ganz automatisch, daß man jetzt mit ihr Stehblues tanzt, aber es durfte ja nicht so erscheinen, als ob das nun eine Bedeutung gehabt hätte."

Deshalb seien die Mädchen nicht vom Platz aus zum Tanz gebeten worden, sondern direkt auf der Tanzfläche während der Pause zwischen den Musikstücken. In diesen Momenten beobachtete Volker eine stets verlegene Stimmung, die seine Altersgenossen mit Übersprungsreaktionen wie Kratzen am Ohr zu überbrücken suchten. Besonders auffallend sei es gewesen, wie sich die Stehenden nach Einsetzen der Musik organisch zu Stehblues-Paaren zusammenfanden.

Als Tanzform ist der Stehblues mit dem Langsamen Walzer und dem Slowfox verwandt. Beim Tanzen vollzieht das Paar langsame Rechtsdrehungen im Rhythmus der Musik. Der wichtigste Unterschied zu anderen Paartänzen besteht darin, daß beim Stehblues nicht die rechte Hand die entsprechende Hand des Partners oder der Partnerin führt, sondern beide Arme entweder an Hüfte, Rücken, Schultern oder Hals gelegt werden. Üblicherweise befinden sich die Arme des Jungen am Rücken oder an der Taille der Partnerin, während das Mädchen Schulter oder Hals des Jungen umfaßt. Hierbei soll zwischen den Tanzenden ein möglichst enger Körperkontakt von den Schenkeln aufwärts entstehen. Martina erinnert sich an drei Stehblues-Varianten:

„Es gibt die, die einen kaum berührten, wo man praktisch fünf bis zehn Zentimeter zwischen den Bäuchen hatte. Das ist ganz unangenehm, da faßt man dann auf ein paar knochige Schultern und ist froh, wenn der Tanz wieder vorbei ist. Dann gibt es das Gegenteil davon: Das sind die, die einen nach hinten durchbiegen, daß man schier einen Krampf im Rücken bekommen hat nach einer Runde, wo man sich im Hohlkreuz befindet. Und dann gab es ein paar, die hatten ein wirklich gutes Körpergefühl, die haben einen angenehm angefaßt und mit denen hat man gerne getanzt."

Für die Entwicklung der Tanzform Stehblues war die passende Musik entscheidend. So hatte erst die Popkultur der sechziger Jahre den Blues in kommerzielle Bahnen gelenkt, wodurch diese Musikrichtung für ein größeres jugendliches Publikum attraktiv wurde. Die langsamen Rock- und Popschnulzen der Nachbeat-Ära galten als die ersten klassischen Stehblues-Hits. Martina und Volker erinnern sich übereinstimmend an *Child in Time*, *A Whiter Shade of Pale*, *When a Man Loves a Woman* und *While My Guitar Gently Weeps* sowie an die Single-Hits *Without You*, *Crimson and Clover*, *Let it Be*, *Hey Joe* und *It's All Over Now Baby Blue*. Wegen des bescheidenen Repertoires an Platten seien diese Titel auf den Stehblues-Parties in unterschiedlicher Reihenfolge öfters wiederholt worden.

Der Tanz zur langsamen Popmusik in einem abgedunkelten Raum lieferte die Legitimation zur ersten körperlichen Kontaktaufnahme mit dem anderen Geschlecht. Für Martina war die Stehblues-Zeit

Die idealtypische Stehblues-Haltung

„der Anfang, 'ne Ahnung vielleicht von erotischer Stimmung, fast wie Küssen. Sexualität gehörte noch nicht dazu. Wenn da jemand an die eindeutigen Stellen gefaßt hat, etwa an die Brust, dann war das schon zuviel und man hat ihn weggeschubst, wollte nichts mehr mit ihm zu tun haben. Dagegen, wenn einer mit dem Finger zart am Rücken unter das T-Shirt... daß man eine Gänsehaut bekommen hat, das war schon schön."

Während des Tanzens wurde kaum gesprochen. Manche Mädchen konnten es nicht leiden, wenn die Jungen die Songs mitsangen. Überdies durfte man sich beim Schnelltanzen nicht zu sehr verausgaben, denn zum Stehblues mochten Mädchen keine Schwitzer. Martina meint:

„Wir haben immer nach Jungs zum Tanzen geguckt, die süß aussahen. Also, mir hat es immer gut gefallen, wenn einer schon leicht männliche Züge im Gesicht hatte, aber trotzdem weiche Haare hatte. Er mußte natürlich etwas größer sein,

außerdem mußte er in der Gruppe was gelten. Einen Nobody wollte man nicht haben."

Am liebsten hätten Mädchen eng umschlungen mit den Jungen getanzt, die sie mochten. Angenehm sei es gewesen, wenn das Gesicht des anderen die eigene Wange berührte; unvorstellbar dagegen, sich nach Hause begleiten zu lassen oder sich für den folgenden Tag zu verabreden. Unter den Jungen herrschte eine Rangordnung. Dementsprechend hatten Spätentwickler beim Stehblues-Tanzen zumeist das Nachsehen. Volker meint, besonders schlimm sei es gewesen, wenn sich ein Junge wegen seiner geringen Körpergröße auf der Tanzfläche einen Korb geholt habe:

„Man steht da und versteht die Welt nimmer. Da möchte man nur noch, daß der Boden aufgeht und du versinken kannst, damit niemand dich sieht mit seinen dreckigen Blicken und sich lustig macht über dich."

Der Stehblues ist eine rhythmische Form der Umarmung. Eine Annäherung dieser Kategorie wäre noch in den frühen 60er Jahren unter Jugendlichen kaum denkbar gewesen. Damit der Stehblues sich zur beliebtesten Form einer frühen zwischengeschlechtlichen Interaktion entwickeln konnte, war ein grundsätzlicher Wandel in der Alltagskultur Voraussetzung. Wie bei der Musik gingen die Impulse hierzu von Amerika aus. Zunächst erfolgte seit den frühen 50er Jahren die Abkehr von der zumeist nach militärischen Mustern durchorganisierten Disziplinierung in Schule und Freizeit. Gleichzeitig wurden nach und nach einstige Tabus bei der Entdeckung einer eigenen jugendlichen Körperlichkeit und Sexualität aufgelöst. Anteil daran hatten einige Jugendzeitschriften wie z. B. BRAVO und TWEN, die aus dem sexuellen Vakuum in der jugendlichen Zielgruppe ihren kommerziellen Nutzen zu ziehen wußten.

Während sich Tanzen im Tanzkurs traditionsgemäß mehr auf das Erlernen einer öffentlich praktizierbaren rhythmischen Ausdrucksform konzentrierte, wirkte die Initiation bei den Stehblues-Parties nach innen. Der Stehblues wurde im kleinen Freundeskreis zuhause getanzt, in einem für die Erwachsenen nicht einsehbaren Raum oder auch auf der Klassenparty. Wie Mopedfahren beschränkte sich Stehblues-Tanzen auf das Alter während oder kurz nach der Pubertät. Im Gegensatz dazu richtete es sich aber an beide Geschlechter. Beim Tanzen selbst waren Regeln sekundär. Dennoch kam etwa bei der Wahl des Tanzpartners traditionelles Rollenverhalten zum Ausdruck. Es galt, die Wünsche gegenüber dem anderen Geschlecht innerhalb einer *unschuldigen* Atmosphäre nicht zu offensichtlich zu zeigen.

Körper an Körper, Wange an Wange...

Stehblues ist der Tanz für jugendliche *Singles*. Jugendliche Paare dagegen haben wie Erwachsene bald kein Interesse mehr daran. Beim Stehblues-Tanzen entsteht eine symbiotische Beziehung zwischen dem langsamen Rhythmus des Blues, der wiegend-drehenden Tanzbewegung und den beiden Körpern. Der Kontakt beschränkt sich auf behutsames Abtasten und sanfte Zärtlichkeit. In diesem Zusammenhang besonders signifikant ist die Unverbindlichkeit im gegenseitigen Austausch. Sie gewährleistet, daß Tanzgefühl und -wirkung mit verschiedenen Jungen oder Mädchen getestet werden kann. Das so empfundene Glück indes war meist von kurzer Dauer: Um 18 Uhr lief die letzte Platte. Am nächsten Tag in der Klasse verhielt man sich, als sei nichts gewesen. Die Gedanken freilich kreisten bereits um den liebsten Tanzpartner für die nächste Stehblues-Party. Daran hat sich offensichtlich auch bis heute nicht viel geändert.

So meint ein 14jähriger Schüler, den ich nachmittags am Tübinger Bahnhof auf seine Stehblues-Erfahrungen anspreche, er wolle gerade zu einer Party nach Dusslingen. Leider habe er den Zug verpaßt und die Party hätte bereits begonnen. Nun sei ungewiß, ob er sein Herzblatt noch zum Stehblues bitten könne, denn das hätte sich bestimmt längst ein anderer geangelt.

Warum in die Ferne schweifen?

Ivonne Launhardt, Martina Schuster und Tanja Wedel

„Warum in die Ferne schweifen...?"

Von exotischen Tänzen im deutschen Alltag

Ein Sonntag in Tübingen: Im Sudhaus[1] stampfen zwölf Paar nackte Füße zu afrikanischen Trommelrhythmen auf die Holzdielen des Proberaumes. Kraftvoll bewegen sich die Tanzenden gemeinsam im Kreis, in ihren Gesichtern spiegeln sich Anstrengung, Spaß und Ausgelassenheit. Gleichzeitig klagt im Clubhaus[2] ein Bandoneon[3] aus den Lautsprechern, und im Kerzenschein bewegen sich elegant gekleidete Paare im Tangoschritt. Die Oberkörper unbewegt, die Gesichter eng aneinandergeschmiegt, leisten sie eine fast akrobatisch anmutende Beinarbeit. Andere genießen bei einem Glas Sekt die auf der Tanzfläche dargebotene Ästhetik. In der Volkshochschule lassen Frauen ihre durch Tücher betonten Becken zu orientalischen Klängen kreisen. Immer wieder bringen sie durch kleine schnelle Bewegungen beim Shimmy ihren gesamten Körper zum Schwingen. Ihre fließenden und anmutigen Gesten wirken weich und verführerisch.

Tanzbegeisterte in Tübingen haben viele Möglichkeiten, in ihrer Freizeit Tänze aus fernen Ländern zu erlernen. Die Angebote reichen von Salsa und Merengue aus der Karibik über hawaiianischen Hula und nordamerikanische Indianertänze bis hin zu Samba oder Capoeira aus Brasilien.

Um ins Untersuchungsfeld der 'exotischen Tänze' einzusteigen, haben wir verschiedene Tänze selbst ausprobiert. Wir haben in Salsa- und Merenguekursen die Hüften geschwungen, uns in die Geheimnisse der Isolationsbewegungen[4] des Sambas einweihen lassen und beim Tango Argentino gelernt, unsere Beine blitzartig zwischen schwarzbekleidete Männerwaden sausen zu lassen. Im Bauchtanzkurs haben wir unser feministisches Selbstverständnis überprüft und beim afrikanischen Tanz unsere Kondition getestet.[5] Durch die Teilnahme an Tanzkursen konnten wir erste Kontakte zu TänzerInnen knüpfen. Außerdem hat uns die Erfahrung am eigenen Körper ermöglicht, das nachzuvollziehen, was in späteren Gesprächen an Gefühlen und Stimmungen thematisiert wurde. Bei anderen Tanzkursen haben wir nur zugesehen und danach Fragebögen verteilt.[6]

Im Mittelpunkt unseres Interesses stand zunächst die Frage nach der Motivation: Warum widmen sich Menschen in ihrer Freizeit dem Tanzen? Die Antwort scheint ganz einfach zu sein: Tanzen hält körperlich fit, vermittelt Lebensfreude und bietet eine gute Möglichkeit, aus dem Alltag auszubrechen und abzuschalten. Es macht Spaß, beim Tanzen anderen Leuten zu begegnen und sich gemeinsam zur Musik zu bewegen. Tanzen ist eine Bereicherung, da sind sich alle Befragten einig.

Warum aber finden gerade Tänze aus fremden Kulturen

einen so großen Anklang? Um dies herauszufinden, haben wir in qualitativen Interviews viele KursteilnehmerInnen und LehrerInnen ausführlich befragt.[7] Die Antworten zeigen, daß es eine ganze Reihe individuell verschiedener Beweggründe gibt, außereuropäische Tänze zu erlernen. Dabei tauchen jedoch einige Motive in unterschiedlicher Ausprägung immer wieder auf. In vielen Interviews wurde deutlich, daß unsere GesprächspartnerInnen mit dem Leben in unserer Gesellschaft nicht völlig zufrieden sind. Sie sehen sich sehr hohen Anforderungen ausgesetzt und vermissen oftmals klare Orientierungsmöglichkeiten. Zudem gehen – ihrer Meinung nach – im westlichen Lebensstil bestimmte Werte unter, die sie für ihr Leben als wichtig erachten. Natürlich bemängeln oder vermissen nicht alle Tanzenden das gleiche. Bei den unterschiedlichen Tanzrichtungen haben wir dennoch bestimmte Tendenzen feststellen können. So mißfällt vielen SalsatänzerInnen die europäische Ernsthaftigkeit, während Tangotanzende oft fehlende zwischenmenschliche Nähe anmerken. Frauen, die sich dem orientalischen Tanz widmen, kritisieren häufig das moderne westliche Frauenbild, und viele afrikanisch Tanzende beklagen die Entfremdung durch Technisierung und Zivilisation.[8]

In Interviews mit Tanzenden aus allen Tanzrichtungen taucht immer wieder Kritik am ständigen Druck in der Leistungsgesellschaft[9], an der alltäglichen Hektik und dem permanenten Streß auf. Silke K., Lehrerin für afrikanischen Tanz, sagt: „Ich glaube, daß unsere Gesellschaft [...] nicht gerade darauf angelegt ist [...], mit diesem Leistungswahn, der hier herrscht, den Menschen gut zu tun." Karin G., die seit zwei Jahren Hula tanzt, drückt es so aus: „Die haben einen Lebensstreß hier, um irgendwas zu leisten, um irgendwas zu lernen, wo ich mich dann immer wieder frage: Ja, sag mal, wofür investiere ich das eigentlich?" Die Befragten bemängeln neben dem Leistungsdruck auch Emotionslosigkeit, fehlende Körperakzeptanz und Vernachlässigung der Körperlichkeit. Immer wieder kritisieren sie Zeitdruck, hohe Anspannung und Einseitigkeit durch zunehmende Spezialisierung. Zudem beklagen sie die Unterdrückung der Weiblichkeit, den Verlust der Natürlichkeit oder die Vereinsamung des Individuums in der Massengesellschaft. Marita F., Lehrerin für argentinischen Tango, meint:

> „Wir sitzen viel am Computer, unsere Sinne sind reduziert auf die Augen, wir bewegen uns, indem wir die Maus klicken. Und das ist völlig technisch, völlig emotionslos [...]. Das ist so einseitig für einen Menschen, der gebaut ist, seinen Tastsinn, seine Ohren zu benutzen und auch Gefühle zu äußern und zu empfangen, oder auch mit einem anderen Menschen etwas auszutauschen."

Silke K. mißfällt der hiesige Umgang mit Körperlichkeit:

> „Mit der Zeit kriegt man ja das Gefühl, man muß alles einziehen, ja...und ich bin schon auch aufgewachsen mit dem Gefühl, mein Hintern ist zu dick und mein Busen ist zu klein."

Caroline F., die seit vielen Jahren afrikanischen Tanz unterrichtet, stellt fest: „In unserem Alltag, da ist meistens keine Zeit zum Loslassen. Man muß immer bereit sein und immer in action", und Karin G. meint:

> „Wir hier in Deutschland, wir sind ziemlich vereinsamt. Jeder macht sein Ding, jeder verdient sein Geld, jeder jagt seinem Erfolg nach, jeder muß seine Schule abschließen. Also, jeder macht so seine Sache."

Nicola B., die sich für den afrikanischen Tanz entschieden hat, beklagt: „Unsere ganze Umwelt hier ist so kühl und verstandesbestimmt."

Die Tanzenden hoffen, in anderen Kulturen ein Gegengewicht zur „kopflastigen" westlichen Welt zu finden. Sie „greifen nach der Ferne aus, weil sie dort spezifische Anleihen machen wollen."[10] Der Griff nach dem Exotischen kann als Versuch gesehen werden, die eigene Erfahrungsbasis zu erweitern, Dinge, die hier vermißt werden, woanders zu suchen und Lösungsmöglichkeiten für Probleme zu finden.

Die Beschäftigung mit dem Fremden ist jedoch nicht nur ein Phänomen unserer Zeit, in der durch zunehmende Technisierung und Mobilität die Entfernungen zwischen den Ländern und Kontinenten immer kleiner werden. Seit Jahrhunderten ist das Fremde, das Andere etwas, das die Menschen einerseits anzieht und fasziniert, andererseits aber auch mit Mißtrauen und Angst erfüllt.[11]

Das Fremde ist keine objektive Kategorie – es kann immer nur in Verbindung mit und im Kontrast zu dem Nichtfremden gedacht werden.[12] Das so konstruierte 'Fremde' bietet eine Projektionsfläche für eigene Wünsche und Sehnsüchte, aber auch für Sorgen und Ängste. Überwiegen die Ängste, kann das im Extremfall zu Fremdenfeindlichkeit und Rassismus führen,[13] überwiegen positive Zuschreibungen, kommt es zu einer Idealisierung des Fremden, wofür in den Kultur- und Sozialwissenschaften der Begriff „Exotismus" verwendet wird.[14] Den fremden Lebenswelten in ihrer Andersartigkeit werden dabei bestimmte Eigenschaften zugeschrieben, von denen Menschen in unserer Gesellschaft glauben lernen zu können. Elemente aus anderen Kulturen werden übernommen und umgedeutet, um sie im eigenen gesellschaftlichen oder persönlichen Kontext nutzen zu können.[15]

Das Wort „Exotismus" hat allerdings einen negativen Beigeschmack, wodurch der Eindruck entstehen kann, daß die wissenschaftlichen Theorien, die den Begriff verwenden, diese kulturelle Praxis abwertend betrachten.[16] Wir wollen am Beispiel des Tanzens zeigen, wie Menschen in der Praxis mit fremdkulturellen Anleihen umgehen und was diese für sie bedeuten. Dabei möchten wir ihnen nicht einfach den 'Exotismus-Stempel' aufdrücken, sondern deutlich machen, daß sie aktiv und kreativ die Angebote nutzen, die sich dadurch eröffnen, daß fremde Welten in erreichbare Nähe rücken.

Unsere InterviewpartnerInnen haben positive Vorstellungen von den Ländern, aus denen die Tänze kommen, die sie erlernen. Oft handelt es sich dabei nicht um klar Faßbares, sondern mehr um Gefühle, die für die Tanzenden im Zusammenhang mit den Herkunftsländern der Tänze stehen. So verbindet beispielsweise der Tango Argentino und Salsa tanzende Manfred M. mit Lateinamerika ganz spontan Lebhaftigkeit und Karnevalsstimmung, und Katrin S., die afrikanisch tanzt, meint: „Die Art, wie Naturvölker miteinander leben, hat mich schon immer fasziniert. Das ist tief in mir verwurzelt, dieser Wunsch: So würde ich auch gerne leben."

Karin G. findet: „Die [Hawaiianer] haben einfach eine total entspannte Lebenseinstellung." Vom arabischen Kulturkreis glaubt Rosa L.: „Da dürfen Frauen einfach Frauen sein. Ich werde als Frau ganz anders akzeptiert. Ich darf mein typisch Weibliches...das darf ich sein."

Unsere InterviewpartnerInnen idealisieren aber nicht unhinterfragt die gesamte Kultur, sondern setzen sich durchaus auch kritisch mit den Ländern auseinander.[17] Es sind nur einzelne fremdkulturelle Elemente, die sie in ihr eigenes Leben integrieren. Dabei handelt es sich um „diejenigen Aspekte fremder Kulturen, die eine positive Lösung des in der eigenen Gesellschaft problematisierten Mangels anbieten."[18] Für unsere GesprächspartnerInnen sind es Tanz und Musik, die ganz bewußt eingesetzt werden, um empfundene Defizite auszugleichen. So erklärt Caroline F., die außer afrikanischem Tanz auch noch Trommeln unterrichtet:

„Ich kann nur das herausnehmen, wo ich merke, [...] das sind Dinge, die wir auch brauchen und die wir auch mal hatten, und die, denke ich, durch diese ganze Industrie und Hightech und so weiter [...] überschüttet worden sind."

Die Tänze, die Musik sowie die Erlebnisse in den Tanzkursen und -veranstaltungen rufen positive Gefühle hervor: Einzelne Elemente, wie z.B. die intensive Beschäftigung mit dem eigenen Körper, Bewegungen, die in unserem Kulturkreis tabuisiert werden, die Nähe zur Tanzpartnerin oder zum Tanzpartner, das Gemeinschaftsgefühl in der Gruppe oder die fremde, ganz andere Musik füllen im eigenen Leben empfundene Lücken aus und befriedigen Sehnsüchte. So beschreibt Gisela K.: „Die [afrikanischen Tänze] haben eine sehr sozialisierende und integrierende Wirkung. Man stärkt sich gegenseitig." Und Caroline F. findet:

„Die afrikanische [Musik] hat immer diese schweren, tiefen Schläge, die einen immer wieder zum Boden runterholen, so vom Empfinden her. Ich glaube, das brauche ich, mich immer wieder zu erden."

Marion G. sieht im Bauchtanz die Möglichkeit, ihrem Frausein Ausdruck zu geben: „Es tut gut, daß wir – in Anführungszeichen – emanzipierten Frauen einfach mal wirklich weiblich sein können."

Carola S. erzählt von ihrem Tangokurs: „Ja, klar, ich habe mir die Körperlichkeit geholt, die mir in der Woche gefehlt hat, am Sonntagabend."

Der Salsatänzer Falk K. meint, es gäbe „eine gewisse Geborgenheit", die für ihn „auch in dieser Musik liegt".

Die Tanzenden, die diese fremdkulturellen Anleihen machen, lehnen unsere Kultur nicht als Ganzes ab. Es geht ihnen nicht darum, diese Gesellschaft zu verändern oder sich ganz dem Fremden zuzuwenden, weil woanders 'alles besser' ist. Durch die Beschäftigung mit einzelnen Elementen aus anderen Kulturen wollen sie das eigene Leben bereichern, ihren persönlichen Weg in unserer Gesellschaft gehen und den Schwierigkeiten, die das tägliche Leben ihnen stellt, positiv entgegentreten.

Für die Menschen, die sich Tänzen aus anderen Ländern widmen, ist ihr jeweiliger Tanz eine Art Gegenwelt zu ihrem Alltagsleben, mit der auf unterschiedliche Weise umgegangen wird.

Eine Möglichkeit liegt im getrennten Erleben von Tanz und Alltagswelt. Die Tanzenden kosten das Fremde, Schöne gewissermaßen als 'Kontrastprogramm' zur Nüchternheit der täglichen Routine aus. Sie entfernen sich für eine Weile von dem, was sie als stressig, einschränkend, fordernd oder lästig empfinden. So ging z.B. Falk K. während der Zeit, in der er an seiner Diplomarbeit saß, regelmäßig zum Salsa-Tanzen:

„Ich konnte [...] alles hinter mir lassen, also so den ganzen Alltag. [...] Für mich ist das, glaube ich, eine hervorragende Möglichkeit, so...wie sagt man da? Flucht aus dem Alltag, oder zur Regeneration."

Diese Art des Umgangs mit der Gegenwelt Tanz haben wir tendenziell stärker bei Tango- und SalsatänzerInnen feststellen können als bei anderen Tanzrichtungen. Das Tanzen erhält eine ähnliche Funktion wie Urlaub. Man 'verreist' in eine andere, bunte, exotische Welt, erlebt dort schöne Dinge, trifft nette Menschen und widmet sich nur dem, was Spaß macht. Der Alltag wird dabei weit zurückgelassen und vergessen. Aber nur für eine kurze Zeit: Nach dem Salsakurs oder dem Tangoabend kehren die TänzerInnen zurück zur Normalität des täglichen Lebens. Die Erfahrung, die sie beim Tanzen gemacht haben, beeinflußt ihren Alltag nur insofern, als sie sich ihm erholt und mit neuer Kraft stellen können und sich wieder auf den nächsten 'Ausflug' in eine andere Welt freuen.

Eine andere Möglichkeit besteht darin, die beiden Welten miteinander zu verbinden, damit sie sich gegenseitig beeinflussen und bereichern können. Viele unserer InterviewpartnerInnen tragen Erlebnisse, Gefühle oder Probleme aus dem Alltag in den Tanzkurs hinein, um sie dort zu verarbeiten. Vor allem bei afrikanischem Tanz und Bauchtanz wurde dies deutlich. Katrin S. beschreibt:

„Ich bin völlig ausgepowert zum Tanzen gegangen, weil ich vom Arbeiten her ziemlich Streß hatte. Ich habe das am Anfang auch gesagt [...], und die [Lehrerin] hat dann extra Tänze für mich ausgesucht, um diese Energie in den Kreis hineinzulassen [...]. Und in dem Moment konnte ich es dann einfach lösen."

Aber auch in umgekehrter Richtung funktioniert diese Verbindung. Die Tanzenden können aus dem Tanzkurs auch etwas mit in den Alltag nehmen. Sie lernen dort nicht nur Tanzschritte und Choreographien, sondern darüber hinaus merken sie, daß z.B. die Beschäftigung mit dem eigenen Körper oder das Gemeinschaftserlebnis beim Tanzen Auswirkungen auf ihren Alltag haben, wie bei Caroline F.:

„Ich bin eigentlich eher ein schüchterner Mensch, mir macht es manchmal schon Mühe, irgendwo hin zu gehen, was zu verlangen oder darauf zu bestehen. Da kann ich [...] mich einfach erinnern an diese Haltung, die sehr bodenständig ist und gleichzeitig sehr offen [...] also, das kann ich unheimlich gut einsetzen, wo ich mich früher eher gedrückt habe, vor manchen Situationen [...]. Das sind Dinge, die ich in meinen Alltag mitnehmen kann."

Oder Gisela K.: „Beim Tanzen lerne ich loszulassen und zu sagen: So wie es ist, ist es, und fertig." Nicola B. beschreibt die Wirkung eines Wochenendworkshops folgendermaßen: „Ich habe das [...] ganz lange als positive Energie empfunden", und ihre Freundin Angelika M. ergänzt: „Wenn mich das so aufgebaut hat, dann hält das schon eine Weile an."

Für manche ist das Tanzen sogar der Auslöser für einschneidende Veränderungen in ihrem Leben. Sabine W. sagt, sie habe durch den Bauchtanz ein ganz neues Lebensgefühl gewonnen, das ihr dabei geholfen habe, sich aus einer unglücklichen Ehe zu lösen: „Ich habe den Mut gehabt, etwas zu verändern. Nur dadurch, daß ich das konnte, [daß ich] das tanzen kann."

Das Tanzen ermöglicht hier nicht nur Entspannung, es hat gleichzeitig eine therapeutische Funktion. Es bietet Anregungen und macht Erfahrungen möglich, die im Alltag genutzt werden können.

Tanzen kann also zur bloßen Erholung oder als konkrete Lebenshilfe dienen. Dies sind nur zwei Beispiele für das Verhältnis zwischen fremdem Tanz und alltäglichem Leben. Zwischen diesen Extremen liegt noch ein ganzes Spektrum an Möglichkeiten.[19]

Zurück nach Tübingen: Mittlerweile ist es Abend geworden. Die afrikanisch Tanzenden sind bereits nach Hause gegangen. Erschöpft und entspannt denken sie an das Workshopwochenende zurück. Sie haben neue

Energien gewonnen und Fähigkeiten erworben, um den vor ihnen liegenden Alltag leichter bewältigen zu können. Die Bauchtänzerinnen sitzen noch zusammen und besprechen die Einzelheiten für die geplante Frauendisco mit orientalischer Musik. Sie haben neue Kraft geschöpft, um im männlich geprägten Alltag sicherer und selbstbewußter eigene Vorstellungen vertreten zu können. Im Clubhaus wird noch weiter getanzt, bis die Kerzen gelöscht sind und die Anlage abgebaut wird. Dann gehen auch die Tangotanzenden nach Hause und freuen sich bereits auf den nächsten Tangoabend.

Und wir Forscherinnen? Wir haben einiges von unseren InterviewpartnerInnen erfahren und gelernt. Bei der Fülle an Material, das wir in den letzten Monaten zusammengetragen haben, fiel es uns nicht gerade leicht, nur einige wenige Punkte herauszugreifen. So bleibt vieles in unserem Beitrag unberücksichtigt, z.B. die Bedeutung der Herkunftsländer der Tänze für die Tanzenden oder die Tatsache, daß weitaus mehr Frauen als Männer 'exotisch' tanzen.

Jedenfalls kennen wir jetzt, dank unserer teilnehmenden Beobachtungen, verschiedenste Tanzschritte und wissen, warum es uns Spaß macht, den alltäglichen Trott zu verlassen und uns in fremdkulturellen Rhythmen über die hiesigen Trottoirs zu bewegen.

Anmerkungen

1 Soziokulturelles Zentrum in Tübingen.
2 Einrichtung der Universität Tübingen, in der sich Studierende in ihrer Freizeit zu verschiedenen Aktivitäten treffen können.
3 Das Bandoneon, eine Art Akkordeon mit 144 Tönen, ist das charakteristische Instrument der Tangomusik.
4 Dabei werden verschiedene Körperteile auf unterschiedliche Weise, d.h. nicht synchron bewegt.
5 Natürlich hat nicht jede Forscherin alles gelernt; dennoch kam für jede einzelne und damit für die Gruppe insgesamt einiges an Tanzerfahrung zusammen.
6 Unser Forschungsgebiet war auf den Raum Tübingen begrenzt, es fanden aber auch einige Kurse und Interviews in Stuttgart statt. Bei der Umfrage wurden ca. 350 Fragebögen in verschiedenen Tanzeinrichtungen ausgefüllt.
7 Zwischen Juli und November 1997 wurden von Monique Scheer und uns 17 Einzel- und 3 Gruppeninterviews geführt, deren Dauer zwischen 30 und 90 Minuten schwankte. Die Namen der InterviewpartnerInnen wurden alle geändert.
8 Wir wollen an dieser Stelle noch einmal darauf hinweisen, daß wir keinesfalls Pauschalurteilen Vorschub leisten wollen, sondern lediglich Tendenzen aufzeigen.
9 Salsa- und Tangotanzende kritisieren dies allerdings kaum. Vgl. Ivonne Launhardt/Martina Schuster: Tango Argentino, in diesem Band.
10 Hermann Bausinger: Alltag und Exotik. In: Institut für Auslandsbeziehungen/Württembergischer Kunstverein (Hg.): Exotische Welten, Europäische Phantasien. Stuttgart 1987, S. 114-119; hier S. 116.
11 Vgl. Hermann Pollig: Exotische Welten, Europäische Phantasien. In: Institut für Auslandsbeziehungen/Württembergischer Kunstverein (Hg.): Exotische Welten, Europäische Phantasien. Stuttgart 1987, S. 16-25.
12 Vgl. auch Andreas Bruck: Kulturenvergleich zur Kulturkritik. Wege und Probleme der Nutzung fremder Kulturen, analysiert am Beispiel der Ehe- und Sexualreformbestrebungen um die Jahrhundertwende. In: Ina-Maria Greverus/Konrad Köstlin/Heinz Schilling (Hg.): Kulturkontakt, Kulturkonflikt. Zur Erfahrung des Fremden. Bd 2. Frankfurt/M. 1988, S. 411-420; hier S. 415.
13 Vgl. Maya Nadig: Antworten auf das Fremde. Ethnopsychoanalytische Perspektiven auf den Rassismus. In: WIDEE (Hg.): Nahe Fremde – Fremde Nähe. Frauen forschen zu Ethnos, Kultur, Geschlecht. Wien 1993, S. 15-56.
14 Vgl. Annegret Maschke: Exotismus oder interkulturelles Lernen. Ethnologische Perspektiven zu New Age und Psychotherapie. Berlin 1996, S. 14-17; Bausinger 1987, S. 114-119; Pollig 1987, S. 16-25.
15 Hermann Pollig bezieht in seinem Aufsatz den extremen Standpunkt, daß die „heimische Realität als eine Art Hölle" erscheine, der man entfliehen wolle und dabei eine Haltung entwickle, „die zur Empathie für andere Kulturen" führe, die „nicht selten das Maß an kritischer Betrachtung vermissen" ließe. Pollig 1987, S. 16.
16 Vor allem bei Pollig wird durch die Wortwahl seine abwertende Haltung sehr deutlich.
17 Vgl. Tanja Wedel: Diesseits von Afrika, in diesem Band.
18 Sabine Künsting/Gisela Welz: Fremde Kultur als Muster für Alternativkulturen und soziale Bewegungen. In: Greverus/Köstlin/Schilling 1988, S. 403-409; hier S. 405.
19 Bausinger spricht von der „Ambivalenz des Exotischen": Die Exotik könne einerseits „bloße Verführung", andererseits „aufschließende Erfahrung" sein. „Und [...] vieles dazwischen." Bausinger 1987, S. 119.

Monique Scheer

„Der weiblichste aller Tänze"

Wie deutsche Frauen sich den orientalischen Tanz zu eigen machen

Liegt es nur an den bauchfreien Klimperkostümen, daß dem orientalischen Tanz ein zweifelhaftes Image anhaftet? Oder vielleicht an den Geschichten von Bauchtänzerinnen, die in der Lage sind, Geldscheine mit ihren Bauchmuskeln zusammenzufalten? Das Klischee vom verrauchten Nachtklub, in dem die Tänzerin vom männlichen Publikum Geld ins Bustier gesteckt bekommt, entspricht häufig genug der Realität, allerdings eher in den Ursprungsländern des Bauchtanzes als in Deutschland. Vor allem in Ägypten entstanden Anfang dieses Jahrhunderts unter europäischem Einfluß solche Nachtklubs, wo bis heute für zahlungskräftiges, meist ausländisches Publikum der orientalische Tanz als eine Mischung aus Folklore und Sex-Animation geboten wird.[1] Aber den *raqs scharqi* (arabisch: Tanz des Ostens[2]), der nur im Westen „Bauchtanz"[3] heißt, erlebt man dort auch als Showbusineß auf höchstem Niveau. Die Tänzerinnen gelten als Stars, verlangen hohe Gagen und treten auch in Kinofilmen auf.

Diese den westlichen ZuschauerInnen vertraute Bühnenform des orientalischen Tanzes hat sich aus dem Volkstanz entwickelt, dem *raqs baladi*, einer Form der Solotanz-Improvisation, die auf privaten Festen von allen Gästen getanzt wird und als traditionelle Unterhaltung für Hochzeitsgesellschaften auch von einzelnen Frauen dargeboten wird.[4] Tänze aus allen islamischen Ländern, von Marokko bis Usbekistan, bilden die Quelle der Inspiration für die vielen BauchtanzlehrerInnen im Westen, die bewußt eigene Wege gehen.[5]

Seit der ersten Begegnung der breiten Bevölkerung Europas und Nordamerikas mit dem orientalischen Tanz auf den Weltausstellungen des ausgehenden 19. Jahrhunderts haftet diesem ein Hauch von Laszivität an. Damals staunten die ZuschauerInnen über diese polyzentrische Tanzform: die fließenden Hüft- und Torsobewegungen und die schnellen, zitternden und manchmal ruckartigen Figuren. Die Füße bewegten sich kaum, die Beine vor allem, um die Bewegungen des Rumpfes zu steigern, die Arme, um diese grazil zu umrahmen. Dieser bewundernswerte Tanz teilte dem europäischen Auge Widersprüchliches mit: einerseits Anmut und Grazilität und andererseits Bewegungen, deren Nähe zum Geschlechtsverkehr kaum zu übersehen war. Er rief eine Mischung aus Faszination und moralischem Entsetzen hervor,[6] die die Grundlage des heutigen Stereotyps bildete.

Faszination und moralischem Entsetzen
(Robert Salles, Musee de l'Affiche, Paris)

Jede Frau, die sich mit dem Bauchtanz beschäftigen will, muß sich darüber hinwegsetzen.[7] Die Tatsache, daß der Bauchtanz zum Standardprogramm der Volkshochschulen gehört, ist sicher ein Zeichen dafür, daß diese Tanzform gesellschaftliche Akzeptanz genießt. Aber wenn man die Teilnehmerinnen an den Kursen dort oder im privaten Tanzstudio befragt, dann stellt man fest, daß das anrüchige Image für sie nach wie vor ein wichtiges Thema ist.[8] Für viele kommt dann auch noch der Widerspruch zwischen der Zurschaustellung des eigenen Körpers und ihren emanzipatorischen Ansprüchen hinzu. Sich den orientalischen Tanz anzueignen ist für diese Frauen also nicht nur eine körperliche, sondern auch eine kognitive Leistung. Sie müssen lernen, den Tanz in einem neuen Bedeutungszusammenhang zu verstehen, der ihnen einen Weg zwischen sexueller Objekthaftigkeit, Erotik und Feminismus bahnt, damit sie ihr eigenes Verständnis von Weiblichkeit, von Frausein im Tanz erleben und ausdrücken können.

Der Bauchtanz übt eine überraschend starke Faszination auf viele Frauen aus. Einige von ihnen habe ich kennengelernt, als ich in diesem Bereich von Juni bis November 1997 forschte: als teilnehmende Beobachterin im Anfängerinnen-Workshop, bei sechs tiefergehenden Interviews und während eines Gruppengesprächs mit fünf fortgeschrittenen Tänzerinnen. Auch eine Fragebogenaktion mit Tanzkursteilnehmerinnen war aufschlußreich, denn die Antworten der insgesamt sechzig Informantinnen zeichneten ein differenziertes Bild der Bauchtänzerinnen Tübingens und Stuttgarts. Dennoch waren Tendenzen feststellbar: Die meisten Frauen sind Mitte dreißig bis Mitte vierzig, wobei die Altergrenze nach unten und oben offen ist.[9] Ungefähr zwei Drittel der Frauen sind berufstätig oder in Ausbildung. Auffällig ist, daß viele in naturwissenschaftlichen, wirtschafts- oder verwaltungsbezogenen Berufen und nicht in den typisch weiblichen Berufsfeldern wie Erziehung, Krankenpflege usw. arbeiten und daß das Ausbildungsniveau relativ hoch ist.

Nur wenige beginnen den Tanzunterricht mit dem Ziel, professionelle Tänzerin zu werden. Die meisten wollen einfach etwas für ihren Körper tun und wählen den orientalischen Tanzunterricht, obwohl sie wissen, welche Vorstellungen mit dem Bauchtanz verbunden sind.

„Ist das irgendwie so ein Nachtclub-Gewerbe?"

„Mir fällt es leichter, in der Disco zu tanzen, wenn alle zugucken [...], als den orientalischen Tanz zu zeigen, weil [...] ich denke, es gibt auch noch viele Vorurteile, die eben nur den orientalischen Tanz als Bauchwackeln sehen oder das immer noch in so eine Art Anmache ziehen",

erzählt Michaela F., die schon seit vier Jahren orientalisch tanzt. Nadja S. sieht es auch so: „Es gibt immer noch einige Leute, die denken, 'oh, Bauchtanz, was ist das? Ist das irgendwie so ein Nachtklub-Gewerbe?'"

Und Juliane K. meint: „Das ist das landläufige Bild: bauchfrei und wackeln und sich *so* dicke Sprüche anhören müssen. Von Männern."

Trotz solcher Vorurteile lassen sich diese Frauen nicht vom Bauchtanz abschrecken. Und sie lehnen es ab, sich beim Tanzen als Sexualobjekt betrachten zu lassen. Dieses Bestehen auf Selbstbestimmung, gerade unter Frauen, läßt bei mir die Frage aufkommen, ob die Beschäftigung mit Bauchtanz eine vom Feminismus inspirierte Handlung ist.

Zwischen Feminismus und Weiblichkeit?

Allerdings ist der feministische Diskurs in sich äußerst heterogen; *den* Feminismus gibt es nicht. Ein Artikel in der Zeitschrift Emma über die Bauchtanzwelle in Deutschland stellt *eine* sich als feministisch bezeichnende Perspektive auf den orientalischen Tanz dar, die aber die ambivalente Beziehung zwischen dem orientalischen Tanz und westlichen emanzipatorischen Bestrebungen deutlich macht. So hat die Autorin schon Verständnis dafür, daß Frauen im Bauchtanzkurs ihre Körper als Quelle der eigenen Lust erleben wollen:

„[D]a kann sie sich endlich gehenlassen, all das ausleben, was sie einmal als 'weiblich' gelernt und sich dann als 'nuttig' mühsam wieder abgewöhnt hat. Sie, die immer funktionieren muß, sei es im Büro, sei es im Haushalt, sei es in der politischen Gruppe, kann endlich einmal sanft, weich, verführerisch sein."[10]

Aber in dem Moment, wo sie für einen Mann tanzt, und sei es der eigene Partner,

„erfüllt sie die uralte Rolle der Sklavin, die für ihren Herrn tanzt, auch wenn sie noch so sehr davon überzeugt ist, 'nur für sich' zu tanzen. Daß die Frauen [...] ihre Kunst im Frauenzentrum lernen, nützt ihnen gar nichts. [...] Die Herren im Publikum wissen das durchaus 'richtig' einzuschätzen."[11]

So treffen sich ironischerweise viktorianische Prüderie und feministische Sichtweise. Die vor hundert Jahren geäußerte Kritik an den Tänzerinnen, daß sie sich auf erotisch-verführerische Weise bewegen, lebt bis heute fort und wird mit dem Vorwurf verbunden, sie kollaborierten mit dem Patriarchat. Die Frauen, mit denen ich über diese Dinge gesprochen habe, wollen aber beides erreichen: sowohl die erotische Ausstrahlung als auch den Respekt des Publikums. Sie umgehen die Konflikte, die sich durch die traditionelle und die feministische Sicht für sie ergeben würden, indem sie sich eine dritte Perspektive erarbeiten.

In einem Punkt stimmen die Aussagen der Frauen, die ich interviewt habe, mit der Emma-Autorin überein: Die bauchtanzende Frau sucht einen Ausgleich, weil sie sonst „immer funktionieren muß". Rosa E. erlebt ihre Rolle so:

„Wir sind hier eigentlich Leistungsträger. Wir sollen gut aussehen, wir sollen den Haushalt machen, wir sollen dazuverdienen, wir sollen Kinder kriegen, und ansonsten, ja, nachts soll man dann auch noch gut sein."

Auch Christa K. beschreibt den gesellschaftlichen Druck auf Frauen, die

„selbstbewußt sind, die einen Beruf haben. Die müssen stark sein. Und inzwischen ist die Situation oft so, daß Haushalt und alles drum herum auch von Frauen gemacht wird, wenn sie Familie haben oder in einer Beziehung leben. Das heißt, sie haben eine Doppelbelastung. Frauen müssen also unheimlich stark, und das heißt gerade und fest dastehen. Dann spricht natürlich Bauchtanz an."

Nadja S. weiß von den Frauen, die sie im orientalischen Tanz unterrichtet,

„die brauchen das dann aber auch oft als Ausgleich, in dieser Männerwelt, daß sie dann irgendwie für sich sagen, ich schaffe das nicht mehr, ich brauche auch zwischendurch was Weibliches. Nicht immer nur mit Männer-Dasein und Männer-Denken mich zu konfrontieren, sondern ich finde wichtig, wie fühle ich mich eigentlich, sonst vergesse ich mich völlig. Wer bin ich eigentlich, bin ich Mann oder bin ich Frau?"

„Funktionieren" bedeutet für diese Frauen, daß sie sich nicht nur einem männlich definierten Ideal von Weiblichkeit unterwerfen müssen, sondern sich auch noch „wie ein Mann" im Berufsleben verhalten sollen. Daran hat nach Ansicht meiner Gesprächspartnerinnen nicht zuletzt auch die Frauenbewegung Schuld. Die Bauchtanzlehrerin Marion G. stößt bei ihren anwesenden Schülerinnen auf Zustimmung, als sie diesen Punkt anspricht:

„Ich glaube, daß die ganze Emanzipationsbewegung falsch gelaufen ist, weil sie sich in Richtung Männer emanzipiert haben. Und nicht in Richtung Frauen. Frauen sind Frauen, und Männer sind Männer. Und man hat versucht, aus einer Frau einen Mann zu machen, und dann war es emanzipiert. Und was haben die Frauen dabei erreicht? Daß sie Frauen und Männer sein müssen."

Die zweigeschlechtliche Einteilung der Welt erscheint ihnen als eine natürliche Gegebenheit, und die Bemühungen der Frauenbewegung, die Kategorien Weiblichkeit und Männlichkeit zu hinterfragen, haben zum Resultat, daß sich viele Frauen ihrer Weiblichkeit nicht mehr sicher sind.[12] Deshalb wenden sie sich einem als zutiefst „weiblich" empfundenen Tanz zu, am besten auch noch in einer Unterrichtsatmosphäre, in der, wie die meisten Frauen mir berichteten, keinerlei Leistungsdruck herrscht und auch ein paar Pfunde zu viel oder zu wenig keine Rolle spielen.

Bei der Fragebogenaktion wurde klar, daß „Weiblichkeit" einen wichtigen Faktor bei der Entscheidung für den orientalischen Tanz darstellt. Folgende Gründe wurden am häufigsten genannt: *gesundheitliche* Vorteile, wie z.B. Förderung einer besseren Haltung oder Flexibilität der Muskulatur (etwa ein Drittel der Befragten gaben diesen Grund an); weil die Bewegungen als besonders *schön* empfunden werden (auch ca. ein Drittel); weil der orientalische Tanz ein besonders *weiblicher* Tanz sei (ein Drittel der Befragten); weil der Tanz ein *besseres* oder auch *schöneres* Körpergefühl fördere (ca. ein Viertel).[13]

Die gesundheitlichen Vorteile des Bauchtanzes sind wichtig, aber nicht spezifisch für diese Bewegungsform. Auf unsere offene Frage „Warum tanzen Sie gerade *diesen* Tanz?" wird dessen Besonderheit am häufigsten mit dem Wort „schön" beschrieben, öfter noch als mit dem Wort „weiblich". Begriffe wie „schön", „fließend", „anmutig" und „weich" sind als Beschreibungen für Tanzbewegungen feminin konnotiert und können daher als Kodewörter für „weiblich" verstanden werden. Wenn man bei der Auswertung der Fragebögen alle Begründungen mit solchen Beschreibungen zusammenfaßt, dann geben 45% der Frauen an, gerade diesen Tanz lernen zu wollen, weil er etwas besonders Weibliches für sie darstellt. Bei den Interviews kam dieser Aspekt sogar in jedem Gespräch unaufgefordert zur Sprache. Diese Tendenz setzt sich deutlich von den Antworten der Tänzerinnen ab, die andere Tanzarten bevorzugen.[14]

Wie gehen diese Frauen damit um, wenn sie der Mißbilligung des Tanzes begegnen, für den sie sich unter anderem gerade wegen seiner „Weiblichkeit" begeistern? Sie müssen gegenüber anderen – NachbarInnen, KollegInnen, FreundInnen – zu ihrer Entscheidung, Bauchtanz zu lernen, stehen können, wenn sie ihr Hobby nicht konsequent verheimlichen wollen. Also müssen sie die Gültigkeit des Stereotyps sowohl für sich selbst als auch gegenüber anderen Menschen versuchen zu entkräften. Das tun sie, indem sie eine eigene Deutung des Tanzes entwickeln, sowohl individuell als auch kollektiv.

Entstehung der Bauchtanzwelle in Deutschland

Die ersten Bauchtanz-Gruppen formierten sich in Deutschland um 1980. Die Bauchtanz-Welle kam ab 1983, dem Erscheinungsjahr von Dietlinde Karkutlis Bauchtanzbuch, und erst recht nach einer Fernsehdokumentation über die deutsche Bauchtanzbewegung 1985 richtig in Schwung.[15] Deutschland erlebte in dieser Zeit allgemein einen „Tanz-Boom".[16] Die schnell wachsende Begeisterung für den orientalischen Tanz ist in diesem Kontext zu sehen und hatte wenig mit dem seit zwanzig Jahren zunehmenden Anteil türki-

Im Harem: Ein Tanz von Frauen für Frauen

scher Einwanderer in Deutschland zu tun: Türkischstämmige Frauen sind bis heute kaum in Bauchtanzkursen anzutreffen. Aus der Beschäftigung mit dem orientalischen Tanz entstand auch nicht das Bedürfnis, mit türkischen Frauen in Kontakt zu treten. Eher läßt sich eine Parallele zu der gleichzeitig anschwellenden New Age-Bewegung finden. Sie speist sich in einem bedeutenden Maße aus östlichen Quellen und artikuliert die Sehnsucht nach einem Gleichgewicht zwischen Körper und Geist, das ihre Anhänger meist in nicht-industrialisierten Gesellschaftsformen in fremden Ländern oder früheren Zeiten zu finden glauben. Doch geht es dabei nicht um interkulturelles Lernen, sondern darum, durch bestimmte Praktiken ein 'Erleben' der idealisierten fremden Kultur zu ermöglichen. In anderen Worten, man holt sich dort, was einem hier fehlt, ohne sich mit dem ganzen Komplex der jeweiligen Kultur auseinanderzusetzen. Die Ablehnung der als typisch westlich begriffenen mechanistischen Auffassung vom Körper bzw. des Dualismus von Leib und Seele führt auch zu einem Experimentieren mit Heilpraktiken und Therapieformen, die diese Kategorien zusammenführen wollen: Meditation gegen Krebs, Massage gegen aufgestaute Emotionen. Zwei von den vier Bauchtanzlehrerinnen, mit denen ich gesprochen habe, sind zusätzlich als Tanztherapeutinnen ausgebildet. Alle vier verglichen ihren Unterricht mit anderen Formen der körperorientierten Therapie wie z.B. Bioenergetik und Yoga, in denen eine Einwirkung auf die Physis eine Freilegung verschütteter Gefühle sowie Veränderungen in der Psyche herbeiführen soll.

Ganz wichtig für die Offenheit der Frauen speziell dem orientalischen Tanz gegenüber waren die neuen Trends im feministischen Diskurs, die in frauenbewegten wie auch in wissenschaftlichen Kreisen entstanden waren und in den 80er Jahren von den Medien an die Öffentlichkeit transportiert wurden. Man kann sie als „Differenz-Feminismus" zusammenfassen, der im Gegensatz zum „Gleichheits-Feminismus" weniger die Angleichung des gesellschaftlichen Status von Frauen an den der Männer in den Vordergrund stellt, sondern die Unterschiede zwischen den Geschlechtern betont. Dabei fordert er aber auch die Aufwertung des weiblichen Anteils an Kultur und Gesellschaft. Statt die traditionellen Polaritäten Mann-männlich-vernunftbetont-Kultur vs. Frau-weiblich-gefühlsbetont-Natur aufbrechen zu wollen, nimmt der Differenzansatz diese als gegeben an und plädiert für eine stärkere Beteiligung weiblicher Werte am öffentlichen Diskurs.[17] Dieser Ansatz, der in vielen sozial-, geschichts- und kulturwissenschaftlichen Arbeiten vertreten wurde, lieferte immer neue Beweise dafür, daß Frauen anders seien als Männer und ihre eigenen kulturellen Räume benötigten. In diesem Umfeld von New Age, Differenz-Feminismus und Exotik-Tanz-Boom konnte der Bauchtanzunterricht in Deutschland gedeihen.

Deutungskontext: Von Frauen für Frauen

Die führenden Bücher der deutschen Bauchtanz-Szene sind ebenfalls im Schnittfeld solcher kulturellen

Strömungen entstanden. Neben der Vermittlung von Bewegungsabläufen besteht ihre Hauptaufgabe darin, die Bedeutung des Tanzes darzustellen, d.h. ihn zu definieren.[18] Die zwei führenden Autorinnen, die Deutsche Karkutli und die Engländerin Wendy Buonaventura, orten den Ursprung des Tanzes in matriarchalen Gesellschaftsformen der Steinzeit. Mit dem Einzug des Patriarchats seien dann vielerorts die beckenbetonenden (und das heißt aus ihrer Sicht, die Fruchtbarkeit und Erotik zelebrierenden) Tanzformen eliminiert worden. In islamischen Ländern allerdings habe er durch die strikte Trennung der sozialen Räume der Geschlechter über die Jahrhunderte gerettet werden können.

Meine Gesprächspartnerinnen haben nur mäßiges Interesse an diesen Büchern gezeigt. Die meisten Informationen über die Ursprünge des Tanzes erhalten sie von ihren Lehrerinnen, die sich mit Hilfe dieser und anderer Bücher, aber vor allem durch Austausch in der internationalen Bauchtanz-Community informieren. Sie bekommen diese kollektive Neudeutung des Tanzes also indirekt und deshalb in etwas reduzierter Form mit. Dabei werden vor allem zwei Aspekte der „Philosophie" rezipiert: Nicht der matriarchale Ursprung ist für sie wichtig, sondern die Tatsache, daß der Bauchtanz in erster Linie ein Tanz ist, der „von Frauen für Frauen" aufgeführt wird, ein Frauen-Gruppen-Tanz, bei dem die Grenze zwischen Zuschauerin und Tänzerin weitgehend aufgehoben ist. Die Wurzeln werden demnach unter anderem im Harem gefunden, wo Frauen die meiste Zeit unter sich waren.

In der Bauchtanz-Szene herrscht tendenziell eine essentialistische Sicht vor, die für Frauen eine 'von Natur aus' engere Beziehung zur Fruchtbarkeit postuliert. Der Tanz soll zum Beispiel unter anderem auch ein Geburtstanz gewesen sein; die Bewegungen seien aus der Bewältigung der Wehen während der Niederkunft entstanden und weiterentwickelt worden. Dieser Bezug steht insbesondere für Frauen, die Bauchtanz als geeignete Form der Schwangerschaftsgymnastik und Geburtsvorbereitung sehen, im Mittelpunkt.[19] Der Zusammenhang mit dem Gebärvorgang wird häufig als Nachweis für das 'eigentliche' Wesen des orientalischen Tanzes herangezogen, vielleicht, weil er mehrere Aspekte liefert, die für ihre eigene Deutung des Tanzes zentral sind. So gesehen stammt der Tanz unmittelbar aus der Körpererfahrung von Frauen und gehört ursprünglich in den Kontext der Frauengruppe, weil Männer nicht zur Geburt zugelassen waren. Somit werden Männer aus der 'authentischen' Beteiligung am Bauchtanz ausgeschlossen, sowohl als Tanzende als auch als Zuschauer. Außerdem kann so die Betonung des Unterleibs in den

„Einfach, weil es schön ist"

Tanzbewegungen positiv gedeutet werden, d.h. der Zeugungsakt tritt zugunsten des Gebäraks in den Hintergrund. Damit zieht man (vielleicht unbewußt) Nutzen aus der traditionellen Akzeptanz von Sexualität im Dienste der Fortpflanzung.

Bei meinen Informantinnen überwiegt die Auffassung, daß die Erotik der Bauchtanzbewegungen eine Frage der Wahrnehmung und Auslegung sei. Elke H. meint, „dieser Erotik bist du dir gar nicht bewußt, wenn du das unter Frauen machst. Das ist einfach normal."

Erst vor dem männlichen Publikum wird die Sinnlichkeit des Tanzes zum Thema und zum Problem. Auch wenn *ein* essentialistisches Verständnis des Tanzes, nämlich die landläufige Sicht, nach der die Erotik den Bewegungen selbst innewohnt, abgelehnt wird, wird doch der Essentialismus als Deutungsprinzip beibehalten. Diese Frauen entwickeln eine eigene Vorstellung vom Wesen des Tanzes, nämlich die des Frauen-Gruppen-Tanzes, der aus dem Geburtsvorgang entstanden ist, und postulieren damit sowohl eine 'Natur der Frau' als auch einen dazugehörigen 'Frauentanz'. Dieser Vorgang selbst macht aber klar, daß es keine Essenz des Tanzes gibt,

Schutzraum im Kurs

sondern lediglich gesellschaftlich konstruierte und damit veränderbare Deutungen der Bewegungen. Die essentialistische Argumentation ist aber nützlich, wenn man die eigene Sicht gegen andere 'Wahrheiten' durchsetzen will.[20]

Die Berufung auf Wurzeln im Geburtsvorgang ermöglicht also eine Verschiebung in der Bewertung der beckenbetonten Bewegungen des Tanzes und läßt die Schautanz-Form als ein Abfallprodukt des 'eigentlichen' Bauchtanzes erscheinen. Das 'typische' hüften- und busenbetonende Bauchtanzkostüm hat in diesem Zusammenhang auch eine andere Wertigkeit als im traditionellen Verständnis vom orientalischen Tanz. Es läßt die Frauen „ihre Hüften besser spüren", damit sie die Bewegungen richtig ausführen können oder einfach deshalb, weil es „schön ist" oder „Spaß macht".[21]

Weil sie auf einer eigenen Definition ihres Tanzes bestehen, haben die meisten Frauen, denen ich begegnet bin, überhaupt keine Schwierigkeiten, den Begriff „Bauchtanz" zu verwenden. Wer in Europa oder vor allem in arabischen Ländern um die Anerkennung des Tanzes als Kunstform kämpft, hat selbstverständlich Probleme mit diesem Begriff, denn er scheint den Tanz auf eine Körperzone zu reduzieren und die damit verbundenen Assoziierungen geradezu hervorzurufen.[22] Aber in der Bauchtanz-Szene wird er nicht als anstößig empfunden, weil der Bauch auch im Mittelpunkt des eigenen Deutungsmusters steht, nur wird er eher mit Fruchtbarkeit und Weiblichkeit assoziiert, nicht mit männerorientierter Präsentation von Erotik. Wie der Tanz selbst muß auch der Begriff Bauchtanz in den korrekten Deutungskontext gestellt werden, um problemlos verwendet werden zu können. Gegenüber Außenstehenden, bei denen das 'richtige' Verständnis nicht gewährleistet ist, wird auf den 'korrekten' Namen (orientalischer Tanz) Wert gelegt.

Kulturelle Prozesse

Der eigene Deutungskontext beginnt sich schon in dem Moment zu formieren, in dem Frauen sich zum ersten Mal für den Bauchtanz interessieren. Oft werden sie von einer Aufführung inspiriert, die ihrer bisherigen Klischeevorstellung widerspricht, wie Sabine W. beschreibt:

„Ich habe auf einer Feier eine Bauchtänzerin gesehen...Und es war so schön, die war auch schlank, ganz anders, als ich mir das immer vorgestellt hatte, und die hat so schön getanzt."

Oder sie stellen auf anderem Wege fest, daß der Tanz „anders" sein kann:

„Also ich hatte schon mal Bauchtanz-Vorführungen gesehen und habe gewußt, das ist nicht das, was ich machen will. [Ich war dann später] in der Türkei mit einer türkischen Freundin und habe dann festgestellt, daß es den Tanz auch anders gibt. Einfach unter Frauen und auch unter Männern, und daß es dann eine andere Bedeutung hat. Und das fand ich was sehr Schönes",

erzählt Christa K. Die eigene Einstellung zum orientalischen Tanz, die entweder durch ein 'Aha-Erlebnis' entsteht oder schon seit der Kindheit vorhanden ist („Bauchtanz und arabische Dinge haben mich schon immer fasziniert"), bildet den Keim eines Gegenbildes zum Stereotyp, das ich als dritte Perspektive bezeichne. Sobald die Frauen einen Tanzkurs beginnen, bekommen sie von der Lehrerin und von anderen Teilnehmerinnen Informationen über die Bedeutung des Tanzes vermittelt, d.h. es findet eine Art Enkulturation statt, eine Einweihung in die Szenekultur und in ihr Selbstverständnis. Bekannte Symbole werden mit neuem Inhalt gefüllt, was meist über das Erzählen von Geschichten geschieht. Mir fielen während meines Besuchs in dieser Szene viele Übereinstimmungen zwischen den Erzählungen der Tänzerinnen auf. Sie reichen bis hin zu einzelnen Anekdoten und weisen auf die Bedeutung des Enkulturationsprozesses hin. Die Lehrerin nimmt dabei eine besondere Rolle ein. Ihr Selbstverständnis bietet den Schülerinnen einen festen Anhaltspunkt, an dem sie sich beim Hineinwachsen in den neuen Deutungskontext orientieren können. Die persönlichen Sichtweisen der jeweiligen Frauen kommen aber im Gespräch ebenfalls zum Ausdruck – sie ergänzen und modifizieren das Kollektivprodukt Bauchtanz-Szenekultur, um eine individuelle Perspektive zu kreieren. So sind die Aussagen der Frauen auch jeweils einzigartig. Manche geben an, sich durch die Beschäftigung mit dem Tanz nicht besonders verändert zu haben. Andere wiederum erleben durch diesen Prozeß einen großen Umbruch, den sie als Selbstfindung erleben. Der Tanzkurs hat für sie so etwas wie eine therapeutische Wirkung.

Das von allen in seinen Grundlinien geteilte Verständnis von der Bedeutung des Tanzes schafft einen Schutzraum für die Frauen im Kurs. In diesem Rahmen ist gewährleistet, daß alle, die sie beim Tanzen sehen können, die Bewegungen 'richtig' verstehen. Sich außerhalb der Gruppe beim Tanzen zu zeigen, wagt die Mehrzahl der Frauen nicht. Manche haben die Gelegenheit wahrgenommen, gemeinsam mit den Frauen aus ihrem Kurs in einem ebenfalls geschützten Rahmen, z.B. bei einem vom Frauenzentrum organisierten Fest (bei dem Männer nicht zugelassen waren), vor einem Publikum zu tanzen. Andere tanzen bei einer privaten Feier für die eigenen Freunde und Bekannten. „Leute, die man kennt", sind das geeignete Publikum, meint Juliane K.:

„Der 30. Geburtstag von meinem Freund, da waren lauter Bekannte, und da mußten wir auch keine Angst haben. [Es waren] auch nicht Leute, die das irgendwie schmierig finden oder erwarten, daß die Bauchtänzerin halbnackt da rumsteht. Wo man irgendwie den Eindruck hat, sie schätzen das. Die können das verstehen und finden es nicht so typisch schmierig. [...] Man erwartet, daß alle irgendwie fasziniert sind, aber das sind sie nicht alle. Dann gucken auch manche wie 'was ist denn das, muß die sich selber darstellen oder was'. [...] Die Blicke gibt's natürlich auch, und die stinken einem natürlich ein bißchen. Die möchte man nicht so haben."

Ein solcher Auftritt außerhalb des Kurses ist für viele Frauen ein großer Schritt, denn selbst in dieser privaten Situation ist nicht mehr gewährleistet, daß alle Anwesenden in die 'korrekte' Sicht des Tanzes eingeweiht sind. Für manche gerät bei einem Auftritt auch die sonst gültige Absage an Leistungsdruck und Perfektionismus ins Wanken; meine Informantinnen gaben an, erst vor einem fremden Publikum Angst davor zu bekommen, daß man sie nicht gut genug findet.[23]

Der gewagteste Schritt ist der in die nicht-kontrollierte Öffentlichkeit – z.B. im türkischen Lokal oder auf einer Hochzeitsfeier. Dann tritt die Tänzerin als

Profi auf, sie wird für die Darbietung ihrer Kunst bezahlt, sie nimmt selbst eine professionelle Haltung ein. Dennoch bemüht sie sich, durch die Art, wie sie tanzt, ihre Ablehnung der Verführerinnen- bzw. Objektrolle deutlich zu machen. Eine beliebte Strategie der Tänzerinnen beschreibt Nadja S.:

„Also, ich habe es ganz gern, wenn ich die Leute auffordere zum Tanzen. So daß sie selber merken, 'oh, es ist ja doch schwieriger als ich dachte'. Und weil ich eigentlich auch diesen Touch, 'ich bin Objekt und tanze vor jemandem', damit wegnehmen will."

Sie fordert dann auch gerne einen Mann zum Mittanzen auf: „Da sind sie so überrumpelt und überrascht. [...] Aber sie machen das schon mit."

So wird das klischeebehaftete Zuschauer-Tänzerin Verhältnis auf den Kopf gestellt. Andere wollen die männlichen Zuschauer am liebsten ganz aus dem Spiel lassen.

„Ich halte mich bewußt zurück, tanze also gar nicht irgendwie aufdringlich. Ich tanze mehr zu den Frauen hin, ich halte mich da bewußt vollkommen zurück. Weil ich mich der Konfrontation gar nicht aussetzen will. Weil ich mich auch nicht in diese Schublade stecken lassen möchte",

erklärt zum Beispiel Sabine W. ihre Taktik beim Auftritt. Der Charakter des Tanzes als Frauen-Gemeinschaftstanz wird unterstrichen, indem die Tänzerin vorrangig auf Frauen im Publikum achtet, mit ihnen Augenkontakt aufnimmt, sie zum Mittanzen auffordert. Vielleicht stört es die Frauen deshalb besonders, wenn die 'falsche' Reaktion von anderen Frauen kommt. „Ich vermute, daß da auch Neid dahinter ist", sagt Helga B., als die Frauen im Gruppengespräch überlegen, warum gerade die jüngeren Frauen, die sie im Publikum erleben, sehr distanziert seien. Carola D. sieht es auch so:„Ich glaube schon, daß das der Neid ist. [...] So, 'ach, guck mal, da macht sie jetzt unsere Männer an'."

Der unterstellte Neid bedeutet einen Verrat am Prinzip des Tanzes von Frauen für Frauen. Besteht die 'falsche' Reaktion eines Mannes darin, die Tänzerin in die Ecke einer Stripperin zu stellen und sich an der Aufführung voyeuristisch zu vergnügen, dann besteht die entsprechend 'falsche' Reaktion einer Frau darin, die Tänzerin als Konkurrentin zu sehen. Die Unterstellung, die Tänzerin würde versuchen, den Frauen im Publikum die Männer wegzulocken, geht völlig am Selbstverständnis der Bauchtänzerinnen vorbei.

Das Fremde als Gegenwelt

Die Begeisterung vieler Frauen für den orientalischen Tanz hat natürlich auch damit zu tun, daß er aus einer fremden Kultur kommt. Für sie fehlen in der eigenen Kultur bestimmte Elemente, die ihnen der Bauchtanz liefern kann.[24] Diese Art der Beschäftigung mit dem Fremden wird von vielen AutorInnen sehr kritisch betrachtet, weil die Wahrnehmung der fremden Welt aus einer eurozentristischen Position heraus geschieht und wenig zu einer interkulturellen Verständigung beiträgt.[25] Tatsächlich zeigen die meisten bauchtanzenden Frauen kein sehr großes Interesse, die Ursprungsländer des Tanzes näher kennenzulernen. Wichtig ist, daß sie eine Gegenwelt konstruieren, die sie in die Lage versetzt, ihre eigene Welt zu relativieren, sie nicht als 'natürlich' oder 'gegeben' hinnehmen zu müssen. Das, was sie „Orient" nennen, bietet ihnen ein für sie real existierendes Gegenbeispiel von Welt,[26] nämlich eine, in der die Zweigeschlechtlichkeit noch viel stärker institutionalisiert ist als in der westlichen Welt. Daß dort die Frauen aus dem öffentlichen Leben ferngehalten werden, hat für sie den Vorteil, Schutzräume zu haben und eine eigene weibliche Kultur pflegen zu können. Frauen im Westen sind nicht nur den 'männlichen' Werten tagtäglich ausgeliefert, sie sollen sich ihnen, wenn sie als emanzipiert gelten wollen, auch noch anpassen. Die klaren Linien der Geschlechtertrennung bieten dagegen ein Stück Sicherheit, eine Vergewisserung, wer frau eigentlich in ihrem Inneren ist, und diese

Gewißheit verschaffen sich die Frauen über den Bauchtanz.

Dabei wehren sie sich gegen den herrschenden Glauben, daß der Bauchtanz eine Erniedrigung der Frau darstelle. Sie versuchen etwas aus dieser Sicht Paradoxes: Als Frau einen allgemein als erotisch definierten Tanz auszuüben und aufzuführen, ohne dabei als Objekt der sexuellen Begierde der Männer angesehen zu werden. Und das erreichen sie dadurch, daß sie den Tanz in einem neuen Deutungskontext verstehen lernen und darüber hinaus ihre Öffentlichkeit beim Tanzen kontrollieren. Weil sie den Tanz als Gemeinschaftstanz für Frauen begreifen, ist die Realität des sexuell aufgeladenen Schautanzes für sie weniger bedrohlich. Stattdessen erarbeiten sie sich Woche für Woche die für sie wertvolle und manchmal sogar lebensverändernde Möglichkeit, ihre Weiblichkeit im Tanz zu akzeptieren, ja zu zelebrieren.

Anmerkungen

1 Vgl. Cassandra Lorius: Desire and the Gaze. Spectacular Bodies in Cairene Elite Weddings. In: Women's Studies International Forum, 19. Jg. 1996, Nr. 5, S. 513-523; hier: S. 516.
2 Der Begriff 'raqs scharqi', als Abgrenzung des 'eigenen' Tanzes gegenüber dem des Westens ist also genauso kolonial geprägt wie das Nachtklub-Cabaret, in dem er getanzt wird. In der Szene-Literatur wird er manchmal fälschlicherweise auch als 'Tanz der Freude' übersetzt, vielleicht um diesen Charakter zu unterschlagen, aber wahrscheinlich eher, um dem Begriff (und dem Tanz) die Aura des 'Authentischen' zu verleihen.
3 Französisch: Danse du ventre; englisch: belly dancing.
4 Barbara Sellers-Young: Raks el sharki. Transculturation of a Folk Form. In: Journal of Popular Culture, 26. Jg. 1992, Nr. 2, S. 141-152; hier: S. 141. Wohlhabende Familien leisten sich häufig eine professionelle *raqs scharqi*-Tänzerin; vgl. auch Lorius 1996, S. 514-516.
5 Vgl. Dietlinde Bedauia Karkutli: Bauchtanz. Rhythmus, Erotik, Lebensfreude. München 1989, S. 43: „Orientalinnen zu imitieren kann nicht unser Ziel sein. Im Idealfall wird es zu einer Art Verschmelzung des traditionellen Orientalischen Tanzes mit tänzerischen Aspekten unserer eigenen 'kulturellen' Persönlichkeit und unserem Selbstverständnis als europäische Frau kommen."
6 Die beiden Bücher von Wendy Buonaventura: Bauchtanz. Die Schlange und die Sphinx. München 1984 und: Die Schlange vom Nil. Frauen und Tanz im Orient. Hamburg 1990 enthalten zahlreiche Schilderungen europäischer Betrachter des orientalischen Tanzes im 19. Jahrhundert.
7 Lorius schreibt zur Auffassung des Tanzes in Ägypten: „[It betrays] the essentialism of Egyptian understandings about sexuality in relation to the dance. Sexuality is assumed to be a thing, an essence, that inheres in the body of the dancer rather than reflecting the attitudes of spectators. Because the body is the medium of sexuality as well as of the dance, it is assumed that the dancer who displays her body so publicly must be, or must have been, a prostitute. [...] [A] dancer who chooses to dance professionally does so in cognizance of the fact she will be evaluated largely in terms of assumptions about her sexuality." Lorius 1996. S. 514. Den Vorurteilen über Bauchtanz im Westen liegt ebenfalls ein essentialistisches Verständnis von Tanz und Erotik zugrunde.
8 Deutschsprachige Literatur, die über eine Selbstdarstellung der Bauchtanzszene oder einzelner Tänzerinnen hinausgeht, war nicht auffindbar. Auch in englischer Sprache waren Arbeiten aus einem sozialwissenschaftlichen Blinkwinkel, die die „Bauchtanzwelle" der 70er und 80er Jahre untersuchten, spärlich. Daher ist es mir nicht möglich, in einen Dialog mit bereits erschienen Untersuchungen zu treten. Das Material, das ich durch teilnehmende Beobachtung, Fragebögen und leitfadengestützte qualitative Interviews gesammelt habe, bildet die Basis für meine Überlegungen.
9 Die Altersspanne reichte von 19 bis 69 Jahren. Es zeigte sich ein breites Spektrum an Bauchtanzerfahrung: 18% der Frauen tanzen seit weniger als sechs Monaten, 24% seit etwa einem Jahr, 36% seit 2-4 Jahren, 12% seit 5-6 Jahren und 6% seit 12-15 Jahren. Nach der Berufsbezeichnung zu urteilen, hatten mindestens ein Viertel der Befragten einen Hochschulabschluß, fast ein weiteres Viertel Abitur.
10 Ingrid Strobl: Bauchtanz. Zwischen Harem und Wohnzimmer. In: Emma, Nr. 8, August 1984, S. 54-61; hier S. 59f.
11 Ebd., S. 61.
12 Das ist eine Erklärung für die Ablehnung des Feminismus, die mir meine Informantinnen für sich bescheinigten. Allerdings ist seit den 80er Jahren schon eine breite Skepsis gegenüber dem Feminismus zu verzeichnen (Stichwort 'Backlash'), die möglicherweise als ein Erfolg der Massenmedien zu bezeichnen ist, denen es gelang, das Bild der 'Emanze' als komplett unweibliche Dogmatikerin zu malen. Dieses Image führte dazu, daß frau sich nicht mehr zum Feminismus bekennen konnte, ohne zu fürchten, ihre weibliche Identität damit in Frage zu stellen. Nichtsdestotrotz unterstützen die Frauen, mit denen ich sprach, die Ziele der Gleichberechtigung, auch wenn sie das Etikett Feministin für sich meist ablehnten.
13 Gleich oft (ca. ein Viertel) wurde auch eine Vorliebe für die orientalische Musik genannt. Eine Befragte von zehn fand es wichtig, daß der Tanz keinen Partner erfordere. Genausoviel Frauen gaben an, ein Interesse an der Kultur habe sie zum Tanz geführt.
14 Vgl. Ivonne Launhardt/Martina Schuster/Tanja Wedel: „Warum in die Ferne schweifen...?" in diesem Band.

15 Karkutli 1989, S. 42.
16 Ein Blick in die Kursangebote der Volkshochschule Stuttgart von 1949 bis 1989 zeigt, wie populär 'exotische' Tanzkurse in der breiten Bevölkerung gerade ab 1982/83 werden. Kursangebote für Tanzformen wie Flamenco, Bauchtanz, Afrikanischer Tanz und sogar hawaiianischer Hula wachsen dann exponentiell. In den 90er Jahren beobachtet man einen neuen Schwerpunkt bei den Lateinamerikanischen Tänzen.
17 Vgl. etwa Teresa de Lauretis: Der Feminismus und seine Differenzen. In: Feministische Studien, 11. Jg. 1993, H. 2, S. 96-102.
18 Neben den Büchern von Karkutli und Buonaventura sind auch folgende 'Szene-Bücher' von mir ausgewertet worden: Eluan Ghazal: Bauchtanz. Wellen des Körperglücks. Genf 1995; Ulrike Hegers: Bauchtanz. Stärkung von Körper und Geist. Düsseldorf 1986; Rosa Said-Locke: Von Innen nach Außen. Orientalischer Tanz und Körpererfahrung. Witzenhausen 1989.
19 Bis 1996 wurde die Teilnahme an Bauchtanzkursen als Schwangerschaftsgymnastik und als Beitrag zur allgemeinen Fitneß von den gesetzlichen Krankenkassen gefördert.
20 Vgl. Hegers 1986. In der kulturgeschichtlichen Einleitung von Siegfried Neumann bekommt man einen Vorgeschmack von der Art und Weise, wie hier zum Teil argumentiert wird: „So ist der Bauchtanz der Frau wahrscheinlich der erste menschliche Tanz überhaupt, weil die Frau auf diesen inneren Laut [den Herzschlag] mehr hört als der Mann. Deshalb tanzt die Frau auch intensiver und ausdrucksstärker als der Mann. Im Paartanz eines Balletts tanzt eigentlich nur die Frau, der Mann begleitet die Tänzerin. Daraus könnte gefolgert werden, daß der Bauchtanz nicht nur der erste menschliche Tanz überhaupt ist, sondern daß auch alle weiteren Tänze aus ihm hervorgehen. So sprechen wir hier dann folgende These aus, die in der weiteren Darstellung noch näher ausgeführt wird: *„Der Bauchtanz der Frau ist Ursprung der menschlichen Kultur und darin der Kunst."* (S. 13, Hervorhebung im Original).
21 So war es im Bauchtanzkurs, bei Aufführungen und in verschiedenen Gesprächen mit Tänzerinnen zu hören.
22 Vgl. etwa Lorius 1996, S. 513, über eine international anerkannte ägyptische Tänzerin: „[Suraya] Hilal attempts to project qualities other than those associated with sexuality and distinguishes Raqs sharqi ('oriental dance') from 'belly dance', which she describes as a degraded cabaret form designed to titilate nightclub audiences."
23 Es sind eher die berufsmäßigen Tänzerinnen, die einen perfektionistischen Anspruch an den Tag legen, auch um den künstlerischen Wert des Tanzes zu erhöhen. Kursleiterinnen, die sich dessen bewußt sind, daß ihre Teilnehmerinnen keine Profis werden wollen, betonen eher Kreativität, Improvisation und individuellen Ausdruck.
24 Sellers-Young schreibt über die USA: „Until belly dancing became popular in the 1960s and 70s, there were no forms historically rooted in western theatre that expressed the cyclical process of the female's natural reproductive powers." Sellers-Young 1992, S. 150. Meine Gesprächspartnerinnen haben sich ähnlich ausgedrückt wie z.B. Rosa E.: „Sage mir irgendeinen anderen Tanz in Deutschland, irgendeinen Volkstanz wo du das [Erotik/Weiblichkeit] findest. Du findest nichts. Trampel, trampel."
25 Zum Begriff 'Exotismus' und zum Umgang mit seiner negativen Konnotation vgl. Launhardt/Schuster/Wedel (in diesem Band) und Annegret Maschke: Exotismus oder interkulturelles Lernen. Ethnologische Perspektiven zu New Age und Psychotherapie. Berlin 1996.
26 Dies steht im Gegensatz zu den Auffassungen kreistanzender Frauen, deren Gegenwelt in einer fernen (und umstrittenen) matriarchalen Vergangenheit liegt und daher abstrakt bleiben muß. Vgl. Sandra Schönbrunner: „Liebe Schwester tanz mit mir...", in diesem Band.

Der „Kerzenleuchter-Tanz" wird in den Ländern des Nahen Ostens noch heute gepflegt

Tanja Wedel

Diesseits von Afrika

Oder: Was hat der afrikanische Tanz mit Afrika zu tun?

„Wir mit Schuhen an unseren Füßen, mit unserer beständigen Eile sind oft im Widerspruch mit der Landschaft. Die Schwarzen leben in Eintracht mit ihr, und wenn ihre hohen, geschmeidigen, dunklen und dunkeläugigen Gestalten über Land wandern – immer einzeln hintereinander, so daß auch die großen Verkehrsadern des Landes nur schmale Fußpfade sind –, oder wenn sie den Boden bearbeiten oder ihr Vieh weiden, ihre großen Tänze abhalten oder eine Geschichte erzählen, dann ist es Afrika, das reist, tanzt und spricht."
(Tania Blixen: Afrika. Dunkel lockende Welt)[1]

Seit ungefähr zehn Jahren nimmt das Angebot an afrikanischen Tanz- und Trommelkursen hier in Deutschland ständig zu.[2] Viele Lehrer aus Afrika bieten in regelmäßigen Abständen an Wochenenden Workshops an, bei denen sie Musik und Tänze aus ihren Ländern unterrichten. Aber auch deren deutsche[3] SchülerInnen geben inzwischen in zahlreichen Kursen an Volkshochschulen und anderen öffentlichen und privaten Einrichtungen ihr erlerntes Können an Tanz- und Trommelbegeisterte weiter. Vor allem Frauen scheint dieses Angebot anzusprechen. Bei den „afrikanisch Tanzenden" handelt es sich fast ausschließlich um Frauen[4], die meisten sind zwischen 30 und 50 Jahre alt, berufstätig, und viele von ihnen haben eine Familie.

Was ist so faszinierend an afrikanischen Tänzen, daß EuropäerInnen sie erlernen wollen? Versuchen sie, sich über den Tanz einem fremden Kontinent und dessen Kulturen zu nähern? Diese Fragen standen am Ausgangspunkt meiner Untersuchung. Zunächst schien sich meine Annahme zu bestätigen, daß das Interesse an fremden Ländern und Kulturen eine Hauptmotivation ist, sich mit afrikanischen Tänzen zu beschäftigen: In einer breit angelegten Umfrage[5] gaben wesentlich mehr afrikanisch Tanzende ihre Motivation mit „Interesse an der fremden Kultur" an, als das beispielsweise Salsa- und TangotänzerInnen taten, oder Frauen, die orientalischen Tanz lernen.[6]

In den darauffolgenden Interviews zeigte sich dann jedoch ein etwas anderes Bild. Schon im ersten Gespräch, das ich führte, überraschte mich die Aussage: „Da [nach Afrika] will ich eigentlich gar nicht unbedingt hin!"[7] Das hatte ich nun wirklich nicht erwartet. Irgendwie paßte das nicht so recht zu dem Bild, das ich mir gemacht hatte. In späteren Interviews wurde diese Aussage zwar nicht mehr so radikal wiederholt, jedoch entstand durch den häufigen Gebrauch des Konjunktivs im Zusammenhang mit Reisen nach Afrika oder Kontakten zu AfrikanerInnen („Ich würde schon gern mal, aber...") bei mir der Eindruck, daß Afrika mit einiger Distanz betrachtet wird und manchen vielleicht sogar ein bißchen unheimlich ist.

Die Texte, mit denen afrikanische Tanzkurse oder Wochenend-Workshops angekündigt werden, geben bereits einen Hinweis darauf, daß die Regionen, aus denen die Tänze stammen, keine besondere Rolle spielen. Nie wird versprochen, daß man durch den afrikanischen Tanz einen Einblick in afrikanische Lebensweisen bekommen oder gar mit den Tänzen einen Teil Afrikas und seiner Kulturen kennenlernen und so in ein fremdes Gebiet eintauchen könne. Afrikanischer Tanz wird auch nie als besonders fremdartige oder 'exotische' Ausdrucksform angepriesen. Fast alle Texte stellen die Beschäftigung mit dem eigenen Körper in den Vordergrund und weisen darauf hin, daß die Tänze zum allgemeinen physischen und psychischen Wohlbefinden beitragen können:

„Wir werden im Verlauf des Kurses unseren Körper mit seinen vielfältigen Bewegungsmöglichkeiten entdecken und die positive Wirkung des Tanzes auf Körper und Seele erfahren."[8]

Oder:

„Durch einfache Übungen wollen wir unser Körperbewußtsein sensibilisieren, um entspannen und loslassen zu können, denn wir sind durch Alltagssorgen und Streß oft angespannt und verkrampft."[9]

Ähnliche Formulierungen finden sich in vielen Programmtexten, die afrikanische Tanzkurse ankündigen, gleichgültig, ob diese Kurse nun von deutschen oder afrikanischen Lehrern angeboten werden.

Das Exotische, Geheimnisvolle an Afrika, das sich bei den Programmen im Titel „Afrikanischer Tanz" verbirgt, mag schon das sein, was die Menschen aufmerksam macht und was sie erst einmal in die Tanzkurse lockt. Was sie dann aber dabei bleiben läßt, ist etwas ganz anderes. Das wurde in den Interviews[10] deutlich. Gisela K. meint: „Das Neuartige, das Fremdartige, Trommeln wollt' ich mal ausprobieren und eben auch noch die Tänze, das hat mich angezogen." Das Exotische am afrikanischen Tanz spiele eine Rolle, so auch Nicola B., „vielleicht mal, um den Einstieg zu kriegen...Ich könnte mir vorstellen, daß das vielleicht so der Reiz ist, sich das mal anzugucken, weil das kennt man nicht, möchte man sich mal angukken." Aber im weiteren Verlauf des Gesprächs sagt sie: „Ich denke, wenn man dabei bleibt, ist es wirklich mehr die Sache an sich, die einen fasziniert." Angelika M. erklärt:

„Es ist jetzt nicht interessant, weil es ein afrikanischer Tanz ist, sondern einfach durch das, was er vermittelt, was man dabei erlebt. [...] Es war einfach die Faszination an dem Tanz an sich, weshalb ich es weitergemacht hab', [...] es könnt' wegen mir auch herkommen, wo's will [...]. Ich denke, die Exotik ist nicht das, was es ausmacht."

Wenn meine Gesprächspartnerinnen über die Tänze sprechen, fällt auf, daß die Musik mit ihren Trommelrhythmen und die Bewegungen des afrikanischen Tanzes nicht als fremd und exotisch beschrieben werden, sondern als natürlich, ursprünglich und dem Menschen gemäß. Vielfach besteht die Vorstellung, durch die afrikanischen Tänze einem ursprünglichen menschlichen Zustand nahekommen zu können, was sich in Äußerungen zeigt wie:

„Beim afrikanischen [Tanz] bin ich schon auch irgendwo so ein bißchen auf der Suche nach den Ursprüngen von unserem Menschsein. [...] In diesen Tänzen, das ist einfach irgendwo die Suche nach einer Echtheit des Menschseins oder irgendsowas. Wie sind denn die Menschen wirklich, wenn sie ehrlich sind?"[11]

Oder:

„Ich glaube, meine 'Sehnsucht nach dem Ursprung' wird durch diesen Tanz befriedigt."[12]

Was für die Frauen, mit denen ich gesprochen habe, wichtig am afrikanischen Tanz ist, was sie als das Besondere daran beschreiben, sind in erster Linie Dinge,

„Er ist nicht dadurch interessant, daß er ein afrikanischer Tanz ist, sondern durch das, was er vermittelt"

die über den Körper ablaufen, sich dann aber ganzheitlich, d.h. auch seelisch und geistig fortsetzen. Meine Interviewpartnerinnen stellen jeweils unterschiedliche Aspekte in den Vordergrund, jedoch tauchen einige Grundelemente, die bei dieser Art zu tanzen als besonders wichtig empfunden werden, bei allen auf: Rhythmus, Bewegung, Erdverbundenheit, Energie und Gruppenerlebnis.

Die afrikanische Trommelmusik wurde bei allen Gesprächen als ein Grund für die Faszination am Tanz erwähnt. Der Rhythmus spreche einen an, man werde mitgerissen, könne nicht unbeteiligt bleiben: „Es zieht dich mit. Du kannst kaum sitzen bleiben", meint Caroline F., und Nicola B. erklärt: „Rhythmus ist überhaupt gar nicht über den Verstand zu erfassen." Um den Rhythmus im Körper umzusetzen, ihn zu tanzen, müsse man sich ihm überlassen, alles andere vergessen, die Gedanken ausschalten und loslassen. Dieses „Loslassen" steht für viele der Frauen im Mittelpunkt des Tanzes und ist etwas, was sie auch aus dem Tanzkurs herausnehmen und in ihr Alltagsleben übertragen können. Katrin S. meint z.B., sie habe gelernt, auch außerhalb des Tanzkurses viele Dinge „ein bißchen lockerer [zu] nehmen, nicht so verbissen".

Die rhythmische Musik sei sehr wohltuend und wecke Energie, bemerken viele meiner Interviewpartnerinnen. „Irgendwie hängt das mit dem Herzschlag zusammen. Also, für mich hat das was damit zu tun...es beruhigt vielleicht auch, das Gleichmäßige", sagt Silke K., und Gisela K. erklärt: „Diese psychologische Wirkung von Trommelmusik, die ich bei mir erlebe [...], das hat was Befreiendes für mich. [...] Wenn ich Trommelmusik höre, dann wird der Kopf ruhig, dann ist da endlich Ruhe." „Dieser Rhythmus, den man hört, den man dann auch im Körper umsetzt", erklärt Caroline F., „das gibt mir wahnsinnig viel Kraft und Energie, da fühl' ich mich immer ganz stark."

„Die Wirkung von Trommelmusik hat etwas Befreiendes für mich"

Die Bewegungen des afrikanischen Tanzes werden von allen Interviewpartnerinnen als „natürlich" beschrieben. Wichtig ist dabei, daß die Bewegungen nicht geziert und verkünstelt sind und daß der Körper bei ihrer Ausführung nicht gequält wird. Caroline F. erklärt:

„Diese afrikanische Art, sich zu bewegen, spricht mich viel stärker an [als die Bewegungen im Modern Dance], und ich glaube deswegen, weil es viel natürlicher ist. Die Art, sich zu bewegen, entspricht viel mehr dem, wie ein Mensch das tun soll. Also, ein Mensch ist auf eine bestimmte Art und Weise gebaut und bewegt sich von Natur aus auf eine bestimmte Art und Weise, und diese afrikanischen Schritte, find' ich, sind dem viel, viel näher."

Eine Frau, die unseren Fragebogen ausfüllte, schrieb: „Mir macht das 'unverkünstelte' Bewegen Spaß [...]. Es sind Bewegungen, die mir liegen, sie müssen nicht 'grazil' sein." Jede Tänzerin habe die Freiheit, ihren ganz eigenen Ausdruck zu finden. Es spiele keine Rolle, wie sie dabei aussieht, sondern es zähle, wie sie sich dabei fühlt. Von Herzen solle es kommen, die Energie solle sichtbar werden, das sei es, was beim afrikanischen Tanz wichtig ist.

„Ich mach' das einfach für mich, weil mir das gut tut. Und ich leg' da auch keinen Wert auf Perfektion oder daß das irgendwie ganz super aussieht, sondern [ich mache das] einfach so gut wie ich das kann. [...] Ich tanze die [Tänze] mit dem Ziel, daß es mir gut tut und daß es mir Spaß macht",

sagt Angelika M., und Caroline F. meint: „Es ist ganz egal, wie perfekt jede einzelne von uns ist [...]. Wir sind nicht perfekt, aber es wirkt."[13] Die Kombination von Musik, Rhythmus und Bewegung erzeugt das, was von den Tanzenden mit „Erdverbundenheit" bezeichnet wird. Die schweren, tiefen Trommelschläge, die nackten Füße, die mit der ganzen Sohle fest auf dem Boden stehen, die offene, feste Körperhaltung und die kraftvollen, oft nach unten gewandten Tanzbewegungen erzeugen ein Gefühl, das Gisela K. folgendermaßen beschreibt:

„Ich spüre auf einmal den Boden [...], daß der mein Gewicht trägt. [...] Körperlich gibt es mehr Bodenkontakt, Bodenwahrnehmung, und psychisch gesehen ist es dann eher die Leichtigkeit. Der gegenteilige Zustand von Geerdetsein ist auch der, daß ich oft das Gefühl habe, ich bin völlig abgeschnitten von der Welt [...]. Und dieser Zustand von Verbundensein, das ist dieses Gefühl von Erden."

Dieses Erlebnis, „mit beiden Füßen fest auf dem Boden zu stehen", tragen viele der Frauen mit in den Alltag, wo es ihnen hilft, auch mit beiden Beinen im Leben zu stehen.[14]

Ein weiterer wichtiger Punkt besteht darin, „daß es in der Gruppe passiert, daß nicht jede für sich [tanzt], sondern daß man das wirklich gemeinsam macht", wie Nicola B. es ausdrückt. Ihre Lehrerin Caroline F. erklärt:

„Der afrikanische Tanz ist ein geselliger Tanz. [...] Das ganze Ding lebt davon, daß alle mitmachen und eine gemeinsame Energie entstehen lassen. [...] Je größer die Gruppe ist, desto extremer wird diese Energie. [...] Das hat mit Geben und Nehmen zu tun. [...] Ich erlebe das jeden Abend in meinen Tanzkursen, daß die Leute das spüren. Wenn sie da was 'reingeben in den Kreis, indem sie einfach mitmachen, mit ihrer ganzen intensiven Kraft, daß da unheimlich viel abfällt für die anderen, und daß sie gleichzeitig unheimlich viel nehmen können."

Dieses „Geben und Nehmen" ist eine Sache, die durch das gemeinsame Tanzen erfahren wird, eine andere ist ein Zugehörigkeitsgefühl, wie Silke K. es beschreibt:

„Wenn man das in der Gruppe tanzt, so diese Atmosphäre, das hat schon auch was Mystisches, das ist schon auch so das Gefühl, ich bin einfach, und ich bin ein Teil von einem Ganzen. Ich glaube, daß das einfach was ist, was man mit so einer Art Urerfahrung verbindet [...]. Ich denke, daß man das so im Alltag sehr wenig erfahren kann, dieses Sich-Eingebunden-Fühlen in ein größeres Ganzes."

„Ich spüre auf einmal den Boden und daß der mein Gewicht trägt"

Für die Frauen, die sich mit dem afrikanischen Tanz beschäftigen, hat also das Wesentliche daran etwas mit ihnen selber zu tun. Der Tanz wird nicht als etwas Fremdartiges betrachtet, sondern er wird vielmehr als sehr vertraut und „zu einem gehörig" empfunden. „Ich habe durch das afrikanische Tanzen gemerkt: Ja, da liegen meine Wurzeln, also, das ist das, was ich schon immer machen wollte", so Katrin S., „ich hab's endlich gefunden, [...] das entspricht mir so stark." Caroline F. sagt: „Irgendwie hab' ich etwas damit zu tun. Es ist nicht nur etwas, das ich von außen gelernt habe, das steckt in mir, irgendwie." „Ich glaube einfach, daß die Art von Tanz mir persönlich liegt", meint Silke K., „das ist ein Teil von mir." In diesen Aussagen wird deutlich, daß sich die Frauen den afrikanischen Tanz zu eigen gemacht haben.[15] Sie haben etwas aus einer fremden Kultur herausgelöst, es umgedeutet, teilweise verändert und so in ihr eigenes Leben integriert.[16]

Aber wo bleibt da Afrika? Schließlich nennt man die Tänze hier immer noch „afrikanisch". Irgend etwas müssen sie doch noch mit dem Kontinent, von dem sie kommen, zu tun haben.

Afrika – der dunkle, ferne Kontinent, wo die Menschen noch in einem ursprünglichen, natürlichen Zustand leben und am Abend um ihre Lagerfeuer tanzen – diese Vorstellung hat keine der befragten Frauen, die sich hier mit afrikanischem Tanz beschäftigen. Sie sind sich dessen bewußt, daß es ein modernes Afrika gibt, das von der westlichen Zivilisation nicht unberührt geblieben ist. Sie sehen dort Armut, Elend, Naturkatastrophen, Umweltzerstörung, Bürgerkriege und

„Das gibt mir das Gefühl, ich bin ein Teil von einem Ganzen"

Diktaturen und setzen sich damit auseinander. Sie entwerfen also durchaus kein Gegenbild zu unserer Gesellschaft, das seine Verkörperung in Afrika findet. Die paradiesische Idylle, eine lockende exotische Welt, die von edlen Wilden bevölkert wird, existiert nicht[17] - auch nicht in den Köpfen der afrikanisch Tanzenden. Dennoch werden im Zusammenhang mit dem Tanz bestimmte positive Zuschreibungen an Afrika und die afrikanische Lebenseinstellung gemacht, die sich die Frauen für ihr eigenes Leben wünschen und durch den Tanz ein Stück weit erarbeiten.

Daß die Frauen fast immer nur von „afrikanischen Tänzen", „Afrika" und „AfrikanerInnen" sprechen, zeigt, daß sie sich, zumindest in Zusammenhang mit dem Tanz, nicht mit konkreten Ländern, Kulturen oder Menschen auseinandersetzen. „Afrika" wird hier nicht als geographische Bezeichnung verwendet, sondern dient als Metapher für Eigenschaften, Wünsche und Hoffnungen, die im Alltag unserer modernen westlichen Welt als verloren oder schwer erfüllbar angesehen werden.[18] So stehen die Aussagen, die über Afrika und seine Menschen gemacht werden, meist in einer Opposition zu unserer Gesellschaft, es werden Dinge hervorgehoben, die dort ganz anders sind als hier: „Ich glaube schon, daß da ein anderes Verhältnis da ist zur Körperlichkeit."[19]

„Gegen die [Afrikaner] sind wir Bewegungsdeppen."[20] „Das ist ja alles viel lockerer als bei uns."[21] Die afrikanische Kultur sei „in vielen Dingen ursprünglicher"[22] als die unsrige, was sich, den Aussagen in den Interviews zufolge, vor allem in einer unkomplizierteren

Einstellung zum Körper, einem intuitiveren Handeln, einer größeren Gelassenheit und einer intensiveren Gemeinschaftlichkeit manifestiert. Gisela K. bewundert beispielsweise einen ungezwungenen Umgang mit

„ganz elementaren Sachen: Sexualität, Mann-Frau-Beziehung [und] eine positive Einstellung [zur Pubertät]. Der [afrikanische Lehrer] hat das so ein bißchen geschildert, so: 'when the sweet things are coming out' in der Pubertät, und das war so gar nicht hämisch oder...ich kenn' es von meinem Elternhaus eher so negativ, wenn Mädchen dann Brüste kriegen, so: 'Hähä!' [...] Und das war so liebevoll: Das ist was Schönes."

Immer wieder wurde die Meinung geäußert, die Afrikaner seien nicht so rational wie wir hier in Europa: „Sie beurteilen viele Dinge [...] aus dem Bauch heraus. [...] Es ist, denk' ich, nicht so sehr verstandesbestimmt, sondern mehr gefühlsbestimmt, die Art zu leben."[23] Katrin S. beobachtet: „Die Afrikaner, die tanzen halt, was sie hören, und lassen den Dingen ihren Lauf." „Einfach ihre Art, so lässig zu sein, gelassen zu sein, also, ich lass' mich ganz gerne von dem anstecken", meint Caroline F., „einfach es lassen, wie es ist."

„Afrikaner legen ganz viel Wert drauf, daß die Kinder schon von klein auf lernen, sich füreinander verantwortlich zu fühlen. [...] Wenn größere und kleinere Kinder unterwegs sind, die gucken nacheinander, das ist selbstverständlich. Und ich denk', das Schlimmste, was einem afrikanischen Kind passieren könnte, wär' wirklich, wenn das so einen Egotrip fährt, das würde dem ganz schnell ausgetrieben werden",

meint Nicola B. in bezug auf den afrikanischen Gemeinschaftssinn. Hier könnten noch weitere Beispiele zitiert werden, die in ähnliche Richtungen gehen. Es werden Eigenschaften bei Afrikanern gesehen oder auch nur vermutet, die hier in Deutschland als sehr wenig ausgeprägt empfunden werden.[24] Diese Eigenschaften sind allesamt solche, die die Frauen einerseits in ihrem Alltag vermissen, andererseits aber durch den afrikanischen Tanz am eigenen Leib erfahren.

Einige der Frauen haben afrikanische Freunde oder Bekannte, doch viele kennen niemanden aus Afrika. Die wenigsten waren schon einmal dort, die meisten würden gerne einmal hinreisen, und andere wiederum reizt das überhaupt nicht. Gemeinsam haben aber fast alle, daß sie an Tanzworkshops mit afrikanischen Lehrern[25] teilgenommen haben. Dabei haben sie feststellen müssen, daß diese offenbar nicht so recht verstehen, was die Deutschen an ihren Tänzen so fasziniert.

„Je größer die Gruppe ist, desto größer wird die Energie"

Caroline F. glaubt, „daß es für sie sehr schwer vorzustellen ist, [...] was wir eigentlich wirklich damit anfangen können, außer, mit ihnen Spaß zu haben". „Es ist manchmal nicht so einfach, mit Afrikanern zu tanzen", meint Katrin S.:

„Die tun sich sehr schwer, sich in unsere Mentalität einzufühlen, [...] sie pushen ziemlich, sehr. [...] Die sind es einfach gewohnt, von Kind an zu tanzen, diese Bewegungen einfach zu können, und erwarten das auch so ein bißchen von uns."

Fast alle Frauen, mit denen ich gesprochen habe, sagten über ihre afrikanischen Lehrer, daß sie zu hohe

Erwartungen hätten, zu schnell vorangingen, sich nicht hineinversetzen könnten in ihre SchülerInnen und nicht verstünden, daß diese einfach einen längeren Weg bräuchten, um die Tanzbewegungen zu erlernen. Dadurch fühlten sie sich gestreßt und gehetzt. Zudem haben viele Hemmungen, vor Afrikanern zu tanzen, weil sie fürchten, sich vor den „viel besseren" Tänzern zu blamieren. Einige hatten in Workshops sogar den Eindruck, daß die afrikanischen Tänzer und Trommler sich über die Unbeholfenheit ihrer SchülerInnen lustig machten. Silke K. erzählt von ihren Erfahrungen: „Bei einem Workshop hab' ich das schon auch erlebt, daß die Trommler sich kaputtgelacht haben, wie die Leute getanzt haben."

Und Katrin S. meint:

„Ich möchte nicht total verkrampft sein, bloß daß ich den ganzen Tanz lerne, sondern ich möchte einfach Spaß dran haben. Also, ich merk' dann schon, ich werd' wütend, wenn die so pushen, und fühl' mich dann auch ein bißchen lächerlich gemacht."

Dabei spielt es keine große Rolle, ob die afrikanischen Lehrer sich tatsächlich lustig machen oder ob sie es gar nicht so meinen,[26] Gefühle der Verunsicherung kommen trotzdem auf.

Diese Erfahrungen widersprechen eigentlich den Zuschreibungen der Frauen an die afrikanische Lebensweise. Beim direkten Kontakt wird sehr deutlich, daß die Afrikaner ihnen doch sehr fremd bleiben. So verwundert es eigentlich nicht, daß das Verhältnis der afrikanisch Tanzenden zu Afrika eher distanziert ist. Caroline F., die längere Zeit in Afrika verbracht hat, sagt:

„Ich liebe zwar diese Kultur, [...] aber ich merke, daß das mit mir nichts zu tun hat. Und es ist mir so fremd, daß es mich nicht einmal reizt, da einzutauchen. Also, ich habe das zwar schon versucht, aber ich merke, daß ich die Afrikaner ganz schwer verstehe. [...] Ich hab' diese Leute alle sehr gern, aber ich merke immer wieder, wie granatenmäßig unterschiedlich diese zwei Kulturen sind."

„Irgendwie habe ich etwas damit zu tun – es steckt in mir"

Es scheint nötig zu sein, diese Distanz zu Afrika zu wahren, denn sonst wäre es wohl nicht mehr möglich, die Tänze in der Weise zu deuten, wie das geschieht. Würde man den Kontext genau kennen, aus dem sie stammen, könnte er hier in Deutschland vermutlich nicht mehr die Funktion erfüllen, die er für die Frauen hat.[27] Dadurch, daß Afrika weit weg ist und man die genauen Lebensumstände dort nicht kennt, ist es möglich, die eigenen Werte in den Tanz hineinzulegen und ihn so den eigenen Bedürfnissen anzupassen.

Es ist also deutlich geworden, daß es den Frauen, mit denen ich gesprochen habe, bei der Beschäftigung mit den afrikanischen Tänzen nicht darum geht, etwas ganz Fremdes, Anderes kennenzulernen. Sie sind auf der Suche nach dem 'ganz Eigenen', manche sogar nach dem 'Urmenschlichen'. Der afrikanische Tanz wird zu einem Mittel, zu sich selbst zu kommen und zu einem natürlichen menschlichen Zustand zurückzufinden, der in unserer hochtechnisierten, hektischen Welt in den Hintergrund gedrängt wurde. Die afrikanisch Tanzenden haben also gar nicht so sehr das Interesse, sich näher mit Afrika zu befassen oder mehr über den konkreten kulturellen Kontext der Tänze, die sie erlernen, zu erfahren. Wichtig ist beim Tanzen eigentlich nur das, was die Musik, der Rhythmus und die Bewegungen mit ihnen machen: nämlich (unter anderem) entspannen, zentrieren, ihnen helfen, den täglichen Alltagsstreß zu bewältigen. Dazu kommt das Gefühl des Aufgehoben-Seins in der Gruppe. Der Tanz wird auf eine bestimmte Art gedeutet, damit er diesen Anspruch erfüllen kann. Nur so kann er 'Gültigkeit' für die Menschen hier in Deutschland erlangen. Die Tanzenden erkennen, daß die Tänze in ihrem ursprünglichen afrikanischen Kontext keinerlei Bedeutung für sie haben, sondern etwas sind, das mit ihnen zunächst nichts zu tun hat. „Ich muß nicht alles von ihnen wissen, ich muß das nicht alles übernehmen, weil ich es hier nicht anwenden kann. Wir leben hier nicht in Afrika."[28]

Anmerkungen

1. Tania Blixen: Afrika. Dunkel lockende Welt. Reinbek 1961, S. 17.
2. Dies ist für unsere Region vor allem aus den Programmen der Volkshochschulen in Tübingen und Stuttgart ersichtlich, die seit den späten 80er Jahren regelmäßig Kurse für afrikanischen Tanz anbieten. Lehrerinnen für afrikanischen Tanz, mit denen ich Interviews führte, bestätigten dies auch für Kurse außerhalb der VHS.
3. In Tübingen bietet auch eine (weiße) Amerikanerin, die allerdings schon seit vielen Jahren in Deutschland lebt, afrikanische Tanz- und Trommelkurse an.
4. Dazu ist anzumerken, daß an Workshops, bei denen Tanz und Trommeln zusammen angeboten werden, Männer häufiger teilnehmen. Bei den Kursen, die hier untersucht wurden, handelt es sich um fortlaufende Volkshochschul- und private Tanzkurse, an denen ausschließlich Frauen teilnahmen. Während der gesamten Forschungszeit traf ich nur in einem Workshop einen afrikanisch tanzenden Mann an, der sich jedoch leider nicht bereit erklärte, mir ein Interview zu geben.
5. Bei der Umfrage wurden ca. 350 Fragebögen in verschiedenen „exotischen" Tanzkursen in Tübingen und Stuttgart verteilt.
6. Mit „Interesse an der Kultur" begründeten 23,5% der afrikanisch Tanzenden, 10,2% der orientalisch Tanzenden, 3,3% der Salsa- und 2,5% der TangotänzerInnen ihre Motivation.
7. Interview mit Gisela K. am 4.10.1997 in Tübingen.
8. Kursprogramm II/1997 von Mary Ann Fröhlich und Chris Portele, Tübingen.
9. Workshop-Ankündigung für das Wochenende 22./23.11.1997 mit Francis Zonon, Tübingen.
10. Ich habe mit Frauen aus drei verschiedenen afrikanischen Tanzkursen und Workshops gesprochen. Mit sechs von ihnen, darunter zwei Tanzlehrerinnen, habe ich 45-90minütige Interviews und mit zwei weiteren kurze 5-10minütige Gespräche geführt. Die Interviews fanden im Oktober und November 1997 im Anschluß an die Fragebogenaktion statt. Sie dienten dazu, die Ergebnisse der Umfrage (bei der 38 Fragebögen zum afrikanischen Tanz ausgefüllt worden waren) zu erweitern und vertiefen.
11. Wie Anm. 7.
12. Antwort in einem unserer Fragebögen (anonym).
13. Diese Einstellung steht im krassen Gegensatz zu der Haltung von TangotänzerInnen, für die die äußere Ästhetik und größtmögliche Perfektion beim Tanzen sehr wichtig ist. Vgl. Ivonne Launhardt/Martina Schuster: Tango Argentino, in diesem Band.
14. Meine Interviewpartnerinnen meinen fast alle, sie hätten durch den Tanz größere Sicherheit und mehr Selbstbewußtsein bekommen.
15. Vgl. auch Annegret Maschke: Exotismus oder interkulturelles Lernen. Ethnologische Perspektiven zu New Age und Psychotherapie. Berlin 1996, S. 14 und 16. Hier nennt sie eine solche

Identifikation mit dem Fremden eine „gefühlsmäßige 'Pseudo-Nähe'" und ein Merkmal von Exotismus.
16 Vgl. auch Konrad Köstlin: Das fremde Essen – das Fremde essen. Anmerkungen zur Rede von der Einverleibung des Fremden. In: Siegfried Müller/Hans-Uwe Otto/Ulrich Otto (Hg.): Fremde und Andere in Deutschland. Nachdenken über das Einverleiben, Einebnen und Ausgrenzen. Opladen 1995, S. 219-234. In diesem Aufsatz beschreibt Köstlin den gleichen Vorgang am Beispiel des fremden Essens: „Das 'fremd' Genannte ist meist längst angeeignet. Es ist seiner Fremdheit beraubt, gezähmt, domestiziert, spielt nur noch mit den Anmutungen seiner Fremdheit, ist 'exotisch'." (S. 221) „Richtig ist auch, daß die fremden Küchen für unseren Geschmack verändert, gemildert, hergerichtet werden müssen, um Anklang zu finden." (S. 228)
17 Vgl. Ivonne Launhardt/Martina Schuster/ Tanja Wedel: „Warum in die Ferne schweifen...?" in diesem Band.
18 Vgl. Hermann Bausinger: Alltag und Exotik. In: Institut für Auslandsbeziehungen/Württembergischer Kunstverein (Hg.): Exotische Welten, Europäische Phantasien. Stuttgart 1987, S. 114-119; hier S. 115.
19 Silke K. in einem Interview am 6.10.1997 in Dußlingen.
20 Nicola B. in einem Interview am 19.11.1997 in Tübingen.
21 Angelika M. in einem Interview am 19.11.1997 in Tübingen.
22 Wie Anm. 20.
23 Ebd.
24 Vgl. Launhardt/Schuster/Wedel in diesem Band. Vgl. auch Maschke 1996, S. 57. Sie zeigt hier dieselbe Haltung bei New Age-Anhängern auf: „[D]ie soziale Organisation der Fremden [...] und ihr Verhältnis zur Natur werden dem Eigenen oft als Beispiele für eine bessere Kultur entgegengestellt."
25 Meistens handelt es sich um männliche Lehrer, nur eine Interviewpartnerin erwähnte, daß sie auch schon von Frauen unterrichtet worden sei.
26 So Caroline F.: „Sie lachen dann ganz viel, so wie wir tanzen, und haben ihren Spaß dran, aber sie meinen es nicht böse, sie lachen die Leute nicht aus, sie haben nur ihren Spaß daran."
27 Vgl. Maschke 1996, S. 37. Vgl. auch Maren Kroymann: Itsy-bitsy-teenie-weenie-Honolulu-Strand-Bikini. Die Sehnsucht des Oberförsters nach der Yucca-Palme. In: Institut für Auslandsbeziehungen/Württembergischer Kunstverein (Hg.): Exotische Welten, Europäische Phantasien. Stuttgart 1987, S. 132-135; hier S. 133: Sie meint etwas bissig: „Kennen ist bekanntlich ein Projektionskiller."
28 Caroline F. in einem Interview am 10.10.1997 in Tübingen.

Beim Tango wird auf Eleganz großen Wert gelegt

Ivonne Launhardt und Martina Schuster

Tango Argentino

Faszination und Widersprüche

Buenos Aires, Dezember 1894:
„Im Kiezleben der arrabales, der von Einwanderern überfluteten Vorstadtviertel mit ihrem düsteren Hinterhofleben, den Bars und Bordellen, [...] wird gesungen, getrunken, musiziert, getanzt und herumgehurt, um das Elend der Arbeitslosigkeit und die Einsamkeit in der fremden Großstadt zu vergessen. Die elenden Arbeits- und Wohnverhältnisse, die sozialen Konflikte, der Frauenmangel, der Verlust der Heimat, all dies findet Ausdruck in der Musik".[1]

Berlin, Dezember 1994:
„Wir sind da in einen Tangosalon gegangen, alles so Glanzlicht überall, nur Spiegel, Parkett, Tanzstundenatmosphäre hoch vier [...]. Ich also mit Winterstiefeln und meiner Kordhose, ich habe mich geschämt, weil alle Frauen Absätze hatten, alle Frauen schwarze Kleider, die Männer trugen Nadelstreifenanzüge, zum Teil Hüte. Alle waren eng umschlungen und haben echt toll getanzt, und ich stand da, mit meiner Hose und meinen Winterstiefeln. [...] Na ja, und weil wir schon da waren, dachte ich, dann machen wir halt einen Tanz, und ich konnte ja nicht mal das Überkreuzen, und das ist ja das Minimum an Eleganz, was du bei diesem Tanz aufbringen mußt. Und dann noch ein Tanz und dann fingen wir Tanzfeuer und haben die ganze Nacht durchgetanzt. Und [...] ich war die einzige in dem Salon, die drei Stunden zuvor ihren ersten Tangoschritt gemacht hatte."[2]

Berlin am Ende des 20. Jahrhunderts und die Vororte von Buenos Aires hundert Jahre zuvor – zwei Szenerien, die scheinbar nichts miteinander zu tun haben. Und dennoch steht dasselbe im Mittelpunkt: der Tango Argentino.

Vom Bordell zum Glitzersalon – die Erotik des Anrüchigen

Der Tango entstand Ende des 19. Jahrhunderts in den Vorstädten von Buenos Aires.[3] Hier trafen europäische Immigranten und Arbeitsuchende aus dem ar-

Tango Argentino: Mythos und Leidenschaft

gentinischen Hinterland aufeinander. Die Bevölkerungszahl explodierte. Buenos Aires war aufgrund seiner Weizen- und Rindfleischexporte zu einer reichen Stadt geworden, einer kulturellen Metropole, vergleichbar mit London oder Paris. Doch die BewohnerInnen der Vorstädte spürten davon nichts, eine mächtige Oligarchie beherrschte den Exportsektor. Die Mehrheit der Menschen lebte in ärmlichen Mietskasernen, suchte Arbeit in den großen Schlachthöfen der Peripherie oder hielt sich mit Gelegenheitsjobs über Wasser. In diesem Milieu entfaltete sich der Tango, der vor allem von Einwanderern getanzt wurde, welche in der Hoffnung auf ein besseres Leben und mit dem Vorsatz, später ihre Familien nachzuholen, nach Buenos Aires gekommen waren. Der Tango wurde zum Ausdrucksmittel ihrer Enttäuschungen und Sehnsüchte. Aufgrund des Frauenmangels wurde er zunächst meist nur unter Männern oder mit Prostituierten in den Bordellen getanzt. Es entstanden erste kleine Orchester, zu deren markantestem Instrument bald das aus Deutschland eingeführte Bandoneon avancierte.[4] Die reichen argentinischen Gesellschaftsschichten hingegen lehnten den Tango als obszönen, anrüchigen Tanz der Unterschichten ab. Sie fürchteten die Masse der verarmten VorstadtbewohnerInnen, deren Subkultur mit dem Tango ihr wichtigstes Ausdruckselement hervorgebracht hatte.

Erst später, nach einem Umweg über die Ballsäle in Europa, stieg der Tango in Argentinien zum 'Nationaltanz' auf: 1907 reisten die ersten Tangosänger nach Paris, um dort Plattenaufnahmen von ihren Tangostücken zu machen, und bald wurde auch der Tanz in der europäischen Kulturmetropole bekannt. In Paris von französischen *professeurs de dance* für den europäischen Geschmack modifiziert, breitete sich der Tango von dort in fast allen Hauptstädten Europas aus.[5] Er avancierte bereits wenige Jahre später zum Salontanz und zu einem Statussymbol der oberen Schichten.[6] Während er in Argentinien wegen seiner Laszivität verpönt war, machte gerade diese anrüchige Erotik den Tango für MitteleuropäerInnen attraktiv. In der affektkontrollierten europäischen Gesellschaft gab er den Tanzenden die Möglichkeit, sich an den eigenen Körper zu verlieren und die Nähe zum Gegenüber im Schutz der Reglementierung zu spüren. Gleichzeitig erforderte die Kompliziertheit der Schritte und Figuren eine neue Körperbeherrschung, die durch intensives Training eingeübt werden mußte.[7]

In Europa standardisiert und für gesellschaftsfähig erklärt, fand er jetzt auch Eingang in die argentinische Oberschicht.[8] Im Gegensatz zu Paris, wo der Tango ein elitärer Tanz blieb, überschritt er in Buenos Aires nun sämtliche Klassenbarrieren. Er wurde zum Tanz der ganzen Nation, der seine „goldene Ära" in den vierziger Jahren erlebte. Überall wurden Tangocafés, Tanzhallen und Tanzsalons eröffnet; bei Massenveranstaltungen auf den großen Plätzen der Hauptstadt, auf Fußballfeldern und in Turnhallen wurde Tango

Titelseite eines Tangonotenheftes von 1941

getanzt. Mitte der fünfziger Jahre verlor der Tanz seine Popularität. Zwar blieb er weiterhin das Identitätszeichen Argentiniens, doch wurde er bald zum „Tanz der Eltern", bei denen er nostalgische Erinnerungen hervorrief, während sich die Jugend anderen Rhythmen zuwandte. Erst nach dem Ende der Militärdiktatur 1983 begann er mit der weltberühmten Revue „Tango Argentino" wieder aufzublühen: Ein zweites Mal fand er seinen Weg von Argentinien nach Europa und hat momentan auch in Japan Konjunktur.[9] In Deutschland wurde Berlin seine Hochburg, mittlerweile gibt es aber auch in vielen anderen Städten größere Tango Argentino-Szenen.

Tango in Tübingen

Seit einigen Jahren hat der Tango auch in Tübingen zunehmend an Popularität gewonnen, und eine feste Szene hat sich herausgebildet. Ziel unseres Forschungsvorhabens war es herauszufinden, was die Tanzenden hier und heute am Tango fasziniert und fesselt.

Zu diesem Zweck teilten wir in einigen Tanzkursen Fragebögen aus, von denen wir ca. 40 ausgefüllt zurückerhielten. Gefragt wurde nach Alter, Geschlecht, Beruf, Tanzerfahrung und bevorzugten Orten. Außerdem sollten die TänzerInnen kurz beschreiben, warum sie sich gerade für den Tango Argentino begeistern. So konnten wir uns einen ersten Überblick über die Tübinger Tangoszene verschaffen. Die Befragten waren zwischen 24 und 46 Jahre alt, etwa zwei Drittel davon waren Frauen. Es handelte sich fast ausschließlich um Studierende und AkademikerInnen.[10] Viele hatten bereits Kenntnisse im Gesellschaftstanz, einige waren darin sogar sehr fortgeschritten.[11] Bei der Auswertung der Fragebögen stellte sich heraus, daß die TangotänzerInnen einige Themenbereiche wie z.B. Nähe oder Körperlichkeit besonders häufig angesprochen hatten. Diese Aspekte wurden später in sechs Intensivinterviews verstärkt berücksichtigt.[12] Ergänzt wurden die Befragungen durch teilnehmende Beobachtungen bei Tanzveranstaltungen und in einem Tanzkurs.

Dramatische Klänge und melancholische Stimmungen

An der Tangomusik fällt zunächst der wechselhafte Rhythmus und ein Grundton von Melancholie auf, der sich durch fast alle Stücke zieht. Die Liedtexte handeln meist von problematischen Lebenssituationen. Oft werden der Verlust der Geliebten oder der Heimat beklagt, häufig Armut und Elend besungen. Auf die Textinhalte wollen wir jedoch im Rahmen dieses Beitrags nicht weiter eingehen, zumal die Tangos in der Regel auf Spanisch oder Lunfardo[13] gesungen werden und die meisten unserer InterviewpartnerInnen diese Sprachen nicht verstehen. Durch den traurigen Klang der Musik wird der tragische Inhalt der Lieder aber auch ohne Textverständnis spürbar. Außerdem kennen die von uns Interviewten die Geschichte des Tangos und wissen, worüber die SängerInnen klagen.

Die Melancholie des Tangos empfinden die meisten Befragten als schön. Ebenso schätzen viele, daß mit den

Astor Piazzolla, berühmter Tangokomponist und Bandoneonist

verwandten Tänzen Milonga und Valse auch noch eine andere, fröhlichere Seite ausgelebt werden kann. Beide werden bei fast jeder Veranstaltung neben dem Tango getanzt.[14]

Alle InterviewpartnerInnen betonten die Besonderheit der Tangomusik, erlebt wird sie aber sehr unterschiedlich. Für Walter H., der schon bevor er anfing, Tango zu tanzen, von der Musik begeistert war, nimmt sie eine Schlüsselrolle ein. Er erklärte uns:

„Man kann die Musik tanzen, man tanzt nicht einen Tanz und da spielt irgendeine Musik und das ist relativ egal, welche Musik das ist, sondern man probiert, die Musik, das Stück, das gerade läuft, zu tanzen. Das ist für mich der wesentliche Unterschied [zu anderen Tänzen], man kann sich selbst und die Musik ausdrücken."

Für Walter H. ist die Musik also eines der zentralen Elemente des Tango, ein Mittel, Gefühle zu artikulieren. Ähnlich wichtig ist sie auch für Marita F. Wenn sie sich traurig oder depressiv fühlt, hat der Tango gerade durch seine Melancholie eine therapeutische Wirkung:

„Ich habe oft dieses Gefühl, heimatlos zu sein, diese depressiv angehauchten Stimmungen. Und da habe ich im Tango, der diese depressive heimatlose Stimmung ausdrückt, eine Heimat gefunden und kann nicht mehr isoliert sein. Es ist ein komischer Effekt: Mit deiner Isoliertheit und mit deiner Verstimmtheit, deiner Depression, gehst du in den Tango hinein, weil er diese Stimmung ausdrückt und du bist nicht mehr allein, weil du die Musik hast. Und wenn du dann auch noch tanzt und dich bewegst, dann ist das die Therapie gegen Depressionen schlechthin."

In beiden Aussagen wird deutlich, daß gerade die Musik mit ihrem außergewöhnlichen Charakter für unsere InterviewpartnerInnen einen besonderen Stellenwert hat. Durch die Identifikation mit ihr können sie im Tanz die eigenen Gefühle besser ausdrücken. Aber nicht alle TänzerInnen empfinden die musikalischen Besonderheiten als angenehm. So meinte z.B. Carola S., die sich, wie sie selbst sagte, nicht für die Musik, sondern für den Tanz begeistert:

„Dieser Rhythmus ist auch das, was mich irgendwann auf die Dauer auch wahnsinnig macht, [...]wenn du das den ganzen Abend lang gehört hast, dann hast du echt die Nase voll."

Leistungsdruck und Erfolgserlebnisse

Ein anderer wesentlicher Aspekt beim Tango, der in unseren Interviews sowohl implizit als auch explizit thematisiert wurde, ist die Leistungsorientiertheit vieler TänzerInnen. Das Erlernen des Tangos ist wegen seiner Kompliziertheit sehr aufwendig und zeitintensiv. Immer wieder wurde in den Gesprächen hervorgehoben, daß man etwa drei Jahre lernen müsse, um wirklich gut zu tanzen. Auffällig oft wurde von „können" und „nicht können" oder „richtig" bzw. „falsch machen" gesprochen. Diese normativen Formulierungen fielen uns besonders im Vergleich mit den Aussagen von Befragten auf, die sich anderen außereuropäischen Tänzen widmen. So betonten zum Beispiel afrikanisch Tanzende oder Bauchtänzerinnen in den Interviews bei gleichen Leitfragen anderes. Wichtig war ihnen vor allem, ihr Selbstbewußtsein zu stärken, den Kontakt zur Erde zu spüren, einen eigenen Ausdruck zu finden oder ihre Weiblichkeit ausleben zu können.[15] Der Schwerpunkt liegt für diese TänzerInnen also mehr im Bereich Entspannung und Selbstfindung als im gekonnten Bewegungsablauf. Im Tanzen finden sie die Möglichkeit, mit dem täglichen Streß umzugehen und zu kompensieren, was sie in unserer Gesellschaft vermissen.[16] Beim Tango dagegen bleiben die TänzerInnen innerhalb der Strukturen unserer Leistungsgesellschaft. Sie bewegen sich zwischen Erfolgserlebnissen und der Furcht, die geforderten Leistungen nicht erbringen zu können. Die Angst, dabei zu versagen und sich auf der Tanzfläche zu blamieren, kann durch den Beweis, es doch zu beherrschen, überwunden werden und so einen positiven „Kick" bringen. Dennoch stehen die Tanzenden häufig unter Streß. Heide F. formulierte diese Ambivalenz so:

„Beim Tango ist eigentlich jeder Tanz eine Herausforderung, ich merke es immer noch, obwohl ich es jetzt schon ganz gut kann, daß ich mich immer noch sehr konzentrieren muß [...]. Sobald man sich nicht mehr konzentriert, stolpert man übereinander, und dann ist es natürlich frustrierend, auch für den Partner. [...] Man hat permanent ein Erfolgserlebnis, wenn man merkt, das, was der jetzt will, kann man nachvollziehen, und das tut man."

Kunstvolle Beinarbeit...

Der Druck, die Maßstäbe erfüllen zu müssen wurde oft explizit formuliert. Carola S. erzählte von ihrem Tanzpartner, der eine Unterrichtsstunde bei einem weltberühmten Tangopaar genommen hatte:

„Er hat danach gemeint [...], 'ich kann gar keine Schritte mehr machen, ich mache alles falsch, und ich getraue mich überhaupt nicht mehr, auch nur zu laufen.'"

Neben der Leistungsorientiertheit gab es aber auch Stimmen, die betonten, daß ein gutes Gefühl beim Tanzen wichtiger ist als die gekonnte Darbietung von Schrittfolgen. Diese Vorstellung haben auch TänzerInnen, die unter den oben geschilderten Ängsten leiden. So sagte uns Carolas Tanzpartner in einem Interview:

„Inzwischen komme ich immer mehr zur Einsicht, daß man eigentlich gar nicht gut tanzen können muß, sondern man muß einfach probieren, seinen Gefühlen Ausdruck zu geben [...]. Natürlich ist es schön, wenn man gut tanzen kann, aber wenn man nur darauf besteht, ganz ehrgeizig möglichst kompliziertes Zeugs zu machen, da leidet einfach die Leichtigkeit des Tanzes drunter."

Manfred M. berichtete:

„Wie ich wirke, da habe ich mir früher viel Gedanken drüber gemacht, das ist aber dem Tanzgenuß abträglich, also ich würde sagen, da hat man dann den Fokus falsch gesetzt."

Die Beispiele zeigen, daß die Tanzenden zwar hohe Ansprüche an sich selbst haben, zu starken Leistungsdruck jedoch als störend empfinden. Dennoch ist zu beobachten, daß bei Kursen oder Tanzabenden eine gewisse Hierarchie entsteht, in der die Tangotanzenden, die sich am besten zur Musik bewegen, ganz oben stehen. Die AnfängerInnen haben es dagegen recht schwer, sich auf dem Tangoparkett zu behaupten, was deutlich in den Aussagen der Tänzer und Tänzerinnen zum Ausdruck kommt. So erzählte z.B. Marita F.:

„Es gab Zeiten, wo ich immer kämpfen mußte, überhaupt zu den Workshops zugelassen zu werden, weil ich ja gerade erst angefangen hatte zu tanzen und eigentlich noch keine Ahnung hatte."

Auch Carola S. beschrieb die Hürden und Hemmschwellen:

„Ich habe aber natürlich meistens mit Georg getanzt, weil ich mich an die anderen nicht herangetraut habe und weil du äußerst selten aufgefordert wirst. Klar, du bist halt eine von den Anfängern, und du bleibst auch jahrelang eine Anfängerin. [...] Ich habe mich da auch erst hochgetanzt."

... die Firuletes (Verzierungen)

Die 'Tangoprofis' haben die größten Chancen, sich den Tanzpartner oder die Tanzpartnerin auszusuchen, wobei meist vor dem Tanz per Blickkontakt ausgemacht wird, wer sich mit wem in der nächsten Runde auf der Tanzfläche trifft. Diejenigen, die noch nicht bewiesen haben, daß sie gut tanzen können, werden von den anderen TänzerInnen wesentlich weniger beachtet als diejenigen, die bereits Bewegungsvirtuosität gezeigt haben. Auf unsere Frage nach Machtverhältnissen beim Tangotanzen wurde jedesmal auf die Hierarchie zwischen Profis und AnfängerInnen hingewiesen.

Führen und Folgen

Das Machtgefälle im Verhältnis der Geschlechter zueinander, das sich besonders in der eindeutigen Rollenverteilung in Führen und Folgen zeigt, empfand dagegen keineR als störend. Im Tango gibt der Mann die Richtung und in gewisser Weise auch das Tempo, d.h. die zeitliche Länge der einzelnen Schritte vor. Und durch leichten Druck des rechten Armes auf den Rücken der Partnerin kann der Mann deutlich machen, welche Figur er als nächstes plant. Die Frau hat allerdings die Möglichkeit, das Tanzgeschehen durch plötzlich initiierte Stops zu beeinflussen. Dann fährt sie mit blitzschnellen Beinbewegungen an den Waden des Mannes entlang und 'stört' so für kurze Zeit die Harmonie der gleichzeitigen Bewegungen. Bei der Tanzhaltung gibt es verschiedene Möglichkeiten. Die Frau kann sich so an den Mann lehnen, daß sie ohne ihn als Stütze umfallen würde, sie kann den Tango aber auch so tanzen, daß sie immer 'auf eigenen Beinen' steht. Hinsichtlich der Dominanz des Mannes bei der Tanzgestaltung gehen in der Tangoliteratur die Meinungen weit auseinander. In manchen Texten wird klar beschrieben, daß der Mann das Tanzgeschehen bestimmt und die Frau bedingungslos folgen muß.[17] Andere AutorInnen betonen, daß der Mann zwar Richtung und Tempo vorgibt, alles andere jedoch von beiden Tanzenden ständig ausgehandelt wird.[18] Auch unsere InterviewpartnerInnen bewerteten die Rollen der Geschlechter im Tanzen sehr unterschiedlich. Die einen waren der Meinung, daß sich die Frau im Tango dem Mann vollkommen unterordnen muß und die Kunst darin besteht, zu spüren, was der Mann als nächstes will. Sabine G. sagte zu diesem Thema:

„Tango ist ein Dialog"

„Du hast es als Frau wesentlich einfacher, wenn du die Fähigkeit hast, dich führen zu lassen, also wenn du dich wirklich auf den Mann einstellen kannst. Das können nicht alle Frauen. Die Frauen tun mir immer ganz leid, die das nicht fühlen, oder man muß es vielleicht auch üben, aber das ist eben eine besondere Fähigkeit, das auch so zu spüren."

Die anderen dagegen betonten, daß es keinen anderen Paartanz gibt, bei dem die Frau so viele Gestaltungsmöglichkeiten hat. Manfred M. meinte:

„Beim Tango übernimmt auch oft die Frau die Initiative, das macht das alles sehr spannend, daß man dann eben immer aushandeln muß: wer führt, wer macht jetzt was."

Für die Tangolehrerin Marita F. wiederum ist der Tango ein Dialog:

„Ich begleite meine Partnerin oder meinen Partner im Tanz [...]. Es ist permanent dieses Zuhören und wieder etwas Sagen [...], ich kommuniziere nonverbal und mache keinen Monolog. Es gibt immer mal wieder Männer, die meinen, führen heißt befehlen, und es gibt Frauen, die das tatsächlich erdulden, aber man sieht's von außen, es ist nie ein schöner Tango. [...] Ich habe mal einen Tanzkurs belegt, als Mann, mich auf die Männerliste geschrieben. Ja, und dann habe ich plötzlich den Tango richtig verstanden."

Marita F. betont hier, wie wichtig es in ihren Augen ist, beide Seiten zu kennen und zu verstehen. Sie macht dies auch zum Prinzip ihres eigenen Tangounterrichts, in dem sie abwechselnd einmal die Frau, ein anderes Mal den Mann den führenden oder den folgenden Part einnehmen läßt.

Führen und Folgen wird von den Tanzenden nicht als Machtverhältnis empfunden oder als Kampf der Geschlechter interpretiert. Die herkömmliche Rollenverteilung im Tanz wird meist nicht angezweifelt. Wichtig ist die Harmonie der Bewegungen, und diese kann auf unterschiedliche Weise entstehen. Inwieweit die Frau die Initiative ergreift, ist immer wieder von neuem zu entscheiden. Manche Frauen sind auch froh darüber, im Tanz nicht den Ton angeben zu müssen. Sie empfinden es als erholsam, geführt zu werden, als Ausgleich zum Alltag, in dem sie ständig gefordert sind und permanent Entscheidungen treffen müssen. Sabine G. meinte:

„Endlich mal muß ich nicht irgendwie alles machen, sondern ich kann mich wirklich voll und ganz in seine Arme sinken lassen [...]. Weil sonst mit Kind und Studium und allem, was zu organisieren ist [...], ist es so viel, was ich machen muß, deswegen ist es schon gerade angenehm für mich, ich denke *an nichts, [...] sondern mache einfach nur das, was ich jetzt im Moment fühle, was der Mann will."*

Die Frau kann sich also der Choreographie des Mannes unterordnen, sie kann aber auch darauf Einfluß nehmen. Je nachdem, wie sie den Tango für sich interpretieren und nutzen will, hat sie verschiedene Möglichkeiten. Diese sind aber auch davon abhängig, inwieweit der Tänzer bereit ist, auf die Wünsche seiner Partnerin einzugehen. Bei unseren Beobachtungen haben wir festgestellt, daß Frauen, die auf einem hohen Leistungsniveau tanzen, wesentlich häufiger das Tanzgeschehen beeinflussen als Anfängerinnen.

Übereinstimmung besteht jedenfalls darin, daß die Frau den Grad der körperlichen Nähe bestimmt. Bevor das Paar den Tanz beginnt, erfolgt das sogenannte „Einrichten". Sabine G. beschrieb diesen Vorgang so:

„Der Mann steht erst mal da und macht nichts, und die Frau kommt und legt den Arm so um den Mann, wie sie die Entfernung haben möchte, [...] also entweder auf die Schulter oder um den Hals."

Erotik und Körperlichkeit

Körperliche Nähe ist einer der wichtigsten Aspekte im Tango. Manfred M. möchte zum Beispiel mit keiner Frau Tango Argentino tanzen, „die körperliche Nähe nicht zulassen kann." Er sagte:

„Das erfordert, daß man ein Stück weit bereit ist, sich aufeinander einzulassen, sich zumindest kennenzulernen, und das geht nicht, wenn man der anderen Person zu distanziert gegenübersteht."

Um Nähe zulassen zu können, ist für manche der reglementierende Rahmen, den der Tanz bietet, sehr wichtig. Marita F. erläuterte diese Möglichkeit:

„Ich kann es nur genießen, [...] wenn ich offen und nah bin. Und der Tango bietet einfach eine Regel dafür, daß mir erst einmal nichts passiert. Wenn ich sonst so auf der Straße her-

umlaufe und bin so offen und so nah an einem anderen Menschen, dann muß ich alles befürchten. Kann ich nicht. Und im Tango kann man das halt ausleben. Er ist wie eine Insel."

Wichtig ist für einige auch, daß die Nähe nur auf den Tanz begrenzt ist, so daß sie keine weiterreichenden Konsequenzen fürchten müssen. Manfred M. beschrieb das so:

„Man kann relativ dicht zusammen tanzen und genießen, aber das war's dann, es sind bestimmt keine Verpflichtungen da."

Dennoch sagen fast alle Tangotanzenden, daß Nähe und Interesse am Gegenüber auch über den Tanz hinaus bestehen bleiben können. Carola S. drückte es folgendermaßen aus:

„Es ist trotzdem ein Tanz, wo es immer wieder funkt [...]. Wenn man das so richtig intensiv betreibt, dann verliebt man sich irgendwann mal, oder es verliebt sich irgend jemand in einen. Es ist immer mit Emotion[en verbunden], und irgendwann geraten die immer außer Rand und Band, trotz allem 'tschüß' und so."

Körperliche Nähe muß aber nicht unbedingt sexuelle Anziehung bedeuten, sondern kann völlig unterschiedlich empfunden werden. Dabei kommt es auch auf das Verhältnis der Tanzpartner zueinander an. Heide G. meinte:

„Ja, auf jeden Fall ist eine Erotik dabei, aber die ist oft eigentlich nur wie so eine Wärme, [...] nicht unbedingt die Erotik zwischen Mann und Frau, [...] teilweise auch, aber manchmal ist es auch nur so, ich kann auch mit einer Frau ganz dicht tanzen, oder es ist auch so, wie wenn ich ein Kind im Arm habe. Also es ist nicht immer dieses Männlich-Weibliche."

Als wir ihn zur Erotik im Tango befragten, antwortete Walter H.:

„Es gibt die Möglichkeit der Erotik, es muß nicht sein, aber [...] durch die körperliche Nähe, die man herstellen kann, aber nicht muß, kann es auch anfangen zu knistern."

Gemälde von Fernando Botero

Weiterhin hob er hervor, daß für ihn erst durch die Offenheit des Tango für Improvisationen die Möglichkeit zur Entstehung von Erotik gegeben sei. Er vergleicht den standardisierten europäischen Tango, der bis heute in den Tanzschulen gelehrt wird, mit dem argentinischen:

"Der [europäische Tango] ist mehr so eisgekühlt, würde ich mal sagen, weil das auch so beengte Vorschriften sind, wie man zu tanzen hat [...], und da kann natürlich auch so etwas auftreten, aber es ist nicht unbedingt so angelegt. Während gerade beim argentinischen Tango viele Sachen, viele Verzierungen [...] doch körperliche Nähe hervorrufen."

Bei unseren Beobachtungen in Tanzsalons versuchten wir immer wieder festzustellen, bei welchen Paaren Erotik im Spiel sein könnte. Wir waren so gut wie nie einer Meinung. Wenn die eine meinte, daß ein Paar eindeutig Sinnlichkeit ausstrahlt, fand die andere oft, daß gerade diese beiden eher angestrengt und konzentriert wirkten. Unsere divergierenden Einschätzungen machten uns wieder einmal deutlich, wie stark jede Beobachtung vom persönlichen Imaginationshaushalt der BetrachterIn abhängig ist. Für die Zuschauenden ist nicht klar, was von den Tanzenden wirklich als erotisch empfunden wird und was nur in der Choreographie des Tanzes angelegt ist. Die vielbesagte Leidenschaft kann auch lediglich Teil der „Inszenierung Tango" sein. Dabei können empfundene Nähe, erlebte Erotik und ihre überzeugende Darstellung ineinander übergehen.

Ästhetik und Inszenierung

Zur Inszenierung des Tango gehören auch bestimmte äußere Rahmenbedingungen. Hierbei spielt vor allem die Ästhetik eine wichtige Rolle, auf Eleganz wird großen Wert gelegt. Die Räumlichkeiten sind oft abgedunkelt und nur durch Kerzen beleuchtet oder mit vielen Spiegeln versehen und in helles Glanzlicht getaucht. Man kleidet sich geschmackvoll, meist in schwarz, und trinkt Wein oder Sekt aus langstieligen Gläsern. Carola S. meinte:

„Ich würde nie wieder in Winterstiefeln tanzen, sondern ich ziehe da echt ein schönes, von mir aus auch scharfes Kleid an, und Absätze, das macht tierisch Spaß, das ist für mich nicht Ausstaffieren, [...] das gehört einfach dazu. Und wenn ein Mann in Anzug und Weste auf mich zukommt, dann denke ich nicht, das ist ein Spießer, sondern das ist toll, das ist jemand, der sich getraut, diesen Tanz auf diesen Rahmen zu heben. Das ist halt ein Spiel, das ist auch der ganze Tanz, und das ist das Faszinierende."

Teil des Spiels und der Inszenierung des Tango sind auch die einzelnen Tanzfiguren. Sie sind ebenso stilisiert wie das Ambiente und sollen spielerisch und harmonisch wirken. Kunstvoll werden die Beine der PartnerInnen ineinander verknotet, der Oberkörper bleibt dabei immer aufrecht und würdevoll. Nach Aussagen einiger unserer InterviewpartnerInnen ist das Schönheitsideal für die Tänzerin schlank und langbeinig, das des Tänzers groß und sportlich. Für andere ist das perfekte Äußere allerdings weniger wichtig, wie Manfred M. festhält: „Also beim Tango, da spielt die Figur eigentlich keine so große Rolle." Auch in Tangobüchern und -zeitschriften sind nicht nur Bilder von jungen und schönen Tanzpaaren zu sehen, sondern häufig werden auch ältere argentinische Paare in den Milongas[19] von Buenos Aires fotografiert. Zwar faszinieren auch Jugend und Schönheit im Tango, doch der Mythos ist vor allem durch den Ausdruck von Harmonie und Lebenserfahrung bestimmt. Marita F. erläuterte:

„Wichtig ist vor allem die Ausstrahlung, die ein Tanzpaar hat. Und es gibt gerade auch ältere Tanzpaare, die Männer haben halt ihren Bauch und ihre Glatze und sind klein in der Statur,

Leidenschaft oder Inszenierung?

und die Mama ist eben auch etwas fülliger inzwischen, aber die sind beweglich und die drücken das aus, was der Tango hat. Und die tanzen zusammen, und du siehst überhaupt nicht mehr irgendwie Bauch oder so etwas, nur noch die Schönheit und die Harmonie dieses Tanzes [...]. Auch die ganz Alten kann man ja in Argentinien sehen, so die Siebzigjährigen, die dann da ganz einfache Figuren, aber so schön zusammen ihren Tango tanzen, so versunken, zu zweit, in diesen Tango. Du kannst stundenlang zusehen, und es ist einfach nur wunderschön."

Faszination und Widersprüche

Während der sieben Monate, die wir uns mit dem Tango intensiv beschäftigten, fiel uns vor allem die Ambivalenz dieses Tanzes auf. Unsere InterviewpartnerInnen hatten zu vielen Punkten häufig unterschiedliche Auffassungen, aber auch innerhalb einzelner Interviews waren widersprüchliche Aussagen zu finden.

In unserem Beitrag haben wir versucht, den LeserInnen diese Widersprüchlichkeiten darzustellen. Dabei haben wir das Spektrum der möglichen Bedeutungen zentraler Punkte im Tango nachgezeichnet, welches uns die TänzerInnen im Laufe der Zeit eröffneten.

Das Panorama der Polaritäten und Zwischentöne zeigt die Vielschichtigkeit des Tango auf, und darin liegt auch seine Stärke: JedeR Tanzende zieht etwas Eigenes aus dem Tanz heraus. Diese Vielfalt der Interpretationsmöglichkeiten konnten wir bei keinem der anderen außereuropäischen Tänze finden, mit denen wir uns im Rahmen unseres Projekts beschäftigt haben. In Interviews mit afrikanisch Tanzenden oder Bauchtänzerinnen war auffällig, daß sehr übereinstimmende Aussagen zu den Tänzen gemacht wurden. In keinem Fall gingen die Kommentare zu einzelnen Punkten so weit auseinander, wie wir dies im Tango erfuhren. Kein Tanz findet in so unterschiedlicher Weise Beachtung wie der Tango und wird auf solch verschiedene Arten funktionalisiert: Er wird in Eheberatungsseminaren eingesetzt, wo die Paare lernen sollen, im Dialog Konflikte zu lösen, und in Managementkursen werden mit seiner Hilfe Führungsqualitäten gestärkt.

In Argentinien einst Tanz der gesellschaftlich Ausgegrenzten, ist der Tango in Deutschland heute eher ein Tanz von BildungsbürgerInnen und Intellektuellen. Er spiegelt Macht- und Gesellschaftsverhältnisse wider, Geschlechterrollen werden bestätigt und Werte der Leistungsgesellschaft reproduziert. Dennoch schafft der Tango für die Tanzenden auch Freiräume, in denen Bedürfnisse ausgelebt werden, für die sonst im Alltag kein Platz ist. Viele TänzerInnen suchen im Schutz der Reglementierungen Nähe und Körperlichkeit. Oft liegt der Reiz des Tangos auch im Changieren zwischen inszenierter Leidenschaft und wirklich erlebten Gefühlen. In jedem Fall stärkt ein gelungener Tanz das Selbstbewußtsein. Der Tango gleicht einem Spiel und bietet Abwechslung vom Alltag, wozu auch die Stilisierung von Ambiente und Kleidung gehört.

Für alle unserer InterviewpartnerInnen war klar, daß die Harmonie der Bewegungen, die Spannung und der Dialog zwischen den Tanzenden zentrale Elemente des Tangos darstellen. Und alle betonten: Wer einmal seiner Faszination erlegen ist, den läßt der Tango nicht mehr los.

Anmerkungen

1. Vgl. Sonja Schwedes: Tango Passion. Geschichte eines Tanzes zwischen Mythos und Realität. In: Blätter des Informationszentrums Dritte Welt, 1996, Nr. 218, S. 38-39; hier S. 38.
2. Interview mit Carola S. im August 1997.
3. Der Tango ist durch den von der schwarzen Bevölkerung Lateinamerikas getanzten Candombé beeinflußt. Europäische Einwanderer brachten die Musik von Habanera und Tango Andaluz nach Buenos Aires. Auch die in Argentinien bereits beliebte Milonga prägte den Tango. Einen guten Überblick über seine Entstehung und Geschichte geben Dieter Reichardt: Tango. Verweigerung und Trauer. Kontexte und Texte. Frankfurt/M. 1984; Simon Collier u.a.: Tango. The Dance, the Song, the Story. New York 1995 und Jordi Borja: Tango Argentino. In: Lettre International, 1990, Nr. 8, S. 82-85.

4 Das Bandoneon ist ein dem Akkordeon ähnliches Instrument mit 144 Tönen.
5 Die Geschichte des Tangos stützt die These von Gabriele Klein, daß einstmals 'wilde' Tänze nach ihrer Standardisierung breite gesellschaftliche Akzeptanz erfahren und normstabilisierend wirken können: „Die von Elias allgemein festgestellte Durchsetzungsbewegung von Verhaltensstandards von 'oben' nach 'unten' vollzieht sich demnach im Tanz erst, nachdem die Tänze den Prozeß ihrer Zivilisierung durch die Eliminierung ihrer unmittelbar lustvollen Elemente durchlaufen haben. Während das innovative Potential der Gesellschaftstänze zumeist von 'unten' stammt, erhalten sie eine stärkere soziale Breitenwirkung erst nach ihrer Standardisierung. Erst als zivilisierte Tänze übernehmen die Gesellschaftstänze eine systemstabilisierende Funktion, indem sie als Medium zum Erlernen sozialer Verhaltensstandards dienen." In: Gabriele Klein: FrauenKörperTanz. Eine Zivilisationsgeschichte des Tanzes. Weinheim 1992, S. 281.
6 Vgl. Marta E. Savigliano: Tango and the Political Economy of Passion. Boulder 1995, S. 12.
7 Vgl. Monika Elsner/Thomas Müller: Das Ich und sein Körper. Europa im Tango-Fieber. In: Manfred Pfister (Hg.): Die Modernisierung des Ich. Studien zur Subjektkonstitution in der Vor- und Frühmoderne. Passau 1989, S. 312-323; hier S. 316-319.
8 Aus der Literatur geht nicht eindeutig hervor, welcher Tango nun in der argentinischen Oberschicht getanzt wurde. Allerdings wird mehrmals beschrieben, daß bereits um die Jahrhundertwende „die Söhne der Reichen Ausflüge in die Unterwelt der Vorstädte" gemacht hatten, um sich beim Tango zu vergnügen. Deshalb gehen wir davon aus, daß es sich dabei nicht um den standardisierten europäischen Tango, sondern um den einheimischen Tango Argentino handelte.
9 Damit ist keineswegs der europäisierte Tango gemeint, der als Teil des Welttanzprogramms hauptsächlich in den Tanzschulen gelehrt und bei Turnieren getanzt wird – bezeichnenderweise nicht in der Sparte „lateinamerikanische Tänze", sondern bei den „Standardtänzen". Vielmehr handelt es sich um einen zweiten Import des melancholischeren, weicheren und wesentlich spielerischer getanzten argentinischen Tangos.
10 Dies ist kein für Tübingen spezifisches Phänomen. Auch in anderen Städten wird der Tango überwiegend von AkademikerInnen getanzt.
11 Von 24 Personen, die außer Tango noch Standard und Latein tanzen konnten, hatten 16 schon mehrjährige Tanzerfahrung.
12 Die leitfadengestützten Interviews dauerten zwischen 30 und 90 Minuten und wurden im Zeitraum von Ende Juli bis Anfang November 1997 durchgeführt. Die Namen unserer GesprächspartnerInnen sind von uns geändert worden.
13 Lunfardo ist ein um 1870 entstandener Begriff für Ganoven am Rio de la Plata und deren Sprache. Mittlerweile ist das Idiom in die argentinische Alltagssprache eingegangen. Es besteht aus ca. 15.000-20.000 Wörtern, die das Castellano, das lateinamerikanische Spanisch, ersetzen oder ergänzen. Die meisten Tangotexte sind in Lunfardo abgefaßt. Vgl. Jörg Krummenacher: Vollständig unvollständiges Alphabet des Tango. In: du. Die Zeitschrift der Kultur, 57. Jg. 1997, H. 11, S. 20-28; hier: S. 24.
14 Die Schritte der Milonga sind denen des Tango sehr ähnlich. Selbst aus Polka und Mazurka hervorgegangen, ist ihr Rhythmus leicht galoppierend und schneller als der des Tango. Auch der mit dem Walzer rhythmisch verwandte Valse ist beschwingter und fröhlicher.
15 Vgl. Tanja Wedel: Diesseits von Afrika, und Monique Scheer: „Der weiblichste aller Tänze", in diesem Band.
16 Vgl. Ivonne Launhardt, Martina Schuster und Tanja Wedel: „Warum in die Ferne schweifen...?" In diesem Band.
17 Vgl. María Haydée Malugano de Lorenz: Europäischer Tango versus Tango argentino oder: Ein Mißverständnis, das man tanzt. In: Zeitschrift für Kulturaustausch, 41. Jg. 1991, H. 2, S. 239-249; hier S. 241.
18 Vgl. Schwedes 1996, S. 39.
19 Milonga ist auch die Bezeichnung für einen Tangosalon in Buenos Aires.

Bulgarischer Volkstanz: Lebensgefühl in der Bewegung

Zeit-Sprünge

Achim Haibt

Trachten nach Geselligkeit

Volkstanz zwischen Brauchtumsbewahrung und Freizeitvergnügen

Es ist wohl kein Geheimnis, daß Volkstanz, wie er heute in der Regel betrieben wird, nicht mehr aus jenen, durch Tradition erhaltenen Tänzen besteht, die „im Leben und Brauchtum des Volkes verwurzelt"[1] sind. Einst wesentlicher Bestandteil im geselligen Teil des Alltagslebens, findet er sich heute nur noch in Nischen, wo er häufig nicht mehr lebt, sondern nur mehr 'gepflegt' wird. Außerhalb der Volkstanz-, Heimat- und Trachtenvereine sind seine Spuren fast gänzlich verwischt. Vereinzelt trägt noch bei Tanzlustbarkeiten ein Quentchen Volkstanz, z.B. Polka, Polonaise, Marschwalzer oder der Galoppteil des „Zillertaler Hochzeitsmarsches" zur Ausgelassenheit bei. Doch die heute weit und breit bekannten „Tänze der Nation"[2] heißen vermutlich schon lange Tipfox und Walzer.

Auch wenn der Begriff „Volkstanz-Pflege" im ersten Moment an Schwäche und Krankheit denken läßt, ist es nicht angebracht, ein Grablied auf den Volkstanz zu singen. Volkstänze sind zwar als ungebrochene Überlieferung traditioneller dörflicher Tänze kaum noch anzutreffen, wir finden sie jedoch in anderen Bereichen mit anderen Gesichtern: Zum einen wird Volkstanz in 'Original'-Tracht oder volkstümlichem Dirndl bei folkloristischen und touristischen Darbietungen aufgeführt, zum anderen in seiner geselliger Funktion – z.B. beim Offenen Volkstanzen[3] – ausgeübt. Sehr viel seltener wird er historisierend – als museale Richtung – gepflegt.

Keine dieser Formen steht in Tübingen besonders hoch im Kurs. Wenn Tübingen auch gerne Provinzialität nachgesagt wird: die Stadt am Neckarstrand ist gewiß keine Hochburg des Volkstanzes.

Polka: eine Volkstanz-Aufführung in der Tanzschule

Erste Feldkontakte

Die ersten Schritte ins Feld waren nicht besonders schwer. Bei Volkstanzgruppen, die sich ernsthafte Sorgen um den zahlenmäßig geringen Nachwuchs machen, ist jedes neue Gesicht ein Hoffnungsstreifen am Horizont. In einem Fall wurde gar zu Ehren meines Besuchs zwischen zwei Tänzen ein kleiner Sektempfang inszeniert. Auch beim Offenen Volkstanzen werden neue Gäste in der Regel gerne gesehen.[4] Dennoch hatte der erste Kontakt auch unangenehme Seiten: Die freudige Begrüßung wurde jeweils recht früh von der sichtbaren Enttäuschung getrübt, daß der scheinbare Nachwuchs-Kandidat nicht aus Interesse am Mittanzen oder der Gemeinschaft wegen gekommen war, sondern nur, um seinen (wissenschaftlichen) Job zu machen. Einmal als Student der Empirischen Kulturwissenschaft geoutet, waren die weiteren Reaktionen gespaltener Art: Auf der einen Seite mischte sich der

Stolz darüber, für die Forschung (wieder) interessant zu sein, mit dem Verdacht, daß die Empirische Kulturwissenschaft in nächster Zeit wohl nicht vorhat, zu den alten volkskundlichen Forschungsgebieten und -ansätzen zurückzukehren. Geschürt wurde dieser Verdacht von meinen Fragen, die sich nur am Rande um Herkunft und Geschichte der jeweiligen Tänze drehten. Dies wiederum erleichterte die Interviewführung, da sich die Angst der Interviewten, keine kompetenten GesprächspartnerInnen zu sein, sofort verringerte.[5]

Wir fassen durch zum fröhlichen Kreis

Brauchtumsbewahrung oder Freizeitvergnügen?

Die Volkstanzgruppen Tübingens und seiner acht umliegenden Gemeinden fassen trotz oder gerade wegen ihrer geringen Popularität durch zum „Fröhlichen Kreis"[6]. Sie schreiten, hüpfen und drehen sich munter zu einem bunten Strauß überlieferter Melodien aus der Konserve. Die Tänze selbst sind wie die Melodiefolgen eher einfach strukturiert, stellen also meist weder eine musikalische, tänzerische noch geistige Herausforderung dar.[7] Werden die Tanzleiter nach dem Sinn und Zweck dieser Veranstaltungen befragt, heißt es fast unisono, Ziel sei die „Erhaltung, Pflege und Weitervermittlung von überliefertem Brauchtum".[8]

Doch entspricht diesem Idealismus auch die Motivation der Tanzenden? Liegt es den VolkstänzerInnen am Herzen, daß auch die kommenden Generationen noch den „Jägerneuner", das „Mühlradl" und den „Webertanz" kennen und – in möglichst unveränderter Form – tanzen können? Sehen sie ihre Berufung in Reanimations- und Rehabilitationsmaßnahmen an einem Patienten, der ohne 'Pflege' geringe Überlebenschancen hätte? Oder ziehen die „Diener an diesem wertvollen Volks- und Kulturgut"[9] vielleicht selbst einen Nutzen aus ihrer pflegerischen Tätigkeit? Treibt sie gar nur die Lust am Tanzen, der 'ursprünglichsten aller menschlichen Ausdrucksformen'[10] regelmäßig auf die Tanzfläche?

Ziel meiner Feldforschung war es, die Beweggründe der Volkstanzenden herauszufinden. Im Blickfeld meiner Untersuchung, die sich neben 40 Fragebögen und 5 Interviews vor allem auf 9 teilnehmende Beobachtungen stützt, stehen die Tanzenden, nicht die Tänze.[11]

Die Volkstanzszene im Raum Tübingen

Volkstanz findet hier fast ausschließlich in Vereinen statt, die laut ihren Statuten Volkstanz und Trachten als Teil der Volkskultur erhalten wollen. Organisiert sind sie in Dachverbänden wie dem Schwäbischen Albverein, der Arbeitsgemeinschaft Sing-, Tanz- und Spielkreise oder im Trachtengau Schwarzwald. Dabei treten drei zu trennende Veranstaltungsformen in Erscheinung: erstens der regelmäßige Übungsabend, zweitens das Offene Volkstanzen – als Tanzfest oder mit Unterrichtscharakter – und drittens der Auftritt vor Publikum.

Im Kreis Tübingen existieren derzeit acht Volkstanzgruppen, die mit einer Ausnahme alle in Dörfern zu finden sind. Diese Gruppen bestehen im Durchschnitt aus einem Dutzend Tanzenden, von dem knapp über die Hälfte[12] weiblich ist. Der in anderen Tanzbereichen oft beklagte Männermangel fällt hier also weitaus weniger ins Gewicht. Vor allem im gehobenen Alter sind die Geschlechter nahezu gleich stark vertreten, da hier fast ausschließlich feste Paare den Weg zum Tanzabend finden. Der Altersdurchschnitt von 37 Jahren belegt, daß Volkstanz besonders unter Älteren beliebt ist. Das Bedürfnis nach Kontinuität zeigt sich in der tänzerischen Ausdauer: seit durchschnittlich 18 Jahren praktizieren die Tübinger VereinstänzerInnen bereits Volkstanz.[13]

Die Auswertung der Fragebögen ergab zudem, daß unter den TänzerInnen technische Berufe dominieren. Die Kulturwissenschaftlerin Marianne Schmidt, die sich ebenfalls mit der Motivation von VolkstänzerInnen beschäftigt hat, stellt fest, daß es sich beim Volkstanz heute keinesfalls um eine Aktivität vorwiegend ländlicher Kreise, sondern um eine Freizeitbeschäftigung der bürgerlichen Mittelschichten handelt.[14]

Die Wiederbelebenden und PflegerInnen deutscher Volkstänze versammeln sich jede Woche für ein bis zwei Stunden in Vereinsheimen und Mehrzweckräumen der Gemeinden. Viele unter ihnen tragen (moderne) Volkstrachten: Jeans und Turnschuhe. Bei Frauen sind Röcke dagegen höchst selten anzutreffen. Nach dem Austausch von Neuigkeiten, der üblicherweise die erste Viertelstunde in Anspruch nimmt, beginnen die TanzleiterInnen bzw. VortänzerInnen, Musik aufzulegen und bitten zum Tanz. Die Tanzleitung obliegt einem Vereinsmitglied, das in besonderem Maße volkstanzbewandert ist, also langjährige Erfahrung besitzt und sich auf verschiedenen Lehrgängen eine solide Wissensbasis angeeignet hat. Im Gegensatz zu TanzschullehrerInnen erfüllen sie eine ehrenamtliche Tätigkeit und hegen keine professionellen Ambitionen, bezahlt werden sie selten. Joachim S., ein überregional agierender Volkstanzexperte, vermutet darin eine mögliche Ursache für den Mangel an qualifizierten und engagierten Tanzleitern. Er sieht in der fehlenden finanziellen Förderung durch Landesmittel eine Benachteiligung dieser Volkstanzvereine gegenüber subventionierten Tanzkurs-Anbietern wie z.B. den Volkshochschulen.

Die Bezeichnung ‚offen' beim Offenen Volkstanzen bedeutet, daß grundsätzlich jede und jeder eingeladen ist, mitzutanzen. Diese Veranstaltungsform reicht vom lockeren Tanzabend mit acht Teilnehmenden bis zum großen überregionalen Trachten- oder Tanzfest, bei dem Dutzende von Trachtenpaaren auf der Tanzfläche zur Musik einer Volkstanzkapelle schreiten, hüpfen und springen. Je nach Zusammensetzung der Teilnehmenden, also abhängig vom Anteil geübter TänzerInnen, werden mal komplizierte, mal einfache Tänze ausgewählt. In der Regel wird hier jeder Tanz von VortänzerInnen eingeführt. In Tübingen existiert nur ein einziges monatlich stattfindendes Offenes Volkstanzen, das mit viel Engagement, aber relativ wenig Resonanz betrieben wird.[15] Diese Veranstaltung hat eher Unterrichts- als Festcharakter. Der Tanzleiter steht im Mittelpunkt, und ohne ihn fände kaum Kommunikation statt. Kontakte unter den monatlich neu zusammengewürfelten Tanzenden entstehen hier sehr viel langsamer als in einem Verein, der sich wöchentlich trifft.

Tradition verbindet: So werden beim Bändertanz auch gemeinschaftliche Bande geflochten

Volkstanzdarbietungen auf der Bühne werden in Tübingen nicht für touristische, politische oder landsmannschaftliche Interessen eingesetzt. Obwohl auch diese Veranstaltungen andernorts in eher konservativem Milieu angesiedelt sind, hat die Demonstration von Einigkeit nach außen, wie sie beispielsweise während des Nationalsozialismus praktiziert wurde, an Bedeutung verloren. Von einer national wichtigen oder regional identitätsstiftenden Funktion des Volkstanzes kann heute nicht mehr gesprochen werden, und das geschlossene Auftreten eines identisch gekleideten Ensembles mag heute eher eine therapeutische als eine politische Funktion haben. Auftritte finden in der Regel bei Festen des eigenen Vereins oder bei befreundeten Vereinen statt und signalisieren die Zugehörigkeit zu einer selbstgewählten Gruppe.

„Schwungvolle Schwäbische Dänz": Noch mehr Spaß als das Zuschauen macht das Mittanzen

Das Tragen von Trachten spielt vorrangig bei Umzügen und Auftritten eine Rolle und spielt den ZuschauerInnen Authentizität vor. Echtheit und Originalität gelten als bedeutsam, weil sie den ideellen Wert des Gepflegten für die Pflegenden beträchtlich steigern. Wo aufgrund fehlender Vorlagen keine Original-Tracht rekonstruiert werden kann, unterstützen stilisierte Phantasietrachten oder Tanzuniformen zumindest ein geschlossenes Auftreten und ein einheitliches Gesamtbild. Manchen Tanzenden ist das Anlegen der Tracht dabei ein notwendiges Übel, andere erfreuen sich am Verkleiden und schlüpfen gerne in eine andere Rolle, dritte wiederum messen Trachten einen besonderen kulturellen Wert zu. Die Volkstänzerin Ursula F. konstatiert in einem Gespräch, sie sei sogar erst über das Interesse an Trachten zum Volkstanz gekommen.

Die Anzahl der Auftritte einer Gruppe hängt im wesentlichen davon ab, in welchem Ausmaß sie Kontakte zu anderen Vereinen, Partnergemeinden im Ausland und Veranstaltern von Feierlichkeiten wie Stadtteil-, Brauchtums- und Tanzfesten pflegt. Auftritte werden von den Tanzenden nicht als Hauptgrund für ihre Vereinsaktivität genannt, doch sie bieten den Tanzenden die Attraktion, gemeinsam gesellige Kurzreisen zu unternehmen und die Arbeit anderer Tanzgruppen kennenzulernen. Joachim S., Leiter eines florierenden Volkstanzvereins in Balingen, hat diesen Reiz erkannt und setzt Auslandsreisen wirksam als Nachwuchswerbemittel ein. Die mit den Auftritten verbundene Möglichkeit zur Selbstdarstellung auf einer Bühne wurde hingegen in keinem Gespräch als besonderer Anreiz erwähnt.

Eine starke Gemeinschaft

In den Fragebögen wurde nicht selten das „Bewahren von Tradition" (28 %) als Motivation angegeben. Der Eindruck, daß es sich hierbei um die gelernte, offizielle und nicht um die persönliche Motivation handelt, bekräftigte sich später: Denn in keinem der mit den TänzerInnen geführten Gespräche wurde die Traditionspflege als Tanzmotivation nochmals ausdrücklich angesprochen. Am häufigsten dagegen wurden „Spaß" (76 %), „Geselligkeit" (42 %) und „Leute kennenlernen" (33 %) genannt.[16]

Die Auswahl aus dem breiten Spektrum der theoretisch verfügbaren Volkstänze läßt ebenfalls Rückschlüsse auf die Motivation der Tanzenden zu. Es fiel auf, daß sich das Repertoire der Tanzgruppen nicht auf jene deutschen, regionalen oder schwäbischen Tänze beschränkt, die es laut Vereinsstatuten zu bewahren gilt. Getanzt werden sowohl norddeutsche „Bunte" und österreichische „Ländler" als auch englische „Kontras" und griechische „Kolos", also Tänze aus der internationalen Folklore, die vielen als moderner erscheinen und eine beliebte Abwechslung darstellen.

Als Kriterium für die Auswahl von Tänzen spielt bei den regelmäßigen Tanzabenden der historische oder regionale Wert eines Tanzes demnach nur eine untergeordnete Rolle. Zum einen ist natürlich die Verfügbarkeit von Material für die Tanzauswahl mitverantwortlich: Tanzleiter, die nicht selbst nach Tänzen forschen und auf keine regionalen Überlieferungen zurückgreifen können, sind auf das angewiesen, was sie sich in den meist überregionalen Lehrgängen aneignen können. Volkstanzvereine, die nicht über eine Musikgruppe zum Aufspielen verfügen und ihre Abende mit Cassette oder CD bestreiten, sind zudem vom Lieferprogramm der einschlägigen Musikverlage abhängig, was wiederum zusätzlich zur Verwischung von ehemals wichtigen kulturellen Grenzen führt.

Meine Beobachtungen ergaben ein weiteres – wenn auch nicht besonders überraschendes Bild: Volkstanz strebt die aktive Beteiligung aller am Tanzgeschehen an, die Gemeinschaft scheint wichtiger als der Tanz selbst zu sein. Dies zeigt sich, um nur einige Beispiele zu nennen, sehr deutlich an der Volkstanzgruppe des Schwäbischen Albvereins in K., wo fast ausschließlich die – sonst eher unüblicheren – Dreiertänze getanzt werden, bei denen ein Mann an jeder Hand je eine Frau führt. So wird ermöglicht, daß alle am Tanzvergnügen teilnehmen können, denn die Gruppe besteht hier aus rund doppelt soviel Frauen wie Männern.

Um möglichst alle Anwesenden auf der Tanzfläche zu integrieren, wählt Gerald D., der Tanzleiter eines monatlichen Offenen Volkstanzens, ganz andere Tänze aus: Da sein Publikum viele Pensionierte enthält, bevorzugt er für seine Tanzabende einfache Mixer[17] und Kreistänze und hält damit die sportlichen Anforderungen möglichst niedrig.

Zudem animieren und drängen Leiter von Offenem Volkstanzen die Anwesenden zum Mitmachen, um möglichst alle auf die Tanzfläche zu bringen, dort zu halten und somit die gemeinschaftsfördernde Funktion des Tanzens noch zu forcieren. So lautete der erste von Tanzleiter Gerald D. an mich gerichtete Satz: „Mitmachen ist umsonst, Zuschauen kostet zehn Mark!" Volkstanzleiter Walter G. wies mich als Zuschauer eines Übungsabends, an dem ausnahmsweise Männerüberschuß herrschte, ebenfalls auf die gewünschte Beteiligung aller hin: „Wenn Sie eine Frau mitgebracht hätten, müßten Sie tanzen."

Ich plazierte mich auf der Zuschauerbank, auf der Tanzwillige nur dann zu sitzen kommen, wenn an ei-

Über alle Altersgrenzen hinweg: Mit Volkstanz zurück zur Natur

nem Tanz nicht alle teilnehmen können. In diesen Fällen ist aber stets klar, daß die Aussetzenden nicht ihrer Person wegen, sondern aufgrund von Sachzwängen vorübergehend nicht mittanzen. Zudem wird darauf geachtet, daß nicht immer dieselben TänzerInnen aussetzen.

Die Gemeinschaft und deren gesellige Gestaltung wird großgeschrieben. In allen mir bekannten Volkstanzgruppen und -kreisen gilt das ungeschriebene Gesetz: „Volkstänzer sagen ‚Du'". Der Geselligkeitsaspekt zeigt sich auch daran, daß bei allen fest bestehenden Gruppen jede Pause zwischen zwei Tänzen zur Unterhaltung genutzt wird. In jüngeren Gruppen wird gerne auch während des Tanzens geplaudert, wobei zentrales Thema die Tanzausführung und eventuelle tänzerischen Ausrutscher sind. Zudem unterstützt der Getränkeausschank, der bei einigen Gruppen mit dem Tanzbetrieb einhergeht, die lockere Atmosphäre. Nicht selten wird auch nach den Anstrengungen eines Tanzabends noch ein Ausklang in gemütlicher Runde, beispielsweise in einer nahegelegenen Gastwirtschaft, angehängt.

Die Bedeutung der Gemeinschaft hebt Tanzleiter Walter G. hervor: „Bei uns spielt keine Rolle, ob wir vier oder fünf oder zehn Tänze machen. Hauptsache, wir sind zusammen." Zum gleichen Ergebnis kommt auch Marianne Schmidt: „Generell gilt das [Volks-]Tanzen als eine Tätigkeit, bei der die Kommunikation zwischen den Beteiligten im Vordergrund steht."[18] Die siebzehnjährige Tina S. gesteht sogar: „Ich mag die Musik zwar nicht, aber [man] ist viel unter tollen Leuten, die alle gut drauf sind. Man geht oft weg, lernt neue Leute kennen."

Öfter mal nichts Neues

Wie die Fragebögen und Interviews bestätigen, wird diese Geselligkeit von allen gesucht. Dabei wird Wert darauf gelegt, daß die Kontakte nicht von flüchtiger, sondern von dauerhafter Natur sind. Die Organisation als Verein scheint dies ausreichend zu gewährleisten. Die regelmäßig stattfindenden Tanzabende schaffen dabei eine Gefühl von Kontinuität, Sicherheit, Geborgenheit

Es muß nicht immer die Tracht von 1746 sein: Hier tanzt die Volkstanzgruppe Frommern den von Ludwig Uhland überlieferten Schwabentanz (auch „Firlefanz" genannt), der auf das 12. Jahrhundert zurückgehen soll

und Seinsgewißheit. Daß Kontinuität, wenn auch nicht in der lückenlosen Tradition des ausgeübten Brauchtums, so doch im eigenen Leben von Bedeutung ist, zeigt sich daran, daß die TänzerInnen durchschnittlich seit rund 18 Jahren Volkstanz praktizieren.

Daß diese folkloristische Freizeitgestaltung – wie anderes Tanzen auch – „einen Kontrast zur Arbeitswelt in ihrer Monotonie und Öde" darstellt und „Farbe ins Spiel bringt"[19], liegt auf der Hand. Zugleich aber – so Hermann Bausinger über den besonderen Reiz des Folklorismus – „bleibt der Eindruck und der Anschein des Einfachen, des Natürlichen, des Alten."[20] Das Entfliehen aus dem Alltag endet also in einer Gegenwelt der Vertrautheit, der Überschaubarkeit, der reduzierten Komplexität.

Auf Authentizität und ungebrochene Tradition der Tänze scheinen die Volkstanzenden keinen gesteigerten Wert zu legen. Beliebt ist der Volkstanz unter den ihn Praktizierenden jedoch sicher wegen der Möglichkeit, regelmäßig Teil einer geselligen Gemeinschaft zu sein. Damit steht er prinzipiell auf einer Ebene mit anderen Vereinstätigkeiten, die ebenfalls auf Dauer, Gemeinschaft und Geselligkeit gründen.

Was den Heimat- vom Volkstanzverein unterscheidet, ist die besondere, nach innen integrierend wirkende Funktion des Tanzens: Alter, Geschlecht, musikalische und tänzerische Vorkenntnisse spielen keine übergeordnete Rolle. „Du mußt eigentlich nur Walzer und Polka können, um fast immer mittanzen zu können" bestätigt Daniel R., ein betagter Tänzer.

Auch der sportliche Anspruch an die Ausübenden ist meist gering. Johannes S. warb für seine Folklorekurse lange Zeit mit dem Slogan „Können Sie geradeaus laufen? Dann können Sie auch tanzen!" Durch die zentrale Stellung der Gemeinschaft und das Fehlen von Leistungsdenken, Punkterichtern und Gegenspielern auf der Tanzfläche zeigt sich der Volkstanz damit harmonischer und weniger kämpferisch als etwa ein Handballverein. So gelingt es Neulingen bei vielen Volkstanzgruppen leichter, in bestehende Gruppen und eingeschworene Cliquen integriert zu werden.

Volkstanz – ein Stiefkind der Empirischen Kulturwissenschaft?

Die geringe Präsenz von Volkstanz in Tübingen spiegelt sich auch im Fach Empirische Kulturwissenschaft wider. Volkstanz wird hier, anders als sonstige durch geschichtliche Belastung unliebsame Bereiche, nur selten thematisiert, sondern eher „stillschweigend verachtet".[21] Das einst zuständige Tübinger Institut für Volkskunde hat sich – früher als andere Institute in Deutschland – vom „Volksleben" verabschiedet[22] und damit auch dem Volkstanz seine Aufmerksamkeit größtenteils entzogen.

Größtenteils – aber nicht gänzlich: In der vor rund 30 Jahren geführten Folklorismus-Diskussion fand unter deutschen Volkskundlern eine grundsätzliche kritische Auseinandersetzung über die Erscheinungsformen traditioneller (Volks-)Bräuche statt. Ohne die Diskussion hier vollständig nachzeichnen zu wollen, sei auf einige interessante Aspekte hingewiesen.

Konrad Köstlin spricht dem Folklorismus – und damit allem Brauchtum – eine therapeutische Funktion zu.[23] Den zugrundeliegenden Komplex an Symptomen diagnostiziert mittlerweile jeder Festredner bei Traditionsveranstaltungen: Orientierungslosigkeit, Schnelllebigkeit, Mangel an Kontinuität, Verlust an Geborgenheit, Sehnsucht nach Heimat[24], kurz: die scheinbar eindeutigen Nebenwirkungen von Modernisierungs- und Globalisierungsprozessen. Die Therapie besteht in der Adaption brauchbar erscheinender Elemente einer vorgeblich besseren kulturellen Vergangenheit. Dabei wird ein Bild konstruiert, das mehr den eigenen Bedürfnissen als der historischen Realität gerecht wird, die Vergangenheit wird sozusagen neu erfunden.[25] Mittels dieser Therapie gelingt es den 'Patienten', die vorher genannten Defizite auszugleichen, sie tauchen regelmäßig in ihre als heil konstruierte Welt der Vergangenheit ein. Doch die Möglichkeiten dieser Ausflucht sind begrenzt: Der Folklorismus bietet keine Gegenwelt als dauerhaftes Exil an, die realen Lebensumstände werden nicht bekämpft oder ausgetauscht, höchstens ausgeschmückt. Somit kann nicht von Flucht, sondern von Ausflucht, oder, vielleicht noch besser, von Ausflug die Rede sein. Trotz aller Sehnsucht, den Alltag hinter sich zu lassen, kommen die Ausflügler am Ende wieder dort an, von wo sie gestartet sind, allerdings mit einer positiveren Grundstimmung.

Gottfried Korff unterstützt Köstlins Modell der therapeutischen Folklorismusfunktion. Er sieht als Motiv für den Folklorismus in ländlichen Gebieten jedoch auch wirtschaftliche Ursachen:

„Die kollektiven Selbstzweifel in einem benachteiligten, weil rückständigen Sektor werden durch den rückwärts gewandten Blick in eine bessere Vergangenheit ausgeglichen. [...] Der Folklorismus wird zum Ersatz, zum Surrogat für eine nicht stattfindende Modernisierung".[26]

Mit seinem Identifikationsangebot bedient der Folklorismus die gleichen Bedürfnisse wie der Historismus und Exotismus, wenn auch mit leicht verschiedenen Angebotsschwerpunkten. Die Ähnlichkeit der Konzepte wird deutlich, wenn von „Binnenexotismus" oder dem „Exotismus des Nahen" die Rede ist.[27] Sie alle greifen einzelne Elemente einer anderen Welt auf, die, eingebaut in eine moderne Bastel-Identität, gleichzeitig Orientierung und Abwechslung versprechen.[28]

Anmerkungen

1. Vgl. die Volkstanzdefinition von Otto Schneider: „Unter dieser sehr komplexen Bezeichnung ist im ursprünglichen Sinn ein im Leben und Brauchtum eines Volkes verwurzelter Tanz zu verstehen, der sich durch Tradition erhalten hat und bei den ländlichen Festen und Feiern, begleitet von Musik und Gesang, getanzt wird." Otto Schneider: Tanzlexikon. Mainz 1985, S. 577f.
2. „Nationaltänze heißen sie dann, wenn sie allen Angehörigen einer Volksgruppe vertraut sind". Siehe Rudolf Liechtenhan: Vom Tanz zum Ballett. Geschichte und Grundbegriffe des Bühnentanzes. Stuttgart 1993, S. 19.
3. Diese Einteilung orientiert sich an Wilhelm Schepping: Lied- und Musikforschung. In: Rolf W. Brednich (Hg.): Grundriß der Volkskunde. Einführung in die Forschungsfelder der Europäischen Ethnologie. Berlin 1994, S. 467-492; hier S. 485f.
4. Voraussetzung ist, daß bei kleinen Veranstaltungen die Präsenz des Gastes das Gesamtbild nicht stört. StudentInnen, die mit Notizblock und ernster Miene am Tisch sitzend das Geschehen verfolgen, können durchaus mißbilligende Blicke ernten.
5. Die meisten Interview-Anfragen wurden zunächst mit dem Hinweis zurückgewiesen, es gäbe kompetentere Fachleute, mit denen man sprechen sollte. Dies ist meines Erachtens Ausdruck des Glaubens, die Wissenschaft müßte sich für die „offizielle Seite", für die Sache an sich, nämlich für die Tänze und deren möglichst volkskundlich fundierte Tradierung interessieren.
6. Zu einem Kreis „durchfassen" bedeutet, daß alle Tanzwilligen sich bei den Händen nehmen und so einen Kreis formieren, z.B. um einen Reigen zu tanzen. Die Aufforderung des Tanzleiters lautet dabei beispielsweise: „Wir fassen nun alle durch zum großen Kreis."
7. Gewisse Geschicklichkeits- oder Zunfttänze hingegen können durchaus erhöhte Anforderungen an die Tanzenden stellen.
8. Diesem Ziel haben sich laut Siegfried Mager die Mitglieder des Landesverbandes der Heimat- und Trachtenverbände Baden-Württemberg e.V. verschrieben. Vgl. Trachtenjahrbuch 1997 für Baden Württemberg, S. 34.
9. Ebd.
10. Schneider 1985, Vorwort (ohne Seitenzählung).
11. Hier soll meine eigene Volkstanzvergangenheit (1986–1991) nicht verschwiegen werden. Die Erfahrungen und Kenntnisse aus fünf Jahren aktiven Tanzens erleichterten die Gespräche und Beobachtungen wesentlich. Durch den zeitlichen Abstand und eine innere Haltung zum Volkstanz, die weder von übermäßiger Zuneigung noch von großer Ablehnung geprägt ist, scheint mir die notwendige Distanz zum Feld ausreichend gewährleistet zu sein.
12. Die quantitative Erhebung ergab einen Frauenanteil von 56%.
13. Die Angaben basieren auf der Fragebogen-Auswertung. Marianne Schmidts Ergebnisse, die auf einer Erhebung unter 1197 aktiven VolkstänzerInnen aufbauen, sollen vergleichend herangezogen werden: Frauenanteil: 60,2%, Altersdurchschnitt: 30,2 Jahre. Vgl. Marianne Schmidt: „Irgendwie lebe ich mit dem Tanzen...". Zur Bedeutung des Volkstanzes für die Tanzenden. Magisterarbeit am Ludwig-Uhland-Institut, Universität Tübingen, 1992. Unveröffentlichtes Manuskript, S. 33f.
14. Vgl. ebd., S. 35f.
15. Gerald D., der Leiter dieses Offenen Volkstanzens, verschickt auf eigene Kosten monatlich 60 Einladungsbriefe und inseriert in der örtlichen Tagespresse. Die Zahl der teilnehmenden Paare schwankt zwischen drei und acht.
16. Mehrfachnennungen waren möglich, es wurden keine Antworten vorgegeben.
17. Bei Mixern werden während des Tanzes die TanzpartnerInnen mehrmals gewechselt.
18. Vgl. Schmidt 1992, S. 62.
19. Hermann Bausinger: Zur Kritik der Folklorismuskritik. In: Ders. (Hg.): Populus Revisus. Beiträge zur Erforschung der Gegenwart. Tübingen 1966, S. 61-76; hier S. 65.
20. Ebd.
21. Ebd., S. 61. Heute wird deutscher Volkstanz wieder häufig als unpolitisch und frei von Ideologien angesehen, eine kritische Auseinandersetzung mit der eigenen Geschichte fand aber nicht statt. Dies bedauert in der Literatur hauptsächlich Franz Josef Krafeld: Wir tanzen nicht nach eurer Pfeife. Zur Sozialgeschichte von Volkstanz und Volkstanzpflege in Deutschland. Lilienthal 1985.
22. „Abschied vom Volksleben" ist der programmatische Titel des für die Wende im Fach bedeutenden Bandes aus dem Ludwig-Uhland-Institut. In die gleiche Zeit fällt auch die Umbenennung zur Empirischen Kulturwissenschaft sowie die Erschließung neuer Forschungsfelder und -methoden. Hermann Bausinger u.a. (Hg.): Abschied vom Volksleben. Untersuchungen des Ludwig-Uhland-Instituts der Universität Tübingen im Auftrag der Tübinger Vereinigung für Volkskunde. Bd. 27, Tübingen 1970.
23. Vgl. Konrad Köstlin: Folklorismus als Therapie? Volkskultur als Therapie? In: Edith Hörander/Hans Lunzer (Hg.): Folklorismus. Vorträge der 1. Internationalen Arbeitstagung des Vereins „Volkskultur um den Neusiedlersee" in Neusiedl/See 1978. Neusiedl/See 1982, S. 129-147.
24. Dies konstatiert z.B. auch Hermann Rauhe, Präsident der Hamburger Hochschule für Musik und darstellende Kunst. Vgl. Fritz Rumler: Hochpolitische Angelegenheit. Spiegel-Reporter Fritz Rumler über die Tonträgerwaffe „Volksmusik". In: Der Spiegel, 1990, Nr. 14, S. 307-310; hier S. 308.
25. Zur Theorie der „invention of tradition" siehe Rudolf Braun/David Gugerli: Macht des Tanzes – Tanz der Mächtigen. Hoffeste und Herrschaftszeremoniell 1550-1914. München 1993, S. 275-305.
26. Vgl. Gottfried Korff: Folklorismus und Regionalismus. Eine Skizze zum Problem der kulturellen Kompensation ökonomischer Rückständigkeit. In: Hermann Bausinger/Konrad Köstlin (Hg.): Heimat und Identität. Probleme regionaler Kultur. Neumünster 1980, S. 39-52; hier S. 43.
27. Vgl. Konrad Köstlin: Exotismus des Nahen. Das Abenteuer der Nähe. In: Utz Jeggle/Freddy Raphaël (Hg.): Kleiner Grenzverkehr. Deutsch-französische Kulturanalysen. Paris 1997, S. 35-48. Vgl. dazu die Beiträge von Ivonne Launhardt/Martina Schuster/Tanja Wedel: Warum in die Ferne schweifen...? und Monique Scheer: „Der weiblichste aller Tänze", beide in diesem Band.
28. Zum Prinzip der Bastel- oder Patchwork-Identität vgl. auch Anja Rützel/Jan-Michael Zinnäcker: Spielen mit Stilen, in diesem Band.

Sabine Kiefer

Zwischen Exotik und Historie

Deutsche Volkstanzgruppen in Blumenau

Die Sonne knallt vom Himmel und die Luftfeuchtigkeit ist hoch. Ich schwitze und versuche, durch geschickten Wechsel der Straßenseiten stets im Schatten zu laufen. Kleine Jungen rufen „sorvete, sorvete", und das Wasserfruchteis, das damit gemeint ist, bietet die gewünschte Erfrischung in dieser Hitze. Ein Blick nach oben verrät, daß es auch heute keinen dieser tropischen Platzregen geben wird, die immer für Abkühlung in dieser Schwüle sorgen. Mit größter Konzentration für den Bürgersteig, der Löcher und Buckel birgt, gehe ich zum Sportclub Olimpico: vorbei an riesigen Palmen, an sattem Grün und an dem für Südamerika so charakteristischen Nebeneinander von Hochhäusern und Einfamilienhäusern. Nach einer Weile stehe ich vor einem schmucklosen Gebäude. Ich gehe über den Hof und höre, je näher ich komme, immer deutlicher die Polkamusik. Sie haben bestimmt schon angefangen. Oben angekommen, begrüße ich die TänzerInnen nur kurz mit einem „boa tarde", denn ich will nicht stören, und so verschiebe ich die landesüblichen Küßchen, die beijinhos, auf später. Edson, der zusammen mit Sergio die Gruppe leitet, beobachtet mit seinem stets ruhigen Blick die Bewegungen der Paare. Am Ende dieses Musikstücks nimmt er die deutschsprachige Tanzbeschreibung und erläutert weitere Sequenzen auf portugiesisch. Mit seiner Lebens- und Tanzpartnerin Adriana führt Edson die Schritte vor, anschließend probiert die Gruppe sie aus. Später, in einer Pause, erzählt er den TänzerInnen etwas über die Bedeutung und die historische Entwicklung des Getanzten.[1]

In einem der ältesten Sportclubs Blumenaus, Südbrasilien, treffen sich die sechs bis acht jungen Paare jeden Sonntag auf wenigen Quadratmetern am Rande der Kegelbahn, um deutsche Volkstänze einzustudieren. Das Ensemble „Gartenstadt", das sich auch auf portugiesisch so nennt, ist die jüngste von neun Volkstanzgruppen in Blumenau: Sie wurde im Juni 1996 von ehemaligen Mitgliedern anderer Tanzgruppen gegründet. Als Namen gaben sie ihr die wortgetreue Übersetzung des Beinamens der Stadt Blumenau, „Cidade Jardim". In den Statuten ist ihre Absicht festgehalten, „den Schutz der deutschen Kultur dadurch anzustreben, daß die Tänze in ihrer ursprünglichen Form beibehalten werden" und damit „die Tradition und die Kultur unserer Vorfahren zu bewahren."[2]

Dr. Hermann Blumenau, Pharmazeut und Chemiker aus dem Harz, begrüßte am 2. September 1850 die ersten 17 Einwanderer auf dem heutigen Stadtgebiet. Im damaligen Urwald, in dem fast nur Indianer lebten, fanden die Deutschen neben einer provisorischen Herberge nur einige kleinere gerodete Flächen und ein Sägewerk vor. Nach der Unabhängigkeit der Kolonie von Portugal im Jahr 1822 hatte Leopoldine, die habsburgische Gattin des Kaisers von Brasilien, Ein-

Die Volkstanzgruppe Gartenstadt in neuer Tracht

wanderer für den Süden Brasiliens angeworben, um diesen besser wirtschaftlich nutzen und stärker ins politische Herrschaftssystem integrieren zu können. Folge der organisierten Ankunft weißer und deutschsprachiger Menschen war die Entstehung einer doppelten Loyalität: sowohl zum neuen brasilianischen Staat als auch zur deutschen Kulturnation.[3] Diese Verbundenheitsgefühle überlebten trotz gegenläufiger Bestrebungen des Staates[4] und der Zuwanderung anderer MigrantInnen. Durch die Gründung der ersten Volkstanzgruppe im Jahr 1984, kurz vor dem ersten Oktoberfest, erhielten diese Gefühle erneut eine Ausdrucksmöglichkeit. Fritz, langjähriger Volkstanzaktivist und Gründungsmitglied, sagte mir in einem Interview, es sei wichtig,

Das Gartenstadt-Ensemble tanzt auf dem Sportfest des Sportclubs Olímpico

„daß wir hier als Deutschstämmige das überbrachte Kulturerbe beibehalten und pflegen, und da können wir uns nur an das halten, was drüben üblich war".

Recherchen im Archiv zeigen allerdings, daß es nicht die deutschen Einwanderer waren, die den Volkstanz nach Blumenau mitbrachten. Vielmehr lernt man das, „was drüben üblich war", in Gramado im südlich angrenzenden Bundesstaat. Der Verband der deutschbrasilianischen Kulturvereinigungen hat dort ein Tagungshaus, das auch die Zentrale der Volkstanzgruppen beherbergt. Mitte der 60er Jahre schickte der Vorstand den heutigen Direktor der Zentrale, Beno Heumann, nach Deutschland, um Materialien zum deutschen Volkstanz zu sammeln und damit Volkstanzgruppen in Brasilien aufzubauen. Wie Edson und Adriana fiebern alle Ensembleleiter und -leiterinnen nach den Volkstanzkursen, die Beno alljährlich im Januar in Zusammenarbeit mit bundesdeutschen VolkstanzleiterInnen organisiert. Eine Woche lang werden in Kleingruppen rund 30 Tänze aus allen Regionen Deutschlands erarbeitet. Konsens ist es, die historisch belegte Originalität der Tänze zu bewahren und diese auch bei Auftritten nicht zugunsten einer effektvollen Ästhetik preiszugeben. Der Volkstanz wird eher als Freizeitaktivität einer Gemeinschaft gesehen, als Mittel, Geselligkeit zu pflegen.

Das Ziel der heute aktiven Volkstanzgruppen bezieht sich nicht auf den lokalen Kontext der inzwischen auf 240.000 Einwohner angewachsenen Industriestadt, sondern auf eine Zeit und einen Raum jenseits der Einwanderung. Sichtbar wird die Anleihe von Vergangenem durch das Tragen einer Tracht. Was dabei mit einzelnen passiert, erklärt mir Angélica aus der Gruppe Gartenstadt: „Ich verwandle mich, wenn ich die Tracht anziehe, ich habe dann eine andere Haltung." Dieses Hineinschlüpfen in eine alltagsfremde Rolle endet nicht zwangsläufig mit dem letzten Ton der Musik. Zur Feier eines gelungenen Auftritts beispielsweise gingen die Gruppenmitglieder in Tracht zu einer Eisdiele im Zentrum Blumenaus. Angesichts der stolzen Selbstverständlichkeit, mit der sie die Trachten als Zeichen des Andersseins im öffentlichen Raum trugen, fühlte ich mich als Begleiterin in meinen bunten Sommershorts fremd.

Die Gruppen in Blumenau sind offen für Interessierte jeglicher Herkunft, und knapp 15% der jugendlichen Volkstanzaktiven geben in einem Fragebogen an, daß in ihrer Familie keiner deutsch spricht. Auch die Mitglieder mit deutschen Vorfahren geben ihre Motivation als etwas, das jenseits von Brauchtumspflege liegt, an: Sie tanzen, weil es einfach schön ist oder weil die Freunde auch tanzen.⁵ Und daß es dabei zu einem starken Zusammenhalt kommen kann, verdeutlicht Edson folgendermaßen:

„Wenn du mit Leuten außerhalb der Gruppe ausgehst, kommst du an einen Punkt, an dem du merkst, daß jene Vertrautheit, Intimität fehlt. Es ist so, als ob es eine Barriere gibt, die es innerhalb der Gruppe, mit der du immer zusammen bist, nicht gibt."

Das Bild vertrauter bäuerlicher Gemeinschaften in deutschen Landschaften ist da nicht fern, und in manchem Gespräch wurde auch der Vergleich mit früher angesprochen, „als die Dorfjugend unter der Dorflinde zur Fiedel tanzte". Daß beim Tanzen vergangene Zeiten aufleben sollten, war bei den Übungsstunden der „Gartenstadt" spürbar. Es kam mir jedesmal so vor, als ob ich in eine zweifach fremde Welt eintreten würde: in die schwüle Luft Brasiliens, gepaart mit einer rückwärtsgewandten deutschen Volkstümlichkeit. Doch diese auf Authentizität setzenden Volkstanzgruppen sind nicht die einzigen, die Blumenau als Stadt mit deutschen Wurzeln repräsentieren wollen. Ein weiteres Ensemble setzt dabei allerdings auf eine andere Strategie.

Es ist Dienstag abend, und ich fahre zur Universität Blumenaus. In dem mit Spiegeln ausgestatteten Raum über der Cafeteria im Sporttrakt beobachte ich die Volkstanzgruppe der Universität. Ester, seit über 20 Jahren Sportlehrerin und Leiterin dieser Gruppe, probt gerade mit den jungen Männern die Szene der Schützen für das Oktoberfest. Peinlich genau achtet sie auf Körperspannung und genaue Ausführung der Schritte. Durch Zurufe korrigiert sie einzelne Tänzer und mahnt zu mehr Haltung. Der Schweiß läuft an ihnen herunter, doch Ester, besorgt um die Qualität des Auftritts, beharrt auf der Wiederholung der Sequenz. Ungeduldig stellt sie sich vor die Tänzer, zeigt ihnen nochmals den exakten Bewegungsablauf und spornt sie an. Als sie zu tanzen beginnen, weicht die Anspannung aus ihrem Gesicht und macht einem Lächeln Platz.

Ester, in der Region Blumenau geboren, hat italienische Vorfahren. Sie ist verheiratet mit Ciro, der aus einer der ältesten und bekanntesten Familien der Gegend stammt. Als das Paar aus beruflichen Gründen Anfang der 80er Jahre in der Nähe von München lebte, hatte Ester das erste Mal Kontakt zu deutschen Volkstanzgruppen. In den Jahren 1994 und 1995 besuchte sie die Kurse in Gramado und gründete daraufhin an der Universität die „Grupo folclórico". Dieser Name entspricht der für Volkstanzgruppen üblichen Bezeichnung, Ester sieht darin:

„Der Tanz ist unterteilt in Stile, [...] und es gibt einen Stil, der sich Volkstanz (Folklore) nennt, [...] Es ist ein Tanz, der den Alltag einer Region, eines Volkes interpretiert. Ich studiere die Bewegung des deutschen Tanzes [...], mache Folklore auf Grundlage der Recherchen zum deutschen Volkstanz. Unser Tanz hat alle Charakteristika des deutschen Tanzes. Man öffnet so, man dreht so. Man kann die Elemente alle aufzählen, wie im klassischen Ballett."

Deutsche Schritte im Lande des Samba: die Volkstanzgruppe der Universität bei der Eröffnung des Oktoberfests 1997 in Blumenau

Der deutsche Volkstanz wird hier als die Summe charakteristischer körperlicher Bewegungen gesehen. Nicht historisch Tradiertes und die Anpassung des Körpers daran, sondern der Körper selbst mit seinen Wirkungen im öffentlichen Raum, steht im Mittelpunkt. Ester studiert mit ihrer Gruppe, zumeist SportstudentInnen und -lehrerInnen, Choreographien ein, die sie aus einzelnen Elementen deutscher Volkstänze zusammensetzt. Damit interpretiert sie deutsche Musikstücke oder erzählt, wie zum Oktoberfest 1996, die Geschichte der Koloniegründung Blumenaus. Großen Wert legt sie auf den Einsatz von Objekten wie Butterfässer, Besen und Gewehre, die lokalhistorischen Bezug erkennen lassen. Dabei wird noch ein anderer Begriff von Folklore deutlich:

Deutsche Besen kehren gut? Ein Stereotyp und seine folkloristische Umsetzung

„Ich hatte – und ich habe es bisher viel zu wenig gemacht – immer Lust, unsere Geschichte zu erzählen, die Geschichte unserer Einwanderer, unsere Folklore zu machen, um den Touristen, die hierher kommen, unsere Sachen von hier zu zeigen."

Der deutsche Volkstanz, zugespitzt auf einen Bewegungsstil, wird eingesetzt, um die Einwanderungsgeschichte zu ästhetisieren. Die hier beobachtete Szene der Schützen, entwickelt in Anleitung an die Gründung des ersten Schützenvereins 1859, wirkt durch den Aufbau von Symmetrie und abgehackten Bewegungen sehr militaristisch.

Darstellung bäuerlicher Ausgelassenheit

Beim Besuch der Übungsstunden hatte ich nicht das Gefühl, in fremde Welten zu treten; der Montagecharakter der Arbeit sowie die starke Betonung des Körpers, ein für mich sehr brasilianischer Zug, waren stets präsent. Als ich jedoch die fertigen Choreographien sah, stieß ich mich an der Überspitztheit der Bewegungen und an den Vereinfachungen in bezug auf die Geschichte. Esters Gruppe produziert exotische Bilder der Deutschen für den brasilianischen Kontext – ein für mich ungewohnter umgekehrter Exotismus. Mit diesen romantischen Idealisierungen der Geschichte bestätigt sie den schon bekannten Status Südbrasiliens als das „andere Brasilien"[6]. Die Blicke der TouristInnen sind bei der Choreographie mitgedacht – ein zukunftsträchtiges Unternehmen, da die Textilstadt Blumenau immer mehr auf den Tourismus als kommenden Wirtschaftszweig setzt. Der für Authentizität eintretende Volkstanzaktivist Fritz hingegen kritisiert die Arbeit der Gruppe:

„*Ester nutzt die für das restliche Brasilien wunderschön exotisch anzusehende Ausdrucksweise des deutschen Volkstanzes. Doch das hat weder etwas mit Volkstanz noch mit deutscher Kultur zu tun.*"

Doch auch die anderen, auf Originalität bedachten Gruppen arbeiten mit Exotisierungen, weshalb Ester deren Ansatz, vergangene Zeiten eines fernen Landes aufleben lassen zu wollen, schlichtweg als „Utopie" bezeichnet.

Im Blumenau der 90er Jahre konkurrieren zwei Repräsentationen des deutschen Volkstanzes im Spannungsfeld von Exotik und Historie: Während die eine Volkstänze aus Deutschland importiert, um das Tanzen als brauchtumspflegende und identitätsstiftende Freizeitaktivität zu fördern, kreiert die andere neue Tanzformen für die Aufführung auf der Bühne, die sowohl zur Selbstvergewisserung als auch für den Export eingesetzt werden kann. Beide bedienen sich dabei – wenn auch auf unterschiedliche Weise – der Geschichte und der Vorstellung vom Fremden, um das Volkstanzen zum Eigenen zu machen.

Anmerkungen:

1 Diese Skizze basiert auf meiner 20monatigen Feldforschung von März 1996 bis Dezember 1997 in Blumenau, Südbrasilien.
2 Die Übersetzungen ins Deutsche stammen von mir.
3 Vgl. meine Magisterarbeit am Institut für Völkerkunde, Universität zu Köln: Blumenau – ein Fall von charismatischer Herrschaft. Unveröffentlichtes Manuskript.
4 In den 40er Jahren dieses Jahrhunderts verbot Präsident Vargas im Kontext der Nationalisierungskampagne den Gebrauch der deutschen Sprache wie auch die Aufführung und Ausstellung deutscher Kulturgüter.
5 Vgl. dazu auch Achim Haibt: Trachten nach Geselligkeit, in diesem Band.
6 Umgangssprachlich wird Südbrasilien wegen der starken europäischen Einwanderung im letzten Jahrhundert auch als das „europäische Brasilien" bezeichnet.

Beim Bändertanz werden auch Freundschaften geknüpft

Gergana Panova

„Die schönste Art, miteinander zu kommunizieren"

Bulgarische Volkstänze im Spannungsfeld von Abgrenzung und Integration

„Unsere deutschen Volkstänze kommen mir eher kitschig, ohne Sinn, unmodern und altmodisch vor", teilt Isabella W. mit. „Platt, einfältig, langweilig, spießig, ohne Feuer", ergänzt Christine K. Und Barabara S. erklärt: „Sie berühren und bewegen nichts in mir. [...] Nach bulgarischer Musik zu tanzen, das macht mich glücklich."[1]

Seit einigen Jahren unterrichte ich bulgarische Volkstänze in Deutschland, Österreich und in der Schweiz. Dabei habe ich die Erfahrung gemacht, daß meine deutschsprachigen Schüler und Schülerinnen in den Seminaren eine große Faszination an den Tänzen verspüren. Verbinde ich den als Tanzpädagogin in Deutschland gewonnenen Einblick mit Erkenntnissen aus meiner früheren Arbeit als Profi-Tänzerin im ersten Volkstanzensemble Bulgariens, als Choreographin wie auch mit meinen ethnochoreologischen Studien an der Akademie der Wissenschaften in Sofia, so stellt sich mir die Frage, welche unterschiedlichen sozialen und individuellen Funktionen bulgarische Volkstänze im In- und Ausland für die Tanzenden haben.

Bulgarische Tanztraditionen

Die Geschichte Bulgariens ist geprägt von einer fast 500jährigen türkischen Fremdherrschaft (1396-1878), die einen entscheidenden Einfluß auf die Entwicklung der Volkskultur ausübte. Waren andere Bereiche des sozialen und kulturellen Lebens stark von den Herrschenden dominiert, boten die bulgarische Musik und der Tanz oft die einzige Möglichkeit, am Eigenen festzuhalten und eine kulturelle Identität zu bewahren. So läßt sich etwa die bis heute erhaltene Kreisform des bulgarischen Tanzes als Ausdruck von Sicherheitsbedürfnis und Einheitsgefühl interpretieren. In Tanzgemeinschaften, bei denen es keine ZuschauerInnen, sondern nur aktive TeilnehmerInnen gab, konnte das Gefühl von Selbstbestimmung und Selbstvergewisserung wiederhergestellt und aufrechterhalten werden. Durch Volksmusik und -tanz definierten sich die BulgarInnen als ethnische Gruppe und grenzten sich nach außen hin ab, wobei spezifische Bewegungsprofile die eigenen Wertorientierungen symbolisierten, was mit Péter Niedermüller als eine Art „Schutzzone, ein symbolischer Ort der Geborgenheit"[2] bezeichnet werden kann.

Die so geprägte Volkstanztradition wurde in den Jahren von 1944 bis 1989 in den Dienst des totalitären sozialistischen Regimes gestellt. Während nach dem Krieg

Das bulgarische Staatsensemble Koutev, 1989

kaum noch Angebote für LaientänzerInnen zu finden waren, bildeten die meisten politisch geprägten Institutionen (Ministerien, Betriebe, Kulturhäuser, Schulen und Universitäten) eigene leistungsorientierte Volkstanzgruppen, die zur Imagepflege eingesetzt wurden. Als folkloristische Bühnenkunst, die auf der Basis der traditionellen Tänze weiterentwickelt und professionalisiert worden war, erntete der bulgarische Volkstanz auch im Ausland große Anerkennung. Im Rückgriff auf die historisch gewachsene Bedeutung des Tanzens als Mittel zur Konstruktion von Ethnizität und Nationalidentität erweckten die sozialistischen KulturpolitikerInnen den Volkstanz zu einem sogenannten „zweiten Dasein". Im Wettkampf zwischen Ost und West wurde der bulgarische Folkloretanz zum „Show-Fenster", in dem die sozialistische Lebensweise als Glück der Menschen inszeniert wurde. Anders als in Deutschland investierte man in Bulgarien weniger in die Konservierung und Musealisierung des Volkstanzes, sondern stellte die Innovation über die Bewahrung des 'Authentischen'. Professionelle KomponistInnen und ChoreographInnen arbeiteten an dieser Mischung aus alten Quellen und künstlerischem Anspruch und kreierten neue Tänze, die die bulgarischen Volkstanzensembles im In- und Ausland berühmt machten – eine attraktive Visitenkarte für den Staat. Kulturelle Identität wurde jetzt auf eine völlig andere Weise hergestellt: nicht als gemeinschaftliche Aktivität, mit der sich das Volk seiner Traditionen und Werte vergewisserte, sondern als unterhaltsame Vorführung auf der Bühne der politischen Machthaber, die damit nicht nur Einigkeit nach innen, sondern auch Abgrenzung nach außen demonstrieren wollten.

Seit der Wende von 1989 zerfallen mit den sozialistischen Werten die kulturellen Muster des bulgarischen Bühnentanzes; die riesigen Ensembles sind nicht mehr zu finanzieren und die Bevölkerung wendet sich anderen, meist westlichen Formen der Unterhaltung zu. Gleichzeitig ist der Umgang mit dem bulgarischen Volkstanz schwierig geworden, was möglicherweise mit der in Deutschland noch immer anzutreffenden Abneigung gegenüber dem eigenen nationalen Brauchtum vergleichbar ist.³ Auch wenn die nationalsozialistische Indienstnahme der deutschen Volkskultur ganz andere Züge trug als die sozialistische Umgestaltung der bulgarischen Traditionen, so lassen sich doch Parallelen ziehen zwischen dem Widerstreben vieler deutscher Tanzbegeisterter, eigene Volkstänze zu tanzen, und dem Unbehagen der

Aufführung der Tanzgruppe des Staatlichen Choreographischen Gymnasiums in Prag, 1986

BulgarInnen, sich auch weiterhin den kulturellen Reproduktionen aus der sozialistischen Vergangenheit zuzuwenden.

Bulgarische Volkstänze im deutschsprachigen Raum

Eine Ausnahme hiervon stellen allerdings die BulgarInnen dar, die in Westeuropa leben und hier bulgarische Volkstanzkurse besuchen. Welche Motive dabei im einzelnen zum Tragen kommen, müßte eigens untersucht werden, doch läßt sich generell festhalten, daß die Attraktivität der eigenen National- oder Volkskultur im

Exil größer ist, weil sie dort eine wichtige identitätsstiftende und selbstvergewissernde Funktion hat. Im Kontext der westeuropäischen Einigung, in dem Bulgarien als osteuropäischem Land nach wie vor der Status des „Externen" oder „Anderen" zugewiesen wird, kann die (im Westen so beliebte) bulgarische Volkskultur darüber hinaus als eine Art kulturelle Eintrittskarte in das Gastland interpretiert werden. Die früher als Abgrenzungsinstrument benutzten Tänze können somit auch umgekehrt zum Zweck der Integration verwendet werden.

Im Zentrum meiner Forschung stand jedoch die Frage, warum sich so viele Deutsche, ÖsterreicherInnen und SchweizerInnen für Volkstänze begeistern, die ihnen zunächst merkwürdig fremd erscheinen. Viele der Befragten[4] äußerten sich über „die etwas fremden, aber ansprechenden", „sehr interessanten und anspruchsvollen" Rhythmen und Bewegungen, die sie zur Teilnahme an einem Kurs bewogen haben. Einige ÖsterreicherInnen begründen ihr Interesse mit der Geschichte des Landes: „Wir sind Mischvolk, noch aus der Zeit, als es eine Monarchie war", meint Martina K., „jeder Österreicher hat also ein bißchen slawisches Blut." Doch es sind nur wenige Stimmen, die sich auf eine Verwandtschaft mit den OsteuropäerInnen berufen, weitaus wichtigere Argumente sind Aufgeschlossenheit und Interesse an einer anderen Kultur. Man möchte nicht „zu der naiven und einfachen sozialen Schicht der Trachtenvereine" gehören, wie Christine K. für sich geltend macht. „Mehr kosmopolitisch zu werden" ist Jutta-Maria V. wichtig. „Die Deutschen sehnen sich nach einem Ausgleich zu ihrem verkopften Dasein", sagt Edeltraud H., „sie haben ja quasi kein niveauvolles Brauchtum mehr und gucken das im Ausland ab." Für die Vielfalt innerhalb der bulgarischen Tanzgrammatik begeistern sich besonders die Fortgeschrittenen unter den Tanzenden. Die deutschen und österreichischen Volkstänze des Alpenraums seien zu einfach, so Borghild B., die sich zu komplexeren Rhythmen hingezogen fühlt, und auch Kurt B. bekommt bei deutscher Volksmusik „keine Gänsehaut". Man könnte fast annehmen, die ökonomisch und politisch nicht unter Druck stehenden Westeuropäer setzten alles daran, ihre nationalen Identitätskonturen zu verwischen.

Doch nach eingehender Beschäftigung mit dem Material, das Auskunft darüber gibt, warum und wie sich meine GesprächspartnerInnen dem bulgarischen Volkstanz angenähert haben, werden weitergehende Interpretationen möglich. Unter Einbeziehung semiotischer, kultur- und kommunikationswissenschaftlicher Theorien[5] habe ich drei unterschiedliche Motivationskomplexe herausgearbeitet, die ich im folgenden zwar getrennt behandle, die jedoch bei einzelnen Tanzenden auch in Kombination auftreten können.

Wochenendseminar: Bulgarische Volkstänze

Selbstbestätigung durch Leistung

„Das Bulgarisch-Tanzen gibt mir Kraft, und die Koordination von Musik und Bewegung macht mich dynamischer", schreibt Heide G. Man fühle sich körperlich herausgefordert, besonders durch die unregelmäßigen Rhythmen, die komplizierte Fußarbeit und die schnellen Armbewegungen. In zahlreichen Äußerungen wird die Suche nach Selbstbestätigung durch ein hohes Maß an Körperkontrolle und komplexe Darstellungsstrategien deutlich. Daß sportliches Engagement und künstlerische Fähigkeiten für die Tänze notwendig sind, betrachten viele Tanzende als zentral. Gudrun S. erklärt diese Attraktion folgendermaßen:

„Mit der Art, wie in deutschen Trachtengruppen getanzt wird, kann ich mich nicht identifizieren. Der Bewegungsstil ist so schwerfällig! Das befriedigt mein durch Gymnastik geschultes Bewegungsbedürfnis nicht. [...] Die 'fremden' Tänze reizten mich umso mehr, je weiter meine Bewegungsschulung durch die Gymnastik fortgeschritten war – und das ging nicht nur mir so."

Auch Martin P., der sechsmal pro Woche verschiedene Tänze tanzt, hat den bulgarischen Volkstanz wegen seiner „anspruchsvollen Bewegungsqualität und ungeraden Rhythmen" gewählt. Und Christina Z. beschreibt ihre von Anfang an große Begeisterung so:

„Die ungewöhnlichen Rhythmen haben mich gepackt und es war Liebe auf den ersten Schritt! Das Erlernen der ersten Tänze war aber besonders schwierig und es dauerte lange. [...] Die Liebe ist mit jedem Schritt intensiver geworden."

Großer Ehrgeiz, Leistung zu zeigen und dabei im fremden Tanz ganz aufzugehen, kann allerdings das Verstehen der fremden Symbole behindern, wie es der Aussage von Ingrid E. zu entnehmen ist. Sie wünscht sich, „einen Tanz kennenzulernen, mehrmals zu tanzen und unbeeinflußt von Wissen bei sich selbst nachzufühlen, wie der Tanz auf einen selbst wirkt." Vertraut mit der bulgarischen Körperästhetik, aber nicht unbedingt mit ihren geschichtlichen Hintergründen, und wenig interessiert an der traditionellen Einbettung in den kulturellen Kontext, organisieren die fortgeschrittenen TanzschülerInnen eigene bulgarische Tanzfeste. Sie tanzen dabei bis Mitternacht, weder Spaß noch Wettkampfbereitschaft bleiben auf der Strecke, und ihre Neugier auf neue Tanzschritte und -figuren scheint unersättlich – eine zeitgenössische Rekonstruktion traditioneller bulgarischer Bewegungsformen, in die die Vorlieben der deutschen TänzerInnen eingebaut werden können. So erlebe ich immer wieder, daß Männer mit viel Freude

einen makedonischen Frauenreigen tanzen oder daß die Teilnehmerinnen unbedingt auch die Männertänze erlernen wollen. Was in Bulgarien bis heute kaum vorstellbar ist, kann hier zu einer eigenständigen kulturellen Praxis werden.

Suche nach dem „Eigentlichen"

Im Gegensatz zu den 'Kultur-Improvisierender' versucht die zweite Gruppe, die ursprünglichen Bedeutungsträger genau zu erfassen und sich in alten Traditionen zu verorten, in der der Tanz als Medium zwischen Natur und Kultur, Menschheit und Göttern gesehen wird. Wie die zuvor Genannten de- und rekonstruieren auch diese Tanzenden die bulgarischen Bewegungsmuster in ihrem eigenen Sinne. Hier ist es allerdings ein tiefgreifendes Interesse am kulturellen Hintergrund der Tänze sowie eine große Empathie gegenüber der bulgarischen Lebensweise, die die Faszination auslösen.

Ein großer Teil der Befragten setzt sich auch intellektuell mit den rituellen bulgarischen Tänzen auseinander. Nicht allein die Sinnlichkeit, sondern auch der Kopf ermöglicht dem Körper eine Art Wohlgefühl der Vollkommenheit und Identifikation in der Bewegung. So ist Max B. inspiriert vom Drang, die „manchmal etwas verborgene Symbolik bei Volkstänzen" zu entdecken. Als Leiter eines Bildungshauses in der Schweiz beteiligt er sich an meinen Seminaren immer sehr aktiv und versucht, das Tanzen in einem besonderen geistigen Licht zu sehen. Denn die Zukunft wird nach seiner Auffassung nur dadurch gesichert,

„daß bewußt alte Symbolik und Tradition weitergegeben wird. Der Mensch braucht den Tanz als Ausdrucksmittel, ganz besonders in einer so hektischen und spezialisierten Zeit wie heute. In der Bewegung liegt die Urkraft der Schöpfung – sie wiederholt sich immer wieder."

Der bulgarische Tanz, der nach Meinung von Barbara P. „die Ursprünglichkeit der Bewegung bewahrt hat", soll demzufolge „an den Menschen nicht als Maschine, nicht grammatikalisch" unterrichtet werden, wie mir die Tanzlehrerin Maria-Gabriele W. erklärt. Vielmehr sollte ihrer Meinung nach der Schwerpunkt auf „Mythos und Ritual aus Bulgarien als eine der ältesten Quellen" gelegt werden.

Die Befragten eignen sich das Fremde an, indem sie es der „total degenerierten Kultur der eigenen Wohlstandsgesellschaft" (Hans-Christoph B.) entgegenstellen bzw. die zeitgenössische „Computerisierung" (Christine K.), „Wertlosigkeit" (Barbara N.), „Ich-Orientierung" (Borghild B.) und „Zurückhaltung" (Susanne K.) ablehnen. Gegen Alltagsstreß, Perfektion, Leistungsdruck und Egoismus spricht sich auch Magda L. aus, für die die Reigenform der bulgarischen Tanzkultur „die schönste, wohltuendste Art, miteinander zu kommunizieren" ist. Besonders Frauen wollen dadurch den Mangel an traditionellen Bindungen kompensieren, wie beispielsweise Christina Z.:

„Wir haben unseren wahren Bezug zur Tradition verloren – vielleicht geht es uns zu gut. Hierzulande wird uns vorgetanzt [...]. Ich suche dagegen die Gemeinschaft, den Zusammenhalt, meine Wurzeln im Tanz. Ich will beim Tanzen leben können – komisch, daß ich dies eher in einer fremden Kultur finde."

Beate F. erwähnt neben der Vereinzelung ein weiteres Defizit der westlichen Kultur: „Ich bin aus der Kirche ausgetreten, weil es in ihrem Pantheon keine Göttinnen gibt bzw. weil ihre Einstellung zur Frau mir nicht entspricht." Viele meiner Gesprächs- und Tanzpartnerinnen wenden sich von der offiziellen Religion ab und verfolgen die Spuren des Matriarchats im rituellen bulgarischen Reigen. Sie suchen nach der heidnischen Kraft des Kreises als Verbindung zum 'Göttlichen' und wollen dabei jeder Bewegung einen Sinn geben.[6]

Es ist nicht zu übersehen, daß diese Frauen (und einige Männer) die zeitgenössische Entwicklung des Volkstanzes in Bulgarien nicht zur Kenntnis nehmen und jede „verkünstelte Choreographie" (Manfred D.) ablehnen. Doch die Modernisierungsprozesse haben auch die Folklore in den Herkunftsdörfern verändert, und das unberührte Ursprüngliche existiert nur als Vision meiner deutschsprachigen GesprächspartnerInnen. In solchen Deutungsmustern zeigt sich meines Erachtens die latente Gefahr eines kulturellen Fundamentalismus, der pluralistische Wertehorizonte mit Formeln des 'Reinen' und 'Authentischen' verbindet.

Interkulturelles Lernen

"Volkstänze sind wie Märchen, Sagen und Legenden in der Literatur. Sie haben ihren Ursprung in alltäglichen Gepflogenheiten der Menschen und sind von Generation zu Generation weitergegeben worden. Deshalb erfahre ich auch gerne etwas über die Hintergründe, Herkunft und Bedeutung der Tänze."

Wie Susanne K. gibt die überwiegende Zahl der Befragten an, das Interesse an Geschichte und Kultur eines fremden Landes sei für sie die Hauptmotivation für das Erlernen bulgarischer Tänze. Daß über die Bewegungen mehr über eine andere Kultur in Erfahrung gebracht werden kann, wird häufig geschildert: „So wie die internationale Küche Anklang findet, ist das auch mit dem Tanzen", meint Gerd W. „Ohne viele Worte konnte ich einsaugen, was aus der Bewegungsqualität als Lebensgefühl zu mir herüberkam, zu mir sprach", erzählt Gudrun S., die deshalb nur von bulgarischen LehrerInnen unterrichtet werden möchte. Und Elisabeth F. versteht „durch das Einfühlen in fremde Kulturen" auch ihre eigene Kultur besser.

Das von den Befragten vielfach formulierte Interesse an der bulgarischen Kultur reicht häufig weiter als eine rein touristische Neugier am Exotischen. So wird deutlich, daß sich viele Tanzende über die Kurse hinaus weiterbilden und das Tanzen als Ausgangspunkt für Erkundungen über das osteuropäische Land auf anderen Ebenen nutzen. Anders als bei Tango, orientalischem und afrikanischem Tanz interpretieren diese TänzerInnen ihre Aktivität als einen „Beitrag zur Völkerverständigung", der ihnen über die Sprachbarriere hinweg Kommunikation und ein Voneinanderlernen ermöglicht.

Da die verschiedenen Formen, Figurkonstellationen und Bewegungsarten der Volkstänze spezifische, historisch und kulturell geprägte Leitbilder, Ideen und Wertmaßstäbe vermitteln, können die TänzerInnen aber auch in den Kursen selbst einige der wichtigsten kulturellen Grundsätze erfahren. Sie können sich dadurch eine neue Bewußtseinsdimension eröffnen, die wesentlich mehr Aktivität als die bloße Wahrnehmung und Umsetzung klanglicher und rhythmischer Reize erfordert. Wenn die Faszination am Tanz als Einladung aufgefaßt wird, eine fremde Tradition zu erforschen, Mentalitätsunterschiede zu erfassen oder sogar die bulgarische Sprache zu erlernen, dann hat die körperliche Beweglichkeit der Tanzenden auch eine geistige zur Folge. In jedem Fall fördert die Auseinandersetzung mit bulgarischem Volkstanz die Sensibilität für kulturelle Differenzen und schafft so die Grundlage für die Anerkennung von Verschiedenheit und damit von sozialer und politischer Toleranz. Marion M. sieht daher auch die Zukunft des bulgarischen Tanzes „in der völkerverbindenden Friedensarbeit".

Anmerkungen

1 Die Ergebnisse meiner Forschung beruhen auf ausführlichen Gesprächen, die ich zwischen 1993 und 1997 bei Tanzseminaren in verschiedenen Städten Deutschlands, Österreichs und der Schweiz geführt habe sowie auf 38 von Tanzbegeisterten und 23 von TanzlehrerInnen ausgefüllten Fragebögen, 15 Videoaufnahmen von Kursen und auf einigen Briefen, die ich von KursteilnehmerInnen erhalten habe.
2 Péter Niedermüller: Politischer Wandel und Neonationalismus in Osteuropa. In: Wolfgang Kaschuba (Hg.): Kulturen – Identitaeten – Diskurse. Perspektiven Europäischer Ethnologie. Berlin 1995, S. 135-151; hier S. 144.
3 So erzählte mir beispielsweise Heidi Z.: „Durch unsere politische Vergangenheit entstand ein Bruch in der heimischen Kultur. Dadurch wurden wir offen für internationale Tänze. Die Offenheit gegenüber dem Fremden ist zum Zeitgeschmack geworden." Und Franz B. meinte: „Die Deutschen haben noch das Nachkriegstrauma, daß alles Nationale von Übel ist."

4 Die Befragten, zu 80% Frauen, stammen aus unterschiedlichen sozialen Schichten, wobei die Altersspanne von 20 bis über 70 reicht. Das Interesse ist bei den meisten TanzkursteilnehmerInnen ein kontinuierliches; so liegt etwa die längste Erfahrung im bulgarischen Tanz bei 27 Jahren. Offenbar handelt es sich hierbei weniger um ein kurzfristiges Eintauchen in eine 'exotische' Körpertechnik – viele TänzerInnen sind Fortgeschrittene und manche treten auch mit bulgarischen Reigen öffentlich auf. Alle GesprächspartnerInnen sind dem bulgarischen Volkstanz zum erstenmal in deutschen Seminarräumen begegnet, bevorzugen als KursleiterInnen allerdings BulgarInnen.

5 Clifford Geertz: Dichte Beschreibung. Beiträge zum verstehen kultureller Systeme. Frankfurt/M. 1994; Claude Levi-Strauss: Strukturale Anthropologie. Frankfurt/M. 1967; Jurij M. Lotman: Die Struktur literarischer Texte. München 1993; George H. Mead: Mind, Self and Society. Chicago 1934; Talcott Parsons: The Social System. New York 1966; Ingwer Paul: Rituelle Kommunikation. Tübingen 1990; Jochen Rehbein: Interkulturelle Kommunikation. Tübingen 1985; Charles Taylor: Multikulturalismus und die Politik der Anerkennung. Frankfurt/M. 1993.

6 Vgl. dazu auch Sandra Schönbrunner: „Liebe Schwester, tanz mit mir...", in diesem Band.

VolkstänzerInnen suchen die Nähe zur Natur

Sandra Schönbrunner

„Liebe Schwester, tanz mit mir..."[1]

Kreistanz von Frauen für Frauen

„... ich tanz herbei im Hinkeschritt... Im November tritt uns die Göttin in ihrem Aspekt der schwarzen Alten entgegen. Lüstern, launisch zeigt sie in ihren Mythen und Tanz die Macht alter Frauen. Ebenso rüttelt und schüttelt sie uns allerdings auch als Windfrau Holla und konfrontiert uns mit der Macht des Sterbens, der wir in dieser Zeit in uns und um uns herum begegnen."[2]

Dieses Zitat entstammt der Ankündigung zu einem Kreistanzseminar. 25 Frauen im Alter zwischen 30 und 60 Jahren kommen zusammen, um fünf Stunden lang rituelle Kreistänze zu lernen und zu tanzen. Viele begegnen sich zum erstenmal. Nachdem sie die Seminargebühren bei den Veranstalterinnen bezahlt, sich umgezogen und ihre mitgebrachte Verpflegung verstaut haben, bilden sie einen großen Kreis. Alle tragen dunkle oder schwarze Kleidung: weite, oft selbst genähte Kleider oder legere Turnhosen und Sweatshirts. In der Mitte des Frauenkreises brennt auf einem runden schwarzen Tuch eine Kerze. Daneben steht unter einem Blumenstrauß ein kleiner Kupferkessel und die Abbildung einer schwarzen Frau, die durch den Himmel reitet – die einzige Dekoration für dieses Seminar.

Nachdem die Leiterin die Anwesenden begrüßt und sich bei den Organisatorinnen bedankt hat, beginnt der erste Tanz: Die Frauen nehmen sich ohne Aufforderung bei den Händen. Die rechte innere Handfläche zeigt zur Kreismitte, und die linke wird in die offene Hand der nächsten Frau gelegt. Die Leiterin erklärt die Schrittfolge: acht langsame, schreitende Schritte gegen den Uhrzeigersinn, beginnend mit dem rechten Fuß; im Anschluß daran eine halbe Körperdrehung nach rechts, ohne dabei die Hände loszulassen, und zwei schnelle Wechselschritte nach vorn. Danach beginnt die Schrittfolge aufs neue. Zunächst üben die Frauen ohne Musik, dann tanzen sie den ersten Tanz, der etwa vier Minuten dauert, zweimal mit Musik.

Rasch lernen die Frauen die verschiedenen Schrittkombinationen, die Körperbewegungen und die zahlreichen Handhaltungen der insgesamt zwölf Tänze an diesem Tag, Tänze mit Namen wie „Spirale ins Ungewisse", „Perchtentanz", „Geisterwalzer", „Weg nach Eleusis", „Sehnsucht nach dem Licht" und „Tanz der Schicksalsspinnerinnen". Die Gruppe tanzt entweder in einem geschlossenen Kreis oder zur Kreismitte hin und von dort wieder heraus. Zwei Tänze verlaufen spiralförmig durch den Raum.[3]

Ein Drittel der Frauen kennt die Choreographien bereits. Einige tanzen mit geschlossenen Augen, manche schauen auf die Gegenstände in der Mitte, andere suchen Blickkontakt zu ihren Mittänzerinnen oder beobachten ihre eigenen Bewegungen.

Skizze aus einem Programm fürs Kreistanzen

Die Leiterin macht nur sehr knappe Angaben zu den einzelnen Musikstücken, die zum Teil rein instrumental, zum Teil mit Gesang sind. Zu den Texten der Lieder, die fast alle europäisch-volkstümlichen Ursprungs sind, wird keine Information erteilt. Klassische Musikstücke (z.B. „Der Winter" aus den vier Jahreszeiten von Antonio Vivaldi) wechseln sich ab mit sizilianischer Flötenmusik, einem Stück für zwei Trommeln und einem rumänischem Wiegenlied.

Zur Hälfte der Seminarzeit findet eine einstündige Pause statt, die die Teilnehmerinnen zu Gesprächen, zum Essen und zum Durchstöbern von bereitgelegten Prospekten und Büchern nutzen. Manche ziehen sich auch zurück und bleiben, ganz für sich allein, auf einer Decke liegen.

Nach der Seminarpause folgt eine halbstündige Meditationsübung. Im Raum verteilt liegen die Frauen auf ihren mitgebrachten Decken und hören der Leiterin zu, die von der Bedeutung der herbstlichen Jahreszeit erzählt und einen kurzen Einblick in die Symbolik der Tänze vermittelt. Auch beschreibt sie Göttinnen, die in der kommenden „dunklen Jahreszeit" wichtig sind und im heutigen Dunkelheitsritual herbeigerufen werden sollen.

Seit etlichen Jahren veranstalten Frauen explizit für Frauen solche ein- oder mehrtägigen Tanzseminare unter Titeln wie „KreisTanzRitual" oder „Die Kraft der Kreistänze".[4] Frauenverbände, Frauenferienhäuser und feministische Gesundheitszentren in ganz Europa bieten diese Veranstaltungen an. Tübinger Organisatorinnen sind das Bildungszentrum und Archiv zur Frauengeschichte Baden-Württembergs (BAF e.V.) und der Sport- und Bewegungsverein für Frauen und Mädchen e.V.

Zur ersten Annäherung an das Feld nahm ich an einigen Tanzseminaren teil und verteilte dort Fragebögen.[5] Die Auswertung zeigt, daß alle Teilnehmerinnen in aktivem oder passivem Kontakt zur Tübinger Frauenszene stehen.[6] Sie bezeichnen sich selbst entweder als "Feministin" oder als "frauenbewegt". Durch die oben genannten Institutionen und deren Programme wurden sie auf diese Art von Kreistanz aufmerksam. Einige fanden den Zugang durch Erzählungen aus dem Bekanntenkreis, Frauenfeste mit Kreistänzen waren für andere der Einstieg. Viele erfuhren davon durch die Lektüre feministischer und/oder esoterischer Tanzliteratur.

Am häufigsten tanzen die Frauen Kreistänze in Seminaren mit Anleitung. Einige tanzen darüber hinaus allein zu Hause oder auf öffentlichen und privaten Frauenfesten. Meine Untersuchung beschränkt sich auf Tanzseminare unter Anleitung, denn an privaten Kreistanzveranstaltungen wollte ich nicht teilnehmen, da sie alle längere Zeit von den Aktiven vorbereitet und in einem sehr engen und vertrautem „Kreis" vollzogen werden. Trotz der Möglichkeit einer Teilnahme entschied ich mich dagegen, denn nach Ansicht der Tänzerinnen hätte ich dann meine Distanz als Forschende aufgeben müssen, um ein Gelingen des Rituals nicht zu gefährden – ein Problem, das meine gesamte Forschung im Feld begleitete.

Das Hauptanliegen der Frauen ist nicht pure Lust an körperlicher Bewegung,[7] sondern sie wollen an erster Stelle die Tanzschritte und Choreographien der Tänze erlernen, mit denen sie spezielle Tage und Zeiten im Jahr feiern. Sie sehen das Kreistanzen nicht als bloßen Tanzkurs, zu dem eine kurz nach der Arbeit geht, um sich durchzuschütteln und Spaß zu haben.[8] Vielmehr treffen sie sich, um zusammen an jahreszeitlichen Schnittpunkten oder biographischen Einschnitten wie z.B. Geburten, Todesfällen oder der ersten Menstruation eines Mädchens Rituale mit Kreistänzen abzuhalten. Diese Verbindung von Tanz und Ritual stellt für sie den wichtigsten Beweggrund dar, wobei sie im Zentrum des Rituals die spirituelle Erfahrung sehen. Und gerade die Suche nach Spiritualität motiviert sie, an Kreistanzseminaren teilzunehmen.

Nach der teilnehmenden Beobachtung ging ich in vier qualitativen Interviews der Leitfrage nach, welche Funktionen und Bedeutungen die rituellen Kreistänze für die Frauen auf ihrer Suche nach weiblicher Spiritualität haben.[9] Alle bezogen sich im Gespräch auf die folgende jahreszeitliche Einteilung:

„Ein rituelles Weltbild, [das] von einem vielschichtigen Gefüge von kosmischen Kräften [aus]geht, das an bestimmten Schaltpunkten im Jahr der rituellen Stützung des Menschen bedarf. So ist das Symbol eines achtspeichigen Jahresrades entstanden, das acht große Rituale markiert. Mit diesen acht kosmischen Festen wird das Jahr in Abschnitte von sechs bis sieben Wochen eingeteilt."[10]

Im einzelnen ergibt das folgende „Tanztermine" für jedes Jahr: vier Feste, die unter dem Einfluß der Sonne stehen: Frühlingstagundnachtgleiche (21. März), Sommersonnenwende (21. Juni), Herbsttagundnachtgleiche (21. September) und Wintersonnenwende (21. Dezember) sowie vier Mondrituale: Lichtmeß (2. Februar), Walpurgis (die letzte Nacht im April), Schnitterin/Kräuterweih (2. August) und das Dunkelheitsritual (die Nacht auf den 1. November).[11] Diese Einteilung bezieht sich auf die Prozesse von Wachsen und Absterben in der Natur:

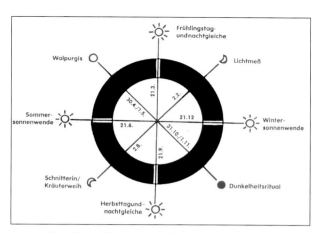

Graphische Darstellung des Jahresrades

„*Das Modell des Jahresrades läßt bis heute seine bäuerlichen Wurzeln erkennen, denn sein Kern ist die Symbolik von Saat und Ernte. Vermutlich wurden die acht Jahreskreisrituale ursprünglich als nichts anderes als die Höhe- und Wendepunkte eines landwirtschaflichen Jahres zelebriert.*"[12]

Wenn Kreistänzerinnen heute Rituale feiern, steht allerdings nicht die landwirtschaftliche Nutzung der Natur im Vordergrund, sondern die Stärkung der eigenen Wahrnehmung dieser jahreszeitlichen Naturprozesse.

„*Durch die Ritualfeier werden die acht Zeitabschnitte des Jahresrades sehr bewußt erlebt. Persönlicher Lebensvollzug und Naturzyklus harmonisieren sich. Und genau dies ist die Grundidee des rituellen Ganges durch das Jahresrad: eigene Schritte fallen wesentlich leichter, wenn sie in den Naturrhythmus eingebettet sind.*"[13]

In der frauenbewegten Szene ist es nichts Neues, Feste mit matriarchalem und vorchristlichem Ursprung auch mit Ritualen zu feiern. Jüngeren Datums ist allerdings der Versuch, Choreographien von Kreis- und Reigentänzen an diesen Festtagen als Ritualtechnik einzusetzen. Doch die Tanzlehrerinnen erfinden die Kreistänze nicht im stillen Kämmerlein neu. Als Vorbild und Anhaltspunkt dienen ihnen europäisch-volkstümliche Kreistänze, deren Ursprünge sie in der Vor- und Frühgeschichte suchen.

Einzelne Frauen tanzten zunächst in rein privaten Gruppen bereits vorhandene Schrittfolgen nach, die sie dabei veränderten, erweiterten und auch neu definierten.[14]

Was die hier vorgestellten Kreistänze aber von den bisherigen traditionellen Volksreigen unterscheidet, ist eine frauenspezifische Interpretation der überlieferten Tänze. Diese Neukonstruktion der Tänze und ihrer Bedeutungen beruht auf der Hoffnung, ursprüngliche, spezifisch weibliche spirituelle Erfahrungen zu erahnen und damit wieder zu erlernen.

Ein theoretisches Fundament der Tanzrituale bildet die in den letzten zwanzig Jahren veröffentlichte Literatur, die eine feministische Deutung vor- und frühgeschichtlicher Kulturen hervorbrachte. Die Forscherinnen kommen trotz einzelner Abweichungen in ihren Interpretationen übereinstimmend zum Ergebnis:

„*Der Ursprung war weiblich. [...] Die frühesten Zeugnisse der Menschheit sind mehrheitlich weibliche Skulpturen, das erste Gottesbild war weiblich, die erste Darstellung zeigte zwei Frauen.*"[15]

Die von den Autorinnen lesbar gemachten Symbole wie Tiere, Linien, Kreuz, Kreis, Halbkreis, Dreieck, Spirale und viele mehr, die alle in direkter Verbindung mit dem weiblichen Körper stehen, gaben vielen Frauen den Anstoß, die damalige Stellung von Frauen und ihre Bedeutung für das gesellschaftliche Zusammenleben neu zu bewerten. Daher suchen sie diese Sym-

Skizze eines Tonmodells aus Cypern, ca. 1000 v. Chr., das den Reigentanz darstellt

bole in den nachfolgenden Kulturen und spüren ihnen bis in die heutige Zeit hinein nach. Sie gehen davon aus, daß die ursprünglich positive weibliche Zuordnung der Chiffren, Zeichen und Symbole durch patriarchale Kulturen wie das Christentum verdreht und zerstört wurden.[16] Damals wurden, so die heutige Sicht, Frauen gerade wegen ihrer Biologie, die sie in Verbindung mit den natürlichen Zyklen setzt, als materielle und geistige Schöpferinnen gesehen.[17]

Diese wiedergefundene weibliche Symbolik der Epochen wird bewußt in die Tänze eingearbeitet. So symbolisiert jeder einzelne Schritt, jede einzelne Handbewegung und jede Körperdrehung etwa eines der vier Elemente Feuer, Wasser, Luft und Erde. Beim Kreistanzen entsteht keine Tanzbewegung aus dem Affekt heraus, sondern ist vorgegeben und bedeutungsvoll. Auch jeder gesamte Tanz ist ein Symbol, z.B. für die Anrufung einer Göttin oder für eine ihrer zahlreichen Verkörperungen. Als Beispiel sei hier die Perchta genannt, die als eine Verkörperung der dunklen Göttin vor allem im Dunkelheitsritual in Erscheinung tritt:

„Zottig schaut sie aus, ungekämmt und schmutzig, und vor allem ist sie wild. So liebt sie den Sturm, mit dem sie den Menschen nicht nur die Mützen, sondern auch die Gedanken vom Kopf reißen kann. Überhaupt mag sie derbe Scherze, kräftige Speisen und freut sich über ein aufgetischtes Bier. [...] Sie belohnt großzügig und überraschend, gibt Hilfe in vertrackten Situationen und zeigt neue verrückte Wege auf. Die Perchta ist beides: wild und zerstörerisch sowie hilfreich eingreifend und verwandelnd. Mit dieser Verkörperung von scheinbaren Gegensätzen wirft sie unsere Vorstellungen von Gut und Böse durcheinander."[18]

Die meisten Teilnehmerinnen nehmen diese Tänze begeistert auf, da sie in den symbolischen Bewegungsformen ihre spirituellen Fähigkeiten spüren, mobilisieren und verstärken können. Sie fühlen sich in den Tänzen „zuhause", weil sie durch ein Auflebenlassen matriarchalen Wissens an ihre eigene "alteuropäische"[19] Geschichte anknüpfen können.

„Ich habe viel über alte Frauenkulturen gelesen und mich spontan dazu hingezogen gefühlt. [...] Irgendwann habe ich mich dann mal gefragt, wie sich das wohl anfühlt. Mit Kreistanzen erahne ich mittlerweile davon etwas",

meint Anna M. Ich nenne dieses Phänomen "rituell tanzendes Traditionserfühlen", denn nach wissenschaftlicher Authentizität suchen die Frauen nicht.[20]

Einige der Tänzerinnen suchten allerdings zunächst spirituelle Erfahrungen in der Auseinandersetzung mit außereuropäischen 'Naturvölkern', da sie von nachgeahmten ekstatischen Ritualtänzen begeistert waren.

Skizze eines Tonmodells minoischer Reigentänzerinnen

Auch im afrikanischen Trommeln versuchten manche, Spiritualität zu erleben. Doch sie sagen, daß sie darin nie wahre Befriedigung fanden und durch das Kreistanzen zur Einsicht kamen, daß eine Übertragung fremdkultureller Spiritualität auf ihr hiesiges Leben für sie nicht möglich sei. Katja R. erzählt: „Ich trommle heute noch nach einer afrikanischen Technik [...], aber sie bringt mir kein Gefühl für meine weiblichen Urinstinkte."

„ Mein Wunsch war es schon immer, Göttinnen in mein Alltagsleben zu integrieren. Göttinnen mit einer Geschichte hier. Nein, ich will afrikanische Göttinnen nicht abwerten, aber zu Göttinnen wie der Perchta kann ich einen viel intensiveren Kontakt herstellen",

meint Sonja O. So begann für sie die Suche nach der 'richtigen' spirituellen Adresse. Diese Suche ist geprägt von Kritik am kulturellen Leben in Deutschland, das in ihren Augen durch patriarchale Verhältnisse und das Christentum festgelegt ist. Petra A. schildert ihr Unbehagen:

„Meine Freundinnen und ich haben schon lange die Schnauze voll von Weihnachten und all dem Drumherum. Das hat keine Bedeutung für mich als Frau. Was soll ich da feiern? [...] Und Walpurgis in Tübingen war mir auch nicht genug, da es ja immer auch noch indirekt um Männer ging."

„Die feministische Theologie ist schon interessant, aber eine Abwendung von der kopfgesteuerten Lebensweise und mögliche Alternativen, die weibliche Energien preisen, bietet sie auch nicht",

kritisiert Sonja O. Diese Frauen waren es leid, sich auf Frauenwege zu begeben, die letztlich immer noch an Männern orientiert waren. Heute nutzen sie rituelle Kreistänze für einen Lebensrahmen, in dem sie mehr über das matriarchal-spirituelle Weltbild und dessen symbolische und mythologische Seite erlernen – nicht nur intellektuell, sondern auch körperlich-sinnlich. Und daß sie dazu in reinen Frauenkreisen tanzen, erklären sie damit, daß

Die Göttinnen Demeter und Persephone

„die starke Bezogenheit der Tänze auf den weiß-rot-schwarzen Zyklus des Jahres, den jede Frau mit ihrem eigenen Körper widerspiegelt, Männer von wesentlichen Tänzen ausschließt. Hier müßten andere mythologische Konzepte entwickelt werden."[21]

Darüber hinaus besteht für sie überhaupt kein Interesse daran, Männer in (andere) Kreistänze zu integrieren:

„Eigentlich ist es mir schon zu doof, auf die Frage, 'warum keine Männer?' zu antworten. Ich weiß einfach, daß ich mich in reinen Frauengruppen wesentlich wohler fühle, und das muß ich mir nicht mehr erklären",

meint Anna M. Meine Informantinnen streben nicht nach einer Geschlechterauflösung oder einer möglichen Gleichheit der Geschlechter in Ritualen, sondern sie betonen gerade die biologische Verschiedenheit. Und mit den rituellen Kreistänzen lernen und erfahren sie am eigenen Leib bisher unbekannte Definitionen und Kräfte der Weiblichkeit.

Dabei vertrauen sie sich der Tanzleiterin an und genießen in den Seminaren die mündliche Weitergabe von Wissen über geschichtliche Frauenkraft. Katja R. sagt:

„Ich will immer, daß die Leiterin ganz viel auch zu den einzelnen Tänzen erzählt. Ich will nicht in Lexika über Göttinnen nachlesen, sondern ich will mir das erzählen lassen und dann auch gleich tanzen. Erzählungen lassen mir viel mehr Raum für meine eigenen Phantasien."

Und Sonja O. erläutert: „Für mich bedeutet Ritual auch die mündliche Weitergabe von Wissen und gleichzeitig auch das Leben von diesem Wissen im Tanzen."

Trotz der stark empfundenen Defizite der heutigen Zeit äußert keine der Frauen den Wunsch nach Rückkehr in vergangene matriarchale Verhältnisse. Auf die Frage, ob sie mit den Kreistanzritualen ein Matriarchat herbeitanzen will, antwortet Anna M:

„Ach nein, nein. Ich will das Tanzen nicht politisieren. Ich habe gerade erst begonnen, eine Ahnung der Rituale und spirituellen Lebensweise zu bekommen. Wenn unsere Feste ein Umdenken mit sich bringen, schön und gut. Aber ich werde mich davor hüten, das anderen aufzudrängen."

„Wir leben im 20. Jahrhundert, und da muß ich auch mit meinen Ritualen bleiben", erklärt Katja R.

Die Frauen erkennen in den Ritualen sehr wohl eine Notwendigkeit für sich selbst, allerdings wollen sie andere Frauen damit nicht zu einer weiblichen Spiritualität missionieren. Sie würden eine Selbstverständlichkeit der Rituale in einem größeren Rahmen begrüßen, solange ihre derzeitige Qualität darunter nicht leidet. Aber sie wollen es jeder einzelnen überlassen, ob sie daran teilnimmt oder nicht.

Jedes Tanzseminar läßt sich in drei große Phasen einteilen.[22] Zum ersten Stadium des Rituals gehört für manche Frauen schon das Anlegen von besonderer Tanzkleidung. Einige der Frauen besitzen eine bestimmte Ritualtanzkleidung, die sie irgendwann einmal für sich als passende erspürten. Viele legen sich für die einzelnen Jahresrituale besondere Kleidung zu, die sie aber auch im Laufe ihrer Tanzbiographie ändern bzw. ihren persönlichen Bedürfnissen anpassen.

Am Anfang werden Tänze getanzt, die der Öffnung der körperlichen Energiekanäle dienen. Petra A. beschreibt das folgendermaßen:

„Schritt für Schritt loslassen, Schritt für Schritt die Chakren öffnen, Schritt für Schritt sich konzentrieren."

Den Mittel- und Hauptteil des Rituals bilden Tänze, mit denen die Frauen in einen Zustand kommen, in dem sie mit kosmischen Energien kommunizieren

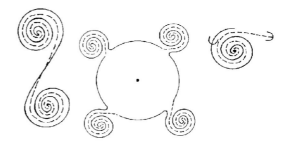

Muster des Tanzes Sonnenspirale, die sich auf dem Boden ergeben

können. Jede empfindet das auf ihre eigene, persönliche Art und Weise und von Ritual zu Ritual verschieden. Alle äußern sich so, daß sich dieser Zustand je nach den individuellen und kosmischen Bedürfnissen und Bedingungen ändert. Die spirituelle Kommunikation hängt für sie sowohl von äußeren als auch von inneren Faktoren ab: von der Wahl des Tanzortes, der Dauer des Seminars und davon, welche Tänze ausgesucht werden. Wichtig sind auch der Energiefluß innerhalb der Gruppe, die Konzentrationsfähigkeit jeder einzelnen und die verschiedenen spirituellen Ebenen der Teilnehmerinnen. Ging es um das Erleben dieser als sakral empfundenen Momente, habe ich nicht intensiver nachgefragt, denn die Bereitschaft der Frauen, sich von mir zu Kreistanzritualen interviewen zu lassen, beruhte auf der Vereinbarung, zu diesen Erfahrungen nichts aussagen zu müssen.

Beendet wird das Kreistanzritual mit Tänzen, deren Choreographie so gestaltet ist, daß die Frauen die geöffneten körperlichen Energiekanäle wieder desensibilisieren, denn sie sehen die Notwendigkeit, den spirituellen Ausnahmezustand zu beenden. Hierzu werden leichte schwingende Tänze getanzt, die keine große Konzentration mehr erfordern, da hierbei nicht jeder Schritt genau stimmen muß.

Oft dauern Kreistanzseminare zwei Tage lang. In Tübingen trifft sich eine feste Frauengruppe, die ein ganzes Jahr lang zusammen die oben genannten Feiertage zu festen Terminen feiert. An einem Wochenendseminar in Tübingen schlossen die Teilnehmerinnen den ersten Tag mit einem gemeinsamen Abendessen ab. Jede brachte Speisen und Getränke mit, von denen alle gemeinsam aßen. So ist es nicht nur ein Austausch zwischen den Tänzerinnen mit ihren eigenen Ahninnen, zwischen dem Kosmos und den Frauen, ein Geben und Nehmen zwischen Ritualleiterin und Ritualfeiernden, sondern auch eins zwischen den Tanzenden untereinander – ein für alle wohltuender Austausch auf materieller und immaterieller Ebene.

Alle befragten Frauen bejahen, daß sie die Tanzrituale nach dem Seminar in ihren Alltag integrieren wollen: „Die Tänze sind für mich einfach eine Ritualtechnik par excellence. [...] Heilsam und erfrischend, Gefühle, die ich mit nach Hause nehme",

sagt Anna M. So nutzen sie die Tänze auch als Technik für Rituale außerhalb der Seminare. Petra A. erzählt:

„Ich feiere für mich allein Rituale. Erlernte Kreistänze tanze ich auch allein. [...] Die heilende Wirkung durch Rituale mit Frauensymbolik und Tänzen läßt mich mehr erahnen von meinen Wünschen und wahren Bedürfnissen."

Zusammenfassend läßt sich sagen: Die Teilnehmerinnen nehmen das Angebot, diese Kreistänze zu lernen und sie als eine Ritualtechnik zu den jahreszeitlichen Schnittpunkten einzusetzen, begeistert auf. Sie sehen darin vor allem eine Möglichkeit, ihre europäische weibliche Vergangenheit auszugraben, zu fühlen und wiederzubeleben, um aus ihr Ideen und Kräfte für eine Weiblichkeit im 20. Jahrhundert zu erfahren. Sie haben bei diesen tänzerischen Gemeinschaftserlebnissen nicht etwa einen Rückzug in ein archaisches, spirituell geprägtes Matriarchat im Sinn. Im Vordergrund steht vielmehr ihr ganz persönliches spirituelles Erlebnis – eine individualistische Einstellung, die so nur im Kontext unserer zeitgenössischen Kultur denkbar ist. Sie glauben an die Wirkung von weiblichen Traditionen auf die eigene, von Männern unabhängige Identität als Frau.

Jede Frau kann bei rituellen Kreistänzen mittanzen und dabei versuchen, mit Göttinnen zu kommunizieren oder sich eine Zeitlang mit dem Kosmos im gleichen Rhythmus zu bewegen. Bisher existiert keine Zugangsbeschränkung zu Kreistanzseminaren, und die Frauen betonen, daß sie keine Dogmen für diese Spiritualität festlegen wollen. Sie tanzen einen Bannkreis um ihre emotional wiedergefundene Geschichte, da sie deren kathartische Wirkung erlebt haben. Sie tanzen nicht gegen etwas an, sondern unter sich und für sich.

Anmerkungen:

1 Eike Haenel: Schnabbuk und Eisbär. Zur Pflege deutscher Volkstanztraditionen in unserer Zeit. In: Margarete Möckel/Helga Volkmann (Hg.): Spiel, Tanz und Märchen. Regensburg 1995, S. 129-136; hier S. 129.
2 Programm des frauen museums wiesbaden, Herbst 1997, S. 24. Der Text ist der Ankündigung eines Tagesseminars zu rituellen Kreistänzen im November 1997 im BürgerInnenhaus in Wiesbaden unter der Leitung von Ziriah Voigt entnommen.
3 Während meiner teilnehmenden Beobachtungen in vier Kreistanzseminaren (drei in Tübingen und eine in Wiesbaden) konnte ich 20 verschiedene Tänze erleben. Dabei lernte ich insgesamt fünf verschiedene Arm- und Handhaltungen und sechs verschiedene Grundschritte.
4 Die Möglichkeit, sich zur rituellen Kreistanzlehrerin ausbilden zu lassen, besteht in Deutschland seit ein paar Jahren. So bietet z.B.

das Frauenlandhaus Charlottenburg einen einjährigen Kurs mit einem Entscheidungswochenende und acht weiteren Wochenenden zum rituellen Kreistanz an. Die Gesamtleitung hat Ziriah Voigt. Zu zwei Terminen sind Gastreferentinnen geladen.

5 Darüber hinaus ließ ich auch einen Vortrag von Ziriah Voigt, den sie Mitte Januar im Tübinger Frauencafé hielt, in meine Arbeit mit einfließen. Weitere Informationen entnahm ich der einschlägigen Literatur.

6 Zur Frauenszene in Tübingen zähle ich unter anderen folgende Orte mit ihren sehr unterschiedlichen Angeboten und Programmen: das Bildungszentrum und Archiv zur Frauengeschichte Baden-Württembergs e.V. (BAF), den Frauenbuchladen Thalestris, das Frauencafé im Epplehaus, die Disco-Veranstaltung "Ladies' Night" im Club Voltaire, den Verein für Lesben und Schwule Tübingens (LuSchT), die Tübinger Initiative für Mädchenarbeit e.V. (TIMA) sowie das studentische Café Lilla Villa.

7 Keine der Befragten gab als Motivationsgrund körperliche oder sportliche Ambitionen an.

8 Das rituelle Kreistanzen ist keineswegs das einzige Tanzvergnügen der Teilnehmerinnen. Einige gehen darüber hinaus z.B. zu Paartanzkursen oder -veranstaltungen und tanzen bei Frauenfesten und in Discotheken.

9 Weibliche Spiritualität läßt sich meiner Meinung nach nicht allgemeingültig definieren, da seit den 70er Jahren voneinander unabhängige Bewegungen (z.B. Feminismus, New Age, neue heidnische Gruppen, die Ökologiebewegung, u.a.) diese verschieden auslegen und leben. Auch die von mir interviewten Kreistänzerinnen nennen unterschiedliche Aspekte und Bedeutungen einer weiblichen Spiritualität: eine begriffliche Abgrenzung zu dem Wort Religion, um ihre von Institutionen unabhängige Struktur und ihr dogmatismusfreies Konzept zu betonen; die Bewegung, die das Weibliche als göttliches Prinzip, das Leben gibt und nimmt, anerkennt und in jahreszeitlich verankerten Ritualen verehrt; ein Glaube, der auf einem zyklischen und antidualistischen Weltbild aufbaut und damit an Naturreligionen anknüpft, usw.
Meine Informantinnen äußerten sich nur sehr zögerlich und zurückhaltend zu diesem Thema, da für sie Spiritualität beim Kreistanzen in erster Linie eine sehr persönliche Bedeutung hat. Die Hälfte der Frauen lehnte ein Interview zum Thema Kreistanzen ab. Sie gaben mir lediglich ihr Einverständnis für die Aussage, sie wollten der patriarchalen Wissenschaft nicht als Informantinnen dienen. Außerdem glauben sie, daß über Spiritualität nicht gesprochen werden kann.

10 Ziriah Voigt: Ritual und Tanz im Jahreskreis. Bonn 1997, S. 23.
11 Vgl. ebd., S. 24.
12 Ebd., S. 26f.
13 Ebd., S. 26.
14 Vgl. dazu Richard Wolfram: Reigen- und Kettentanzformen in Europa. Berlin 1986; Friedemann Otterbach: Einführung in die Geschichte des europäischen Tanzes. Wilhelmshaven 1992; Helmut Günther/Helmut Schäfer: Vom Schamanentanz zur Rumba. Die Geschichte des Gesellschaftstanzes. Stuttgart 1959; Gabriele Klein: FrauenKörperTanz. Eine Zivilisationsgeschichte des Tanzes. Berlin 1992.

Die AutorInnen sind sich einig: Am Anfang der Menschheit war nicht das Wort, sondern der Reigentanz. Als zentraler Bestandteil des europäischen vor- und frühgeschichtlichen Lebens diente er dazu, die soziale Gemeinschaft aufrechtzuerhalten. Tanzen war auch die religiöse Praxis per se, und die Menschen glaubten, mit Hilfe seiner magischen Kräfte auf die Natur und den Kosmos einwirken zu können. Frauen tanzten im Kreis und Männer unter Tiermasken als ekstatische Einzeltänzer. Doch beide Geschlechter waren in der Lage, während des Tanzens mit dem Numinosen zu kommunizieren. Diese Verbindung von Reigentanz und Magie zieht sich durch die gesamte Menschheitsgeschichte. Zu einer Trennung zwischen sakralen und profanen Tänzen kam es erst durch das Christentum, das den göttlichen Reigentanz als einen magischen, den Teufel beschwörenden Kreistanz verdammte. Vgl. auch die Stichwörter „Kreis", „umlaufen" und „umtanzen" in Hanns Bächtold-Stäubli (Hg.): Handwörterbuch des deutschen Aberglaubens. Berlin 1987, Bd. 5, S. 462-477 und Bd. 8, S. 1333-1338 und S. 1353-1362.

15 Birgitta M. Schulte: Der weibliche Faden. Geschichte weitergereicht. Rüsselsheim 1995, S. 6.
16 Das bekannteste Beispiel dürfte wohl das Symbol der Schlange sein. Als Bild einer Göttin, das zugleich für die Kraft von Frauen steht, wurde es seiner positiven Bedeutung, Leben zu geben und zu nehmen, beraubt und in ein Bild des Bösen und der Schuld verwandelt.
17 Vgl. Marija Gimbutas: The Language of the Goddess. San Francisco 1989; Marie E. P. König: Unsere Vergangenheit ist älter. Höhlenkult Alteuropas. Frankfurt/M. 1980; Gabriele Meixner: Frauenpaare in kulturgeschichtlichen Zeugnissen. Das Buch zur Ausstellung. München 1995; Judith Conrad/Ursula Konnertz: Weiblichkeit in der Moderne. Ansätze feministischer Vernunftkritik. Tübingen 1986.
18 Voigt 1997, S. 279f.
19 Ein von Gimbutas gewählter Begriff, die matristischen Kulturen der Steinzeit bezeichnend, der sich in Frauenkreisen etabliert hat.
20 Den Interviews entnahm ich, daß heutige Kreistänzerinnen nicht an geschichtswissenschaftlich gesicherten Fakten interessiert sind, sondern gerade aus einem tiefen Mißtrauen gegenüber der Wissenschaft im Tanzen ein anderes Medium suchen, Frauengeschichte zu erahnen und körperlich zu erfahren.
21 Voigt 1997, S. 14. Die Farben weiß, rot und schwarz beziehen sich auf die Lebenszeiten von Frauen: Kindheit und Jugend (vor dem Einsetzen der Menstruation), Erwachsensein (wenn Frauen Perioden haben) und Alter (nach dem Aufhören der Regel).
22 Die von mir hier vorgestellte Dreiteilung der Kreistanzseminare ließe sich auch anhand der Ritualtheorie Turners darstellen. Vgl. Victor Turner: Das Ritual. Struktur und Anti-Struktur. Frankfurt/M. 1969 sowie Daniel Wittinger: Raver im Wunderland, in diesem Band.

Feier-Abend

Anja Rützel und Jan Michael Zinnäcker

Spielen mit Stilen

Tanzen in der Mainstream-Disco – Zwischen Anpassung und Wahlfreiheit

Immer das gleiche. Es hat keinen Sinn. Der Parkplatz vor der Färberei 4 ist schon wieder voll belegt. Erst in der dritten Seitenstraße finden wir noch ein Lücke. Zahlreiche jugendliche und junge, modisch, aber nicht extravagant gekleidete Menschen haben dasselbe Ziel. Es ist Donnerstagabend, Mainstreamabend in der Diskothek Färberei 4 in Reutlingen, und es wird wieder voll werden.

Zehn Meter vor uns drei junge Frauen zwischen 18 und 20 Jahren, zwei in kurzen Sommerkleidchen mit Spaghettiträgern, eine in engen schwarzen Hüfthosen und geknoteter gelber Bluse. Vier junge Männer, Mitte zwanzig, in Levis- oder Dieseljeans und adretten Hemden, überholen uns. Aus einem Auto steigen gerade zwei Pärchen, eher sportlich-elegant in Jackett und Kostüm, wie es sie in der Edel-Ecke bei H&M zu kaufen gibt. Auf der Treppe zum Eingang hat sich ein Stau gebildet. Drei kräftige Türsteher kontrollieren mit kurzem prüfenden Blick das Outfit. Die weiten blauen HipHop-Hosen samt Converse Chucks haben heute Glück und werden durchgewunken.

Wie in vielen Discos ist auch das Publikum der Färberei 4 handverlesen. Nicht jeder, der will, darf. Heute werden Mainstream und Charts gespielt, dazu paßt niemand, der sich durch sein Äußeres zu einer bestimmten Szene bekennt. Ausnahmen bilden die wenigen Exoten, die eher der Technoszene zuzurechnen sind und den kleineren Club besuchen.[1] Dieser abgetrennte Raum innerhalb der Färberei bietet die Alternative zur großen Tanzfläche. Im Club wird am Mainstream-Abend House und Techno gespielt – eine Art Disco in der Disco, die bei unseren Forschungen jedoch ausgeklammert wurde.[2] In unserer Feldforschungsphase von Juni bis September 1997 befaßten wir uns mit dem weitaus größeren Bereich der Färberei, mit der großen Tanzfläche, die das Mainstream-Publikum anzieht.

Zunächst näherten wir uns durch teilnehmende (aber nicht mittanzende) Beobachtung dem uns ungewohnten Feld, um aus diesen ersten Eindrücken einen Fragebogen zu entwickeln, der darauf abzielte, Publikumsstruktur und Tanzgewohnheiten zu ergründen. In den darauf folgenden qualititativen Interviews ging es uns vor allem darum, die Tanzmotivationen der MainstreamTänzerInnen zu untersuchen. Fragen nach der persönlichen Tanzgeschichte, den inneren und äußeren Faktoren, die gerade die Mainstream-Disco zur präferierten Tanzwelt werden lassen, und nach dem

Großer Andrang beim Mainstream-Abend

subjektiven Tanzerleben auf persönlicher wie gemeinschaftlicher Ebene waren die zentralen Aspekte dieser Interviews.

Was heißt hier Mainstream?

Ursprünglich bezeichnete Mainstream eine vom Swing beeinflußte Form des modernen Jazz.

„Der Begriff wird inzwischen auch in einem weitergefaßten Sinne gebraucht und meint dann, eher abwertend, den kommerziellen Hauptstrom der populären Musik insgesamt oder in der jeweiligen Entwicklung eines ihrer Genres und ihrer Gattungen."[3]

Wir bezeichnen mit Mainstream ein weites Feld von Musikstücken verschiedener Stilrichtungen, Mode, Tanz und dem dazugehörigen Publikum. HipHop, Rock, Techno oder Pop sind nur einige der Spielarten populärer Musik, die im Mainstream nebeneinander stehen. Gemeinsam ist den Mainstream-Liedern, daß in ihnen die für die jeweilige Musikrichtung typischen Stilcharakteristika meist in geglätteter, moderater Form hörbar werden, wodurch sie eine größere Zahl von HörerInnen ansprechen.

Zum Mainstream-Stück wird alles, was beim dispersen, heterogenen Massenpublikum auf breite Akzeptanz stößt.[4] Die Normierung hin zum Normalen, die Beseitigung unvereinbarer Elemente integriert und macht das Musikprodukt für den Massenkonsum attraktiv. Mainstream ist damit auch immer die Musik, die in den Massenmedien dominiert.[5]

Vom Diktat der Kulturindustrie kann jedoch nicht zwangsläufig die Rede sein. Die Befürchtungen der Frankfurter Schule, die „Umwandlung von Kunst in Waren" würde die Phantasie aushöhlen und Hoffnungen ersticken,[6] scheinen nicht begründet, da sie die Komplexität der Popkultur unterschätzte.

Musiktitel aus den Charts haben gute Chancen, auch in der Färberei 4 gespielt zu werden

„Schon die 'konnotative Fülle' der Rockmusik zeigt beispielsweise, daß das vorschnelle Urteil von der Passivität des Publikums falsch ist: Die Bedeutungen der Musik sind dafür zu vielfältig."[7]

Auch genuin sub- oder gegenkulturelle Musikprodukte stehen nicht außerhalb des wirtschaftlichen Rahmens und fließen immer wieder, sogar mit extremen Formen und Inhalten, in den Mainstream ein. Selbst ehedem von Massengeschmack verschmähte Bands wie Rammstein oder The Shamen reichen den Spice Girls und Take That die Hände zum heiteren Mainstream-Reigen.

Everybody move your feet...

...to the rhythm of the beat. Everybody sing a song, all the people having fun. Aus den Boxen wummern die letzten Takte von DJ Bobos heiterem Dancefloor-Hit „Everybody". „Isn't it ironic" schließt Alanis Morissette ihr angegrungetes[8] Lamento nahtlos an. Die meisten tanzen einfach weiter, nur wenige verlassen mit dem abrupten musikalischen Stilwechsel die Tanzfläche, einige kommen hinzu. Der Tanzstil bleibt weitgehend unverändert, paßt sich lediglich dem neuen Rhythmus an.

„Es gibt so ungefähr zwei Gruppen in der Färberei, es gibt die Leute, die eher zurückhaltend tanzen, sich einiges abgucken und versuchen, unauffällig zu tanzen. Und dann gibt's die anderen, die eben auffälliger tanzen",

beschreibt die 18jährige Schülerin Tina, regelmäßige Färbereigängerin, ihre Sicht des Tanzpublikums. Das Gros der Tanzenden bewegt sich von einem Bein aufs andere, schaukelt ein wenig hin und her. Arme und Oberkörper kommen dabei kaum zum Einsatz. Die meisten von ihnen tanzen in kleinen Gruppen, zu dritt oder zu viert, Frauen bei Frauen, Männer bei Männern oder, seltener, gemischt. Der Tanzstil auf der brechend vollen Tanzfläche wirkt auf uns weitgehend homogen. Nur wenige tanzen mit ausladenden Bewegungen, ihr Tanzstil erinnert an Musikvideos.

Eine aufwendige Lightshow, musikgesteuert, taucht die Tanzenden in Lichtblitze aller Spektralfarben. Bunte Lichtstrahlen beschreiben alle erdenklichen Bahnen. Farbflekken huschen über die Gesichter und verwandeln den Tanzraum in eine schön dekorierte Tanzwelt. Um die Tanzfläche herum stehen vor allem Männer, „halten sich an ihrem Pils fest, gucken mal in der Gegend rum, auf Frauenschau"[9], wippen leicht mit einem Bein.

Die Schaltzentrale über der Tanzfläche: DJs gestalten Musikprogramm und Lightshow

„Man ist in der Disco, und alle tanzen, da tanzt man halt mit. Das mach' ich einfach nach Gefühl." (Dominik, 19 J., Schüler)

„Wenn ich seh', das sieht eigentlich ganz nett aus, wie die das macht, dann probiert man das auch schon mal." (Susi)

„Du fühlst die Musik irgendwo mit und setzt die Musik halt um, ins Tanzen rein. Ich tanze heute irgendwie besser, weil ich älter und selbstbewußter geworden bin. Das ist so ein Entwicklungsprozeß. Also es ist nicht so, daß es mir nichts ausmacht [beim Tanzen angeschaut zu werden], aber es macht mir weniger aus." (Silvia, 30 J., Studentin)

„Das hört sich jetzt vielleicht beschissen an: Die Backstreet Boys selber, die Musik gefällt mir nicht, aber wie sie tanzen, das find ich gar nicht schlecht, das sieht schon irgendwie cool aus. Also die Videos, die prägen schon irgendwie. Man guckt es sich so an und denkt, ha, das sieht schon cool aus, könnte man selber auch mal machen." (Florian, 18 J., Schüler)

Die Interviews bestätigten unseren ersten Eindruck, daß sich der größte Teil der Tanzenden in der Färberei in zwei Gruppen einteilen läßt: Das Gros der Tanzenden orientiert sich daran, wie die meisten tanzen und reproduziert damit einen eher verhaltenen Tanzstil – ein weiterer Hinweis auf Mainstream-Glättung. Nur wenige Befragte gestalten ihr Tanzen als Selbstausdruck oder Selbstdarstellung. Die Tanzmotivation findet in unserem Feld ihre Wurzeln nicht mehr „in einem erstarkten, auf individuelle Körperpflege angelegten Narzißmus"[10], wie es Ende der 70er Jahre der Fall war. Verwandelte sich in der Discowelle „das In-sich-Zurückgezogene des Tanzes in ein außengeleitetes Präsentieren des Körpers"[11], so scheint dies heute die Ausnahme zu sein.

Tanzwelt Mainstream I

Ob die TänzerInnen nun ihre MittänzerInnen oder medial vermittelte Tanzvorbilder nachahmen: Auch in der Disco tanzt niemand einfach so. Tanzen wird erlernt, Tanzen folgt Normen. Die tanzenden Gegenüber, unmittelbar auf der Tanzfläche oder mittelbar in Musikvideos, geben das Spektrum des gleichermaßen Erlaubten wie Geforderten vor. Erlaubt ist alles bis zu gut imitiertem Star-Tanz, denn „es ist halt oft lustig, so ein bißchen 'ne Show abzuziehen"[12], gefordert ist zumindest verhaltene Teilnahme am Tanzgeschehen, „damit man nicht sagen kann, he, schau mal, die sind so langweilig, die tanzen den ganzen Abend nicht"[13]. Egal, zu welcher Seite man neigt, wichtig ist, „daß es zur Musik paßt und zum Rhythmus und daß es auch schön aussieht", meint Tina.

Die Tanzenden in der Färberei 4 nehmen fast immer Bezug auf das soziale Umfeld, die Tanzfläche. Vermeintlich weniger gute TänzerInnen werden kritisch beäugt und sind Quelle der Belustigung für 'besser' Tanzende:

„Das sieht aus, als ob sie irgendwelche Verrenkungen machen oder so, als ob sie auf die Toilette müßten. Ich hab schon manchmal gedacht, ob ich zu denen hingehen soll und sagen, die Toilette ist dahinten",

sagt Florian und lacht.

Hier zeigt sich, daß Tanzen nicht nur Selbstzweck ist, sondern auch benutzt werden kann, um hierarchische Strukturen auszubilden.

„Das macht halt Spaß, die andern ein bißchen 'runterzuziehen. Es ist halt ein Überlegenheitsgefühl, weil man selber halt vielleicht mit der Musik was anfangen kann und sich dazu bewegen kann. So, daß wir meinen, die, die drumrumstehen, die gucken uns an und nicht die andern",

meint Florian. Unsere Beobachtungen lassen allerdings darauf schließen, daß die meisten weniger gern im Rampenlicht stehen. So findet Silvia es

„menschlich, daß man Sorge hat, sich zu blamieren. Es gibt einfach Leute, die sich schwer tun, aus sich rauszugehen und auch das Gefühl haben, jetzt schauen alle anderen nur mich an."

Für Dominik bedeutet tanzen „sich einfach freuen und halt seine Gefühle einfach zeigen". Unsere Beobach-

Die große Tanzfläche der Färberei 4

tungen ergaben jedoch, daß dies für viele alles andere als einfach ist. Diese Hemmungen, Gefühle nach außen zu tragen, sich zu präsentieren, werden auch durch die Erwartungshaltungen des Feldes verstärkt, die die TänzerInnen verinnerlicht haben.

Die Star-TänzerInnen, eher auf Selbstdarstellung bedacht, tragen ebenso wie entsprechende Vorbilder aus VIVA und MTV dazu bei, daß die Mehrheit eher schüchtern-reduziert tanzt. Getanzt wird nicht nur um des Tanzens willen, gut tanzen können bedeutet auch Macht. So wie Gesellschaftstanz in bestimmten sozialen Feldern Prestige verleihen kann, ist auch in der Disco Tanzkompetenz „symbolisches Kapital" im Sinne Pierre Bourdieus. Neben ökonomischem und kulturellem Kapital führt Bourdieu noch eine dritte Kapitalform ein, das soziale oder symbolische Kapital. Damit sind die Beziehungen gemeint, auf die jemand zurückgreifen kann. Im Gegensatz zum ökonomischen Kapital funktioniert das soziale Kapital rein symbolisch und immateriell. Symbolisches Kapital wirkt so als „Kapital an Ehre und Prestige"[14], das einem oder einer deshalb zusteht, weil man zu einer bestimmten Gruppe (in diesem Fall der Gruppe der 'Stars') gehört. Symbolisches Kapital wirkt so als Distinktionsmittel, mit Hilfe dessen sich die guten TänzerInnen überlegen fühlen können.

Verhaltenes Tanzen hat seinen Grund auch in der vorherrschenden Orientierung an der Gemeinschaft. Ein Star ohne Publikum, ein Publikum ohne Star ist nicht denkbar. Wäre jeder ein Star, entstünde keine Gemeinschaft im Sinne des Mainstreams. Gerade die Orientierung an Vorbildern und die damit verbundene Bildung einer Hierarchie führen zu verhaltenem Tanzen.

Hier offenbart sich das Prinzip Mainstream, das vorrangig auf Integration abzielt. Das Problem, im Mainstream nicht ungewöhnlich expressiv tanzen zu dürfen, wird scheinbar dadurch gelöst, daß ein Großteil des tänzerischen Ausdrucks durch ein Mittanzen im Kopf kompensiert wird. So spielen Text und Melodie eine entscheidende Rolle für die Tanzmotivation im Mainstream. Durch die Musik ausgelöste Affekte werden mehr als Vorstellung als durch Körperbewegung ausgelebt.

„Es ist so, daß ich mich mit dem Text ziemlich identifiziere. Wenn es ein Lied ist, das von 'genieße dein Leben' oder sowas erzählt, dann fühl' ich das mit und dann freu' ich mich auch und empfinde das auch, also die Stimmung überträgt sich dann auf mich."[15]

Die Lieder der Stars bringen zum Ausdruck, was die einzelnen in der großen Gemeinschaft ohne Kontrollverlust nicht ausdrücken können. Im Kopf ist alles denkbar, doch der Körper tanzt verhalten.

Die Gesellschaft, der Mainstream und die Färberei 4

In welchem Verhältnis steht eine Disco zur Gesellschaft? Gesamtgesellschaftliche Strukturen spiegeln sich in der Discokultur. Verschiedene Gruppen lagen und liegen im Widerstreit mit dem, was man gemeinhin als etabliert bezeichnet. Mainstream entspricht auf Discoebene dem gesellschaftlichen Establishment und erfüllt im Bereich der Jugendkultur die Funktion, Werte zu bewahren.

Ein Blick zurück verdeutlicht die Transformation von ehemals provokanten neuen Tanzformen in harmloses, akzeptiertes Freizeitvergnügen. Als Mitte der 70er Jahre das Disco-Fieber grassierte, feierten die TänzerInnen ihre „befreite[n] Körper"[16].

„Tanzen sollte trotz strenger Vorschriften und strikt abgezählter Bewegungsabläufe ein Weg zur Selbsterfahrung sein."[17]

JedeR sollte selbst zum Star werden können. Die Trendsetter der neuen Szene „einigte[n] sich ab 1976 schnell auf den großen Spaß, sich in der [...] Disco möglichst dekadent, lasziv und freizügig auszutoben."[18]

Disco war nach Rock'n'Roll, Beat und Flower Power ein weiteres Glied in der Kette neuer Jugendkulturen, die provozierten und mit gesellschaftlichen Normen brachen.[19]

Die kulturelle Ausprägung der Färberei 4 trägt auch auf tänzerischer Ebene wenig Potential für einen Konflikt mit der Gesellschaft in sich, weil in ihr die Bewegung von einer Gegenkultur hin zum Mainstream vollzogen ist. Die Entwicklung der Discokultur der 70er Jahre hin zu heutigen Mainstream-Discotheken entspricht einer allgemeinen Beobachtung Gabriele Kleins. „Fortschritt im Tanz" sieht sie als ständiges Wechselspiel zwischen immer wieder neu entstehenden wilden Tänzen[20] und deren gesellschaftskonformer Assimilierung.

„Nachdem die Tänze den Prozeß ihrer Zivilisierung durch die Eliminierung ihrer unmittelbar lustvollen Elemente durchlaufen haben, können sie als Gesellschaftstänze eine systemstabilisierende Funktion [übernehmen], indem sie als Medium zum Erlernen sozialer Verhaltensstandards dienen."[21]

Konkret wird dies in unserem Feld daran sichtbar, daß – abgesehen von wenigen Ausnahmen – die meisten nicht wild oder lasziv tanzen, sondern ihren Tanzstil an die in der Disco bereits etablierten, d.h. vor allem gemäßigten Formen anpassen. Die Färberei 4 wirkt dadurch systemaffirmativ und steht in Opposition zu sub- und gegenkulturellen Tanztempeln.

„Beide bedürfen der Gegenseite: Der Mainstream braucht den Underground als Laboratorium kommender Moden; der Underground benötigt den Mainstream, um vor ihm zu flüchten und weiterhin anders zu sein."[22]

Aus diesem Verhältnis ergibt sich, daß die Punkerin, der eingefleischte Technojünger oder der HipHopper in der Färberei im besten Fall geduldet, aber nicht in die Tanzgemeinschaft aufgenommen werden. So werden gesellschaftliche Makrostrukturen auf der Disco-Mikroebene reproduziert.

Tanzwelt Mainstream II

„Wenn ich halt weiß, heute abend Färberei, dann weiß ich das halt und muß mich halt ein bißchen schicker anziehen. In die Färberei kommst du vielleicht mit Turnschuhen nicht rein, dann stellt man sich halt darauf ein",

erklärt Florian.

Diese Äußerung weist darauf hin, daß sich die Tanzenden in der Färberei keineswegs auf eindimensionale, andere kopierende Charaktere reduzieren lassen, sondern lediglich ihr Äußeres dem Anlaß anpassen. Beim Disco-Abend kommen nur die mit dem Mainstream kompatiblen Teile einer postmodernen Patchwork-Identität zum Tragen. Jenseits des Feldes zeigte sich jedoch in den Interviews, daß das scheinbar homogene Mainstreampublikum durchaus heterogene Züge hat, bezieht man die anderen Lebensbereiche mit ein.[23]

Die postmoderne Jugendkultur bedient sich auch im Bereich des Mainstreams der „vom Fleischwolf der Kulturindustrie ausgespuckten und strukturell immer gleichen, weil vollkommen beliebigen Produkte"[24], ordnet diese jedoch individuell unterschiedlich an. So werden vormals beliebige Produkte zum Mittel der Distinktion und damit für die Identität der einzelnen bedeutsam. Einzelne Stilelemente werden neu kombiniert, in einen anderen Kontext gestellt und so zu einer Patchwork-Identität zusammengebastelt. Dieses Prinzip der Identitätsstiftung hat bereits Claude Levi-Strauss in seinem ethnologischen Konzept der Bricolage beschrieben. Während Levi-Strauss sich auf Kulturen ohne Schriftsprache bezieht, „bei denen das konkret in der Natur Vorfindbare in systematisch gedachte Zusammenhänge [...], die sich endlos erweitern lassen"[25], gebracht wird, greift Jugendkultur heute auf käufliche Identifikationsangebote und Objekte zurück.[26]

Individualität entsteht aber auch hier weder durch Originalität noch durch Determination innerhalb eines festgefügten sozialen Systems, sondern durch die originelle Kombination kulturindustriell vorgefertigter Versatzstücke. Individualität und Identität beziehen sich damit nicht mehr auf ein Kollektiv im dogmatischen Sinn, sondern entstehen durch persönliche Bastelarbeit, die sich zwar am Mainstream orientiert, trotz dieser Einschränkung dem Patchwork-Prinzip aber Spielräume läßt. Das Individuum reproduziert die Strukturen der pluralistischen und demokratischen Gesellschaft.

Für einen gelungenen Mainstream-Abend ist es aber notwendig, auf inkompatible Elemente zu verzichten, um ein Gemeinschaftsgefühl empfinden zu können. Auf der Individualebene zeigt sich, daß der gemeinsame Nenner Mainstream mal mehr, mal weniger gebrochen wird. So fühlt sich etwa Dominik nicht nur dem Färberei 4-Publikum, sondern auch der Skater-Szene zugehörig, hört Punk und Independent.

Barbetrieb in der Färberei 4

Die Augen bleiben beim Tanzen meist offen, der Bezug zur Umgebung bleibt gewahrt

Die Fragmentierung der Identität ermöglicht so die Teilnahme an einem geselligen Disco-Abend in der Färberei 4 und reproduziert (oder simuliert zumindest deren Reproduktion) scheinbar gesellschaftlich etablierte, per se aber nur für das Mainstreampublikum der Färberei 4 gültige Normierungen. Sie läßt den MainstreamerInnen dennoch die Freiheit, in anderen Lebensbereichen andere Aspekte ihrer Patchwork-Identität zu akzentuieren.

An dieser Stelle ist es wichtig hervorzuheben, daß natürlich auch das Publikum der Färberei 4 nur ein Segment des Mainstreams ist. Ein Spezifikum unseres Feldes ist, daß man sich hier z.B. an bürgerlicher Schichtzugehörigkeit orientiert und den eigenen sozialen Rang durch den Kleidungsstil wiedergibt oder vorgibt, einer übergeordneten Schicht zuzugehören. Für den festlich-gesellschaftlichen Anlaß kleiden sich viele MainstreamerInnen „normal", „unauffällig" oder „elegant oder schick".[27] Tanzen gehen heißt damit auch repräsentieren und nimmt Bezug auf bürgerliche, sogar höfische Traditionen. Das Publikum ist in erster Linie der Mittelschicht zugehörig.[28] Dies bringt mit sich, daß das Färberei 4-Publikum Distinktionsmerkmale gegenüber anderen Mainstream-Diskotheken aufweist, die zum Beispiel überwiegend von Angehörigen der Unterschicht frequentiert werden.

Schichtübergreifende gesellschaftliche Gemeinschaft ist in der Färberei 4 nur Konstrukt, auch wenn Mainstream-Musik in Unterschicht- oder Landjugend-Diskotheken zumindest teilweise die gleiche sein dürfte.

Im Mainstream liegt die Freiheit der einzelnen darin, innerhalb der etablierten Normierungen die eigene Persönlichkeit zu gestalten und zu bestätigen. Da das Gemeinschaftsgefühl hier jenseits von Stil, Abgrenzung und Geschmack dominiert, entwickelt sich der Mainstream nicht durch Revolution, sondern durch Evolution. Der Rahmen der Regeln ist gesetzt, kann aber mit abweichenden Eigenheiten gefüllt werden, solange der Anteil der etablierten Normen dominiert. Genau wie die Mainstream-Musik ist die Patchwork-Identität ein Spielen mit Stilen, das nur durch Kombination von alten Versatzstücken Neues schafft, sich jedoch nicht kategorisch zu einem Stil bekennt oder neue Stilprinzipien kreiert. Mainstream entwickelt nicht, Mainstream nutzt. Zurückgegriffen wird dabei fast ausschließlich auf die Versatzstücke, die bereits Eingang in den Mainstream-Kanon gefunden haben:[29] Augenbrauen-Piercing wird toleriert, kombiniert es der Träger mit Levis und Marc'o'Polo-Pullover. Auf der Tanzfläche darf man sich „wie ein HipHop-Neger"[30] bewegen, aber nur kurz.

Gleichzeitig dient das Patchwork-Prinzip im Mainstream als Beschwichtigung: MainstreamerInnen dürfen in Maßen provozieren oder, besser gesagt, evozieren, solange gesellschaftlich etablierte Elemente im Identitätspuzzle überwiegen. Paradoxerweise kann so Individualitätsstreben verwirklicht werden, ohne den kollektiven Zusammenhalt aufs Spiel zu setzen.

Ein bißchen Punk, ein wenig Hardrock, etwas Flowerpower – der Mainstreamer unterscheidet sich dadurch vom 'echten' Punker, daß er vieles aufnimmt und integriert und sich nicht durch klare Ausrichtung in Opposition zum Establishment stellt. Die Discowelt wird hier nicht zum Lebensinhalt aus Überzeugung.

Mit einem Bein am Boden

Diese gemeinschaftsbetonende Grundhaltung zeigt sich in der Färberei 4 auch im persönlichen Tanzverhalten und der sozialen Interaktion auf der Tanzfläche. So wird die Verbindung zur Umwelt beim Tanzen praktisch nie abgebrochen, Tanzen dient nicht der Weltflucht, getanzt wird nie ausschließlich selbstbezogen. Was Susi früher selbst in der Technoszene erlebt hat, „beim Tanzen alles um sich herum zu vergessen und rein gar nichts mehr mitzukriegen", läßt sich mit dem Mainstream kaum vereinbaren. Dies zeigt sich besonders im Bedürfnis der Färberei-BesucherInnen, beim Tanzen die Selbstkontrolle und den Kontakt zum Umfeld nicht aufzugeben.

So taucht Dominik beim Tanzen zwar „ein bißchen" in eine andere Welt ein, „so richtig weggetreten" ist er aber nicht. Auch Silvia betritt „keine Phantasiewelt", denkt dabei „prinzipiell immer sehr viel" und beschäftigt sich dabei auch mit ihrem direkten Tanzumfeld:

„Das kann halt schon sein, daß ich mir da Gedanken drüber mache, was das jetzt wohl für ein Typ ist oder daß dem und demjenigen speziell die Kleidung jetzt überhaupt nicht steht oder daß da der Rock vielleicht fünf Zentimeter länger sein sollte."

Visuellen Kontakt zu anderen Tanzenden sucht jedeR. Die Augen bleiben beim Tanzen meistens offen, die Lightshow stimuliert das visuelle Erleben, ohne den Raum und die darin tanzenden Personen aufzulösen. Das Lichterspiel ist Dekoration und

„versetzt einen einfach irgendwie in eine andere Stimmung. Da ist man ganz anders drauf, als wenn ich mir jetzt vorstell', da wäre ganz normales Licht oder so. Was ich störend finde ist, wenn es totaler Nebel ist und nur Stroboskop und so. Aber nicht, wenn es 'ne gute Lightshow ist, wo man die Leute noch einigermaßen sieht."[31]

Die Umwelt wird verschönert, aber nicht zur Gegenwelt umgebaut.[32] Susi mag Nebel überhaupt nicht, aber

„es darf natürlich kein normales, helles Licht sein, also schon so ein bißchen mit den bunten Lichtern, daß sie sich ein bißchen drehen. Man hat auch ein bißchen was zu gucken."

Das Bedürfnis nach Kontakt beschränkt sich nicht auf die visuelle Ebene. Es ist normal, in Gruppen, mit Freund oder Freundin zu tanzen. Dabei kann der Kontakt durchaus weiter gehen. Dominik möchte auf der Tanzfläche „mal jemand in den Arm nehmen oder jemand einfach anfassen." Auch Florian sucht für seine „Show" die Gruppe: „Da braucht man natürlich schon noch jemand anderen, der da mitmacht". Kontakt beim Tanzen haben viele bevorzugt zu ihren Freunden, zuweilen macht man dabei

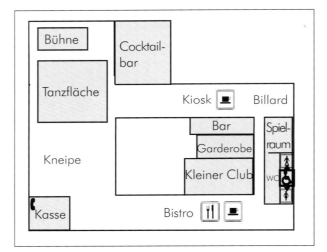

Grundriß der Färberei 4: Viel Platz – nicht nur zum Tanzen

auch neue Bekanntschaften. So würde Susi etwa an der Bar niemanden ansprechen, auf der Tanzfläche jedoch

„tanzt man plötzlich irgendwo so gegenüber, da grinst man halt mal, man tanzt miteinander, und dann hinterher kann man sich auch mal vorstellen. Das ist da lockerer."

Bei Tina zeigt sich jedoch, daß es auch eine Verpflichtung zur Geselligkeit beim Tanzen gibt:

„Ich hab' gern einige Leute um mich 'rum, die ich kenne, aber eigentlich nicht für mich selber, sondern mehr so für das Äußere. Also, daß die Leute nicht denken, he, schau dir mal die

da an, die ist total einsam, hat keine Freunde, die mag keiner, das arme Mädle."

Mainstream stiftet oder simuliert Gemeinschaft. Das Bekannte und Vertraute, ob in sozialer, musikalischer oder auch tänzerischer Hinsicht, ist die gemeinsame Basis des Mainstreams. Der Widerspruch zwischen Individualität und einem Aufgehen in der Gemeinschaft wird so durch die Gratwanderung zwischen Anpassung und Wahlfreiheit aufgelöst – in einheitliche Vielfalt, vielfältige Einheit.

Anmerkungen

1. Bei der Auswertung der Fragebögen zeigte sich, daß diejenigen, die ihre Kleidung als „eng" oder „bauchfrei" bezeichnen, meist auch Techno als bevorzugte Tanzmusik angeben.
2. Diese Tatsache zeigt, daß Techno und House mehr und mehr in den Mainstream einfließen. Darauf deutet auch hin, daß bei den 94 ausgewerteten Fragebögen 66 Personen angaben, daß sie auch in Techno-Discos tanzen (52 in House-Discos).
3. Wieland Ziegenrücker/Peter Wicke: Sachlexikon Popularmusik. Pop, Rock, Jazz, Folk. Mainz 1989, S. 225.
4. Jones und Rahn formulieren 12 Kriterien, anhand derer man die Popularität einer beliebigen Musik feststellen könne. Unter anderem sind dies „die Anzahl der einbezogenen Personen, kombinierte Homogenität und Heterogenität der Hörer, fehlende Vorhersagbarkeit der Hörer, Größe der Firma, die das Produkt vermarktet, weltliche oder Unterhaltungsfunktion, Simplizität des ästhetischen Gegenstandes, Hervorhebung des Interpreten gegenüber dem Komponisten, Standardisierung, Grad von Kurzlebigkeit". Zitiert nach John Shepherd: Definition als Mystifikation: Eine Betrachtung von Denkmustern, die das Verstehen der Bedeutung von Musik behindern. In: Günter Mayer (Hg.): Aufsätze zur populären Musik. Sonderpublikation des Forschungszentrums Populäre Musik der Humboldt-Universität zu Berlin aus Anlaß des VI. Kongresses der International Association for the Study of Popular Music. Berlin 1991, S. 161.
5. Die französische Bezeichnung für populäre Musik ist „le musique de mass media", vgl. Mayer 1991, S. 179.
6. Vgl. Roger Behrens: Pop, Kultur, Industrie: Zur Philosophie der populären Musik. Würzburg 1996, S. 73.
7. Ebd.
8. Vgl. das Lemma Grunge in Steven Daly/Nathaniel Wice: alt.culture. an a-z guide to 90s america. London 1995, S. 99: „Under the cumulative influences of PUNK and Seventies heavy METAL [...] a cohort of Seattle bands developed a soulful hard-rock variant that was instrumental to ALTERNATIVE music`s early Nineties move overground."
9. Interview mit Tina, 23.10.1997.
10. Gabriele Klein: FrauenKörperTanz. Eine Zivilisationsgeschichte des Tanzes. Weinheim 1992, S. 232.
11. Ebd.
12. Interview mit Florian, 15.10.1997.
13. Interview mit Tina, 23.10.1997.
14. Pierre Bourdieu: Entwurf einer Theorie der Praxis auf der Grundlage der kabylischen Gesellschaft. Frankfurt 1979, S. 335.
15. Interview mit Tina, 23.10.1997.
16. Ulf Poschardt: DJ-Culture. Discjockeys und Popkultur. Reinbek 1997, S. 116.
17. Ebd. Nach Poschardt wurden die korrekten Disco-Tanzschritte in eigenen lehrbuchartigen Dance-Guides verbreitet.
18. Ebd.
19. Zu Rock'n'Roll, Beat und Flower Power vgl. Wolfgang Rumpf: Stairway to Heaven. Kleine Geschichte der Popmusik von Rock'n'Roll bis Techno. München 1996.
20. „Wilde Tänze" sind gekennzeichnet durch den „unmittelbar-erotische[n] Umgang der Partner miteinander." Klein 1992, S. 281.
21. Klein 1992, S. 281.
22. SpoKK (Hg.): Kursbuch Jugendkultur. Stile, Szenen und Identitäten vor der Jahrtausendwende. Mannheim 1997, S. 37.
23. Die Auswertung der 94 Fragebögen ergab, daß 66 Personen auch in Technodiscos, 52 in Housediscos, 47 in Pop- und 42 in Black-Music-Discos tanzen, weitere Nennungen: 30 HipHop, 21 Rock, 21 Oldies, 18 Schlager, 12 Grunge, 6 Independent. Mehrfachnennungen waren dabei die Regel.
24. Christof Meueler: Pop und Bricolage. Einmal Underground und zurück: Kleine Bewegungslehre der Popmusik. In: SPoKK 1997, S. 32-39; hier S. 35.
25. Ebd.
26. Vgl. ebd.
27. Die Zitate stammen aus den Fragebögen.
28. Die Auswertung der Fragebögen ergab folgende Zusammensetzung des Publikums: 35,5 % Angestellte, 24,4% StudentInnen, 21,9 % SchülerInnen (vor allem GymnasiastInnen), 6,1% Auszubildende, 6,1 % Zivildienstleistende/Soldat, 6,0 % andere Berufe.
29. Das Inventar des Mainstream-Kanons entspricht dabei dem jeweils vorherrschenden Angebot der Mode- und Unterhaltungsindustrie. Erst was massenhaft produziert wird, kann massenhaft konsumiert werden. Trends, die ursprünglich die Besonderheit einiger weniger hervorhoben und damit bei diesen Identität durch Distinktion stifteten, werden durch massenhafte Nachfrage zu Modeerscheinungen, bei denen kollektive Identität in den Vordergrund tritt.
30. Kurzinterview mit Jana, 18.9.1997.
31. Interview mit Dominik, 1.10.1997.
32. Vgl. Daniel Wittinger: Raver im Wunderland und Franz-Xaver Baur: TechnoTanz, beide in diesem Band.

Das Outfit in der Färberei 4: normal, modisch, selten extravagant

Anja Rützel

Die Single-Party*

Herzenhatz in der Disco

Techno macht kein Kribbeln im Bauch, er wummert. Stroboskopblitze sind nicht die optimale Beleuchtung, damit sich Herz zum Herzen findet. Junge Menschen versuchen trotzdem, unter diesen Umständen andere junge Menschen kennenzulernen. Jeden zweiten Freitag ist in einer Rottenburger Disco Single-Abend.

Suchende markieren sich selbst mit aufgeklebten Nummern auf Arm/Brust/Hintern. Wer finden will, wählt aus und schreibt ein Briefchen. Dann sollte eigentlich alles ganz einfach sein. Gegen 23 Uhr ist die Diskothek rammelvoll, doch das Sortiment flirtwilliger Nummernträger begrenzt. Ein junger Mann im Rippshirt hat sich mit Nummer 123 etikettiert und schaut nun stier in sein Bierglas. Ein Mädchen wiegt sich alleine auf der großen Tanzfläche, werbewirksam hat es sich sein Bapperl auf das knapp berockte Hinterteil geklebt. Die Bedienungen gehen mit gutem Beispiel voran und sind ebenfalls durchnumeriert. Das Flirten hält sich allerdings noch in Grenzen: Von den Nummernbögen, die unbeachtet auf einem Tisch am Eingang liegen, sind bis jetzt nur wenige Nummern abgezogen.

Ein bißchen sehen die Kennzeichnungen, so groß wie eine Visitenkarte, ja schon wie Preisschilder aus. Rote Zahlen auf blauem Grund sind bei Discolicht nicht gut lesbar, man muß sich auf der Tanzfläche schon dicht an das Objekt der Begierde heranpirschen, um mit zusammengekniffenen Augen die Zahl erkennen zu können. Andererseits kauft man so den Lover nicht im Sackleinen: Entgegenkommenderweise tragen Herren mit Nummern meist Achselshirts, eng und gerippt, Damen wählen tendenziell Kurzes und/oder Enges. Die Kandidaten sind gut zu inspizieren.

Rings um die Tanzfläche sitzen interessierte Singles auf Barhockern oder lehnen an der Theke und betrachten die Tanzenden. Nur wenige setzen sich durch gewagte Drehungen und ausladende Armbewegungen in Szene, doch auf den Boxen versuchen sich zwei Nummernträger in weiten Hosen als Puff Daddy- und Coolio-Epigonen und schwenken ihre Arme in Rapper-Manier. Die Menge auf der Tanzfläche bewegt sich verhalten, fast sacht, tanzen bedeutet für viele einfach eine Gewichtsverlagerung von einem Fuß auf den anderen. Die Frisuren bleiben unbeeinträchtigt.

„Am I the only one? Am I sexual? Am I everything you need?" quengeln die Backstreet Boys aus den Lautsprecher-Boxen nach ein bißchen Selbstbestätigung. Maik und Gugel warten am Eingang auf die Traumfrau. Gut aussehen soll sie, charmant sein, sich von der Masse abheben. „Genau wie wir", sagt Maik. Gugel, dessen Holzperlenkette und Ohrring vorsichtiges Abweichen signalisieren, mustert die umstehenden Frauen. Schlag Mitternacht wollte sich eine unbekannte Zettelschreiberin am Eingang mit ihnen treffen. Jetzt ist es zehn Minuten nach.

„Wer eine Freundin sucht, kommt nicht hierher", sagt Maik. Sie selbst suchten höchstens eine harmlose Freundschaft. „Wir wollen einfach neue Leute kennenlernen", sagt er und meint: neue Frauen. Ein paar Mal habe das schon geklappt, heute abend sieht es eher schlecht aus. Zwanzig nach zwölf sind Maik und Gugel immer noch allein.

Zwei Meter weiter warten Sandra und Nadine nicht auf eine Verabredung, sondern darauf, daß irgendwas passiert. Sorgfältig gestylt, im luftmaschenlockeren schwarzen Häkeldress drücken sie sich am Zigarettenautomaten herum. Nee, kennengelernt haben sie hier noch niemand, naja, jedenfalls niemand Gutes, erklärt Sandra. Ein Briefchen haben sie selbst noch nie geschrieben. „Wir warten lieber", sagt Nadine, und das tun die beiden dann auch.

Marco, modisch blondiert und braungegerbt, schreibt gerade eine Nachricht. Die bereitgelegten Vordrucke haben wenig Liebesbriefcharakter, sondern sind eher Kennenlernformulare. „Flirt mit mir!" prangt fettgedruckt auf dem rosa Zettel, darunter stehen verschiedene Schmeicheleien zur Auswahl, von denen der Zettelausfüller inividuell die passenden ankreuzt. So kann der Schreiber angeben, ob er zum Griffel greift, weil „ich dich schon länger beobachte", „ich mich nicht traue, dich anzusprechen" oder „du auch so verlassen dastehst". Ganz Verwegenen bietet eine Leerzeile Platz für eigene Phantasien.

Marco setzt seine Kreuzchen routiniert. Hat er denn auf diesem Weg schon jemand kennengelernt? „Ja, sie", antwortet er knapp und deutet auf Corinna, die junge Frau neben ihm. Und hat Corinna per Briefchen auch schon jemand Nettes getroffen? „Ja, ihn", sagt sie mit Blick auf Marco. Aha. Zusammen sind die beiden aber nicht? Nein, sagt Corinna, „er will mich ja nicht". Marco steckt seine Botschaft in die dafür aufgestellte Pappschachtel.

Rainer und Daniel haben keine Nummern, sind „zufällig hier" und müssen zum Flirten erst überredet werden. Eigentlich kennen sie die Frau mit der Nummer 96 schon, der sie da eine Nachricht schreiben, aber „noch nicht so richtig". Während der DJ die Nummern der Singles verliest, die Post bekommen haben, beschreibt Daniel, wie seine Traumfrau aussehen müßte. Blond, Ausstrahlung, ein schönes Gesicht. „Und die Figur muß auch stimmen." Außerdem sei Lachen noch sehr wichtig. „Sie muß Spaß verstehen. Und darf keine Klette sein."

Nummer 96 kommt wie verabredet. Sie ist blond, hat Ausstrahlung, ein schönes Gesicht, die Figur stimmt auch. Als sie erkennt, wer ihr den Brief geschickt hat, lacht sie. Sie scheint Spaß zu verstehen. Trotzdem läuft die Sache nicht richtig. Silke freut sich, aber nicht mehr. „Naja", winkt Daniel ab, „viele Mädchen sind hier halt noch sehr jung und schüchtern."

Stefan und Sybille haben sich gefunden. Stefan sieht ein bißchen aus wie der junge Peter Kraus, Sybille hat dunkelbraune Haare. Verliebt stehen sie im Bistro. Nummern haben sie keine aufgeklebt, der Liebeshandel verlief klassisch: Stefan tanzte, Sybille sah Stefan, Stefan gefiel Sybille. Sybille schickte ihre Freundin zu Stefan, damit er komme, sie zu fragen, ob sie wolle. Stefan kam. Warum hat er sich denn keine Nummer aufgeklebt? „Also, irgendwie finde ich das asozial. Ich komme mir hier vor wie auf dem Wochenmarkt bei der Fleischbeschau", sagt er. Wäre es mit Nummern und einem kleinen Brief nicht einfacher gewesen, zusammenzukommen? „Nö", sagt Sybille, „dann hätte ich ihn nicht gewollt. Leute, die sich Nummern aufkleben, finde ich doof."

Mittlerweile ist es drei Uhr. Mahmood Qauar, der Rosenverkäufer, geht zufrieden nach Hause. Er hat seinen Strauß verkauft. Auch Kathrin hat eine Rose geschenkt bekommen, von jemandem, den sie heute kennengelernt hat. „Aber das ist ganz freundschaftlich", sagt sie und zieht einen kleinen Flunsch. Silke steht am Zigarettenautomat, Daniel an der Tanzfläche. „I'm lonely, lonely, lonely", singt Nana. Sybille und Stefan gehen hinaus in die Nacht, händchenhaltend.

Anmerkungen

* Bei diesem Beitrag handelt es sich um die überarbeitete Fassung eines Zeitungsartikels, der am 2. September 1997 im Schwäbischen Tagblatt erschien.

Heiko Berner und Harald Rechberger

Dreschflegel und Stroboskop

Tanz-Räume Jugendlicher von der Schwäbischen Alb

In der Region Neckar-Alb beträgt die Bevölkerungsdichte 264,3 EinwohnerInnen pro km², in Stuttgart dagegen 2824,4. Die EinwohnerInnenzahl dieser Region des ländlichen Raums[1] ist bei weit geringerer Dichte allerdings höher als die der Hauptstadt. Allein in der Region Neckar-Alb leben auf einer Fläche von 2531 km² 668.887 Menschen.[2]

Die Bevölkerung des ländlichen Raums ist schon aufgrund ihrer Zahl immens wichtig, wird aber in wissenschaftlichen Untersuchungen immer wieder vernachlässigt. Wir wollen deshalb den Zugang zum Thema „Tanzen" zunächst über den geographischen Raum erschließen. In der Folge wird der westliche Teil der Schwäbischen Alb untersucht, nördlich begrenzt durch Pfullingen, nach Süden hin durch Riedlingen.

Es stellte sich schnell heraus, daß eine umfassende Arbeit, die verschiedene Generationen und verschiedene Tanzrichtungen beinhaltet, nicht geleistet werden kann, zu vielfältig sind die Gelegenheiten, die zum Tanzen angeboten werden. So wird auf dem Land zu den unterschiedlichsten Anlässen wie Hocketen[3], Dorf- oder Vereinsfesten getanzt, aber auch bei Tanzkursen, in Discos und Jugendhäusern. Wir wollten uns speziell auf Jugendliche[4] konzentrieren. Unsere erste Vermutung, Gemeinden und Kirchen stellten Jugendlichen öffentlichen Raum zum Tanzen zur Verfügung, bestätigte sich allerdings nicht. In einer Telefonumfrage[5] mit einem Teil der Gemeindeverwaltungen und verschiedenen kirchlichen Institutionen stellte sich heraus, daß Jugendlichen nur in wenigen Fällen Räume angeboten werden, in denen getanzt werden kann oder das Tanzen gefördert wird. Wir beschlossen daraufhin, uns auf Diskotheken zu konzentrieren.

Ein Jugendlicher aus einem Dorf auf der Schwäbischen Alb empfahl uns den Besuch einer „typischen Landdisco". Die Diskothek Zum Bären befindet sich in Uttenweiler, einem kleinen Ort am Rand der Alb. Unweit davon, im Industriegebiet der Kleinstadt Riedlingen, fanden wir unser zweites Forschungsfeld, das Black & White. Zu Beginn waren wir, was diese Disco betrifft, etwas verunsichert, da wir ja typische Dorfdiscos in unserer Forschungsarbeit untersuchen wollten. Schon die ersten Interviews bestätigten aber, daß gerade hier viele Jugendliche aus den umliegenden Dörfern anzutreffen sind. In verschiedenen Gesprächen wurde auch die Disco JabaDabaDoo in Pfullingen immer wieder erwähnt, die am Rande der Schwäbischen Alb liegt und wohin viele junge Leute aus dem ländlichen Raum kommen. Wir wollen den Begriff „Dorfdisco" nicht über den geographischen Standpunkt definieren, sondern über die Wohnorte der BesucherInnen.

Wie sich bis hierher schon abzeichnet, hatte unsere Forschung einen prozeßhaften Charakter. Wir tasteten uns Schritt für Schritt bis zu den eigentlichen Forschungsfeldern vor. Dementsprechend entwickelte sich unsere Fragestellung erst nach und nach im Feld, weshalb wir hier eine prozeßorientierte Darstellung wählen.

Die Forschung fand im Zeitraum Juni bis Dezember 1997 statt, wurde allerdings erst im Herbst interessant, weil im Sommer generell wenige Gäste da waren. Viele Jugendliche gehen im Sommer eher zu Veranstaltungen im Freien. Einzig das JabaDabaDoo ist an den Wochenenden das ganze Jahr über gut besucht. Wir konzentrierten uns auf Beobachtungen, kurze Leitfadeninterviews mit BesucherInnen, Angestellten und Betreibern der Diskotheken.[6]

Disco auf dem Dorf und Dorfdisco – drei Beschreibungen

Die Disco Zum Bären in Uttenweiler liegt an der Hauptstraße, mitten im Ortskern. Sie befindet sich oberhalb einer Pilsbar im ersten Stock eines Fachwerkhauses. Beim Betreten der Räumlichkeiten fällt uns zuerst das freistehende Fachwerk auf, welches den Raum in verschiedene Zonen unterteilt. Links vom Eingang befindet sich ein abgetrennter Raum mit Spielautomaten, davor schließt sich die Theke an. Ganz hinten im Raum liegt die Tanzfläche, die im Vergleich zum Tresenbereich sehr klein ausfällt. Der ganze Innenraum ist ungefähr 70 m² groß, 200 Gäste haben Platz darin, wie uns der Türsteher sagt. Auffällig für uns ist die Dekoration aus landwirtschaftlichen Geräten: Wagenrad, Dreschflegel und ähnlichem. Die Beleuchtungsanlage besteht aus einer Lichtorgel, einer Spiegelkugel und einem Stroboskop – sie unterscheidet sich damit nicht von „klassischen" Diskotheken, wenn uns auch alles in kleinem Maßstab erscheint.

Beim Black & White in Riedlingen erstaunt uns zunächst die Größe des Parkplatzes. Die Disco selbst ist etwa dreimal so groß wie der Bären, etwa 500 DiscobesucherInnen können sich darin aufhalten. Sie liegt im ersten Stockwerk einer ehemaligen Fabrik im Industriegebiet. Die Gäste passieren den Kassenbereich und kommen an Spielautomaten und der Bar vorbei bis zur Tanzfläche. Neben dem Foyer liegt ein kleiner Raum mit eigener Tanzfläche und Musik. Die Inneneinrichtung ist insgesamt eher nüchtern, aber auch hier sind ein paar rustikale Geräte verteilt, und nachträglich eingebautes Fachwerk grenzt den Barbereich ab. Die Disco, so ist unser Eindruck, ist professioneller angelegt, beispielsweise ist von jeder Stelle aus eine der Bars zu sehen und lädt zum Konsum eines Getränks ein. Die Raumgliederung läßt eine großzügige Tanzfläche zu. In einem Teil des Interieurs stehen Bar und Spielautomaten im Mittelpunkt, im anderen die Tanzfläche, beide Teile nehmen ungefähr gleich viel Platz ein. Im Black & White konzentriert sich so von vornherein das Angebot weit stärker auf das Tanzen als im Bären.

Am Stadtrand von Pfullingen liegt unsere dritte Disco, das JabaDabaDoo. Sie verfügt über ein noch größeres Angebot an Parkplätzen als das Black & White. Darüber hinaus fährt ein eigener Bus die BesucherInnen von einem weiter entfernt gelegenen Parkplatz zur Disco und zurück. Die Räumlichkeiten innerhalb der ehemaligen Fabrik bieten den Gästen eine Vielzahl von Möglichkeiten, den Abend zu verbringen. Laut Betreiberangaben ist der Betrieb über 2000 m² groß, auf drei Ebenen finden 2500 BesucherInnen Platz. Das Konzept dieser Disco beinhaltet verschiedenartige Angebote. In der obersten Etage liegt eine „Oldie-Disco", die, so der Geschäftsführer, eher älteres Publikum ab 30 Jahren aufwärts ansprechen soll und eine Cocktailbar, in der regelmäßig Livebands spielen. Auf der mittleren Ebene befinden sich eine große Theke mit Sitzgelegenheiten, Spielautomaten und der Eingangsbereich. Die untere Etage schließlich bietet den BesucherInnen die eigentliche Tanzfläche, umgeben von einer großen Bar und der Kabine des Diskjockeys. Dieser Teil des JabaDabaDoo ist also unser Forschungsfeld innerhalb des Großbetriebs.

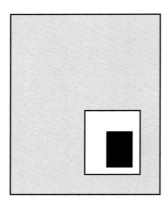
Grundflächen der Diskotheken im Vergleich (Maßstab 1: 1000)

Wer soll rein? Wer darf rein?

Wie wir früh in Gesprächen mit den Betreibern erfuhren, versuchen sie, die Räume auf jeweils eigene Art und Weise zu gestalten, um ein bestimmtes Publikum an sich zu binden. Sie erhoffen sich dadurch ein möglichst großes Stammpublikum. Uns interessierte demgegenüber die Wirkung auf die Gäste bzw. ihre Meinungen zu diesen Angeboten.

Im Mittelpunkt der Forschung sollte daher das Verhältnis zwischen den Räumen und den BesucherInnen stehen. Wir wollten wissen, wie die Gäste den vorkonstruierten Raum nutzen, sich ihm anpassen oder ob sie sich eigene Freiräume schaffen. Raumkonstruktion bezieht sich in dieser Hinsicht nicht nur auf den Raum als Lokalität, sondern auch auf andere äußere Merkmale, die diese Lokalitäten prägen und eine jeweils eigene Atmosphäre schaffen.

Für unsere weiteren Betrachtungen war es also nötig, die unterschiedlichen Maßnahmen zu untersuchen, die die Betreiber treffen, um ein spezielles Publikum anzuziehen.

Die Unterschiede zwischen unseren Discos liegen, wie schon in den Beschreibungen ersichtlich wurde, in Größe, Ort und Interieur. Allerdings nicht nur in diesen augenscheinlichen Merkmalen, sondern auch in Details lassen sich Differenzen in der Raumkonstruktionen ausmachen.

In der kleinsten Disco Zum Bären wird beispielsweise versucht, das Publikum in die Gestaltung miteinzubeziehen. So liegen Musikwunschlisten mit einem Gewinnspiel auf allen Tischen aus, die von den Gästen ausgefüllt werden

Ein Tanzraum – die Diskothek Zum Bären

können. Zwei Tage später haben die Gäste die Möglichkeit, ihre Musik zu hören, und die GewinnerInnen bekommen den Abend über Freigetränke.

Das Black & White bietet Musikthemenabende an. Das Freitagabend-Programm, bei dem Hits aus den 70ern, 80ern und 90ern gespielt werden, heißt „Club Classics", für das kostenlose „VIP-Karten" verteilt werden, die freien Eintritt und ein Getränk versprechen. Samstags ist „Charts-Abend", alle Longdrinks kosten nur 99 Pfennige. Darüber hinaus gibt es wechselnde Programme, wie eine M.I.B.-Party, zu der alle BesucherInnen, die sich wie im Spielfilm „Men in Black" ganz in schwarz kleiden, freien Eintritt erhalten. Für diese Abende wird mit Flyern geworben. Der erhoffte Effekt bleibt allerdings aus. Die Interviewten legen zum großen Teil keinen Wert auf verbilligte alkoholische Getränke, da sie, wie sie sagen, ohnehin kaum Alkohol trinken.

Die größte unserer Discos, das JabaDabaDoo, bietet das mit Abstand vielfältigste und professionellste Programm an, es ist an dieser Stelle unmöglich, alle Angebote einzeln anzuführen. Es gibt dort Themenabende, Livebands und Gewinnspiele, auch ein hauseigener Club, der komplette Freizeitangebote organisiert, ist vorhanden. Gäste werden durch immer neue, in Hochglanzdesign gestaltete Flyer und Anzeigen in verschiedenen Tageszeitungen angelockt. Das JabaDabaDoo betreibt von den drei Diskotheken die aufwendigste Werbung.

Durch diese Maßnahmen werden jeweils bestimmte Zielgruppen angesprochen, d.h. es findet eine Vorselektion statt, die den Raum mitkonstruiert.

Eine weitere wichtige Möglichkeit, das Publikum zu selektieren, bietet der Eingangsbereich. Türsteher verfügen über die Macht, etwaige ungebetene Gäste von vornherein auszuschließen. Je größer die Diskothek, desto aufwendiger ist der Apparat, der dies bewerkstelligt. In der kleinsten Disco reicht dafür noch ein einziger Türsteher an der Kasse. Ist der Gast erst einmal im Bären, besitzt er relative Bewegungsfreiheit.

In der nächst größeren Disco verhält es sich bereits anders. Im Black & White selektierten im Sommer noch die hauseigenen Angestellten. Ein halbes Jahr später findet sich ein Securitydienst am Eingangsbereich, vier bis fünf Sicherheitsleute sind neu angestellt.

Im JabaDabaDoo sorgen allein am Eingang permanent vier schwarz gekleidete Männer für die Auswahl der Gäste. Innerhalb der Räumlichkeiten patrouillieren einige weitere, wir schätzen die Zahl auf fünf bis sechs, können aber leider keine genauen Angaben in Erfahrung bringen. Die vom Betreiber betonte Notwendigkeit, einen Security-Dienst zu beschäftigen, hat für uns während der Forschung die Begleiterscheinung eines laufenden „Beobachtet-Werdens". Wir haben den Eindruck, daß der Geschäftsführer während der Forschung in der Diskothek stets weiß, wo wir uns befinden und was wir gerade tun.

Jeder Türsteher wählt nach Anordnung des Betreibers das Zielpublikum aus. Die Selektionskriterien sind dabei unterschiedlicher Natur: Je mehr Gäste eine Disco hat, desto enger werden diese Kriterien. Deutsch zu sein ist dabei von Vorteil, auch haben Frauen generell weniger Probleme, eingelassen zu werden.[7] Der Geschäftsführer des JabaDabaDoo sagt, daß bestimmte ethnische Gruppen nicht eingelassen werden, „weil sie sich zu agressiv verhalten". Als Gegenbeispiel läßt sich hier das Black & White aufzählen, das nach anderen Kriterien auswählt. Hier ist der Ausländeranteil wesentlich höher als im JabaDabaDoo.

Leider will uns keiner der Angestellten und Betreiber Zahlen zu diesem Thema nennen, doch es läßt sich festhalten, daß die Betreiber ihre Räume auch durch Selektion bewußt konstruieren. Der weitere Verlauf der Forschung sollte darin bestehen, herauszufinden, wie die Jugendlichen mit dem jeweiligen Angebot umgehen, vor allem, wie sie in den unterschiedlichen Räumen tanzen.

Wie wird getanzt?

Es soll hier grundlegend angenommen werden, daß Diskotheken ein Produkt sind, das den Gästen angeboten wird. Durch die Selektion der Gäste und die Festlegung des Angebots wird in den verschiedenen Räumen ein unterschiedliches KonsumentInnenverhalten nahegelegt.[8] Die Jugendlichen haben die Möglichkeit, die Räume so zu nutzen, wie es von den Betreibern intendiert wird, sie können aber auch eigene Interpretationen des Angebots vornehmen. Die folgende Betrachtung soll das Verhältnis von vorkonstruiertem Raum und jeweiliger Nutzung durch die Gäste thematisieren.

Im Bären in Uttenweiler fällt zunächst auf, daß der Bereich um die Theke den ganzen Abend über voller Menschen ist. Unsere Interpretation, daß das Konzept dieser Disco eher ein gemütliches Treffen mit Freunden bei ein paar Gläsern Bier nahelegt, bestätigt sich. Der Bären ist nicht unbedingt ein Treffpunkt, an dem das Tanzen gefördert wird. Die Tanzfläche, die einen relativ kleinen Teil des gesamten Innenraumes (ungefähr ein Fünftel) einnimmt, ist selten voll, es wird prozentual wenig getanzt. Die Musik beschränkt sich fast ausschließlich auf Hits aus den aktuellen Charts und auf Oldie-Klassiker, wird davon abgewichen, tanzt kaum noch jemand. Auch der nahezu einheitliche Tanzstil fällt uns auf. Junge Männer und Frauen tanzen ohne erkennbare Unterschiede, sie wippen im Takt, die Arme auf Hüfthöhe angewinkelt, die Beine bewegen sich nicht weit vom Boden weg. Durch diese Art zu tanzen nimmt der/die einzelne wenig Raum ein, was bei mehr als zehn Tanzenden auf der kleinen Tanzfläche auch gar nicht möglich wäre.

Dennoch bleibt die Wahl: das Angebot zu tanzen besteht, wenn es auch nicht den Mittelpunkt bildet. Uns fällt ein junger Mann auf, der sich von der Mehrzahl der anderen Tanzenden durch etwas ausschweifendere Bewegungen abhebt. Durch seine Figuren, die er vor allem mit den Armen ausführt, nimmt er deutlich mehr Raum ein als die meisten anderen. Dieser junge Mann will sich kaum befragen lassen, weil gerade eines seiner Lieblingsstücke anfängt, ein Lied von Deep Purple. Er erzählt uns im Interview, daß er ausschließlich wegen des Tanzens hier herkommt. „Hier ist die einzige Disco, in der ich mich wohlfühle. Die Musik ist gut zum Tanzen." Er hört am liebsten Rockmusik, bevorzugt aber auch Discofox. Sofort nach dem Interview ist er wieder auf der Tanzfläche.

Im Bären stellt er jedoch eine Ausnahme dar. Die meisten BesucherInnen tanzen gerne, kommen aber auch gerade hierher, weil sie viele Leute treffen können, die sie kennen, wozu die Raumkonstruktion und das Angebot des Bären sehr geeignet ist. Wenn später am Abend ab und zu ein Hit aus den aktuellen Charts läuft, füllt sich die Tanzfläche. Dies ist vor allem samstags der Fall, allerdings nur bei einzelnen beliebten Liedern. Der Frauenanteil überwiegt dabei leicht (etwa 60% Frauen und 40% Männer tanzen). Unsere Interviews ergaben, daß die Gäste keinen allzu großen Wert auf ihr tänzerisches „Können" legen. Vielmehr wollen sie einen Ausgleich zum Alltag, es ist ihnen, so sagen sie, nicht so wichtig, ob die Bewegungen gut aussehen oder nicht.

Tanzende in einer Landdisco

Im Black & White stellen wir fest, daß im Vergleich zum Bären prozentual noch weniger getanzt wird. Die Tanzfläche ist nie voll, wenn wir da sind, obwohl sie einen großen Teil der Räumlichkeiten ausmacht. Auch hier werden die Charts gespielt, Techno läuft manchmal, der musikalische Schwerpunkt liegt allerdings bei HipHop. Uns fällt auf, daß zu Techno so gut wie gar nicht getanzt wird, viel eher zu HipHop. In den Interviews erklären uns dann auch viele Jugendliche, daß sie diese Musikrichtung bevorzugen.

Ein Großteil der Nicht-TänzerInnen hält sich weniger um die Tanzfläche herum auf, sondern beschäftigt sich mit den Spielautomaten, unterhält sich an einer der Bars oder sitzt an den Tischchen, die überall verteilt sind. Dieser Teil des Interieurs wird von den meisten Gästen stärker angenommen als die Tanzfläche.

Vielfältige Tanzstile und die Multiethnizität zeichnen das Black & White in besonderem Maße aus. Bei einigen TänzerInnen sieht man die vom Musikfernsehen (VIVA oder MTV) geprägten Tanzschritte deutlich heraus, was die betreffenden TänzerInnen im Interview bestätigen. Sie wirken auf uns, als ob sie viel Übung haben und sich fast so gekonnt wie professionelle TänzerInnen im Fernsehen bewegen. Andere dagegen erscheinen in ihren Körperbewegungen sehr frei und unbeeinflußt von medialen Vorbildern, sie erinnern eher an die Atmosphäre im Bären. Das äußert sich auch in den Interviews. Bemerken einige, Tanzen sei für sie „ganz klar eine Sache des Könnens", meinen andere, „unterschiedliche Leute tanzen einfach unterschiedlich", so sei es „eher eine Frage des persönlichen Stils".

Zwei junge Männer aus einer Clique, die eine Zeitlang als einzige auf der Tanzfläche sind, erzählen uns später, daß sie „total gern tanzen" aber auch hierherkommen, um Leute kennenzulernen. Der Raum wird von ihnen generell so genutzt, wie es vom Besitzer der Diskothek beabsichtigt ist, sie genießen die Möglichkeit, zu der Musikrichtung zu tanzen, die ihnen gefällt, und halten sich in ihren Tanzpausen im anderen Teil auf, wo Raum für Unterhaltung ist.

Das durch Angebote, Selektion und Raumkonstruktion entstandene Bild der Inhomogenität des Black & White spiegelt sich im Tanzen eindeutig wider. So unterschiedlich die BesucherInnen, so vielfältig sind ihre Bewegungen auf der Tanzfläche und ihre Einstellungen zum Tanzen. Ob dabei ein Zusammenhang mit der Herkunft der TänzerInnen besteht, können wir durch Beobachten nicht ausmachen.

Häufig tanzen ganze Cliquen zusammen, und für viele Befragte ist es ein wichtiger Bestandteil des Tanzens, sich in der Gruppe gemeinsam zu bewegen. Interessant ist dabei, daß die jungen Leute sich als Teil einer Gruppe betrachten und gleichzeitig Wert darauf legen, ihren individuellen Tanzstil zu pflegen. Sie nehmen durch die jeweils individuelle körperliche Praxis, das Tanzen, eine weitgehend eigene Interpretation des Angebots vor. Im Gegensatz zum Bären, wo der Großteil der BesucherInnen tendenziell den Intentionen der vorgegebenen Konstruktion nachgeht, wo eigene Lesarten nur von einzelnen wahrgenommen werden, gestaltet im Black & White das Publikum die Konstruktion durch eigene Bedürfnisse mit. Getränkeangebote werden nicht wahrgenommen, weil die BesucherInnen keinen Alkohol konsumieren wollen, Techno wird wenig gespielt im Vergleich zu HipHop, weil die Musikrichtung vom Publikum nicht angenommen wird – im Gegenteil, die Tanzenden beeinflussen mit ihrem Tanzstil das Angebot mit.

Im JabaDabaDoo ist die größte Dichte an TänzerInnen zu finden. Gegen 22.00 Uhr ist die Tanzfläche in der Regel noch so gut wie leer. Der DJ stellt bei langsamer, eher getragener Musik das Personal vor. Danach spielt er ein schnelleres Stück und meint beiläufig dazu: „Ach ja, ich habe vergessen, zu sagen, daß die ersten sieben Frauen auf der Tanzfläche ein Glas Sekt von mir bekommen." Einen Augenblick später ist es schon passiert, die Tanzfläche ist brechend voll. Wir haben den ganzen Abend hindurch Mühe, InterviewpartnerInnen aus der Menge herauszufischen. Das Konzept des JabaDabaDoo geht offenbar auf. Die vorhandenen Angebote werden vollständig angenommen. Dies ist aber ebenfalls nur freitags und samstags der Fall, an den anderen Wochentagen besteht, wie eingangs erwähnt, das gleiche Problem wie in den anderen Discos.

Uns fallen schon sehr früh fünf junge Leute auf, die sich, von der Tanzfläche etwas abgehoben, auf einem schmalen Podest zur Musik bewegen. Ihre Bewegungen machen einen sehr geübten Eindruck. Wie sie auch in Interviews bestätigen, tanzen die meisten von ihnen schon längere Zeit, haben alle einen Tanzkurs besucht und kommen regelmäßig hierher, fast jedes Wochenende. So entstand eine kleine Gemeinde, die sich in der Disco trifft, aber es kommen auch immer wieder „Neue" hinzu. Es wollen so viele junge Leute auf den Podesten tanzen, daß es für uns schwierig ist, einen oder eine von ihnen zu einem Interview zu bewegen. Der Platz wäre sonst hinterher belegt. Eine Interviewpartnerin betont, daß sie es besonders genießt, nachdem sie eine gewisse Hemmschwelle abgebaut hat, abgehoben von der Masse, sichtbar für alle zu tanzen. Sie tanzt am liebsten zu Black Music, weniger zu Techno. Ein anderer der Podiumstänzer legt Wert auf eine gewisse „Tanzfreiheit". Er versteht darunter zweierlei, zum einem seinen freien Tanzstil, zum zweiten „die Trennung von der Masse durch das Podium".

Unser erster Eindruck: Diese jungen Leute schaffen sich durch ihre Abgrenzung vom Großteil der Tanzenden einen Freiraum gegenüber den hier intendierten kulturellen Praktiken. Vergleicht man sie mit den anderen Tanzenden auf der Tanzfläche, ist das sicherlich richtig. Andererseits befinden sie sich mit ihrem Verhalten genau innerhalb der Intentionen der Betreiber. Die Podien, auf denen sie tanzen, sind Teil der Einrichtung, d.h. eventuelle „IndividualistInnen" wurden bei der Gestaltung des Raumes mitbedacht, weshalb ein eigener Raum für sie bereitgestellt wurde.

Auf der großen Tanzfläche unter den PodiumstänzerInnen wird ebenfalls zu Techno getanzt. Plötzlich setzt ein neues Musikstück ein, fast alle beginnen gleichzeitig in einem neuen Stil zu tanzen. Es handelt sich um elektronische Musik, die Melodie ist eingängig und gleichförmig, ohne Steigerungen. Die Tanzenden formieren sich zu synchronen Bewegungsabläufen, sie tanzen einem einfachen Schritt folgend. Wir sind überrascht von dieser Gleichförmigkeit, haben noch nie zuvor eine derartige Übereinstimmung beim Discotanzen gesehen. Die Szene wirkt auf den ersten Blick eher wie ein einstudierter Bühnentanz. Im gleichen Moment setzen sich die PodiumstänzerInnen hin und betrachten die Tanzenden von oben. Dieser Tanz nennt sich „Freestyle".

Auch im Bären und Black & White werden teilweise die dafür geeigneten Lieder gespielt, sie finden dort aber keinen Anklang. So erzählt uns der Betreiber des Black & White, seine Gäste tanzten derart unterschiedlich, daß sie sich trotz passender Musik nicht zu Freestyle zusammenfinden. Wie wir später herausfinden, wird er seit Jahren mit leichten Variationen in Tanzschulen gelehrt. Freestyle ist insofern nichts Neues. Zum Beispiel wird er bei Salsa-Kursen einstudiert, eine andere Variante ist der „Electric Boogie". Wir befragen einige der Freestyle-TänzerInnen, die sich begeistert über diesen Tanz äußern. Es entstehe dabei ein einmaliges, gemeinschaftsförderndes Zusammengehörigkeitsgefühl. Je besser man tanzen könne, desto ausgeprägter sei dieses Gefühl.

Auch hier läßt sich keine von den Intentionen der Produzenten freie Lesart erkennen. Die Tanzenden nehmen das musikalische Angebot genau so an, wie es beabsichtigt wurde. Der Freiraum der BesucherInnen liegt vielmehr im Einfluß auf die Gestaltung des Angebots. Die Begeisterung der Leute wird vom DJ aufgenommen und wirkt auf sein Musikprogramm zurück.

Im krassen Widerspruch dazu sagen uns die PodiumstänzerInnen, daß sie nichts von Freestyle halten. Sie finden, er sei eher etwas für weniger begabte Tänzer, der einfache Schritt schränke sie in ihrem Drang nach Bewegungsfreiheit zu sehr ein. Sie warten ab, bis sich die Musikrichtung ändert, erst als ein Technostück beginnt, machen sie wieder mit. Auch die Tanzenden unten auf der Fläche sind weiter dabei, allerdings tanzen sie jetzt wieder individuell, mit „normalen" Discobewegungen. Beide Gruppen finden sich so im gemeinsamen Technotanz wieder.

Bei allen Beobachtungen in den drei Diskotheken fiel uns zunächst die unterschiedliche Art zu tanzen auf. Vergleicht man die Raumkonstruktionen, läßt sich feststellen, daß dadurch nicht nur ein unterschiedliches Nutzungsverhalten, sondern auch verschiedene Tanzstile nahegelegt werden. Sicherlich lassen sich dadurch nicht alle Unterschiede zwischen Bären, Black & White und JabaDabaDoo erklären, doch es ist deutlich zu sehen, daß die Angebote von den BesucherInnen jeweils anders angenommen und interpretiert werden. Ist der Bären eher als Treffpunkt konzipiert, bei dem das Tanzen nicht unbedingt im Mittelpunkt steht, so wird die Tanzfläche doch immer wieder auch genutzt, von einzelnen sogar ausgiebig. Im Black & White, wo das Tanz-Angebot eine gleichberechtigte Rolle neben dem Treffpunkt-Charakter einnimmt, wird verhältnismäßig wenig getanzt; die Tanzstile sind dafür um so unterschiedlicher. Die Heterogenität des Publikums, die den Raum mitgestaltet, könnte ein Grund dafür sein. Im JabaDabaDoo ist die Raumgestaltung sehr durchdacht. Für die Masse gibt es die Tanzfläche, für IndividualistInnen die Podeste. Obwohl wir dort sehr unterschiedliche Tanzstile beobachten konnten, fiel es uns schwer, Verhaltensweisen auszumachen, die den vorgegebenen Rahmen verlassen. Gerade weil der Raum so weit konzipiert ist, daß alle BesucherInnen eine Nutzungsmöglichkeit finden, lassen sich kaum Praktiken finden, die über das Vorgegebene hinausgehen.

Zusammenfassend läßt sich sagen, daß die Art und Weise des Tanzens von den räumlichen Vorgaben abhängt. Der Raum wiederum ist geprägt von den Tanzenden. So besteht ein stetes Wechselspiel zwischen Raum und Mensch – bis zum Ende des Disco-Abends, wenn das Licht angeht.

Anmerkungen

1 Zur Definition des Begriffs „ländlicher Raum" vgl. Julian Aicher u.a.: Kultur im ländlichen Raum. Tübingen 1989, S. 9-12.
2 Die Zahlen stammen aus einer Veröffentlichung des Statistischen Landesamtes Baden-Württemberg. Sie beziehen sich auf den 31.12.1995. Vgl. Statistisches Landesamt Baden-Württemberg (Hg.): Amtliches Gemeindeverzeichnis Baden-Württemberg 1996. Stuttgart 1996, S. 12.

3 Hocketen oder auch Hocketsen sind meist an einem Wochenende stattfindende Dorffeste, bei denen sich das Dorf zum gemütlichen Beieinandersitzen, Essen, Trinken und Tanzen trifft.
4 Die BesucherInnen der Diskotheken waren zum Großteil zwischen 16 und 25 Jahren alt.
5 Wir führten telefonische Kurzinterviews mit Dorf-Verwaltungen und verschiedenen kirchlichen Institutionen folgender Gemeinden: Hayingen-Ehestetten, Lauterach, Obermarchtal, Rechtenstein, Engstingen, Hohenstein, Lichtenstein.
6 Wir besuchten die drei genannten Diskotheken im Zeitraum von Juni bis Dezember 1997. Vor Ort führten wir Kurzinterviews nach einem Leitfaden. Zunächst fragten wir nach Distanzen zwischen Wohnort und Diskotheken sowie nach dem Eindruck der Gäste von der jeweiligen Diskothek. Der zweite Schwerpunkt, der sich durch die gesamte Forschung zog, lag bei Meinungen und Gefühlen zum Thema „Tanzen".
7 So schreibt etwa das Schwäbische Tagblatt (7.11.1997) über einen Türsteher des JabaDabaDoo: „Seine Aufgabe (unter anderem): zu verhindern, daß zuviel junge Ausländer das Etablissement betreten." Zur Türpolitik in Discos vgl. auch Christine Skwara/Almut Sülzle: „In dance we are one nation"? in diesem Band.
8 Ein Modell zum Verhältnis zwischen Produzierenden und Konsumierenden findet sich bei Stuart Hall: Encoding/Decoding. In: Stuart Hall u.a. (Hg.): Culture, Media, Language. Working Papers in Cultural Studies, 1972-79. Birmingham 1980, S. 128-158. Davon ausgehend, daß Produzenten zu übermittelnde Informationen verschlüsseln, besteht die logische Konsequenz, daß diese Information entschlüsselt werden muß. In der Lesart, d.h. der Art des Entschlüsselns, liegt der Freiraum der KonsumentInnen: Hall kategorisiert diese „Lesarten" in dominante, verhandelnde und oppositionelle. Bei der Betrachtung der von uns untersuchten kulturellen Praxen lassen sich deutliche Parallelen zu Halls Überlegungen finden.

Rave New World

Daniel Wittinger

Raver im Wunderland

Techno-Parties als neue Rituale

Wer hat nicht schon davon geträumt, eine Reise in ein geheimnisvolles Wunderland zu unternehmen? Kurz einen Zauberer zu besuchen, eine Runde auf einem fliegenden Teppich zu drehen oder einfach ein eigenes Märchen in einem wunderbaren Land zu erleben? Mit der Coverversion des Judy Garland-Songs „Somewhere Over The Rainbow" besang Marusha 1994 dieses Wunderland und verkaufte davon 750.000 Platten. Spätestens damit trat die Technomusik aus der Dunkelheit des Undergrounds in das Licht der deutschen Hitparade.

Die Entstehung von Techno war stark geprägt durch die Produktionen der deutschen Musikgruppe Kraftwerk, die seit Mitte der 70er Jahre erfolgreich Computermusik spielte. Inspiriert durch den deutschen Computersound entstanden zuerst in Chicago, später in Detroit und England neue Stile wie House, Tekkno oder Acid.[1] In Deutschland entwickelte sich die Technoszene erst ab Ende der 80er Jahre. Die neue elektronische Musik faszinierte anfangs nur wenige und war auf eine kleine Undergroundszene beschränkt. Seit der Geburt des Mainstreamtechnos Anfang der 90er Jahre hat sich allerdings viel verändert, und inzwischen existiert ein fast unüberschaubares Angebot an Clubs und Discos, in denen Techno gespielt wird. Techno hat sich dabei in viele kleine Stilrichtungen geteilt, die z.T. durch Kombinationen mit anderen Musikstilen (z.B. Jazz, HipHop, Funk, Heavy Metal) entstanden sind.

Cover der legendären Marusha-Single

Die Musik basiert nicht so sehr auf Melodie und Harmonie, sondern vor allem auf Rhythmus. Ähnlich wie bei einer Collage wird beim Sampling durch die Kombination von Klangfragmenten, die aus unterschiedlichen Quellen stammen, neue Musik geschaffen.

Die Vielzahl der Clubs wie auch die ungeheure Größe der Love Parade 1997 in Berlin zeigen, daß Massen von Techno-Jüngern dazu bereit sind, viel Geld und Freizeit für ihre Parties zu opfern. Techno ist inzwischen nicht nur auf Europa und Nordamerika beschränkt, sondern hat auch Hochburgen in Indien, Israel und Japan und zieht mittlerweile Menschen aus der ganzen Welt an. Diese große Anziehungskraft führte mich zu meiner zentralen Frage: Warum fasziniert Techno?

Um dieser Frage nachzugehen, habe ich Diskotheken in Tübingen und Stuttgart, zwei Großveranstaltungen in Mannheim und bei Regensburg sowie die Love Parade in Berlin als teilnehmender Beobachter besucht und mich dabei in zahlreichen Gesprächen informiert. Darüber hinaus habe ich mit fünf Personen aus der Technoszene offene Interviews geführt. Bei den Interviewten handelte es sich (bis auf eine Ausnahme) um ältere Raver, die Mitte zwanzig sind und sich seit mehreren Jahren in der Szene bewegen. Der Einstieg in die Interviews erfolgte durch die Frage nach dem Grund für den Besuch einer Techno-Party.

„Du entfliehst deinem Alltag. [...] Spaß beginnt vielleicht dort, wo der Alltag aufhört", erzählt Klaus M. im Interview. Ähnliche Antworten wurden von vielen Ravern als Grund für den Besuch eines Techno-Events genannt, eine auffällige Häufung, die mich zur nächsten Frage führte: Bietet Techno die Möglichkeit, den Alltag zu verlassen? Auf den Parties werden durch die Kombination von Musik, Licht und Nebel Räume verändert. Langes Tanzen und manchmal auch der Konsum von Drogen führen zu einem Rauschzustand, durch den die Masse in Ekstase versetzt wird. Techno-Parties werden dadurch zu einem Kurzurlaub in einer Art Gegenwelt.[2] In Beschreibungen von Techno-Parties in Interviews und in der Literatur tauchen häufig die Begriffe "Gegenwelt", "Rauschzustand" und "Ekstase" auf, Bezeichnungen, die auch in Beschreibungen von Ritualen verwendet werden. Meine Frage ist nun, welche Parallelen zwischen Techno-Parties und Ritualen bestehen. In unserer Kultur haben religiöse Rituale keine große Bedeutung mehr, und es scheint, als ob Rituale generell immer mehr aus unserem Alltag verschwinden. Doch dieses Bild täuscht. Das Bedürfnis nach Ritualen ist groß, was sich beispielsweise daran zeigt, daß immer wieder neue Rituale entstehen, wie z.B. im Freundeskreis, im Sport oder im Vereinsleben.[3]

Tanz als Weg zur Ekstase

Cover des „Partysans"

Ausgehend von diesen Überlegungen möchte ich mich bei meiner Analyse von Techno-Parties auf die Ausführungen des Ethnologen Victor Turner[4] über Ritualstrukturen beziehen. Turner unterteilt Rituale in drei Phasen: die Trennungs-, die Schwellen- und die Angliederungsphase.[5] In der ersten Phase beginnt die Trennung vom Alltagsleben als Vorbereitung der Schwellenphase, in der gesellschaftliche Strukturen keine Gültigkeit mehr haben. Durch die Auflösung zeitlicher, räumlicher und sozialer Strukturen bildet sich in der zweiten Phase des Rituals eine „Anti-Struktur" als Gegenentwurf zur bestehenden Gesellschaft – es entsteht eine Gegenwelt. Während dieser Phase bildet sich eine Gemeinschaft der Gleichen, die Turner „Communitas" nennt. Diese Communitas kann von einem „rituell Ältesten" geleitet werden. Der Schwellenzustand ist durch Chaos gekennzeichnet und kann nur begrenzt durch Sprache dargestellt werden. Eine Möglichkeit, Raum, Zeit und soziale Strukturen aufzulösen, ist die Ekstase. Fasten, Tanzen oder Singen, Musik, Drogenkonsum und Schmerzen – die Techniken, in Ekstase zu gelangen, sind je nach Anlaß oder kulturellem Kontext extrem unterschiedlich. Die weltweit am häufigsten praktizierte Form, in einen ekstatischen Zustand zu gelangen, ist jedoch das Tanzen.[6]

Die Funktion dieser Anti-Struktur ist eine Erneuerung und Stärkung der bestehenden Strukturen. In der letzten Phase findet dann die Wiedereingliederung in den Alltag statt.

Ein Ritual beschränkt sich also nicht nur auf die Schwellenphase (Gegenwelt, Ekstase), sondern beinhaltet auch eine Vor- und Nachbereitung. Um zu überprüfen, ob eine Techno-Party Ritualstrukturen aufweist, betrachte ich deshalb das ganze Wochenende der Raver.

Ein Techno-Abend bedarf einer Vorbereitung, dazu gehört beispielsweise das Lesen des „Partysans", einer Art Veranstaltungskalender der Szene, das Telefonieren mit Freunden oder auch die Qual der Wahl vor dem Kleiderschrank.

„Angefangen hat es damit, daß wir uns in Peters Pub getroffen haben. Und dann sind wir zu Frank gegangen... haben eine Nase Speed hochgezogen, dann sind wir ins Moskau gegangen",

beschreibt Nadine D. das „Warm-Up", die Party vor der Party. Allein schon dieser Begriff zeigt, daß ein Techno-Wochenende bereits vor dem Discobesuch beginnt. In Stuttgart existieren einige Bars und Cafés, die sich auf das Warm-Up spezialisiert haben und die von vielen Ravern und Raverinnen vor der Disco aufgesucht werden. Diese Aufwärmphase wie auch die Autofahrt zur Disco und das Warten auf Einlaß führt langsam auf das Ende der Trennungsphase zu. Spätestens an der Tür eines Clubs wird der Abschied vom Alltag vollzogen.

„Also ich hab' mir auch schon oft überlegt, wie das so ist mit diesen Türstehern. Daß es eigentlich schon irgendwie unfair ist, daß man bestimmte Leute nicht rein läßt. Aber andererseits sage ich mir auch, wenn Du jeden rein läßt, dann geht die Stimmung auch an den Arsch. Ich würde dann schon ein harte Tür machen",

schildert mir Christian J. seine Ansprüche an eine Techno-Party. Die Tür wird zur sichtbaren Grenze zwischen Alltag und Gegenwelt, und die Türsteher haben die Funktion von Tempelwächtern, die den Zugang zum rituellen Raum kontrollieren.[7] Dies wird nicht als Schikane interpretiert, sondern als Notwendigkeit dafür, daß sich hinter der Tür eine (Party-)Gemeinschaft bilden kann. Nach dem Eintritt in die Disco werden an der Garderobe mit den Jacken auch die im Alltag geltenden Normen symbolisch abgelegt. Christian J. beschreibt die Atmosphäre als „locker, unverbindlich und oberflächlich". Oberflächlichkeit wird dabei als angenehm empfunden, das Tanzritual wird als „Happening" begangen. Auf der Tanzfläche angelangt, unterwirft sich die Gemeinschaft dem Rhythmus des Discjockeys:

„Das hat schon was mit einer Reise zu tun. Allein das Gefühl, die Masse in Bewegung zu setzen [...] und auch die Resonanz zu sehen. Und das Publikum honoriert das mit Brüllen...und alle tanzen. Das ist ein Glücksgefühl, wenn alle auf deine Reise mitgehen. Wenn du merkst, du hast sie alle",

berichtet DJ Rob aus Stuttgart über seine Arbeit. Für die Partygemeinschaft, die vergleichbar mit Turners Communitas ist, übernimmt der DJ die Funktion des rituell Ältesten. Er verfügt über die Macht, die Menschen auf der Tanzfläche in Trance zu versetzen. Klaus M. beschreibt die andere Seite, die Sicht eines Teilnehmers:

„Die DJs müssen auch einen guten Tag haben. [...] Wenn der DJ keine Lust hat, dann hat auch sein Publikum keine Lust."

Wenn der DJ sein Publikum auf eine „Reise" entführt, setzt ein Zustand ein, der vergleichbar mit der Schwellenphase ist. Die Anti-Struktur beginnt, es herrscht Chaos, und Kategorien wie Raum und Zeit sowie die sozialen Strukturen lösen sich auf.

„Letzte Woche war ein Tribal Energy Rave in Süssen auf einem Bauernhof. Die haben so einen alten Bauernhof [für die Party] hergerichtet. In der Disco kommt Techno nie so gut rüber wie an einem total abgespaceten Ort. [...] Die Atmosphäre muß stimmen! Open Air ist immer gut",

erzählt Hannes W. Bei Techno-Parties wird sehr viel Wert auf den Ort, die „Location", gelegt. Die üblichen Alltagsräume werden verlassen oder umgenutzt, z.B. Autobahntunnels, Silos für Atomraketen, Kreuzfahrtschiffe und Sonnenblumenfelder. Neben solchen Großveranstaltungen finden natürlich auch Parties in Diskotheken statt. Hier werden optische Effekte benutzt, um Räume zu verändern und aufzulösen. Lichtanlagen, Trockennebel und wechselnde Dekorationen aus Pappmaché schaffen einen unbeständigen Raum. Zusätzlich kann er akustisch verändert werden. Zum Beispiel ist es möglich, einem kleinen Club durch Halleffekte den Klang einer Kathedrale zu geben. Der Raum wird durch diese akustischen Effekte nicht nur aufgelöst, sondern regelrecht aufgebrochen. Die alles durchdringende „bass line" läßt keine räumliche Ortung zu. Töne mit niedrigen Frequenzen können nicht mehr stereo wahrgenommen werden, die Bauchdecke beginnt zu beben.[8]

Auch die übliche Aufteilung in Tanzraum und Außenraum wird aufgelöst, denn bei Techno-Parties gibt es keine abgegrenzte Tanzfläche:

„Alles ist Tanzfläche. [...] Der Tanz erobert den gesamten Raum. Er läßt sich nicht mehr auf ein kleines Quadrat auf dem Boden einengen."[9]

Raver beim Tanzen im Sonnenblumenfeld

Durch die Beobachtung des Techno-Raums von außen lassen sich keine festen Konturen erkennen, denn durch die Bewegung der Tanzenden scheint er sich ständig zu verändern. Es ist nicht möglich, einen Fixpunkt auszumachen. Die Sicht von innen verwischt die festen Konturen nochmals, da sich neben der tanzenden Masse das Individuum selbst auch bewegt. Die Raumwahrnehmung ist verzerrt, denn räumliche Koordinaten können nicht mehr wahrgenommen werden, weil Körper, Kopf und somit auch die Augen während des Tanzens bewegt werden. Dies führt zu einem atemberaubend schnellen Wechsel der visuellen Informationen. Alles beginnt sich zu drehen.

Die Auflösung der Zeit wird durch die lange Dauer von Techno-Events und durch die Endlosigkeit der Technomusik erreicht, die auch durch die Form der Aufbereitung und des Konsums dieser Musik kreiert wird. Die Aufgabe des Techno-DJs besteht nicht darin, verschiedene Stücke einfach aneinanderzureihen, sondern durch das Übereinanderlegen von mehreren Stücken einen neuen Klangteppich bzw. ein neues Stück zu erzeugen. Es entsteht ein sich ständig wandelnder, kontinuierlicher Musikfluß ohne Anfang und Ende, in dem die zeitliche Orientierung verlorengeht.

Die Auflösung sozialer Strukturen ist bereits durch die Lautstärke der Musik vorgegeben, denn verbale Kommunikation ist fast ausgeschlossen. Stattdessen hat das Individuum die Möglichkeit, optisch mit der Identität zu spielen und sich dadurch außerhalb der Alltagsrealität zu stellen: Aus dem Bankangestellten wird ein Baby-Macho und aus der Studentin ein Ravehörnchen.[10] Besonders auf der Love Parade, dem Techno-Karneval, kostümieren sich einige Raver sehr aufwendig, während man diese 'Verkleidung' in den Diskotheken eher in abgeschwächter Form findet.

Der Techno-Tanz ist als „kollektiver Individualtanz"[11] zu verstehen. Das Individuum braucht die Masse zum Erleben des eigenen ekstatischen Tanzes. Diese Masse ist auf kein erkennbares Ziel gerichtet und wirkt auf mich nicht bedrohlich, sondern in der Gesamtheit wie ein chaotischer Ameisenhaufen ohne feste Strukturen, denn nur die Bewegungen der Einzelnen sind durch den Rhythmus geordnet. Die Masse ist lediglich das Medium, in dem der oder die Einzelne tanzt. Nebel aus Trockeneis verstärkt das Gefühl, sich in einem unüberschaubaren Menschenmeer zu bewegen.

„Bei normaler Tanzmusik [...], da überlegt man: linker Fuß, rechter Fuß, vor, zurück, kreuz und quer. Beim Techno, da schaltest du ab. Du trennst deinen Körper und deinen Kopf. Der Körper bewegt sich nur zu Musik und nicht: linker Fuß, rechter Fuß. Wozu auch der Streß?"

erzählt Hannes W. Der Tanz zu Techno ist extrem einfach und bietet die Möglichkeit zur individuellen Interpretation der Musik und zur Variation von Tanzfiguren, doch es ist nicht notwendig, einen musikspezifischen Tanzstil zu erlernen. Die schnelle, monotone Taktzahl wird oft über Stunden gehalten, man hat also viel Zeit, den Rhythmus auf sich einwirken zu lassen. Die hohe Anzahl der „beats per minute" (bpm) läßt fast jede Bewegung so aussehen, als sei sie im Takt, und das Stroboskoplicht unterstützt diesen Effekt zusätzlich. Jeder kann zu Techno tanzen.

„Das Monotone, da kommt man schon so ein bißchen so in einen Rausch...

Raver in bizarrem Outfit

immer das Gleiche... mir fehlen die Fachausdrücke, wenn sich das so steigert. [...] Dann möchtest du gar nicht mehr aufhören. So was kenn' ich nur von Techno",

beschreibt Christian J., was er erlebt, wenn er tanzt.

Die äußere Situation auf Techno-Parties bietet alle Voraussetzungen für den Weg zur Ekstase. Entscheidend ist jedoch der Tanz – ohne ihn gibt es keinen Aufbruch ins Wunderland. Zum Tanzen bedarf es der Bereitschaft des Individuums, und entscheidet sich der Einzelne fürs Tanzen, hilft Techno ihm dabei, die Schwelle zur Ekstase zu überschreiten. Der Tanz dient hierbei zur Überwindung der Schwerkraft, d.h. für das Individuum ändert sich die subjektive Wahrnehmung der Naturgesetze. Techno hat das ekstatische Tanzen in unserem Alltag wiederbelebt.

Das Erreichen von Trancezuständen ist oft mit dem Konsum von illegalisierten Drogen gekoppelt. Obgleich ich in keinem der Gespräche danach gefragt hatte, erwähnten alle meine Interviewpartner und -partnerinnen den Drogenkonsum innerhalb der Technoszene.

„Es wäre schön, wenn alle mitmachen würden und alle würden sagen, daß sie auf einmal keine Drogen mehr nehmen... aber es ist nicht wegzudenken. Drogen gehören zum Techno", erklärt DJ Rob. Zu diesem Thema gibt es in der Szene unterschiedliche Haltungen: Drogen werden konsumiert, toleriert oder auch abgelehnt.

"Die richtige Menge von den richtigen Drogen fördert vielleicht das Tanzen...bei den richtigen Personen. [...] Jemand, der nicht tanzt, tanzt wahrscheinlich auch nicht, wenn er Drogen genommen hat. Jemand, der tanzt, wird vielleicht noch ein bißchen mehr tanzen",

meint Klaus M. Drogen dienen in der Technoszene als eine Art Verstärker, sie erzeugen unter den Konsumenten ein Gemeinschaftsgefühl und befähigen die Konsumenten zu stundenlangem ekstatischen Tanzen. Sie verändern das Raum- und Zeitgefühl und sind ein Mittel, die Communitas länger aufrecht erhalten zu können, die Zeit anzuhalten und den 'schönen Augenblick' scheinbar endlos auszudehnen. Für einige Raver ist der Drogenkonsum unerläßlich, um ihr eigenes Wunderland zu erreichen, doch für viele führen allein Tanz und Musik dorthin.

Das Austreten aus der Anti-Struktur bzw. das langsame Wiedereintreten in den Alltag findet während des „Chill-Outs"[12] statt. Die Raver verlassen die Clubs, um sich an kühlere und ruhigere Orte zu begeben.

"Das ging so bis morgens um acht. Dann hatten wir keine Lust mehr auf Disco, und wir sind mit Freunden zu uns nach Hause gegangen. Wir haben bei uns auf dem Balkon gesessen bis zwölf Uhr mittags. Dann konnte ich nicht mehr schlafen und habe den ganzen Tag noch Fernsehen geschaut",

berichtet Nadine D. vom Ende ihrer Techno-Nacht. Die Angliederungsphase beinhaltet die Regeneration von den körperlichen Anstrengungen und erleichtert den Übergang vom Wochenende in die Arbeitswoche. Die Rückkehr ins Berufsleben ist für alle interviewten Raver eine Selbstverständlichkeit, da sie in einem festen Berufs- oder Ausbildungsverhältnis stehen.

Werbung mit dem Wunderland – Flyer der Stuttgarter Diskothek Oz

Am Techno faszinieren sicherlich die Musik, die körperliche Grenzerfahrung und das Aufgehen in der Masse. Die Wochenenden der Raver weisen allerdings auch die Strukturen eines Rituals auf: eine physische und psychische Grenzüberschreitung ist durch Vor- und Nachbereitung eingerahmt, wodurch die Techno-Party im Alltag der Jugendlichen verankert wird. Diese Parallelen zwischen Techno-Wochenenden und Ritualen, wie sie von Turner beschrieben werden, können die große Faszination erklären, die von Techno ausgeht. Meiner Meinung nach sehnen sich Menschen auch heute nach Ritualen. Durch Techno-Rituale wird die Möglichkeit geschaffen, Gegenwelten zu betreten, Grenzerfahrungen regelmäßig und kontrolliert zu machen und dabei der Beengtheit des Alltags kurzzeitig zu entfliehen.

Chill Out: Das attraktive Ende eines Techno-Wochenendes (Flyer)

Anmerkungen

1 Techno ist nicht nur die Bezeichnung für eine härtere Stilrichtung, sondern wird auch als Überbegriff für alle Arten von elektronisch produzierter, gesampelter und rhythmusbetonter Musik verwendet: Die Chicago House Music, zuerst im Club „Warehouse" gespielt, ist durch das Zusammenfügen von groovigen Soul-Stücken entstanden, während der Detroit Techno eher die harte, monotone Variante der Computermusik verkörpert. Der quietschende Sound des Acid-House wurde auf den ersten illegalen Raves in England ab Mitte der 80er Jahre gespielt.

2 Vgl. Ferdinand Mitterlehner: Let's fly together! Zur Untersuchung veränderter Bewußtseinszustände während einer Technoparty. In: Helmut Rösing (Hg.): Mainstream, Underground, Avantgarde. Rockmusik und Publikumsverhalten. Beiträge zur Popularmusikforschung, Nr. 18. Karben 1996, S. 23-35; hier S. 32.

3 Vgl. Paul Hugger: Ritualisierung des Alltags. Einsiedeln 1992, S. 1433-1440; hier S. 1433.

4 Victor Turner: Das Ritual. Struktur und Anti-Struktur. Frankfurt/M. 1969.

5 Als Alternativen verwendet Turner auch die Begriffe „präliminale", „liminale" und „postliminale" Phase.

6 Vgl. Bernhard Streck (Hg.): Wörterbuch der Ethnologie. Köln 1987, S. 38.

7 Vgl. dazu auch Christine Skwara/Almut Sülzle: „In dance we are one nation"? In diesem Band.

8 Der Stereoeffekt für die Ohren geht bei tiefen Tönen verloren; sie werden hauptsächlich über die Vibration der Bauchdecke wahrgenommen.

9 Birgit Richard/Heinz-Hermann Krüger: Vom „Zitterkäfer" (Rock'n'Roll) zum „Hamster im Laufrädchen" (Techno). In: Wilfried Ferchhoff/Uwe Sander/Ralf Vollbrecht (Hg.): Jugendkulturen – Faszination und Ambivalenz. Einblicke in jugendliche Lebenswelten. Weinheim 1995, S. 93-109; hier S. 98.

10 Vgl. Annabelle von Girsewald: Ravehörnchen und Baby-Machos, in diesem Band.

11 Gabriele Klein: Body-Talk. Zum Tanz der Raver. In: Hermann Artmaier u.a. (Hg.): Techno zwischen Lokalkolorit und Universalstruktur. Dokumentation zum Workshop im Haus der Jugendarbeit vom 24.-25. Januar 1997. München 1997, S. 67-70.

12 Ein Chill-Out-Bereich existiert innerhalb größerer Discos. Hier ist das Chill-Out Teil des rituellen Raums, in dem man sich „abkühlen", also körperlich regenerieren kann.

Auf der Techno-Tanzfläche lösen sich Kategorien wie Raum und Zeit auf

Franz-Xaver Baur

TechnoTanz

„Kick", „Klick" und andere Wirkungen

Es blitzt und donnert. Der Bass pocht in rasender Geschwindigkeit aus den Lautsprechern. Mein Körper vibriert, er wird zum Resonanzkörper in einem Raum, in dem es überall dröhnt und klirrt. Blitzlicht, Farben, aber zumeist nur Nebel. Grau. Und immer wieder dieses ohrenbetäubende Gehämmer der Basslinien. Ich kann nichts sehen. Dieser Nebel. Ich schwitze. Ich sollte meine Jacke ausziehen. Immer wieder werde ich berührt von etwas, das ich nicht sehen kann. Ich drehe mich um, aber es gibt kein hinten und kein vorne, kein oben und kein unten mehr. Ich merke, es gibt nur noch Menschen um mich herum. Ganz dicht an mir dran. Panik kriecht in mir hoch. Ich muß hier raus! Sekunden, Minuten der totalen Verwirrung, doch dann – zum Glück – wird es heller, der Nebel verflüchtigt sich. Aber ich muß feststellen: Hier gibt es kein Rauskommen. Überall die halbnackten Menschen, die im Takt der Musik von einem Bein aufs andere stampfen. Ich suche einen Ausgang. Dort starren mich zwei kreisrunde, gläserne Augen einer Gasmaske an, hier lacht mir eine von der Anstrengung verzerrte Fratze ins Gesicht. Schließlich gelange ich zur Toilette, aber auch dort werde ich von lusterfüllten Gesichtern festgehalten, die mir irgendwelche Drogen in den Rachen schütten wollen. Ich schlage um mich. Dann: Stille. Alles ist ruhig, ich bin alleine. Ich schwitze. Wo bin ich? Ich komme langsam zu mir und muß lachen. Ein Traum. Nur ein Traum?

I. Tanzen in Technoräumen: Momentanes Glücksgefühl oder mehr?

Erste Feldkontakte: Die Sogwirkung

Ob es tatsächlich nur ein Traum war oder Realität werden würde, sollte sich bald herausstellen. Denn schon einige Tage später stand der erste Feldbesuch an, und mir wurde klar: In diesem Traum hatte sich meine ganze Angst, hervorgerufen durch all die negativen Attribute, die der Technokultur von seiten der Öffentlichkeit zugesprochen werden, geäußert. Doch ich wurde 'enttäuscht'. Mein erster Feldkontakt in einer Tübinger Disco konnte all dies nicht bestätigen. Warum? Für einen Partyrausch fehlten einfach die Menschen. Es waren lediglich fünfzig Personen anwesend. Hedonistische Lebenseinstellung, Drogenkonsum und Ausgelassenheit waren für mich nicht zu erkennen. Auch die folgenden Besuche von Tübinger und Stuttgarter Technoveranstaltungen haben mir eigentlich nie richtig deutlich gemacht, was die Technoszene ist. Erst als ich die Fernsehübertragung der Loveparade gesehen hatte, konnte ich das finden, was ich immer wieder über Techno gehört und gelesen hatte. Techno, ein Medienereignis? Eigentlich nicht, so wie mir Menschen später berichteten, die Technoparties schon selbst erlebt haben. Auflösung von Raum und Zeit, von traditionellen Geschlechterverhältnissen? Friede, Freude, Eierkuchen? Politisch oder unpolitisch? Keine Ahnung. All das ließ sich nicht beobachten. Ich suchte danach, aber wo sollte man ansetzen? Also konzentrierte ich mich auf das, was wirklich da war. Nicht zu überhören: die Musik. Und vor allem: der Bass, der durch meinen Körper vibrierte. Im $^4/_4$ Takt. Ununterbrochen. Es gab keine Pausen. Anfangs nervte dieser ohrenbetäubende Lärm, doch je länger ich mich in den Clubs aufhielt, desto deutlicher merkte ich (ich hatte es selbst nicht für möglich gehalten), daß ich anfing, es gut zu finden. D.h. ich merkte noch nicht wirklich, daß ich Gefallen an der Musik fand. Ich stellte lediglich fest, daß ich nicht mehr ruhig stehen konnte. Ich fing an, im Takt zu wippen, mich zur Musik zu bewegen, bis ich schließlich auf der Tanzfläche war und tanzte. Als ich die

Disco zwei Stunden später verließ, spürte ich das Verlangen, schon am nächsten Tag zurückzukehren, nicht um zu forschen, sondern um weiterzutanzen. Ein Sog hatte mich erfaßt. Ich war begeistert. Techno hatte mir einen „Kick" gegeben. Diesen Aspekt wollte ich in Zukunft auch in meine Forschung mit einbeziehen: Techno bewirkt etwas, diese Vermutung lag nahe.[1]

Das erste Interview: Bernd J.[2]

„Ich war nie der Tänzer. [...] Irgendwann bin ich dann mal mit meiner Mitbewohnerin in den Technoclub gegangen. Nach zehn Minuten habe ich gesagt, 'ich gehe wieder'. Trotzdem bin ich da aber drangeblieben. Ich war zehnmal im Club und habe zehnmal gedacht: 'Das halte ich nicht aus, das geht wohl nicht'. Doch irgendwann habe ich gedacht: 'Moment, hier platzen gerade 400 Leute, wieso denn [...], was krieg' ich denn hier nicht mit?' Ich stand da drin und habe nichts kapiert. Aber ich habe gemerkt, daß ich hier [...] irgend etwas nicht kapiere. Und an dem Tag habe ich gesagt: 'Ich bleibe jetzt hier stehen und guck mal, was passiert', und zwei Stunden später bin ich da über die Tanzfläche gehirscht und habe gedacht: 'Das habe ich ja noch nie erlebt.' Das war ziemlich überwältigend, ich dachte, 'das gibt es nicht, das hätte ich nie gedacht, daß mich auch noch Techno, ausgerechnet Techno aus der Reserve lockt'. [...] Das ist wie wenn es vom Winter gleich Sommer wird. Wuuutzzzz! Da war auf einmal was anderes da, und das hat mich echt umgehauen [...], als ob irgend etwas platzt."

„Entscheidend ist das Tanzen. Man geht eigentlich schon weg um zu tanzen, weil Tanzen bringt halt Spaß, [es vermittelt] ein angenehmes Gefühl. [...] Und beim Techno ist das halt so, daß man richtig ausgelaugt ist, weil das stundenlang so geht, und diese Monotonie schafft es, daß sich der Körper wie von alleine bewegt. Das kostet überhaupt keine Energie. Man muß da nicht irgendwie ein Bein jetzt stellen und das andere jetzt gleich und Scheiße und so, sondern das gibt irgendwann einen Kick, und dann läuft es von alleine. Du mußt dich da nicht mehr drum kümmern. Du mußt dich bewegen, weil das Stillstehen zuviel Energie kostet [...]. Dieses Bewegen und Dich-nicht-drum-Kümmern führt dazu, daß es dann irgendwie 'klick' macht und du bist in einer Gedankenwelt."

... ever been technoed?

„Techno hat mich wie aus dem Winterschlaf geholt, das hat mich richtig wach gemacht. [...] Ich hatte früher immer Totenkopf-T-Shirts angehabt und habe auf einmal gedacht, 'ich möchte keine Totenköpfe mehr auf dem T-Shirt haben', [...] also das hat mich total umgekrempelt, von innen nach außen. Ich war ein völlig anderer Mensch als vorher."

Meine Vermutung hatte sich offenbar bestätigt: Techno wirkt. Auch weitere Gespräche auf Technoveranstaltungen zeigten, daß es beim Annähern an die Technoszene einen bestimmten Moment gibt, an dem irgend etwas passiert, an dem es „klick macht" im Kopf und von dem an man eine starke Bindung an die Technowelt verspürt. Aber wodurch wird dieses „Initialerlebnis"[3] hervorgerufen? Und wie weit reichen die technoiden Wirkungen beim Individuum?

Zunächst ging ich der ersten Frage nach. Das Ergebnis stützt sich auf meine eigenen (bei der teilnehmenden Beobachtung gemachten) Erfahrungen, auf Schilderungen von RaverInnen und auf andere, bereits veröffentlichte Forschungen.

„Entscheidend ist das Tanzen"

Techno ist Tanzen zu einer Musik, die sich auszeichnet durch ihre Lautstärke, Monotonie, Dauer, Pausenlosigkeit und Künstlichkeit. Drei bis vier Stunden am Stück zu tanzen, scheint keine Ausnahme zu sein. Techno ist Tanzen in einer Masse und in dem Wissen, daß jedeR einzelne in erster Linie hier ist, um zu tanzen. Es gibt keinen Star und keine Texte oder Botschaften, mit denen man sich identifizieren könnte.[4] „Der einzige Zwang bei Techno ist der $^4/_4$ Takt."[5] Technoräume scheinen von einer Leere geprägt zu sein, in die hinein sich das tanzende Individuum entfalten kann.[6]

Der Technotanz ist meines Erachtens ein Tanz der Selbstreferenz. Dies ist nicht zu verwechseln mit einem selbstvergessenen Vor-sich-Hintanzen.[7] Die Masse ist für das Erlebnis unerläßlich.[8] Es wird viel kommuniziert – durch Blick- und Körperkontakt beim Tanzen. Doch die Raver sagten häufig, daß „man einfach davon ausgeht, daß die ganze Sache [die Kommunikation] oberflächlich abgeht"[9]. Weder das Kollektiv noch die einzelnen Individuen sind auf ein ausdrückliches Ziel ausgerichtet. Die Gemeinschaft entsteht nicht durch gemeinsame Grundsätze oder Ansichten, sondern lediglich durch das ausschließliche Verlangen jedes Individuums, hier und jetzt Spaß zu haben, jedeR für sich in der Masse. Auch der oben erwähnte (Blick-)Kontakt mit anderen TänzerInnen ist ein Auf-sich-selbst-gerichtet-Sein. Die Anderen sind nicht Korrektiv oder Maßstab. Vielmehr findet sich die jeweilige Person in den je anderen wieder. Der eigene Körper wird „als Teil eines kollektiven 'Tanzkörpers'"[10] erlebt. Techno scheint somit eine Art kollektiven Individualtanz in potenzierter Form zu ermöglichen. „In Potenz" deshalb, weil das Individuum im maßstablosen Kollektiv seine Individualität nicht zugunsten einer Anpassung aufgeben muß, sondern weil ihm Techno – genau im Gegenteil – aufgrund seiner „entleerten" Räume einen Freiraum bietet, in dem ein Selbstbezug ohne den Umweg über eine „Kühler(identifikations)figur"[11] möglich ist. Das Individuum ist seiner eigenen Individualität überlassen, wodurch im Tanz das jeweilige Selbst und sein Körper in hohem Maße erfahren werden kann. Die Erfahrung darf jedoch nicht als reflexiv mißverstanden werden. Vielmehr kann sie sich zu einem Ganz-und-gar-bei-sich-Sein steigern, wobei gerade die reflexive Ebene des Selbst ausgeblendet wird.[12] Es entsteht eine „angenehme Stille im Hirn"[13] und ein Gefühl, das in ein „Fließen" übergehen kann und das als Flow(effekt) bezeichnet wird.[14]

Alles in allem macht dies den Technotanz zu einem Tanz,[15] der den TänzerInnen zu einem starken Glücksgefühl verhelfen kann. Das erste Erleben des 'Klickens im Kopf', des Fließens und dieses ausserordentlichen Glücks scheint es letzten Endes auch zu sein, was das oben genannte Initialerlebnis ausmachen kann.

„Die Masse ist für das Erlebnis unerläßlich"

Was bewirkt nun aber dieses Initialerlebnis beim Individuum? Auch hier hatte ich eine Vermutung. Um ihr nachzugehen, muß(te) hier gedanklich ausgeholt werden.

Momentanes Glücksgefühl oder mehr?

Die Gesellschaft befindet sich in einem Umbruch. Begriffe wie Globalisierung, Dienstleistungs-, Kommunikations- und Erlebnisgesellschaft sowie zunehmende Technisierung und Enttraditionalisierung deuten auf einen Wandel der Werte, Normen und Deutungsmuster hin. Der Körper hat Hochkonjunktur. Das Geschäft mit Supermodels, Diätratgebern und der plastischen Chirurgie läßt auf einen wichtiger werdenden Körperkult schließen. Diese verstärkte Aufmerksamkeit für den eigenen Körper geht seit einigen Jahren auch mit einem Tanzboom einher.[16] Dem Bühnentanz, aber auch Tanzschulen und Tanzfilmen wird großes Interesse entgegengebracht. Standardtänze, Tango, afrikanischer sowie orientalischer Tanz erleben einen großen Zustrom von Menschen, die ihren Körper neu entdecken wollen. Doch der Tanz der Zeit ist der Tanz zu Techno. Es ist ein neuer Tanz zu einer neuen Musik,[17] die die zeitgenössische Kommunikation und vor allem die starke Computerisierung unserer Gesellschaft in sich aufgenommen und zu eigen gemacht hat.

Aufgrund dieser gesamtgesellschaftlichen Entwicklungen und der hohen Aktualität des Technotanzes[18] mußte meines Erachtens nun die Frage, wie weit technoide Wirkungen das Individuum 'innerlich' erreichen, auf neuer Ebene gestellt werden. Denn Tanzen spiegelt gesellschaftliche Verhältnisse wider[19], weshalb Techno als Vermittler bzw. sogar als Katalysator der aktuellen gesellschaftlichen Entwicklung bezeichnet werden kann.[20] Ich vermutete, daß Techno nicht nur eine Gegenwelt ist. Techno dient nicht nur dazu, dem Alltag zu entfliehen, indem man sich in einen ekstatischen Zustand[21], der beim Technotanz eintreten kann, versetzt, sondern hat darüber hinaus auch – so meine Hypothese – tiefergreifende Wirkungen, die mit in den Alltag hineingenommen werden. Meine Vermutung ging dahin, daß Techno eine Veränderung der praktischen Lebensführung, der Lebensauffassung ebenso wie eine Neudeutung von Werten, Normen und Interpretationsmustern bewirkt. Dies käme einer Konversion[22] gleich. Das Initialerlebnis, welches scheinbar zum Techno dazugehört,[23] läßt auf derartige Wirkungen schließen, da die Initiation eine Erfahrung ist, „in deren Verlauf man sich gewissermaßen neu erschaffen kann"[24]. Die oben zitierten Aussagen von Bernd J., daß Techno ihn von innen nach außen umgekrempelt habe und daß er durch Techno ein neuer Mensch geworden sei, verstärkten diese Vermutungen. Jedoch muß(te) hier schon eine erste Einschränkung gemacht werden. Eine Neuerschaffung ist nämlich nicht eine notwendige, sondern lediglich eine mögliche Folge der Initiation.

Daher ging ich in meiner weiteren Feldforschung folgender Leitfrage nach: *Kann* Techno eine konversionsähnliche Entwicklung beim Individuum bewirken? Da sich Veränderungen der Persönlichkeit eines Menschen immer auch auf dessen Lebensstil auswirken, wollte ich in meiner Forschung die äußeren Veränderungen einer Person nicht unberücksichtigt lassen. Jedoch können letztlich, da eine Langzeit-Beobachtung der TechnotänzerInnen im Alltag und eine Erforschung ihrer Biographie, sozusagen das Vorher, aus Zeitgründen nicht stattfinden konnte, nur ihre subjektiven Aussagen zur Ergebnisermittlung dienen. Es ging mir also nicht darum, ob die TechnotänzerInnen *tatsächlich* konvertiert waren, sondern es interessierte mich, ob sie in den Interviews von derartigen Erfahrungen und Empfindungen berichteten.

„Kick", „Klick" und Konversion?

Was sich bei allen, die in die Welt des Techno eingeführt werden, ändert, ist offenbar der Kleidungsstil. Vom bloßen Kaufen technoider Kleidungsstücke, die nur am Wochenende auf dem Rave getragen werden, über das Entwerfen eines individuellen Kleidungsstils bis hin zu einer permanenten Änderung des Äußeren durch Piercing, Tätowieren sowie Rasieren und Färben der Haare eröffnet sich ein weites Feld der Überschneidungen und bewußten Kombination verschiedenster modischer Stilrichtungen.[25]

Auch wenn sich scheinbar alle Raver mit dem Eintritt in die Szene äußerlich verändern, gibt die Veränderung des Kleidungsstils allein nicht ausreichend Aufschluß darüber, ob sie tiefgreifende Prozesse durchlaufen haben. Die Merkmale einer Gruppenzugehörigkeit haben eine gewisse Variabilität, sie erstrecken sich vom Äußeren bis zu den Einstellungen und Werten. So kann der Kleidungs- bzw. der Lebensstil Ausdruck einer bestimmten Betrachtungsweise oder Weltanschauung sein, er kann aber zum Beispiel ebenso bewußt angenommen werden, um in eine bestimmte Gruppe oder Szene zu passen, ohne daß deren Einstellungen geteilt werden.[26] So antwortete Nadine D., die ihr Aussehen durch das Eintauchen in die Technoszene verändert hatte, auf die Frage, ob Techno auch ihr Leben verändert habe, mit einem entschiedenen „Nein".[27]

Vielleicht gibt die Frage nach der Motivation, in die Szene einzusteigen und ausschließlich Techno zu tanzen, weitere Aufschlüsse über tiefgreifende Veränderungen? Wenn es um die Funktion des Ausgleichs zum Alltag geht, um das Eintauchen in eine temporäre Gegenwelt, sprachen die befragten TänzerInnen immerhin von einem hohen Wirkungsgrad. Doch die Motivationen waren sehr unterschiedlich. So beschrieb Hans M. in einem Interview, wie er, nachdem Techno von Frankfurt in einen Stuttgarter Club „übergeschwappt" war, in die Szene einstieg. Für ihn sei dabei nicht das potentielle Glücksgefühl die Hauptmotivation gewesen, sondern die Möglichkeit der Abgrenzung von der Masse. Zunächst konnten nämlich nur wenige Jugendliche mit dieser Musik und der Art zu tanzen etwas anfangen, so daß er sich nicht nur durch die technoide Kleidung, sondern auch durch den Tanzstil von der Masse abhob. Als Techno dann größeren Zulauf erfuhr, stieg er aus und sah sich nach einer anderen Szene um.[28] Der Wechsel in die Szene tangiert somit nicht zwingend auch Einstellungen und Werte, sondern kann auch, wie bei Hans M., der Ausdruck eines Distinktionswillens sein.[29]

Die Antworten der Tanzenden auf die Frage nach der Motivation des Tanzens bzw. nach den Funktionen von Techno brachten somit keine Erkenntnisse zur Beantwortung der Leitfrage, ob Techno das Leben der Tanzenden insgesamt verändert. Mir wurde immer deutlicher, daß Techno lediglich an die Stelle einer anderen Szene oder Wochenendbeschäftigung zu treten scheint. Alles andere scheint beibehalten zu werden. Keine der befragten Personen äußerte, daß sich ihre Lebensführung bzw. die Bewältigung des Alltags geändert habe. Die Häufigkeit des Tanzengehens wurde zwar als erhöht beschrieben, aber nach wie vor sei es die Arbeit, die den Alltag strukturiert und die Raver am Wochenende in die Clubs treibt, um abzuschalten. Zu diesem Zeitpunkt fragte ich mich, ob Techno in bezug auf meine Leitfrage wirkungslos sei.

Hatte mein erstes Interview meine Vermutungen bestätigt und mir zu meiner Leitfrage verholfen, wurde ich nun in meiner eigentlichen Forschungsphase zunächst nur enttäuscht. Abgesehen davon, daß ich sowieso nicht davon ausgegangen war, herausfinden zu können, ob und wie sich das Leben der Erforschten tatsächlich verändert hatte, schienen auch die subjektiven Aussagen, Wahrnehmungen und Empfindungen der Befragten meine Erwartungen nicht zu erfüllen. Ganz im Gegenteil. In mir kamen Zweifel auf. Müßten tiefgreifende Veränderungen nicht irgendwie ihren Niederschlag finden? Ich bemerkte, wie mein Gedankengebäude in sich zusammenfiel. Jeder Ansatzpunkt schien verloren gegangen, jeder vielversprechende Gedanke löste sich in ein Nichts auf. Dann jedoch rief ich mir in Erinnerung, daß es während meiner ganzen Forschungszeit immer gerade die Schwierigkeiten waren, die mich weiterbrachten. Und so war mir klar, daß ich an diesem Punkt nochmals zu den Interviews zurückkehren mußte. Bernd J. konstatierte:

„Das hat mich total umgekrempelt von innen nach außen. Ich war völlig ein anderer Mensch als vorher, ich bin wesentlich

zufriedener mit mir [...]. Ja, Techno hat mein Leben verändert. Ich habe eine viel positivere Lebenseinstellung."[30]

Doch auch andere Raver berichteten von Veränderungen: „Techno macht ausgeglichener, freundlicher, nicht dümmer." „Ich bin anderen und der Umwelt gegenüber offener. Ich habe weniger Hemmungen, auch im Alltag."[31]

Na also, Techno wirkt doch. Sogar bis in den Alltag! Aber dies war zu einfach. Ich mußte mir gestehen, daß ich genau die Passagen herausgepickt hatte, die in mein Konzept paßten. Tatsache ist, und das stellte ich bei genauerem Auswerten der Interviews fest, daß ich auch das Gegenteil hätte beweisen können. Überall fand ich Widersprüche: Sowohl beim Betrachten der Szene, d.h. die verschiedenen Personen untereinander, als auch beim Analysieren der Aussagen der einzelnen Personen. Bernd J. weiß, daß Techno zwar sein Leben verändert hat, daß er Techno aber ablegen kann, wenn er genug davon hat, ohne daß für ihn dadurch eine Welt untergehen würde.[32] Könnte so etwas von jemandem geäußert werden, der nicht nur die Tanzszene gewechselt, sondern mit diesem Wechsel auch seine Lebenseinstellung, Deutungsmuster und Sinnkonstruktionen geändert hat? Nadine D. sagte, daß Techno ihr Leben nicht verändert, sie aber mit dem Eintritt in die Szene ihren Freundeskreis gewechselt habe, da sie nicht mehr dieselben Interessen gehabt habe und ihr die Gesprächsinhalte ihrer alten FreundInnen abstrus vorgekommen seien.[33] Hatte sich ihr Leben ihrer Meinung nach also doch geändert?

Die Interviews sind durchzogen von direkten Aussagen, die indirekt in Nebensätzen oder an späterer Stelle durch gegensätzliche Bemerkungen wieder aufgehoben werden. Nachdem ich dies erkannt hatte, kam nun das an die Oberfläche, was mir bei der Forschung zunehmend ein unbehagliches Gefühl verursacht hatte: Bei Techno scheint nichts wirklich zu sein. Es gibt nichts, woran sich der Forscher festhalten könnte. Techno verändert alles und gleichzeitig nichts. An dieser Stelle mußte ich mich fragen: Ist meine Forschung in bezug auf die Leitfrage als gescheitert zu erklären?

Ich hatte das Gefühl, daß ich als Forscher das Feld nicht verstehen konnte. Sicherlich ist die Feldforschung ja gerade dazu da, sich dem Forschungsgegenstand mit den Methoden der teilnehmenden Beobachtung und des Interviews anzunähern. In jeder Forschung gibt es Widersprüchlichkeiten, gerade in den Aussagen der Befragten. Mir kam aber in bezug auf meine Fragestellung nicht nur das Interviewergebnis, sondern das Feld an sich unerschließbar vor. Es gab keinen archimedischen Punkt, von dem ausgehend ich Techno und seine TänzerInnen hätte verstehen können.

Ich war enttäuscht, verzweifelt und verärgert. Ich mußte mir eingestehen, daß an einem Punkt, an dem ich eigentlich Ergebnisse vorweisen sollte, anstelle von Antworten nur noch mehr Fragen das Ergebnis waren. Sollte ich die Widersprüche interpretieren, sie in ein lineares System pressen und dann als Wahrheit verkaufen? Abgesehen davon, daß ich das Gefühl hatte, dafür mit den befragten Personen zu wenig vertraut zu sein, bezweifelte ich, daß in den widersprüchlichen Aussagen irgend etwas Unbewußtes und Verborgenes seitens der Befragten zum Vorschein kam. Vielmehr schienen die Widersprüchlichkeiten auf einem System zu beruhen. Ich wollte dieses System entschlüsseln und die Undurchsichtigkeit erklären, in der Hoffnung, im Anschluß daran auch meine Forschungsfrage beantworten zu können.

II. Die Erklärung: ein Rekurs auf gesamtgesellschaftliche Entwicklungen

Die Technoszene schien mir in ihrer Widersprüchlichkeit postmoderne Züge zu haben. Mir wurde klar, daß die oben erwähnten gesamtgesellschaftlichen Entwicklungen und Wandlungen nochmals genauer betrachtet werden mußten, wollte ich das Phänomen Techno durchdringen.

War früher der Stand für die individuellen Lebenswege prägend, boten Tradition und Religion Möglichkeiten zur dauerhaften Orientierung, kann in der Gegenwart durch die Vielzahl der Orientierungsangebote und

„*Too fast to live – too young to die*": Macht Techno Sinn?

lelität und Gleichzeitigkeit verschiedener und gegensätzlicher Lebensentwürfe. Aber nicht nur gegensätzlich orientierte Gruppen existieren gleichzeitig, auch die einzelne Person scheint dadurch, daß sie im alltäglichen Dasein verschiedenste und auch sich widersprechende Rollen annehmen muß, aus vielen kleinen Teilidentitäten zusammengesetzt zu sein:

„*Eine auf die Herstellung von Kohärenz zielende Identitätskonstruierung wird durch ihre Ablösung von festgelegten Normen und Sinnorientierungen – zumindest der Möglichkeit nach – zu einem schöpferischen Prozeß der Selbstorganisation.*"[36]

Das Ergebnis ist eine sogenannte „Patchwork-Identität", die den Anforderungen eines „Lebens im Widerspruch" angemessen erscheint.[37]

Aufgrund dessen, daß keine Institution mehr imstande ist, einen übergreifenden Sinn oder eine kollektive Dauerorientierung zu vermitteln, sowie aufgrund der großen Anzahl gleichzeitig bestehender Orientierungsangebote, scheint sich alles zu einer Simulation aufzulösen: „Was sich vorher widersprochen oder dialektisch gegenübergestanden hat"[38], scheint austauschbar geworden zu sein. Werte, Emotionen und Eindrücke heben sich auf in einer Indifferenz.[39] „Verschwunden ist die Gegnerschaft der Gegner [und] die Wirklichkeit der unvereinbaren Anliegen."[40] Diese Austauschbarkeit ist aber wiederum lediglich ein Ausdruck der Enttraditionalisierung. Die Reflexivität hat im Zuge von Säkularisierung, Pluralisierung sowie Rationalisierung zu einem Bewußtwerden der Kontingenz, der relativen Zufälligkeit von Sinnkonstruktionen geführt, welches sich zu einem Bewußtsein um eine „absolute Kontingenz" zu steigern scheint. Dieser Prozeß scheint in seinem Vollzug die Tradition zum Verschwinden zu bringen.

Dies alles und die Tatsache, daß „die Vorstellung einer 'sinnvollen' Abfolge der Weltgeschichte und des Menschen"[41] verblaßt, daß Fortschritts- und Modernisierungsoptimismus hinterfragt werden, läßt Zukunftsentwürfe abstrus bzw. überflüssig werden. Darüber hinaus scheinen sie aufgrund einer „mehrdeutigen

dem damit einhergehenden Verlust kollektiver Orientierung von Enttraditionalisierung gesprochen werden. Für das Individuum bedeutet dies zweierlei: zum einen eine Befreiung von Zwängen, zum anderen eine Verunsicherung. Die Lebenswege und der Horizont der Erwartungsmöglichkeiten haben sich geöffnet, zugleich scheint das Beschreiten des Lebensweges sehr viel risikoreicher geworden zu sein.[34]

Wir leben in einer Gesellschaft, in der sich der soziale Wandel immer schneller vollzieht. Daraus resultiert ein Kompetenzverlust der älteren Generationen.[35] Dies führt in Kombination mit der Enttraditionalisierung und der damit steigenden Pluralisierung weg von linearen Entwicklungssträngen, hin zu einer Paral-

Unübersichtlichkeit" unmöglich geworden zu sein. Die instrumentelle Vernunft wird durch eine Erlebnisorientierung ersetzt. Man arbeitet nicht, um es später einmal gut zu haben, sondern um zu leben – hier und jetzt. Die Suche der Individuen nach einer Dauerorientierung scheint durch eine hohe Flexibilität ersetzt zu werden.

Tanzen im Zeichen der 'absoluten Kontingenz'

Meines Erachtens finden sich die Begriffe Patchwork-Identität, Kontingenz, Hier und Jetzt sowie die Tatsache der nicht mehr notwendigen Dauerorientierung sowohl in der Technoszene im allgemeinen[42] als auch in meinen Beobachtungen und Interviews im speziellen wieder:

„Wenn ich die Nase voll habe von Techno, dann kann ich das ablegen, ohne daß für mich eine Welt eingeht [...]. Das liegt an mir, wie lange das da ist und wie lange ich das mitmachen will. [...] Ja, der Spaß steht im Vordergrund, also das Jetzt-Leben heute abend. [...] Es läuft viel mit Berühren, Anfassen, Küßchen. Das ist sicher viel Show, aber eine angenehme Show."[43]

Zitate wie diese bringen zum Ausdruck, daß sich die gesamtgesellschaftliche Entwicklung in der Technoszene spiegelt. Aber auch umgekehrt: daß Techno dieselbe forciert. Der Technotanz ist ein neuer Tanz. Er bricht mit den traditionellen Strukturen. Er ist offen und kennt keine Schrittfolgen. Er hat keine normierende Funktion. Ihm fehlen auch sämtliche Aspekte des Bühnentanzes, da es nicht nur keine spezielle Tanzfläche, sondern auch keinen Raum für nichttanzende Zuschauer gibt.[44] Darin unterscheidet sich Techno auch vom Discotanz der 70er Jahre. Dieser Individualtanz könnte auch als Ausdruckstanz bezeichnet werden, da sich die Tanzenden im und durch das Tanzen vor anderen darstellen wollen.[45] Auch in bezug auf den Technotanz wird von Selbstdarstellung gesprochen. Da es keine Zuschauer gibt, weil alle tanzen, geht hier jedoch die Wirkung einer Inszenierung verloren. Die Betonung liegt hier nicht auf der Darstellung nach außen, sondern auf dem Erleben des Selbst. Die Selbstreflexivität, d.h. das Nachdenken über ein Selbst-Konstrukt und darüber, wie man wohl auf andere wirkt, werden durch eine Selbstreferenz ersetzt. Dies drückt sich im Tanzen konkret dadurch aus, daß der Körper sich wie von allein bewegt. Man braucht sich nicht darum zu kümmern. Es muß nicht nachgedacht werden, welchen Schritt man nach dem anderen machen muß. An die Stelle der Reflexivität tritt ein Ganz-bei-sich-Sein, welches auch im nachhinein nicht eigens noch einmal reflexiv aufgearbeitet wird. Es geht um das Hier und Jetzt. Der Technotanz ist nicht Mittel zum Zweck und läßt schon allein aufgrund seiner langen Dauer ein Zielgerichtetsein und damit auch jede Linearität verlorengehen.

Dancing the night away...

Auch die Technomusik, die den Tanz auslöst, kennt keinen Anfang und kein Ende und widerspricht damit tradierten Vorstellungen. Sie scheint Vergangenheit und Tradition verschwinden zu lassen, da sie mit allen Hörgewohnheiten bricht und sich nicht an der Musikgeschichte orientiert.[46] Techno kennt weder eine Zentralperspektive noch Finalität. Aber nicht nur der Tanz und die Musik, sondern die ganze Szene an sich bringen die lineare Geschichte zum Abdanken.[47]

„Dynamik und Lebendigkeit sind, im Vergleich zu anderen aktuellen Musikstilen, vorgeblich einzigartig. Die Dinge rotieren einerseits und bewegen sich andererseits so schnell, daß irgendwie alles gleichzeitig passiert. Das Ding wird in dem Moment, wo es erfunden wird, auch schon wieder zum Zusammenbruch gebracht."[48]

Wie die ganze Szene, so sind auch die einzelnen Individuen von einer Gleichzeitigkeit geprägt. Sichtbar wird diese Patchwork-Identität am technoiden Kleidungsstil, der nach dem Prinzip der Bricolage[49] funktioniert: ein zwangloses Zusammendenken, Kombinieren und Ausprobieren verschiedenster, schon vorhandener Stilrichtungen, wodurch ein neuer Stil entsteht.[50] Bis auf die Türsteher an den Pforten der Clubs kümmert sich auch niemand darum, wie man gekleidet ist.[51] Alles ist „easy", alle sind freundlich und nett zueinander. Was man denkt, scheint sowieso niemanden zu interessieren. Techno vereint vieles in sich, was mit dem Adjektiv postmodern bezeichnet wird. Die Gleichzeitigkeit scheint zum Wissen um die Kontingenz und dies wiederum zu einer Zelebrierung des Hier und Jetzt zu führen.

III. Techno ist Techno ist Techno

Der Rekurs auf die aktuellen Entwicklungen erklärt sowohl die Widersprüche in den Aussagen als auch das Problem, keinen archimedischen Punkt ausmachen zu können. Diesen konnte ich nicht finden, da ich mit einem 'falschen Verständnis' von der Gegenwart an die Forschung herangegangen war. Der Konversionsgedanke machte mir einen für die heutige Zeit angemessenen Umgang mit den Widersprüchlichkeiten unmöglich. Die Gegensätzlichkeiten der Aussagen paßten nicht in meine Erwartungen. Ich hatte eine Linearität, ein Anfang und Ende der Veränderungen erwartet.[52] Ebenso hatte ich mir erhofft, die Befragten würden den Versuch unternehmen, das Technoerlebnis und die Veränderungen in ihrer Biographie zu verbinden und zu einer konsistenten Geschichte zusammenzubauen.[53] Daß dieser Versuch nicht einmal unternommen wurde, daß keine Kausalität konstruiert wurde, kann aber als eine Veränderung von Deutungsmustern interpretiert werden. Das Muster einer konsistenten Biographie scheint aus dieser Perspektive aufgegeben worden zu sein. Anders formuliert: Die eigene Biographie wird nicht mehr – quasi im Rückwärtsgang – von einem geplanten Ziel her oder aufgrund eines Eindrucks, den man bei anderen hinterlassen will, konstruiert. Mir scheint, daß Inkonsistenzen nicht mehr als Schwächen oder Bedrohung wahrgenommen werden.[54]

Dennoch möchte ich deutlich machen, daß dies eine spekulative Interpretation ist. Ich werde den Eindruck nicht los, daß sich Techno nicht erforschen lassen will. Vielleicht weist meine Forschung Mängel auf, die dafür verantwortlich sein könnten. Mir scheinen die Schwierigkeiten aber auch von den Eigentümlichkeiten des Forschungsfeldes selbst herzurühren. Baudrillard redet zum Beispiel von der „List des analysierten Objekts."[55] Und Karl Stocker schreibt in einem Text über Techno dazu:

„Vielleicht hat Baudrillard also recht, wenn er uns Forscher/innen vor dem 'Objekt' warnt, weil es uns täuschen könnte. Vielleicht erfindet es wirklich 'eigene Antworten' und gibt nicht mehr nur die, 'die von ihm erwartet werden'. Und vielleicht stimmt es, daß 'es absolut nicht analysiert und beobachtet werden will'. Etwas von dieser 'siegreiche(n) List des analysierten Objekts' spürt man jedenfalls, wenn man sich mit dem Phänomen Techno befaßt."[56]

Trotzdem soll an dieser Stelle ein Ergebnis formuliert werden: Der der Technowelt eigentümliche Bruch mit der Tradition und das Aufgehen in oder Forcieren einer Kontingenz lassen annehmen, daß Veränderungen bei den Einstellungen und Werten der TechnotänzerInnen zumindest nicht unmöglich sind. Das einzige Ergebnis, das sich für mich in bezug auf meine Leitfrage klar ergeben hat, ist, daß Techno zu einer positiveren Lebenseinstellung führen kann – aber nicht muß. Die Lebensführung und die Bewältigung des Alltags scheinen sich dabei nicht grundlegend zu ändern. Dies rührt aus meiner Sicht daher, daß Techno weder klare ideologische noch deutliche moralische Botschaften transportiert.[57] Damit scheint auch der Konversionsgedanke ausgeschlossen. Denn hierfür müßte eine plötzliche und totale Umkehr und Änderung der Persönlichkeit sowie der Lebensführung festzustellen sein.[58] In meinen Interviews äußerten die befragten Personen aber lediglich die Änderung der *Einstellung* gegenüber der(-selben) Lebensführung und der *Wahrnehmung* des(-selben) Alltags. Die positivere Einstellung könnte eine Folge davon sein, daß Techno den Tanzenden die Loslösung von übermittelten Normen und Werten, die als Zwänge erfahren werden, ermöglicht. Dazu mag das Festhalten an der Konstruktion einer konsistenten, auf traditionellen Werten basierenden Identität gehören oder das Ausgerichtetsein auf ein fernes oder gar jenseitiges Ziel, welches einem das Dasein im Hier und Jetzt erschwert. Gerade das Wissen um die Kontingenz und das Auflösen von Tradition sind meines Erachtens Eigentümlichkeiten von Techno, die hierbei ihr Potential entfalten können.

„... weil Techno halt Spaß bringt..."

„*Das Techno vermittelt mir jetzt, was mir früher der [Heavy-] Metal vermittelt hat. [...] Damals habe ich gedacht, Metal ist eine Lebenseinstellung oder Philosophie. [...] Bei Techno weiß ich, das ist nur das Lebensgefühl, das ich, wenn ich die Nase voll davon habe, [...] ablegen kann, ohne daß jetzt für mich eine Welt untergeht. [...] Das liegt an mir, wie lange das da ist und wie lange ich das mitmachen will. Wenn irgend etwas Neues kommt, was mich mehr in den Bann zieht, dann ist Techno halt vorbei.*"[59]

Die Veränderung hat für Bernd J. dahingehend stattgefunden, daß er eine kontinuierliche Lebensphilosophie durch eine vorübergehende Einstellung ersetzt (und als solche akzeptiert) hat. Er läßt sich nicht mehr auf die großen Entwürfe ein, die einem Zwänge auferlegen, sondern er stellt sich über die Dinge, ist „sein eigener Star" und macht sich das, was ihm gerade Spaß bereitet, solange zu eigen, bis es eben keinen Spaß mehr macht. Somit scheint Techno zwar Veränderungen, aber nicht solche von der Art einer Konversion, möglich zu machen. Vielmehr kann es der Person einen Ausstieg aus tradierten Denkstrukturen ermöglichen. Es handelt sich somit eher um eine „Apostasie", nämlich um eine Abkehr von bisher Geglaubtem.[60] Dafür spricht, daß Techno anscheinend keine Ausschließlichkeitsansprüche[61] an das Individuum stellt, es also aufgrund der technospezifischen Ideologielosigkeit nicht dazu zwingt, ausschließlich an etwas neues, Technoides zu ‚glauben'. Techno eröffnet somit die Möglichkeit eines Ausstiegs aus „Altem", ohne daß neue Ideologien übernommen werden müssen. So wie der Technotanz die Menschen frei zur Entfaltung kommen läßt, so verhält sich auch die ganze Szene. Die einzelne Person scheint auf sich selbst zurückgeworfen, sie selbst sein zu können.

Hierin könnte auch das Geheimnis liegen, warum Techno trotz aller Kontingenz vielen Jugendlichen Sinn vermittelt und Halt gibt: Die Personen werden akzeptiert, ohne daß sie vorher erst Normen erfüllt oder Leistung erbracht haben müssen. Die „Wertegemeinschaft"[62], als welche die Technoszene auch bezeichnet wird, scheint eine Gemeinschaft nicht aufgrund von Werten, Ansichten und Ideologien, sondern aufgrund ihrer Wertelosigkeit zu sein. Das heißt nicht, daß sich die Raver unmoralisch verhalten. Meines Erachtens beherrscht vielmehr ein amoralisches Denken die Szene. Ziel ist es, Spaß zu haben, und jedeR gönnt jeder und jedem denselben, so daß es den Anschein hat, Wertelosigkeit sei zu Toleranz, Freundlichkeit und Fröhlichkeit mutiert.

Techno scheint – zusammenfassend gesprochen – eine „Apostasie", einen Ausstieg aus alten individuellen und kollektiven Denk- und Interpretationsmustern zu ermöglichen, ohne neue an die Person heranzutragen. Für mich persönlich lag der eigentliche Erkenntnisgewinn darin, daß meine gewohnte Denkstruktur und Weltsicht nicht auf Techno anzuwenden war. Lineare Konstruktionen scheinen nicht mehr aufgebaut zu werden. Die Szene ist von einem Bewußtsein der Zufälligkeit aller Sinnkonstruktionen beseelt, woher ihre Ideologielosigkeit und das Phänomen, daß die Individuen an nichts mehr zu 'glauben' scheinen, rühren mag. In den Mittelpunkt wird deshalb das Hier und Jetzt gestellt. Die Tradition scheint zu verschwinden. Wenn dem wirklich so ist, dann gibt es keine Abgründe mehr. Dann gilt: Techno ist Techno ist Techno!

Um zu diesem Ergebnis zu gelangen, mußte ich erst einmal von meiner Vorstellung linearer Entwicklungen Abstand nehmen. Ich bin mir aber bewußt, daß dieses Ergebnis lediglich ein Zwischenergebnis sein kann, da es eine Herleitung der „kleinen Geschichten" von den großen gesamtgesellschaftlichen Entwicklungen darstellt. Jetzt, da die Einbettung in größere Kontexte stattgefunden hat, wäre der Versuch wichtig, die Geschichten der einzelnen TechnotänzerInnen nicht nur herzuleiten, sondern auch als Einzelfälle aus der Perspektive des Individuums zu verstehen.

Anmerkungen:

1 Ursprünglich war ich in meiner Forschung der Frage, was in der Technoszene „Spaß haben" bedeutet, nachgegangen. Aber meine eigenen Erfahrungen und die Erzählungen meiner KommilitonInnen, wie sie bei der Love Parade von Techno plötzlich angezogen wurden, ließ die Frage nach den Wirkungen von Techno immer bedeutungsvoller werden. Schon bei meinem ersten Interview war sie zwar nicht im Leitfaden, aber schon „im Hinterkopf" mitgedacht, später wurde sie zur Leitfrage meiner Forschung.
2 Interview mit Bernd J. vom 15.7.1997.
3 Karl Stocker: Techno. Die List des Objekts. In: Österreichische Zeitschrift für Geschichtswissenschaft, 6. Jg. 1995, H. 4, S. 53-554; hier S. 552f.
4 Vgl. Volker Marquart: Klang und Körper. Von der Selbstfindung in der Musik. In: Kursbuch, H. 121, 1995, S. 79-94; Guido Szymanska: Techno Inside. Zwischenprüfungsarbeit, Ludwig-Uhland-Institut, Universität Tübingen, 1997.
5 Interview mit Bernd J. vom 15.7.1997.
6 Vgl. Henning Breuer: Techno, Tekkno, Textasy. Berlin 1994, S. 75.
7 Bernd J.: „Du bist in so einer Gedankenwelt [...], die sich aber immer noch vermischt mit dem, was so passiert [...], du stehst da nicht 'rum und träumst so vor dich hin [...], du schaust schon noch." (15.6.1997)
8 Vgl. Ronald Hitzler: Techno: Jugendkultur und/oder Drogenkultur? Hintergründe aus soziologischer Sicht. Vortrag beim Fachtag „Technokultur und Drogenkonsum" des Kreisjugendamtes Göppingen und des Diakonischen Werks Göppingen am 29. Oktober 1996. Schriftliche Unterlagen, S. 33.
9 Interview mit Bernd J. vom 15.7.1997.
10 Hitzler 1996, S. 34.
11 Breuer 1994, S. 68.
12 Mir drängt sich hier der Vergleich mit einer Art gegenstandslosen Meditation auf, in der das meditierende Individuum auf sich selbst bezogen in sich ruht.
13 Stocker 1995, S. 542.
14 Dazu Markus Maaz: Sich einfach nur drehen und an nichts denken. Techno als Flowerfahrung. In: Konstanze Krise (Hg.): Zwischen Rausch und Ritual. Zum Phänomen des Starkults. Berlin 1994, S. 30-53; Breuer 1994, S. 65-71.
15 Zum Tanzstil: Der Technotanz ist ein Platztanz. Der Unterkörper führt eine vom Rhythmus der Musik vorgegebene Stampfbewegung aus und bleibt relativ fixiert. Der Stabilität des Unterkörpers wird eine hohe Beweglichkeit des Oberkörpers entgegengesetzt. Wird durch das monotone Stampfen eine Gemeinschaft zwischen den Individuen hergestellt, ist es der Oberkörper, der das Individuum mit einer Vielzahl von individuellen Bewegungen von der Masse abhebt. Vgl. Gabriele Klein: Body Talk. Zum Tanz der Raver. In: Hermann Artmaier u.a. (Hg.): Techno zwischen Lokalkolorit und Universalstruktur. Dokumentation zum Workshop im Haus der Jugendarbeit vom 24.-25. Januar 1997. München 1997, S. 67-70; hier S. 70.
16 Vgl. Gabriele Klein: FrauenKörperTanz. Eine Zivilisationsgeschichte des Tanzes. Weinheim 1992, S. 10.

17 Die Technomusik ist auf mehreren Ebenen neuartig. Auf der Ebene der Produktion, der Inhalte und Form sowie der Philosophie, die dahinter steht. Sie wird entweder am Computer und Synthesizer oder durch Mixen an zwei Plattenspielern hergestellt. Auf Produziertes gibt es keine Urheberrechte. Die Musik kennt üblicherweise keine verbalen Botschaften, die durch Gesang vermittelt werden. Wenn es doch textuelle Inhalte gibt, werden diese auf sinnlose Versatzstücke reduziert. Zur ihrer Produktion bedarf es kaum künstlerisches Können. JedeR kann Technomusik machen (Demokratisierung). Es wird eine Symbiose zwischen Mensch und Technik angestrebt. Vgl. dazu Stocker 1995, S. 532-534, Szymanska 1997, S. 13-17, Breuer 1994, S. 11-21.

18 Gabriele Klein bezeichnet die Tanzkultur Techno sogar als revolutionär und deutet sie als Vorbote gesellschaftlicher Veränderungen, wenn sie sagt, „schon immer gingen den sozialen Umbrüchen in der langen Zivilisationsgeschichte westlicher Gesellschaften Tanzrevolten voraus." Klein 1997, S. 70.

19 Vgl. Klein 1992.

20 Vgl. Gabriele Klein: Tanzen als kulturelle Praxis: Das Beispiel Techno. Vortrag im Ludwig-Uhland-Institut, Universität Tübingen, am 30.10.1997.

21 Zu Ritual und Ekstase siehe Daniel Wittinger: Raver im Wunderland, in diesem Band.

22 Ich benutze den Begriff Konversion in seinem weiteren Sinne als eine „radikale Änderung von Persönlichkeit und Lebensführung". Vgl. Hubert Mohr: Konversion/Apostasie. In: Hubert Cancik u.a. (Hg.): Handbuch religionswissenschaftlicher Grundbegriffe. Bd. 3. Stuttgart 1993, S. 436-445.

23 „Ich glaube, es gehört der eine Abend dazu, wo man das zum erste Mal erlebt, und ich glaube, das fängt mit einem Knall an." (Interview mit Bernd J. vom 15.7.1997)

24 Marquart 1995, S. 79.

25 Zum technospezifischen Kleidungsstil Annabelle von Girsewald: Ravehörnchen und Baby-Machos, in diesem Band.

26 Vgl. Rudolf Richter (Hg.): Sinnbasteln. Beiträge zur Soziologie der Lebensstile. Wien 1994, S. 87.

27 Interview mit Nadine D. vom 8.12.1997.

28 Interview mit Hans M. vom 30.10.1997.

29 Auch innerhalb der Technoszene ist der Wille zur Distinktion vorhanden, so daß sich die Szene zu vielen kleinen Gruppen ausdifferenziert, was zur Folge hat, daß man eigentlich schon jetzt nicht mehr von der Technoszene sprechen kann.

30 Interview mit Bernd J. vom 15.7.1997 und vom 6.12.1997.

31 Zwei Raver, zitiert nach Regula Bochsler/Markus Storrer: Techno wirkt. In: Philipp Anz/Patrick Walder (Hg.): Techno. Zürich 1995, S. 150-155; hier S. 150f.

32 Interview mit Bernd J. vom 15.7.1997.

33 Interview mit Nadine D. vom 8.12.1997.

34 Vgl. David Pensé: Lebenswelt und Deutungsmuster. Münster 1994, S. 35.

35 Vgl. Alfred Treml: Einführung in die Allgemeine Pädagogik. Stuttgart 1987, S. 152.

36 Pensé 1994, S. 37.

37 Ebd.

38 Stocker 1995, S. 552.

39 Vgl. Peter V. Zima: Moderne/Postmoderne. Tübingen 1997, S. 89f.

40 Jean Baudrillard: Simulacres et simulation, 1981. Zitiert nach Zima 1997, S. 91.

41 Wilfried Ferchhoff/Georg Neubauer: Patchwork-Jugend. Eine Einführung in postmoderne Sichtweisen. Opladen 1997, S. 18.

42 Ich möchte darauf aufmerksam machen, daß auch die Technoszene selbst nur eines von vielen gleichzeitig existierenden Angeboten ist und auch die Szene in sich wiederum in viele verschiedene Teile zerstückelt ist, denen jeweils Individuen angehören, die sich selbst aus vielen Teilidentitäten schöpfen.

43 Interview mit Bernd J. vom 15.7.1997.

44 Vgl. Birgit Richard/Heinz-Hermann Krüger: Vom „Zitterkäfer" (Rock'n Roll) zum „Hamster im Laufrädchen" (Techno). Streifzüge durch die Topographie jugendkultureller Stile am Beispiel von Tanzstilen zwischen 1945 und 1994. In: Wilfried Ferchhoff/Uwe Sander/Ralf Vollbrecht (Hg.): Jugendkulturen – Faszination und Ambivalenz. Weinheim 1995, S. 93-109; hier S. 98.

45 Vgl. dazu Anja Rützel/Jan Michael Zinnäcker: Spielen mit Stilen, in diesem Band.

46 Vgl. Breuer 1994, S. 13f.

47 Ebd., S. 11.

48 Achim in der Zeitschrift Spex, 1993. Zitiert nach Breuer 1994, S. 11.

49 Zur Bricolage vgl. auch SPoKK (Hg.): Kursbuch Jugendkultur. Stile, Szenen und Identitäten vor der Jahrtausendwende. Mannheim 1997, S. 35 und S. 249.

50 Dazu Christof Meueler: Auf Montage im Techno-Land. In: SPoKK 1997, S. 243-250; hier S. 248f.

51 Dazu Christine Skwara/Almut Sülzle: „In dance we are one nation"? in diesem Band.

52 Vgl. Stocker 1995, S. 554.

53 Vgl. Pensé 1994, S. 33f.

54 Vgl. ebd., S. 33. Er macht darauf aufmerksam, daß es für das Individuum ein Dilemma bedeutet, an der Kontinuität der bisherigen Identität festhalten zu wollen, gleichzeitig aber die Notwendigkeit zu verspüren, die Deutungsmuster zu modifizieren. Dieses Dilemma scheint sich aufzulösen. Wie die Aussagen meiner InterviewpartnerInnen zeigen, wird tendenziell nicht mehr an der Kontinuität festgehalten.

55 Vgl. Jean Baudrillard: Die fatalen Strategien. München 1985, S. 98f. Zitiert nach Stocker 1995, S. 531.

56 Stocker 1995, S. 554.

57 Vgl. Kleins Vortrag 1997.

58 Eine Konversion ist nicht ein spontaner, plötzlicher Gesinnungswandel, sondern läuft graduell, prozeßhaft ab und gleicht einer allmählichen Umorientierung. Aber die befragten Personen erwähnten solche Entwicklungen nicht. Vgl. Mohr 1993.

59 Interview mit Bernd J. vom 15.7.1997.

60 Vgl. Mohr 1993, S. 436f.

61 Ebd., S. 438.

62 Jürgen Laarmann: The Raving Society. In: Philipp Anz/Patrick Walder (Hg.): Techno. Zürich 1995, S. 217-219; hier S. 219.

Annabelle von Girsewald

Ravehörnchen und Baby-Machos

Geschlechterspiele im Techno

Eine Disco ohne Sitzgelegenheiten ist für mich als Amerikanerin etwas Neues und Ungewöhnliches. „In den deutschen Techno-Clubs ist Tanzen ein Muß", schreibe ich in meinen Feldnotizen. Monatelang sind diese Clubs, in denen die Tanzfläche den ganzen Raum einnimmt und wo der DJ an einem zugänglichen, nicht erhöhten Pult elektronische Musik für die TänzerInnen macht, mein Forschungsfeld. Nebelschwaden ziehen durch den Raum, der von Lichtblitzen durchzuckt wird. Frauen in engen Tops und Männer mit nackten Oberkörpern tanzen und schwitzen, die Musik pulsiert mit einer Geschwindigkeit von mehr als 130 bpm[1]. Ich kann meine Augen kaum von den gestylten jungen Menschen lösen, die sich auf der Tanzfläche drängen. Überall sehe ich schlanke, durchtrainierte Körper, viele tätowiert oder gepierct, in exzentrischer, körperbetonender Kleidung.[2] Die Mode und das Tanzen in den Technodiscos fallen mir besonders auf. Ich suche nach dem „gendered body"[3] und frage mich, wie hier auf ästhetischer Ebene Geschlecht inszeniert wird. Was sagt die Art der Bewegung über die Konstruktion der Geschlechter aus? Zeigt der Kleidungsstil der Tanzenden mehr als nur Haut?

Das Raver-Paar

Dieses Paar ließ sich gerne fotografieren. Raver und Raverin spiegeln sich ineinander. Beide blinzeln aus ihren hellblau geschminkten Augen, sind mit kindlichen Accessoires wie Winnie the Pooh-Schnullern und farbenfrohen Plastikperlenketten ausgestattet und tragen große runde Ohrringe und Kopfschmuck. Der junge Mann hat eine gepiercte Augenbraue, seine Frisur besteht aus einzelnen abstehenden Locken, die er mit bunten Haargummis geschmückt hat.

Die beiden sind eines von vielen Paaren, die mir in der Technoszene begegneten, auf die die Bezeichnungen „Ravehörnchen" und „Baby-Macho" zutreffen. Diese Begriffe übernehme ich von Elisa Rose, die damit darauf hinweisen will, daß herkömmliche Geschlechterrollen auch in der Raver-Gemeinschaft reproduziert werden: Ihrer Meinung nach sind die „Jungs" die Aktiven in der Szene, die sich „ultralässig" geben. Über das Aussehen von Baby-Machos sagt sie nicht viel, mir erscheint die Bezeichnung jedoch insofern zutreffend, als daß die jungen Männer in der Szene die Stilisierung von Männlichkeit immer wieder durch 'unmännliche' Attribute brechen. „Ravehörnchen" nennt Rose die Frauen in figurbetonender Clubkleidung, „die sich üblicherweise ein Jahr lang in der Szene aufhalten – bis sie ihren Club-Prinzen haben und dann an den house-igen Herd zurückkehren."⁴ Der abfällige Unterton, den die Bezeichnung Ravehörnchen bei Rose hat, soll bei mir nicht mitschwingen. Mir ist durchaus bewußt, daß die Verwendung des Begriffs auf die Rolle der Raverin als 'schmückendes Beiwerk' in der Szene verweist. Ich halte jedoch den Gebrauch des Wortes für gerechtfertigt, da es mir in diesem Beitrag ausschließlich um die ästhetische Ebene geht.

Techno-Mode mit Elementen aus den 60er und 70er Jahren

Meine Forschung basiert auf teilnehmender Beobachtung in mehreren Clubs im Großraum Stuttgart. Mein Feldzugang als junge Frau in passender Kleidung erlaubte mir eine Innenperspektive. Durch kostenlose Veranstaltungsmagazine und Flyer, die in den meisten Discos auslagen, hatte ich Zugang zu dem, was Sarah Thornton „subcultural capital" oder „Club Know-How" nennt.⁵ Ihnen entnahm ich Informationen über Veranstaltungsorte, Events, Moden und Trends. Die einzelnen Forschungsorte wählte ich wegen ihrer regional oder überregional bekannten DJs oder wegen besonderer Party-Veranstaltungen aus, weil ich hoffte, dort in bezug auf Mode und Körpergestaltung mehr beobachten zu können als in gewöhnlichen Techno-Diskotheken. Meine Analyse beruht vor allem auf der teilnehmenden Beobachtung und auf meinen subjektiven Eindrücken im Feld, ich habe jedoch mit vielen InsiderInnen Gespräche geführt,⁶ um meine Beobachtungen mit denen anderer vergleichen zu können. In diesen Gesprächen erzählten mir einige, daß Männer, die zu Techno tanzen, oft „homosexuell" erschienen, während Frauen eher „männlich" wirkten. Andere meinten, das Tanzen zu Techno böte Männern die Möglichkeit, besonders maskulin aufzutreten.

Diese einander widersprechenden Sichtweisen sind ein Hinweis auf die große Interpretationsfreiheit, die Techno den BetrachterInnen bietet. Weil es viele verschiedene Perspektiven auf das gibt, was in einem Tanzclub bis zum Tagesanbruch geschehen kann, ist es wichtig, immer mitzubedenken, wer schaut und damit gleichzeitig interpretiert.

Mode

Wie sieht die Techno-Mode aus, und was wird durch die enge und entblößende Kleidung mitgeteilt? Fragmentierte Retro-Elemente aus den 60er und 70er Jahren, mit kommerziellen Markenzeichen bedruckt, dominieren den Kleidungsstil. Von Einheitlichkeit kann jedoch keine Rede sein, alles wird mit allem kombiniert: weite Skaterhosen mit knappen T-Shirts, bauchfreie Tops mit blumenbedruckten Schlaghosen, enge Miniröcke mit signalfarbenen Straßenbau-Jacken. Spielerisch 'gesampelte' Accessoires sowie permanente oder temporäre Körperkunst ergänzen das zusammengewürfelte Outfit.

Hypersexuelle Techno-Körper-Präsentation

Techno-Frisuren

Im Prinzip scheint alles möglich zu sein: von Glitzer und Glanz bis zu Neonfarben und Glöckchen im Haar. Während Sportkleidung aus der Skaterszene (wie z.B. DVS Skateshoes) einen funktionalen Zweck erfüllen könnte, haben fetischisierte Techno-Accessoires eher symbolischen Charakter. Der Körper ist in eine Leinwand für tätowierte Kunstwerke verwandelt worden. Augenbrauen, Nasen, Ohren, Lippen und Bauchnabel vieler RaverInnen sind durchstochen und mit Ringen geschmückt. Es ist offensichtlich, daß auf die äußere Erscheinung viel Wert gelegt wird und die TechnotänzerInnen sich mit Sorgfalt auf ihren 'Auftritt' im Club vorbereitet haben. Gestylte junge Männer und Frauen bedienen sich extremer Elemente, um ihre Körper zu präsentieren. Die spielerische Übertreibung bestimmter weiblicher oder männlicher Merkmale führt oft zu *hyper*sexuellen Erscheinungen.

Ravehörnchen stellen ihre betont femininen Körper auf der Tanzfläche selbstbewußt zur Schau. Mit Kleidungsstücken aus ungewöhnlichen Materialien, wie Plastik, Neopren, Kunstpelz oder Glitzerstoffen tun sie ihr neues Körperbewußtsein kund. Unterwäsche wird nicht mehr versteckt: Dessous, die ehemals nur hinter verschlossenen Türen gezeigt wurden, haben nun Club-Outfit-Status erreicht. Auch am Hosenbund tiefsitzender „Low-Riders" oder „Hip-Hugger Jeans" kann die Unterwäsche 'geoutet' werden. Ob schwarzer BH mit rosafarbener Federboa oder Bustier mit passender Latexhose: diese entblößende und körperbetonende Mode ist unverholen weiblich. Aber Frauen zeigen auch Elemente, die sonst eher männlich konnotiert sind, wie z.B. Tätowierungen. Die langen, wallenden Locken der 70er Jahre sind zugunsten frecher, maskuliner Kurzhaarschnitte gefallen. Frisuren, gescheitelt und geknotet, wie ihre Mütter sie zur Vorbereitung einer Dauerwelle trugen, gelten jetzt bei den jungen Raverinnen als 'ausgehfein'.

Mir schien es, daß die jungen Frauen in der Technoszene diese zur Schau gestellte Weiblichkeit bewußt annehmen. Sie verkleiden sich als 'Frau' in der ihr traditionell zugewiesenen Rolle und spielen mit den Normen. Sie geben ihrem eigenen Wunsch nach, sich als sexuelle Wesen zu präsentieren, und vergrößern ihre Erscheinung durch hohe Plateau-Schuhe, die ihnen gleichzeitig ermöglichen, auf die dadurch kleiner wirkenden Männer herabzuschauen.

Und wie spielen die Baby-Machos mit ihrer Männlichkeit? Die gestylten jungen Männer tragen Kleidung mit Werbeaufdrucken, z.B. von Sportmodeherstellern, zusammen mit femininen Accessoires. Während meiner Forschungszeit habe ich oft Raver beobachtet, die lange bunte Perlenketten oder anderen Schmuck trugen, dazu manchmal Handtaschen oder Plüschrucksäckchen in Tiergestalt.

Die Haare sind auch bei den männlichen Ravern Teil des Outfits: eine Vielfalt von Techno-Frisuren ist auf der Tanzfläche zu sehen, neonbunte Bürstenschnitte, Zöpfchenfrisuren, kahlgeschorene Schädel.

Männern in Technoclubs steht es frei, mit ihrem Aussehen zu experimentieren. Gelegentlich sieht man den einen oder anderen sogar mit einer Federboa um die Schultern. Auch sie sind körperbewußt und stellen ihr Äußeres zur Schau, oft tanzen sie 'oben ohne' und zeigen ihre Tätowierungen und Piercings. 'Entmaskulinisierte' Mode für Männer ersetzt das traditionelle harte Macho-Image. Baby-Machos betonen aber auch ihre Oberkörper mit engen T-Shirts, wie sie früher vor allem in der Schwulenszene getragen wurden.

Viele oral fixierte RaverInnen tänzeln mit Trillerpfeifen und Lollies in den Discos herum und betonen damit, wie auch mit ihren Schnullern und Plüschtier-Rucksäcken, das Kindlich-Spielerische im Techno. Die einfachen, fröhlichen Melodien aus der Sesamstraße werden nicht nur musikalisch gesampelt, ihre Botschaften finden sich auch auf T-Shirts gedruckt wieder, und Ernie- und Bert-Puppen werden durch den Club getragen. Die Ravekultur erscheint wie ein Spielplatz, auf dem die Sprache der Kindheit benutzt wird, um sich in kindlicher Unschuld vergnügen zu können.[7]

Tanz

Während in den 50er Jahren noch der Paartanz zu Live-Musik die meisten Tanzenden erfreute, hat die Rockmusik der 60er wie auch die Discowelle der 70er Jahre das Solo-Tanzen etabliert. Viele der damals neuen Tanzbewegungen hat sich die heutige Technogeneration ausgeliehen. Heute wird von einem „individuellen Kollektivtanz"[8] gesprochen, und mir scheint, die Ravehörnchen und Baby-Machos wollen immer noch Disco-Stars sein, allerdings nur ihre eigenen. Moritz B. erklärte mir: „Alle tanzen allein, aber gleichzeitig zusammen."

Baby-Macho

Die Masse der Tanzenden ist immer in Bewegung, sie nimmt den ganzen Raum ein, durch den Wogen zu ziehen scheinen. Ich versuche, einzelne Körperteile im Blick zu behalten. Die Füße sind auf der Stelle fixiert, während sich die Oberkörper bewegen. Arme schwingen durch die Luft, Finger deuten ziellos umher, scheinen auf nicht Vorhandenes zu zeigen. Wellenförmig malen die Arme Ornamente in die zuckenden Strahlen der Lightshow. Die sich pausenlos neu aufbauenden, sich dabei leicht variierenden komplizierten Muster der schnellen Musik treiben die Tanzenden an und verführen sie zu anstrengender tänzerischer Dauerleistung. Die damit einhergehende körperliche Stimulation und die Umsetzung der rasanten Impulse der monotonen Rhythmen können zu euphorischen Trancezuständen und zu lustvollem Körpererleben führen. Es ist nicht verwunderlich, daß der Tanz die zentrale Rolle in der Technokultur einnimmt. Die Kommunikation läuft primär nonverbal ab, man drückt sich im Tanz aus, spricht mit anderen und mit sich selbst mit Hilfe der Bewegung, fehlen doch selbst der Musik buchstäblich die Worte.[9]

„Lust auf Spaß" ist die häufigste Antwort auf die Frage, warum man zu Technomusik tanzt, doch dieser Spaß kann unterschiedliche Formen annehmen. Die Sehnsucht nach eben jener kindlichen Unschuld, die sich in der Mode manifestiert und die man auch als Flucht aus dem Erwachsensein interpretieren könnte, ist möglicherweise eine Hauptmotivation. Mir fällt allerdings auch die sexgeschwängerte Atmosphäre in den Clubs auf. Die halbnackten, schwitzenden, in eng anliegende Kleidung gezwängten Körper mit den Latex- oder Leder-Attributen, die immer nur für den Bruchteil einer Sekunde in mein Blickfeld rücken, senden eindeutig sexuell konnotierte Signale aus. Der Tanz zu Techno ist eine Darstellungsform des sexuellen Körpers. Die Ravehörnchen und Baby-Machos präsentieren ihre meist guttrainierten, schlanken Körper ohne Scheu, betonen auch in einzelnen Bewegungen ihre Rundungen oder die durch enge Hosen markant hervorgehobenen Geschlechtsteile. Doch der Tanz findet gänzlich ohne die Berührung anderer TänzerInnen statt. Die RaverInnen sind nur auf sich selbst konzentriert.

Sie finden ihren ungestörten Platz in der vibrierenden Menge, die sich zu stetig neuen Grüppchen oder Kreisen von tanzenden ZuschauerInnen um Einzelne formiert. Ähnlich dem Hustle der 70er Jahre werden höchstens einige Schritte vor oder zurück getanzt, jedeR TänzerIn nimmt nur eine unsichtbare, eigene kleine Fläche in Anspruch. Sie tanzen einen Platztanz.¹⁰ Doch die Bewegungen der Raver gleichen sich nicht, wie es beim Discotanz der Fall war, sondern ich entdecke immer wieder neue individuelle Erfindungen. Da scheint einer die Decke zu sich herabkommandieren zu wollen, und weiter hinten im Gewühl sehe ich eine Frau, die sich mit ihrem geschmückten Bauchnabel zu unterhalten scheint.

Ich versuche, den verschiedenen Tanzbewegungen Bedeutung zuzuschreiben. Was drücken die Ravehörnchen und Baby-Machos mit ihren Gesten aus? Das Fußstampfen – der „Technojog"¹¹ – ist vielen eigen, er wirkt affirmativ, als wolle er die Anwesenheit im Hier und Jetzt betonen.¹² Die Fußbewegung erinnert mich an den Afrikanischen Tanz, doch auch hier kombinieren die Raver nur ein Element mit vielen anderen und schaffen dadurch etwas Eigenes. Abwechselnd treten die Füße den Boden, federn den Körper in die Höhe, während die Tanzenden die Arme hoch über dem Kopf kreisen lassen. Diese Geste, die mir jubelnde Fans in Erinnerung ruft, drückt für mein Empfinden all den mir geschilderten Spaß am Tanzen und damit eine unbändige, unschuldige Lebensfreude aus.

Ich entdecke Anleihen aus Disco-Bewegungen: John Travoltas bekannte Tanzpose, in der er, breitbeinig stehend, abwechselnd die Arme durch die Luft zieht, den Zeigefinger ausgestreckt, bauen die RaverInnen in den Fluß des Technotanzes ein. In der technoisierten Variante der 90er Jahre sind die Ellbogen in einer beinahe mechanisch anmutenden Bewegung fixiert. Die TänzerInnen wirken wie Barbiepuppen, deren steife Arme nur vertikal bewegbar sind. In ständiger Wiederholung werden die Hände bis über den Kopf gerissen, der auf alles und nichts zeigende Finger in die Höhe geworfen, dann fällt der Arm geradlinig wieder auf Hüfthöhe. Auch diese Bewegung verstehe ich eher affirmativ, mag der erhobene Zeigefinger auch an den drohenden, strafenden erinnern. Tatsächlich gilt der Fingerzeig auch niemand Bestimmtem, die schwungvolle Bewegung meint vor allem sich selbst. Nur manchmal erscheint mir die rhythmische Bewegung den Takt zu schlagen, als wolle der Finger der tief wummernden

Der Techno-Fingerzeig

Bassfrequenz sagen, wo es lang geht. Im pulsierenden, regenbogenfabenem Stroboskopgewitter lassen sich die RaverInnen von der Musik kontrollieren, werden „ravenous" – hungrig nach ihrem eigenen Vergnügen, nach sich selbst. Die manchmal angeberisch wirkenden, exzentrischen Tanzposen machen jedeN zum eigenen Star, der eigene – auch sexuelle – Körper wird gefeiert.

Ich mache mich daran, nach 'weiblichen' oder eher 'männlichen' Bewegungen zu suchen. Meine Interviewpartnerin Margareta K. meinte, Männer könnten im Vergleich zu früheren Tanzstilen viel eher zu Techno tanzen, ohne ihre Männlichkeit zu verlieren. Wie sehen diese 'männlichen' Posen aus? Ich habe den Technojog als mechanisch beschrieben, ein Adjektiv, das eventuell eher Männern zugeordnet werden kann. Auch das selbstsichere Stampfen wirkt dominant, eine üblicherweise ebenfalls Männern zugedachte Eigenschaft. Doch wie soll ich dann den Kommentar von Gerhard H. verstehen, der sagte, daß sich Männer zu Techno „weiblich" bewegten, was auf ihn homosexuell wirke? Ich denke an die schwingenden Oberkörper, die oft einen Hüftschwung mit sich bringen, und beginne zu verstehen, was er meinen könnte. Diese ist eine eher weiblich konnotierte Bewegung. Doch eingebettet in den schnellen Tanz wirkt das Beckenkreisen auf mich eher bewegungsfreudig und vorwärtstreibend.

Und wie bewegen sich Ravehörnchen, die sich am Technojog erfreuen? Gilt für sie in diesem Fall, daß sie 'männlich' wirken, wie Gerhard H. es empfindet? Mir erscheint das Affirmative des Stampfens die Weiblichkeit der Tänzerinnen nicht zu beeinträchtigen. Auch der Spaß an selbstbewußt-dominantem Fingerzeigen, das viele Frauen mit großer Hingabe in ihren Tanz einbauen, kann nicht unbedingt als 'männlich' interpretiert werden. Ich frage mich, ob man überhaupt einzelne Bewegungen herauskristallisieren und als 'männlich' oder 'weiblich' bezeichnen kann oder ob Tanzen zu Techno sich einer derartigen Bewertung vielleicht gänzlich entzieht. Doch zumindest ist das Tanzen für Männer im Kontext der Clubkultur selbstverständlicher geworden, als es in herkömmlichen Discos der Fall ist.[13]

Fazit

In der großen Techno-Familie spielt der Körper eine wichtige Rolle. Mit dem Körper wird die Musik wahrgenommen und in Tanzbewegungen umgesetzt. Die Verhüllung des Körpers durch Mode bietet eine weitere Möglichkeit, sexuelle Identitäten und Geschlechtsidentitäten darzustellen. Kleiden sich junge Leute derart körperbetont, um sich zu den schnellen Rhythmen zu bewegen, zeugt das für mich von einem neuen Körperbewußtsein, möglicherweise sogar von einem neuen Verständnis der Geschlechterrollen. Zwar erfordert die Selbstdarstellung im Technotanz generell ein ausgeprägtes Selbstbewußtsein, doch ist das Verhältnis zum eigenen Körper jetzt für Männer und Frauen auch vom Aufwand mit dem Outfit bestimmt. Die entblößten, geschmückten und nach den Schönheitsidealen unserer Gesellschaft getrimmten Körper erlauben es vielleicht erst, sich selbst als Frau oder Mann präsentabel zu finden.

So verbringen nicht nur Frauen, sondern auch viele Männer aus der Technoszene ihre Freizeit mit traditionell weiblichen Aktivitäten wie Bummeln durch Klamottenläden und Herrichten des Körpers, von Haar- bis Hautpflege und -dekoration. Baby-Machos manifestieren ihre Männlichkeit einerseits in coolen 'oversized' Hosen, doch auch sie tragen den Hosenbund so tief, daß ihre Unterwäsche zum Vorschein kommt. Betontes Körperbewußtsein wird üblicherweise nicht als typisch 'männlich' angesehen, doch scheint sich für die jungen Raver gerade in ihrer körperlichen Selbstdarstellung auch Männlichkeit zu bestätigen. Es ist neu, daß dieser Aspekt – bei Frauen gern „Objektcharakter" oder „Reduktion auf ihre körperlichen Attribute" genannt – auch auf männliches Verhalten zutrifft. Darüber hinaus schmücken Männer ihre Körper mit traditionell weiblichen Accessoires: Haarspangen und Ketten ergänzen ihre Aufmachung. Techno erlaubt große Flexibilität in der Frage, wer was tragen darf.

Ravehörnchen legen es darauf an, ihr sexuelles Image zu übertreiben, indem sie sich in BHs zeigen und nabelfreie Oberteile tragen. In den Technoclubs findet eine Zelebrierung der Weiblichkeit statt. Es wird öffentlich, was bisher privat war. Ravehörnchen zeigen ihre Unterwäsche und machen sie so zum akzeptierten Club-Outfit. Hier manifestiert sich das Spielen mit Geschlecht. Intime Bekenntnisse finden hier scheinbar im öffentlichen Raum statt, doch soll diese Präsentation keineswegs dieselbe Konnotation haben wie beispielsweise bei Prostituierten. Die jungen Frauen nehmen diesen früher versteckten Bereich für sich in Anspruch und bewerten ihn neu.

Die üblichen geschlechtsspezifischen Stereotypen können somit Mode und Tanzbewegungen nicht mehr ausreichend beschreiben. Was 'männlich' oder 'weiblich' ist, wirkt oder wirken soll, läßt sich nicht mehr klar definieren. Um so auffälliger ist die eindeutig zu klassifizierende Kindlichkeit, die viele Attribute des Techno-Outfits ausmacht. Ausgerechnet die hypersexuell stilisierten Körper der RaverInnen werden mit verharmlosenden Schnullern dekoriert. Das Spielen mit den Stilen wie auch das – in diesem Kontext – als Verkleidung zu bezeichnende Herrichten des Körpers als 'erwachsen', also sexuell, erinnert an die Spiele eines kleinen Mädchens, das der Mutter die viel zu großen Pumps stiehlt und einen BH mit Orangen ausstopft. Letzteres ist mir in der Technoszene zwar nicht begegnet, doch Push Up-BHs sind durchaus üblich. Das Outfit der SzenengängerInnen ist – wie ihr ganzer Körper – ein Werkzeug, mit dem sie Geschlecht maskieren oder hervorheben, durcheinanderbringen und spielerisch einsetzen. Das erklärt vielleicht auch, warum ich weder eindeutig 'weiblich' oder 'männlich' konnotierte Bewegungen oder Kleidung entdecken konnte.

Phantasie, nicht gesellschaftspolitische Realität ist der Schlüssel zum Verständnis jugendlicher Technofans. Sie selbst wenden sie großzügig an ihren Körpern und deren Design an, und auch ich konnte meine Beobachtungen nicht anders als mit phantasievollen Deutungen interpretieren, wollte ich Bedeutung in die Symbolik der Szene bringen. In diesem Spiel der Hypersexualität zeigt sich eine Phantasie, die die sprachlose, aber körperbetonte Szene hervorbringt. Ob Ravehörnchen und Baby-Machos in ihrer exemplarischen Kindlichkeit wirklich ein neues Körperbewußtsein und eine neue Einstellung zu Geschlecht erfinden und leben, darüber läßt sich streiten.[14] Freche Weiblichkeit oder kindliche Männlichkeit in der Selbstdarstellung entsprechen aber immerhin einem humorvollen Spiel mit den üblichen Geschlechterrollen.

Anmerkungen

1 Die Geschwindigkeit eines Technostücks wird in beats per minute (Schläge pro Minute) angegeben.

2 Mein erster Einstieg in das Feld Technotanz war im Sommer 1997 die Love Parade in Berlin, wo sich die RaverInnen besonders exzentrisch präsentierten. Die Eindrücke von dieser Veranstaltung beeinflußten meine weitere Forschung in Stuttgarter Technoclubs, in denen längst nicht so viele TänzerInnen derart auffällig kostümiert waren. Meine Beobachtungen konzentrierten sich auf sehr extreme Beispiele, von denen ich hier einige nenne, da sie mir am aussagekräftigsten erscheinen.

3 Der englische Ausdruck „gendered body" meint im Gegensatz zum biologisch geschlechtlichen Körper („sexual body") den kulturell geprägten geschlechtlichen Körper.

4 Vgl. Elisa Rose: Die Ästhetik von Techno. In: Philipp Anz/Patrick Walder (Hg.): Techno. Zürich 1995, S. 162-169; hier S. 165.

5 Sarah Thornton: Club Cultures. Music, Media and Subcultural Capital. Cambridge 1995, S. 10f. Sie nennt „subcultural capital" als Ergänzung zum kulturellen, ökonomischen und sozialen Kapital Pierre Bourdieus.

6 Bei meinen GesprächspartnerInnen handelte es sich um DiscobesucherInnen und DJs wie Mo'Unique (Da Feeva Cru Stuttgart). Die insgesamt 7 Gespräche fanden im Zeitraum Juli-Oktober 1997 statt und dauerten zwischen 10 Minuten und 2 Stunden.

7 Vgl. Angela McRobbie: Post Modernism and Popular Culture. London 1994, S. 169: „This is a drug culture which masquerades its innocence in the language of childhood."

8 Vgl. Birgit Richard/Heinz-Hermann Krüger: Vom „Zitterkäfer" (Rock'n'Roll) zum „Hamster im Laufrädchen" (Techno). Streifzüge durch die Topographie jugendkultureller Stile am Beispiel von Tanzstilen zwischen 1945 und 1994. In: Wilfried Ferchhoff/Uwe Sander/Ralf Vollbrecht (Hg.): Jugendkulturen. Faszination und Ambivalenz. Einblicke in jugendliche Lebenswelten. Weinheim 1995, S. 93-109; hier S. 99.

9 In der Technomusik ist Sprache reduziert auf einzelne, monoton wiederholte, oft bedeutungslose Worte. Häufig fehlt sie ganz oder wird durch Stöhnen oder Schreie ersetzt. Weder die Mu-

sik selbst noch die gesamte Ideologie der Szene hat den Anspruch, besonders kommunikationsbedacht zu sein – die einzige betonte Aussage ist „Friede – Freude – Eierkuchen". Flyer zu Techno-Events haben eine ganz eigene Sprache entwickelt. Auch hier dominiert die bunte Mischung als Prinzip: Wortspiele, Kombinationen aus verschiedenen Sprachen oder eigene Wortkreationen bestimmen den Stil der phonetischen und semantischen Flexibilität.

10 Vgl. Gabriele Klein: Bodytalk. Zum Tanz der Raver. In: Hermann Artmaier u.a. (Hg.): Techno zwischen Lokalkolorit und Universalstruktur. Dokumentation zum Workshop im Haus der Jugendarbeit vom 24.-25. Januar 1997. München 1997, S. 67-70; hier S. 70.
11 Vgl. Richard/Krüger 1995, S. 102.
12 Zur Bedeutung des „Hier und Jetzt" in der Technoszene vgl. Franz-Xaver Baur: TechnoTanz, in diesem Band.
13 Vgl. Thornton 1995, S. 102: „Dancing is, in fact, the only out-of-home leisure activity that women engage in more frequently than men. The first choice for an evening out for women between fifteen and twenty-four is a dance club whereas the most popular choice of men the same age is a pub." Vgl. dazu auch Michael Marek: „Harte Männer tanzen nicht!" in diesem Band.
14 Eine andere Auffassung vertritt etwa Kristin Pauli: Neue Freiheit Marke 'Techno'? In diesem Band.

Kristin Pauli

Neue Freiheit Marke 'Techno'?

Körper zwischen Lust und Kontrolle

„Das Mädchen ist etwa 16, vielleicht aber auch schon 18. Sie hat einen kurzen Rock an und ein enganliegendes T-Shirt, das bauchfrei ist. Dazu trägt sie hohe Stiefel. Sie steht mit dem Rücken zu mir und hält sich mit beiden Händen an einer Art Geländer fest, das rings um die Bar geht. Sie läßt die Hüften kreisen und geht dabei langsam in die Knie. Dann windet sie ihren Körper langsam wieder hoch. Ab und zu streckt sie ihren rechten Arm in die Höhe und läßt ihn ebenfalls zum Takt der Musik kreisen. Ihr Körper wirkt wie auf eine Sprungfeder gezogen: locker und doch irgendwie unter einer inneren Spannung. Sie tanzt ganz auf sich selbst konzentriert, ist offenbar von ihren eigenen Bewegungen fasziniert."[1]

Diese Szene steht stellvertretend für eine ganze Reihe von Beobachtungen, die ich während meiner Feldforschung in der Techno-Szene gemacht habe.[2] Ich habe sie an den Beginn meines Beitrags gestellt, weil sich in ihr meine Anfangsfaszination widerspiegelt: In keiner anderen Tanzszene hatte ich bislang erlebt, daß sich Frauen so selbstbewußt und frei bewegen können, ohne sich dabei von männlichen Blicken beobachtet und dadurch in ihrer Bewegungsfreiheit eingeschränkt zu fühlen.

Wie sich in den Interviews dann zeigte, ist es diese neue *Bewegungsfreiheit*, die die Techno-Szene für Frauen attraktiv macht:

„Die Freiheit, die man dabei empfunden hat, war einfach toll. Ich konnte allen Gefühlen freien Lauf lassen. Ich konnte tanzen wie ich wollte und keiner hat gesagt: Hey, guck mal, wie tanzt die denn?" (Daniela G., 20 Jahre)

Wie wichtig diese Bewegungsfreiheit für die jungen Frauen ist, unterstreichen ihre Kommentare über Discos außerhalb der Techno-Szene, deren Atmosphäre sie als „beengend" bezeichnen: „Jeder beobachtet dich und schaut genau und starrt." (Daniela G.)

Selbstbewußt und ohne Hemmungen, ihren Körper zu zeigen – so präsentieren sich junge Frauen in der Techno-Szene

Im Unterschied zu anderen Tanzszenen zählt hier nur das eigene körperliche Erleben

Von anderen beobachtet zu werden, bedeutet für die Frauen eine Form der Fremdkontrolle, die sie beim Tanzen nicht haben wollen:

„Ich sehe nicht ein, daß ich mich da irgendwie verkrampfe, weil dann macht das auch keinen Spaß, wenn Du nur darauf achtest: So muß ich mich jetzt bewegen, und so darf ich mich nicht bewegen." (Daniela G.)

Was hier außerdem anklingt, ist das Dilemma, in dem sich Mädchen und Frauen beim Tanzen in der Öffentlichkeit meist befinden: Einerseits bietet ihnen das Tanzen eine Möglichkeit, die ihnen auferlegte körperliche Zurückhaltung abzuschütteln; andrerseits wird diese Freiheit aber durch die Angst der Frauen eingeschränkt, sie könnten durch enthemmtes, erotisches Tanzen 'falsche' Signale aussenden.[3] In der Techno-Szene fällt diese Angst offenbar weg. Hier fürchten die Frauen nicht, daß expressive Körperlichkeit von den männlichen Szene-Mitgliedern als Aufforderung zu 'mehr' verstanden werden könnte. Hier können sie „sexy sein, ohne Sexobjekt zu sein."[4]

Die erweiterte Bewegungsfreiheit führt bei den Frauen zu einer völlig neuen Lust am eigenen Körper und am Tanzen. Neu ist daran vor allem, daß es sich um eine *unmittelbare* Lust handelt, die kein Gegenüber als Spiegel benötigt: Das Vergnügen der Frauen ist unabhängig von den anerkennenden Blicken anderer Disco-Besucher und sucht auch nicht nach Selbstbestätigung in reflektierenden Glasflächen. Das Tanzen kreist hier also ausschließlich um das eigene körperliche Erleben, die Außenwahrnehmung tritt völlig in den Hintergrund.

Diese neue Bewegungsfreiheit ist jedoch nicht ohne Brüche. Die Interviews spiegeln eine ausgesprochen ambivalente Einstellung der Frauen zum Thema Körperlichkeit wider. Zwar darf sich der Körper beim Tanzen aller Zwänge entledigen, doch muß er zuvor so präpariert worden sein, daß etwaige 'Störfälle' möglichst vermieden werden können:

„Wenn das Deo versagt, das ist mir auch schon passiert, das ist übel. [...] Und man darf sich eigentlich gar nicht so arg schminken, oder man muß wissen, wie man sich schminkt. Also mir ist es passiert, letzte Woche ist mir der Kajal runtergelaufen. Ich hab das dann irgendwann mal gesehen und weggemacht, das war kein Thema." (Marlene A., 25 Jahre)

Der Lust der Frauen, sich im Tanz ohne Hemmungen körperlich auszuleben, steht hier das Bedürfnis gegenüber, die eigene Körperlichkeit unter Kontrolle zu halten. An welchen Maßstäben und Normen sich dieses Kontrollbedürfnis orientiert, wird deutlich, wenn man das Körperbild der Frauen betrachtet:

„Ich finde das gräßlich, wenn jemand mit einem bauchfreien T-Shirt rumläuft und überhaupt nicht die Figur dazu hat. Gräßlich. Ich sehe das bei vielen und denke mir: 'Oh Gott, laß das besser!' Ich meine, wenn sie so rumlaufen wollen, okay! Aber ich finde, wenn man so was kurzes anziehen will, dann sollte man schon so eine Figur haben, den passenden Körperbau eben." (Anja T., 17 Jahre)

Hinter dem „passenden Körperbau", den die Frauen immer wieder ansprechen, steckt nichts anderes als die für Frauen gesellschaftlich vorherrschenden und weitgehend akzeptierten Schönheitsnormen – das „Ideal eines schlanken, straffen, schmalhüftigen, kleinbrüstigen, agilen Körpers".[5] An diesen Normen orientieren sich die Frauen und setzen sie als Maßstab zur Bewertung ihres eigenen Körpers und dem anderer Frauen ein.[6] Die Fremdkontrolle durch den männlichen Blick, die in der Techno-Szene offenbar wegfällt[7], wird somit durch eine ausgeprägte Selbstkontrolle der Frauen ersetzt.[8]

Bewegungsfreiheit einerseits und Schönheitsnormen andererseits bilden in der Techno-Szene einen Dualismus, den eine der jungen Frauen so zusammenfaßt:

„Also das ist schon der Unterschied, daß man sich eben bauchfrei anzieht, weil es einem gefällt, aber dann darf da auch nicht unbedingt der Speck rausgucken." (Marlene A.)

Mit anderen Worten: Mädchen und junge Frauen haben in der Techno-Szene keine Angst, ihren Körper zu zeigen und damit Grenzen zu übertreten, die sie in anderen Tanz-Szenen nicht ohne Konsequenzen überschreiten können. Gleichzeitig akzeptieren die Frauen aber strikte Grenzen, wenn es um die Ästhetik ihres Körpers geht. Interessanterweise wird dieser Dualismus von den Frauen selbst nicht als widersprüchlich empfunden: Die Anforderungen, die das Schönheitsideal an sie stellt, betrachten sie keineswegs als Einschränkung ihrer neuen Bewegungsfreiheit. Ganz im Gegenteil:

„Mein Selbstbewußtsein ist in den zwei Jahren voll angestiegen! Ich stehe jetzt viel besser zu mir als früher. Ich akzeptiere mich einfach so wie ich bin, auch zwecks Figur. Ich achte mehr auf meine Figur, muß ich noch dazu sagen. Das ist bei mir auch so eine krasse Sache, denn wenn ich ein Kilo zunehme, dann muß ich gleich zwei Kilo abnehmen, um ein zufriedenes Gefühl zu haben." (Daniela G.)

Hier wird deutlich, daß die Frauen ihr neues Selbstbewußtsein, das sich auch im Tanz ausdrückt, mit den Anforderungen des Schönheitsideals in Einklang bringen. Das gelingt ihnen durch einen Prozeß, den ich als

„Schlank und jugendlich" – das vorherrschende Schönheitsideal gilt auch in der Techno-Szene

Umdeutungsmechanismus bezeichnen möchte: Die Frauen deuten die gesellschaftlich vorgegebenen Normierungen zum persönlichen Ziel um. Auf diese Weise können sie die Erfüllung der an sie gestellten Anforderungen als selbstgewählte Lebensweise beschreiben.

Dieser Umdeutungsmechanismus wird von den Frauen unterfüttert und gestützt durch einen Lebensentwurf, mit dem sie sich ganz bewußt abgrenzen von dem „Schema, das einem vorgegeben wird von der Gesellschaft" (Marlene A.). Dieses Schema heißt: „Ausbildung, Freund suchen, heiraten, Kinder kriegen." (Daniela G.) Eine konkrete Alternative zu diesem Schema wird von den Frauen zwar nicht formuliert, durch die Abgrenzung von der weiblichen „Normalbiographie"[9] gelingt es ihnen jedoch, sich selbst von fremdbestimmten *Objekten* gesellschaftlicher Anforderungen in selbstbestimmt handelnde *Subjekte* zu verwandeln: Sie allein bestimmen, wie sie leben wollen. Hinzu kommt, daß die Frauen durch die Abgrenzung

Den Frauen gelingt es, ihr neues Selbstbewußtsein mit dem 'alten' Schönheitsideal in Einklang zu bringen

von der weiblichen Normalbiographie einen Gegensatz 'Techno vs. Restgesellschaft' konstruieren: Gemäß ihrem Selbstverständnis bewegen sie sich bereits durch ihre Ablehnung der Formel „Ausbildung, heiraten, Kinder kriegen" außerhalb der gesellschaftlichen Norm. Aufgrund dieses Selbstverständnisses gelingt es ihnen dann auch, die Erfüllung der Schönheitsnormen nicht als Anpassung, sondern als Widerstand zu deuten. Daß diese Normen dem Schönheitsideal der Restgesellschaft entsprechen, wird von den Frauen dabei ausgeblendet. Ihnen ist deshalb auch nicht bewußt, daß sie letztlich nur ein gesellschaftliches Schema gegen ein anderes eintauschen.[10]

Wie auf den vergangenen Seiten deutlich wurde, ermöglicht die Techno-Szene Frauen eine neue Bewegungsfreiheit: In Techno-Clubs können sie ihre Lust am eigenen Körper und an der Bewegung ausleben. Das ist in Discos außerhalb der Techno-Szene nicht möglich, da sich die Frauen dort von den Blicken der männlichen Besucher eingeengt fühlen. Diese Bewegungsfreiheit bedeutet aber nicht, daß die tanzenden Körper von den gesellschaftlich vorherrschenden Schönheitsnormen befreit sind. Wenn Gabriele Klein schreibt, Tanz in der Techno-Szene sei „die Lust am Erleben der körperlichen Physis"[11], dann gilt das für eine sozial kontrollierte und normierte Physis. Oder anders ausgedrückt: Die Körperlichkeit von Frauen ist auch in der Techno-Szene nicht frei von Kontrolle. Ein Unterschied zu anderen Tanzszenen besteht lediglich in zwei Punkten: Der erste Punkt betrifft den Sitz der Kontrollinstanz – dieser hat sich noch stärker von außen (Fremdkontrolle) nach innen (Selbstkontrolle) verlagert. Der zweite Punkt betrifft das Verhältnis von 'Lust' und 'Kontrolle' – diese schränken sich hier nicht gegenseitig ein, sondern bedingen sich. Was sich daher in der Techno-Szene beobachten läßt, ist nicht die Kontrolle von Lust oder Vergnügen, sondern die Lust und das Vergnügen auf der Grundlage von (Körper-)Kontrolle. Dieses Phänomen bezeichnet Annette Weber als die „Erschaffung des kontrollierten Lustprinzips".[12]

Der Umdeutungsmechanismus, den ich hier am Beispiel der Schönheitsnormen aufgezeigt habe, ist auch deshalb so interessant, weil ich in ihm ein Muster erkenne, das sich auch in anderen Bereichen der Techno-Szene finden läßt. Dabei werden kulturelle Elemente aus ihrem Kontext gelöst und innerhalb der Szene – unter anderen Vorzeichen – als das Eigene wieder eingesetzt. Dieses Muster läßt sich an verschiedenen Punkten verdeutlichen: Ein Beispiel ist der Rückgriff auf bereits existierende Musikstücke und die Verwendung von Geräuschen bei der Produktion von Techno-Tracks; ein weiteres Beispiel ist die Umnutzung von Räumlichkeiten wie ausgedienten Bundeswehr-Bunkern, Autobahn-Tunneln oder Flugplätzen für Techno-Veranstaltungen.[13] Auch hier wird durch einen Prozeß der Umdeutung aus etwas 'Altem' etwas 'Neues', aus etwas 'Fremdem' etwas 'Eigenes'.

Dieses Muster basiert auf einer Technik, die sich in ähnlicher Form auch in anderen Jugend- und Popkulturen findet und die als „Bricolage" bezeichnet wird. Bricolage meint „das zwanglose Zusammendenken von multimedial präsentierten und heterogenen Materialien (diverse Musik-, Kleidungs-, Sprach- oder Lebensstile)".[14] Diese Technik wird von Jugendkulturen angewendet, „um sich selbständig neue Stile durch Verabredung und Ausprobieren zu erfinden".[15] Konkret heißt das, daß Kleidungsstücke oder Gebrauchsgegenstände von den Jugendlichen aus verschiedenen gesellschaftlichen Kontexten herausgegriffen, neu kombiniert und dadurch mit neuen Bedeutungen versehen werden. Ein Beispiel für einen solchen Bedeutungswechsel ist das Kreuz am Hals der Popsängerin Madonna: Indem die Sängerin das Kreuz mit Strapsen kombinierte, wurde aus einem religiösen Symbol ein Ausdrucksmittel sexueller Rebellion. Ein weiteres Beispiel für die Verwendung der Bricolage-Technik sind die Sicherheitsnadeln in der Punk-Szene: Vom Gebrauchsgegenstand wurden sie kurzerhand zum 'Schmuckstück' umfunktioniert. In beiden Fällen dient die Technik der Bricolage dazu, sich als Gruppe von der restlichen Gesellschaft und ihren Werten abzugrenzen.

Wenn das Prinzip der Bricolage auch nicht neu ist, so hat die Techno-Szene diese Technik doch „radikalisiert".[16] Vor allem aufgrund moderner Computertechnik hat sich das Potential der Kombinationsmöglichkeiten von bestehenden Elementen derart stark erweitert, daß ihre Zahl heute „in Richtung Unendlichkeit" tendiert.[17] Neben dieser quantitativen Steigerung hat die Techno-Szene das Prinzip der Bricolage aber auch in qualitativer Hinsicht erweitert: Wie das Beispiel der Schönheitsnormen zeigt, werden in der Techno-Szene nicht mehr nur Gebrauchsgegenstände und Kleidungsstücke 'umgedeutet', sondern auch Normen. Dies bedeutet eine Ausdehnung des Bricolage-Prinzips vom materiellen in den immateriellen Bereich. Ähnlich wie Kreuze oder Sicherheitsnadeln werden diese Normen aus der Gesellschaft herausgegriffen und unter veränderten Vorzeichen in der Szene wieder 'eingepflanzt'. Im Unterschied zu Kreuz oder Sicherheitsnadeln lassen sich Normen aber nicht einfach mit neuem Bedeutungsinhalt füllen. Was sich im Zuge des Umdeutungsmechanismus ändert, ist lediglich die *Wahrnehmung* der Normen durch ihre Träger: Aus gesellschaftlich vorgegebenen Anforderungen werden persönliche Ziele. Da der eigentliche Bedeutungsinhalt aber unverändert übernommen wird, ist die Techno-Szene im Unterschied zu anderen Jugendkulturen vom Wesen her nicht gegen die Gesellschaft gerichtet, sondern befindet sich im Einklang mit ihr.

Anmerkungen

1 Forschungstagebuch vom 13. Juli 1997. Der Eintrag entstand während der Rückfahrt von der Love-Parade in Berlin nach Stuttgart in einem sogenannten Party-Zug. An Bord dieses „Train to Love" gab es zwei Tanz-Waggons, in denen wechselnde DJs Techno und House auflegten.

2 Meine Feldforschung erstreckte sich über den Zeitraum Juli bis November 1997. Während dieser Monate war ich als teilnehmende Beobachterin in verschiedenen Clubs in Tübingen und Stuttgart sowie auf der Love-Parade in Berlin unterwegs. Meine InterviewpartnerInnen habe ich bis auf zwei Ausnahmen selbst im Feld angesprochen. Eine junge Frau sowie ein junger Mann wurden mir von Freunden vermittelt. Insgesamt habe ich sieben Interviews geführt: fünf davon mit Frauen, zwei mit Männern. Die Interviews dauerten im Schnitt etwa eine Stun-

de. Zwei meiner Interviewpartnerinnen habe ich außerdem zuhause besucht, anschließend war ich mit ihnen tanzen.
3 Vgl. Angela McRobbie: Dance Narratives and Fantasies of Achievement. In: Dies.: Feminism and Youth Culture. From „Jackie" to „Just Seventeen". London 1991, S. 189-219; hier S. 193.
4 Friedhelm Böpple/Ralf Knüfer: Generation XTC. Techno und Ekstase. Berlin 1996, S. 194.
5 Lotte Rose: Körperästhetik im Wandel. Versportung und Entmütterlichung des Körpers in den Weiblichkeitsidealen der Risikogesellschaft. In: Irene Dölling/Beate Krais (Hg.): Ein alltägliches Spiel. Geschlechterkonstruktion in der sozialen Praxis. Frankfurt/M. 1997, S. 125-149; hier S. 129. Zum Thema Frauen und Körperlichkeit vgl. auch Susan Bordo: Unbearable Weight. Feminism, Western Culture and the Body. Berkeley 1993; Mike Featherstone: The Body in Consumer Culture. In: Mike Featherstone/Mike Hepworth/Bryan S. Turner (Hg.): The Body. Social Process and Cultural Theory. London 1991, S. 170-196; Laura Kipnis: Die kulturellen Implikationen des Dickseins. In: Marie-Luise Angerer (Hg.): The Body of Gender. Körper/Geschlechter/Identitäten. Wien 1995, S. 111-130.
6 Das Ideal des schlanken Körpers ist in der Techno-Szene auffällig stark ausgeprägt. Während meiner gesamten Feldforschung konnte ich keine dicken oder auch nur pummeligen Frauen entdecken.
7 Meine Interviews mit jungen Männern aus der Techno-Szene zeigen, daß für diese das Erscheinungsbild sowie das Auftreten der Frauen kaum eine Rolle spielen. Die Männer sagen, sie empfinden die Körperbetonung der Frauen durch Kleidung und Tanzstil zwar als angenehm, letztlich nähmen sie diese aber einfach hin, ohne sich Gedanken darüber zu machen oder gar Werturteile zu fällen. Ebenso wie die Frauen betonen auch die männlichen Techno-Fans, daß das eigene Erleben für sie wichtiger ist als das, was um sie herum mit anderen Tanzenden geschieht.
8 Solange die Frauen andere Frauen kritisch betrachten, müssen sie natürlich auch damit rechnen, ihrerseits von anderen Frauen 'taxiert' zu werden. Interessanterweise empfinden die interviewten Frauen diese Möglichkeit nicht als Kontrolle oder gar als Einschränkung ihrer Bewegungsfreiheit. Fragt man nach Gründen, so erhält man zunächst allgemeine Argumente: Für sie sei es „nebensächlich", was andere denken, und den anderen sei es „egal", was sie tun. Letztlich sei ohnehin jeder „mit sich selbst beschäftigt". Darüber hinaus möchte ich jedoch folgende Vermutung anstellen: Dadurch, daß die Frauen ihre Körperlichkeit unter Kontrolle zu halten suchen, kann es ihnen ja auch tatsächlich „egal" sein, ob andere Frauen sie kritisch betrachten. Denn während die Frauen den männlichen Blick gerade dann 'fürchten', wenn sie einen ästhetischen Körper präsentieren, kann ihnen der weibliche Blick in dieser Situation nichts anhaben. Aus dieser Perspektive hat das gegenseitige Betrachten für die Frauen eher eine Orientierungs- denn eine Kontrollfunktion. Implizit steckt in dieser Vermutung natürlich die Prämisse, daß die Selbstkontrolle der Frauen nicht auf weibliche Blicke zurückzuführen ist. Die Interviews legen nahe, daß dies zumindest im Selbstverständnis der Frauen der Fall ist. Auf diesen Zusammenhang von Selbstkontrolle und Selbstverständnis der Frauen werde ich im folgenden aber noch ausführlicher eingehen.
9 Zum Begriff der weiblichen Normalbiographie vgl. Ursula Lehr: Kontinuität und Diskontinuität im Lebenslauf. In: Leopold Rosenmayr (Hg.): Die menschlichen Lebensalter. Kontinuität und Krisen. München 1978, S. 315-339; hier S. 321; Werner Fuchs: Biographische Forschung. Eine Einführung in Praxis und Methoden. Opladen 1984, S. 46.
10 Dieser Umdeutungsmechanismus ist natürlich nicht bei allen interviewten Frauen gleich stark ausgeprägt. Er tritt jedoch um so deutlicher auf, je stärker die Identifikation der Frauen mit der Techno-Szene ist: je stärker sie sich von anderen Szenen abgrenzen und je ausschließlicher für sie Techno *die* Musik zum Hören und Tanzen ist.
11 Gabriele Klein: Body Talk. Zum Tanz der Raver. In: Hermann Artmaier u.a. (Hg.): Techno zwischen Lokalkolorit und Universalstruktur. Dokumentation zum Workshop im Haus der Jugendarbeit vom 24.-25. Januar 1997. München 1997, S. 67-70; hier S. 69. Für weitere Literatur zum Thema Techno und Tanz vgl. auch: Philipp Anz/Patrick Walder (Hg.): Techno. Zürich 1995; Stefan Etgeton: Der Tanz der sieben tekknologischen Schleier und das 'postmoderne' Raumschiff. In: Ästhetik und Kommunikation, 23. Jg. 1994, H. 87, S. 77-81; Gabriele Klein: Tanz als Space-Shuttle. Techno – die Popkultur der 90er Jahre. In: Ballett International/Tanz Aktuell, 1996, H. 8/9, S. 54-59; Angela McRobbie: Shut Up and Dance. Youth Culture and Changing Modes of Femininity. In: Young. Nordic Journal of Youth Research, 1. Jg. 1993, H. 2, S. 13-31.
12 Annette Weber: Miniaturstaat Rave-Nation. In: Tom Holert/Mark Terkessidis (Hg.): Mainstream der Minderheiten. Pop in der Kontrollgesellschaft. Berlin 1996, S. 41-54; hier S. 52.
13 Vgl. Markus Maaz: Sich einfach nur drehen und an nichts denken. Techno als Flowerfahrung. In: Konstanze Krise (Hg.): Zwischen Rausch und Ritual. Zum Phänomen des Starkults. Berlin 1994, S. 30-53; hier S. 36.
14 Christof Meueler: Auf Montage im Techno-Land. In: SPoKK (Hg.): Kursbuch Jugendkultur. Stile, Szenen und Identitäten vor der Jahrtausendwende. Mannheim 1997, S. 243-250; hier S. 249.
15 Ebd. Zum Themenbereich Jugendkultur vgl. auch: Birgit Richard/Heinz-Hermann Krüger: Vom „Zitterkäfer" (Rock'n' Roll) zum „Hamster im Laufrädchen" (Techno). Streifzüge durch die Topographie jugendkultureller Stile am Beispiel von Tanzstilen zwischen 1945 und 1994. In: Wilfried Ferchhoff/Uwe Sander/Ralf Vollbrecht (Hg.): Jugendkulturen – Faszination und Ambivalenz. Einblicke in jugendliche Lebenswelten. Festschrift für Dieter Baacke zum 60. Geburtstag. Weinheim 1995, S. 93-109; Wilfried Ferchhoff/Georg Neubauer: Patchwork-Jugend. Eine Einführung in postmoderne Sichtweisen. Opladen 1997.
16 Meueler 1997, S. 248.
17 Ebd., S. 249.

Christine Skwara und Almut Sülzle

„In dance we are one nation"?

Zum Umgang mit Nationalität und Ethnizität im Techno

„Hallo, habt ihr einen Clubausweis?"
„Eintritt nur für Stammgäste!"
„Sorry, mit Turnschuhen kommst du hier nicht rein."

Solche abweisenden Sätze von TürsteherInnen am Eingang einer Disco verwehren einigen NachtschwärmerInnen den Zugang zur Tanzfläche. Auch vor dem Stuttgarter Technoclub Kairo¹ sind diese Sätze hin und wieder zu hören. Bis die BesucherInnen den Parkplatz vor dem Kairo überquert haben, hat sich der Türsteher schon entschieden, wer den Club betreten darf und wer freundlich abgewiesen wird. Die meisten dürfen passieren und öffnen selbstverständlich und routiniert ihre Taschen für die obligatorische Drogenkontrolle. Hinter der Kasse führt eine Treppe in den Gewölbekeller, der hauptsächlich aus einer Tanzfläche besteht. Kommt die BesucherIn spät genug, befindet sie sich inmitten tanzender Körper. Schnelle Musik, Dunkelheit, Stroboskoplicht und Nebel bestimmen die Atmosphäre und vereinheitlichen die Bewegungen der TänzerInnen zu einer glücklich wirkenden Masse. Auffallend schön sind die Körper der einzelnen Tänzerinnen und Tänzer. Junge, schlanke, durchtrainierte, dem jugendlichen Schönheitsideal entsprechende Menschen in körperbetonter Kleidung sind die Norm, Abweichungen davon gibt es kaum.²

Für die Technogemeinschaft ist das Zusammengehörigkeitsgefühl, das durch Tanz und Musik entsteht, zentral. Die friedliche Einheit, über alle Grenzen hinweg, wird zur Utopie, die am Wochende auf Raves und in Technoclubs gelebt werden soll. In dem von Philipp Anz und Patrick Walder 1995 herausgegebenen Buch *Techno* – im Szenejargon auch die „Techno-Bibel" genannt – beschreiben Insider³ das Besondere an der Technoszene:

*„Techno meint aber längst auch ein neues Lebens- und Zeitgefühl, eine wortlose Kommunikation, die sich über Grenzen und Nationen hinwegsetzt."*⁴

Eine andere Autorin im selben Band schildert:

*„Diese Kids skandieren keine Parolen, aber in ihrer abgeschlossenen Raver-Gesellschaft existiert weder Rassismus noch plumpe Anmache, noch Ausgrenzung."*⁵

Und in einem weiteren Artikel heißt es:

*„Tanzende haben kein Vaterland. Nirgends ist Nationalität so egal wie auf der offensten und unreglementiertesten Tanzfläche, die es je gab."*⁶

Bei unseren ersten Beobachtungen in der Stuttgarter Technoszene[7] fiel uns vor allem die Homogenität im Aussehen der ClubgängerInnen auf. Nicht nur die jugendliche Körperästhetik war hervorstechend, sondern auch – zumindest auf den ersten Blick – eine ethnische Homogenität. Jugendliche, deren Herkunft aus Migrationsfamilien äußerlich erkennbar ist, sind in dieser Szene kaum vertreten. Wir wollen dem Vorhandensein verschiedener Nationalitäten in der Technoszene (z.B. WesteuropäerInnen, NordamerikanerInnen) nicht widersprechen und betonen deshalb, daß wir uns in dieser Forschung auf Migrantenjugendliche der zweiten Generation[8] konzentriert haben. Die Abwesenheit bestimmter Bevölkerungsgruppen widerspricht der Innensicht der Techno-Nation ohne Grenzen, wie sie in den oben genannten Zitaten dargestellt wurde. Die Abgeschlossenheit einer Szene kann nur über Abgrenzung nach außen hergestellt werden und steht im Widerspruch zu der Behauptung, die Technoszene sei unreglementiert und offen.

Unsere These ist, daß eine Ausgrenzung aus der Technoszene stattfindet, die sich am äußeren Erscheinungsbild, insbesondere am 'ausländischen' Aussehen bestimmter Personengruppen festmacht. Ausgehend von der Abwesenheit der ausländisch aussehenden Jugendlichen stellten wir uns die Frage: Inwieweit ist die Technoszene in der Lage, kulturelle Grenzen zu verwischen und damit ihrem eigenen Innenbild zu entsprechen? Um Antworten auf diese Frage zu erhalten, sprachen wir mit TechnotänzerInnen und TürsteherInnen. Zum Thema Türpolitik befragten wir TänzerInnen verschiedener Nationalitäten. Ausführliche Interviews führten wir mit türkischen, deutschen, kroatischen und mexikanischen TänzerInnen, zudem befragten wir vor dem Kairo zwanzig BesucherInnen in Kurzinterviews zur Türpolitik ihres Clubs. Zur Überprüfung unserer These führten wir gemeinsam mit fünf jungen TürkInnen einen Feldversuch durch: An zwei Wochenenden testeten Bülent S., Cevat T., Gönül S., Oguz S. und Songül S. für uns die Türpolitik der Stuttgarter Technoclubs.[9] Als Beispiel für intensivere Studien zu Türpolitik und Nationalität wählten wir das Kairo, einen beliebten und zumeist gut besuchten Technoclub in Stuttgart, der zudem einer der ältesten der Stadt ist und dadurch als besonders authentisch gilt.

Aus den so gewonnenen Materialien ergibt sich folgendes Bild: Im Gegensatz zu den Anfängen der Technobewegungen stehen heute an jeder Tür „Rausschmeißer", die nicht nur nach Drogen fahnden, sondern auch das Publikum der jeweiligen Clubs auswählen. Sortiert wird nach Alter, Geschlecht, Nationalität, stilechter Kleidung, sympathischem Aussehen und Alkoholisierungsgrad. Diese Praxis unterscheidet sich nicht von der in Mainstreamdiscotheken.[10] Die Türpolitik der Technoclubs ist nicht einheitlich, als Tendenz läßt sich jedoch sagen, je mehr ein Club in der Szene gerade 'in' ist, um so strenger wird an der Tür nach dem Kriterium der Konformität aussortiert.

„Hier kommen alle rein"

In anonymen Kurzinterviews fragten wir die Gäste des Kairo nach der Türpolitik ihres Clubs. Die Antworten waren im Prinzip übereinstimmend: „Also, nur die Leute, die Drogen dabei haben, gleich an der Tür, die fliegen raus, der Rest kommt rein" und „es kommen alle rein." Darin sind sich die BesucherInnen der Discothek einig. Die bereits in der zitierten Literatur dargestellte Offenheit der Szene wird somit auch von

Tanz ohne Grenzen?

den ClubgängerInnen betont. Die (strukturelle) Ausgrenzung durch Nationalität wird nicht wahrgenommen bzw. nicht thematisiert. Offensichtlich erkennen die BesucherInnen die Leitlinien der Türpolitik dieses Clubs nicht, da alle davon überzeugt sind, daß nicht nach Nationalität aussortiert wird.

Auf die direkte Frage nach AusländerInnen werden die Antworten differenzierter. Einigen fällt jetzt auf, "es waren sehr wenige drin", andere verbinden den Begriff AusländerInnen mit Drogen und Schlägereien. Einer kommt mit seinen Vermutungen den Kriterien des Türstehers sehr nahe: „Das kommt dann drauf an, ob man es denen halt ansieht oder nicht [...], wegen dem Ausländerhaften jetzt."

„Es will eigentlich fast jeder rein, aber..."

TürsteherInnen sind eine Hürde für diejenigen, die an ihnen vorbei wollen, sie vertreten die Interessen der Geschäftsführung und sollen für das angestrebte Zielpublikum sorgen. Laut Aussagen des Türstehers möchte ins Kairo „eigentlich fast jeder, aber es gibt eine Personengruppe, die wir nicht reinlassen." Neben „total besoffenen Prols" sind dies auch – als solche erkennbare – AusländerInnen bestimmter Nationalitäten:

„Es gibt zum Beispiel das Problem Ausländer, ganz klar, das Problem existiert einfach. Es gibt die Gruppe, die integriert sind, das sieht man dann auch, wie die auftreten und wie sie kommen, sind freundlich und so, gar kein Problem. Und dann gibt es die Leute, die ihre Nationalität nach außen hin auf jeden Fall weiter vor sich her tragen, die kriegen natürlich Ärger, wenn sie da reingehen, weil andere Leute das nicht sehen wollen." (Türsteher, Kairo)

Der Türsteher unterscheidet in integrierte (an anderer Stelle nennt er sie auch „angepaßte") und nicht integrierte AusländerInnen. Die nicht integrierten erkennt er daran, daß ihre Herkunft oder zumindest ihre Andersartigkeit sichtbar ist. Passieren dürfen die, die ihre Herkunft verstecken, wobei zumindest erkennbar sein muß, daß sie den Versuch unternehmen, sich anzupassen: „Wo ich merk', die haben sich Mühe gegeben, die kann ich auch reinlassen." Für Deutsche ist es notwendig, ihre Kleidung dem Musikstil anzupassen, für ausländisch aussehende BesucherInnen gilt zuallererst der Test auf ihren Integrationsgrad, erst in zweiter Linie ist die angemessene Kleidung entscheidend. Selbstverständlich ist auch Kleidung ein Mittel, Integration sichtbar zu machen, entscheidend sind jedoch Merkmale, die näher am Körper liegen wie Haarfarbe und Haarschnitt oder z.B. die Form des Bartes. Durch diese doppelte Hürde werden die AusländerInnen auf ihre Nationalität oder Ethnizität reduziert, der Türsteher entscheidet dann eher, ob „der Albaner" oder „die Türkin" zur Technoszene passen, und erst in einem zweiten Schritt, ob die Kleidung zum Musikstil paßt. Er orientiert sich bei dieser Entscheidung an gesellschaftlich vorgegebenen Stereotypen, die auf rassistischen Zuschreibungen basieren.

In Anlehnung an Rudolf Leiprecht beziehen wir uns hier auf einen Rassismusbegriff, der drei Hauptmerkmale beinhaltet:

„die soziale Konstruktion von 'Rassen' bzw. Kulturen (einhergehend mit einer bestimmten Vorstellung davon, was Kultur sein soll, nämlich statisch, homogen usw. [...]), biologische bzw. kulturelle Determinismen und die Negativbewertung der konstruierten Gegen- 'Rassen' bzw. Kulturen."[11]

Die über Zuschreibungen konstruierten ethnischen Gruppen werden auf bestimmte Eigenschaften und Verhaltensweisen festgelegt und reduziert, die ihnen angeblich unveränderlich und passiv von ihrer 'Kultur' vererbt werden. Diese kulturellen Festlegungen werden an der eigenen Kultur gemessen und negativ (z.B. als rückständig) bewertet. Ein weiterer wichtiger Punkt sind die Funktionen von Rassismen, die sowohl der Rechtfertigung von gesellschaftlicher Ungleichheit als auch der Legitimierung von Herrschaft und Unterwerfung dienen können. Rassismen werden von einer Gruppe durchgesetzt, die die gesellschaftliche Macht hat, diese Konstruktionen zur 'sozial geteilten', dominanten Vorstellung werden zu lassen. Wichtig hierbei sind die Zuschreibungen, die einerseits die konstruierte 'Rasse' für bestimmte Mißstände und Probleme in der Gesellschaft verantwortlich machen und andererseits dazu dienen, von bestimmten äußeren Merkmalen (Haarfarbe, Hautfarbe, Tragen von Kopftüchern) auf bestimmte innere Eigenschaften oder Verhaltensweisen dieser Personen zu schließen (z.B. Gewalttätigkeit, Gefährlichkeit, Untertänigkeit).

Der Türsteher des Kairo berichtet uns von seinen Erfahrungen mit bestimmten Personengruppen:

„Ich hab' nur schlechte Erfahrungen gemacht. Nach zehn Minuten kommen irgendwelche Frauen zu mir hoch und meinen, da ist irgendwie so ein Albaner oder so, der hat sie schon ein paarmal gefragt: 'Willschst du ficke?' Was soll ich denn da machen, dann muß ich ihn rausschmeißen, weil er die Gäste beleidigt. Und das ist immer so, leider Gottes, das ist immer das gleiche, wenn die mal reinkommen."

Ein Gast, der Frauen belästigt, fliegt raus. Gleichzeitig passiert aber noch etwas anderes: Diese Erfahrung verdichtet sich zu einem Bild über „die", und „die" sind „immer so". Sexistische Anmache wird zu einer Art kultureller Eigenschaft aller „Albaner oder so", was zur Folge hat, daß sie dann auch alle draußen bleiben müssen. Der Türsteher begründet seine Auswahl nicht mit persönlichen Vorlieben und Antipathien, sondern er handelt für die Geschäftsleitung und für ein Publikum, von dem er zu wissen glaubt, wieviel 'anderes' sie zu sehen wünschen, „weil andere Leute das nicht sehen wollen, und deswegen kann ich die Leute nicht reinlassen, egal, ob ich die mag oder sonst irgendwas."

Für uns entstand der Eindruck, daß gerade genügend 'Andere' Einlaß finden, um das Bild einer nationenverbindenden Szene aufrechterhalten zu können. So ist es nicht weiter verwunderlich, daß der Türsteher in Quoten denkt: „Wir haben bestimmt zwanzig Prozent Ausländer bei uns in der Discothek, das entspricht ungefähr dem Prozentanteil von Ausländern in der Bevölkerung, ja."

In diesem zweiten Argumentationsstrang bezieht sich der Türsteher auf ein gesellschaftlich weit verbreitetes Bild, nämlich die Vorstellung von kultureller Überfremdung, die sich an Zahlenverhältnissen messen läßt und die von einer Obergrenze definiert wird. Gleichzeitig zeigt dieses Zitat, daß selbst die 'Angepaßten' nicht als Gleiche unter Gleichen gesehen, sondern ebenfalls erkannt und gezählt werden.

Es soll in diesem Beitrag nicht darum gehen, die rassistischen Denkmuster einzelner Türsteher in den Mittelpunkt zu stellen oder zu verurteilen. Vielmehr wollen wir zeigen, wie gesellschaftlich gängige Argumentationen und Rassismen in die Technoszene übernommen werden und dort strukturelle Ausgrenzung bewirken. Die einzelnen ClubgängerInnen und TürsteherInnen beschreiben sich selbst als nicht rassistisch und sind sich der ausgrenzenden Wirkung dieser Praxis nicht bewußt: „Uns wird z.B. oft zur Last gelegt, daß wir ausländerfeindlich wären, das ist aber absolut nicht der Fall", erklärt uns ein Türsteher des Kairo. Ob beabsichtigt oder nicht, die oben aufgezeigten Zuschreibungen führen zu rassistischer Ausgrenzung.[12]

Speziell im Kairo wird die Türpolitik von den Betroffenen als rassistisch wahrgenommen. Ein von diesem Türsteher Abgewiesener berichtet über den Dialog: „Also, er hat gemeint, wir dürfen nicht rein, weil wir nicht technomäßig angezogen wären." Cevat T. (Student, 22, deutsch-türkische Nationalität) vermutet aber eher, daß es sein türkisches Aussehen ist, das den Türsteher stört:

„Er hat uns aber auch nicht erklärt, was technomäßiges Outfit ist, und die Gruppe, die nach uns reingegangen ist, die hatte vom Aussehen her ungefähr dasselbe an wie wir [...]. Und dann hat er gemeint, wir würden sowieso wissen, warum wir nicht reinkommen, und dann hat er nur genickt und gegrinst."

„Frauen sind das Kapital einer Disco"

„Die Türsteher gucken, ob es dann auch Ausländer sind und vor allem, in was für einer Gruppe sie ankommen, also zwei oder drei Jungs hätten viel mehr Probleme als drei Mädels, die haben keine Probleme, reinzukommen",

berichtet Songül S. (Fachangestellte für Arbeitsförderung, 22, Türkin). Die Türsteher verschiedener Technoclubs bestätigen ihre Aussage, daß Frauen leichter Zutritt zu Discotheken erhalten:

„Wir müssen nämlich gucken, daß es sich prozentual einigermaßen aufhebt da drin, ja, weil wenn wir neunzig Prozent Jungs haben oder Männer, dann bleiben die Frauen bei uns weg, das ist klar." (Türsteher der Technodiscothek Loft)

„Frauen fangen eigentlich keinen Streit an und machen keinen Stunk und so, und natürlich ist es auch so, für eine Disco sind Frauen das Kapital, also um so mehr Frauen in einer Discothek sind, das ist allgemein bekannt, um so besser für eine Discothek, ganz klar, also lassen wir natürlich lieber Frauen rein." (Türsteher des Kairo)

Die Frauen sind das Kapital, ihr Geschlecht ist an der Türe weitaus entscheidender als ihre Nationalität. Die Klischeevorstellungen, die mit 'Ausländern' verbunden sind (Schlägereien, Drogen) beziehen sich nur auf Männer, das gefährliche Andere ist offenbar männlich. Ihr Geschlecht wird für ausländisch aussehende Frauen jedoch nur dann zur Eintrittskarte, wenn sie ohne Männern unterwegs sind. In gemischten Gruppen fallen sie trotz ihres 'Kapitals' Weiblichkeit unter das Ausschlußkriterium Nationalität.

„Wenn ich mit Freundinnen unterwegs war, haben wir nie Probleme gehabt, irgendwo reinzukommen. Also, das war dann meistens eher, wenn wir [männliche] Begleitung hatten. Ich denke auch, Frauen haben nie Probleme, irgendwo reinzukommen, es sei denn, sie sind zu jung oder so, aber ansonsten gar nicht, ansonsten bin ich in jede Disco reingekommen, das war kein Problem." (Songül S.)

Realitäten

Die Vorstellung einer Technogemeinschaft ohne Grenzen bietet verschiedene Möglichkeiten, die vorhandenen Grenzen teilweise aufzuweichen. Zwischen der Utopie des 'grenzenlosen' Tanzes und der Realität der ausgrenzenden Türpolitik bestehen Freiräume, die verschieden genutzt werden können. Aus den Interviews lassen sich vier unterschiedliche Formen von Zugangsmöglichkeiten für junge MigrantInnen zusammenfassen.

Die Unsichtbaren:

Marco E. (Zeitsoldat, 25, Deutscher), ein Raver, der sich in seinem Lieblingsclub wie zuhause fühlt, hatte wegen seiner kroatischen Herkunft nie Probleme. Vom Thema Türpolitik und AusländerInnen fühlt er sich überhaupt nicht angesprochen: „Einen Kroaten erkennt man sowieso nicht." Diese Nichterkennbarkeit entbindet ihn davon, sich als 'angepaßt' darstellen zu müssen.

IdentitätsspringerInnen:

„Tassos: Unter der Woche bin ich ganz normal, ich bin ein Grieche in Deutschland, ich verbringe meine Freizeit in einem griechischen Café, dort halten sich nur griechische Jugendliche auf; wir spielen, plaudern, es ist angenehm. Am Wochenende bin ich aber der Raver.
I [Frage]: Am Wochenende bist du ein griechischer Techno-Fan?
Tassos: Nein, ich bin der 'Raver'. Als Raver bist du kein Grieche, kein Deutscher, kein Spanier, du bist einfach der 'Raver'. Du vergißt, was links und rechts ist und tanzt nur.
I [Frage]: Und dieser Wechsel?
Tassos: Wechsel macht Spaß, es ist Spannung da. Du wartest auf den Freitag, um Dich verrückt anzuziehen.
I [Frage]: Wieso machst Du es nicht unter der Woche?
Tassos: Das würde die Leute provozieren. Ich kann nicht im griechischen Café mit Techno-Kleidung auftauchen. Es geht

nicht. Manche würden es nicht verstehen, und die würden dich blöd anschauen. Der Stil ist halt anders. Früher hatte ich auch diesen Stil, Jeans, lange Haare mit Pferdeschwanz und so, Cowboystiefel, das war auch mein Stil und ist es auch, aber nur zum Teil und für bestimmte Situationen. Man kann ja auch nicht immer das gleiche anziehen."[13]

Tassos wechselt seine Identität von „Grieche in Deutschland" zu „Raver". Mit diesem Wechsel verändert er auch seine Kleidung und damit seinen Stil. Er wird Bürger der Rave-Nation. Dabei läßt er jedoch seinen griechischen Jugendkulturstil zurück, da er ihn nicht in die Clubs mitnehmen kann. Dieser Wechsel ist kein Versteckspiel, sondern eine aktive Aneignung verschiedener Subkulturen, die abwechselnd genutzt werden können. Als erkennbar „griechischer Techno-Fan" wäre ihm der Zutritt zu dieser Szene eventuell gar nicht möglich.

Bürgschaften:

Ausländisch aussehende Männer können ihre Chancen auf Einlaß erhöhen, indem sie in Begleitung von Deutschen ausgehen. In diesem Fall müssen sie ihre Integrationsbereitschaft nicht körperlich sichtbar vor sich her tragen. Die Begleitung symbolisiert hier eine gewisse Art von Kontrolle, die Deutschen 'bürgen' für die Fremden, die sie mitbringen.

„Als wir uns an das Licht gewöhnt haben, fällt uns auf, daß wir nur sehr wenige AusländerInnen sehen. Sie sind nicht in Gruppen zusammen, sondern fast immer gemeinsam mit Deutschen hier." (Feldnotizen zum Besuch im Kairo am 29.11.1997)

Solidarität:

„Was mir passiert ist, ist, daß sie mich einmal ins Global nicht reinlassen wollten. Da waren wir auch eine größere Gruppe, und dann haben 16 Leute hinter mir gesagt, dann gehen wir auch nicht rein. Und dann bin ich doch noch reingekommen." (Cevat T.)

Durch Solidarität unter den BesucherInnen verschiedener Nationalität kann, zumindest in Einzelfällen, dem scheinbar im Namen der Gäste durchgesetzten Rassismus etwas entgegengesetzt werden.

Vor dem Tanz kommt die Tür

Musiksubkulturen und Tanzstile definieren sich im Normalfall über Musik, so trägt Techno als Tanzszene den Namen der Musikrichtung. Ein Hauptidentifikationsmerkmal ist die gemeinsam gehörte und getanzte Musik, der Technosound hält die Szene zusammen

Freundliche Zurückweisung an der Tür

und bildet deren Kern. Nach außen hin grenzt sie sich jedoch, wenn auch nicht explizit, durch Merkmale wie beispielsweise Ethnizität ab. Eine Subkultur, die sich einen eigenen Raum definieren will, muß Ausschlußkriterien anwenden. Die Frage ist also nicht, ob Ausschluß überhaupt stattfindet, sondern wie dieser eingesetzt und reflektiert wird.

„Die Tür" ist die letzte Kontrollinstanz in einer ganzen Reihe von Ausschlußmechanismen, die in der Technoszene eine Rolle spielen. Vor allem in den Anfängen der Technokultur wurde durch das Verteilen von Flyern und durch Telefonketten, die Veranstaltungsorte bekanntgaben, eine Vorauswahl getroffen.[14] Durch die Illegalität der Raves mußten die Informationen und Einladungen im 'Untergrund' bleiben. Dadurch entwickelte sich eine Tradition der Exklusivität, die den nicht im Zentrum der Gesellschaft stehenden Jugendlichen den Zugang erschwerte. Einige Zeit später begann die zuvor im 'underground' beheimatete Technoszene nach und nach in den Mainstream überzuwechseln, und legale Technoclubs entstanden in jeder größeren Stadt. Mit der Legalisierung der Clubs wurden auch Türkontrollen eingeführt, die bestimmte Kriterien zur Voraussetzung für den Einlaß machten.

Während unserer Forschungen innerhalb der Technoszene ist uns nie offener Rassismus begegnet – im Sinne von 'alle DänInnen sind dämliche FischesserInnen'. Eine derart pauschalisierende Ausländerfeindlichkeit oder gar Fremdenhaß waren nicht zu spüren, wir konnten vielmehr einen selbstverständlichen Umgang mit den anwesenden AusländerInnen beobachten. Doch in den Abgrenzungsmechanismen der Szene und in der Türpolitik der Clubs fanden wir trotz gegenteiliger InsiderInnenbehauptungen dieselben latenten und strukturellen Rassismen, die auch in der nicht-ravenden Gesellschaft vorherrschend sind. Bülent S., Oguz S. und Songül S. berichten übereinstimmend von ihren Erfahrungen mit der Türpolitik in verschiedenen Diskotheken:

„Wenn die Türsteher dann sagen, nur für Stammkunden oder Stammgäste. Nach einem Clubausweis sind wir was weiß ich wie oft schon gefragt worden." (Bülent S., Elektoinstallateur, 20, Kurde)

„Und du weißt genau, das ist nicht der Grund (Bülent: 'Es gibt gar keinen Clubausweis'), sondern ich bin vielleicht schwarzhaarig, habe vielleicht den falschen Bart, was die meistens stört. Man wird halt nicht als Mensch akzeptiert, sondern man wird als zweitklassig angesehen oder als Schlägertypen oder als falsche Leute." (Oguz S., Maschinenbaumechaniker, 22, Türke)

„Vorurteile, also ich denke, das ist der Hauptgrund, warum man irgendwo nicht reinkommt. Also ich meine, ich kann halt sagen, 'deine Nase gefällt mir nicht', obwohl ich eigentlich meine, 'haha, du kommst heute abend so oder so nicht rein'. Ich könnte auch sagen, 'hey, du bist falsch angezogen, aber mir gefällt einfach nicht, daß du schwarze Haare hast'. Aber das sagt dir halt keiner ins Gesicht." (Songül S.)

Ausländerdiscos

Es gibt Discotheken und Tanzgelegenheiten, bei denen die Herkunft aus Migrationsfamilien kein Ausschlußkriterium ist. Unsere InterviewpartnerInnen (sowohl die Nichtdeutschen als auch die Deutschen) nennen diese Orte „Ausländerdiscos". Die Nationalitäten-Abende in diesen Discotheken werden nicht nach Tanz- und Musikrichtungen, sondern nach dem Zielpublikum benannt. Bei der „Notte Italiana" tanzen die BesucherInnen im WOM zu italienischem Pop und internationalem Mainstream. Auch auf der türkischen Nacht im GNG wird viel getanzt, der DJ spielt türkischen Pop, Hip-Hop und Mainstream.

„Ich gehe immer ins GNG, und da ist die Musikrichtung auch türkisch. Es gibt da noch eine kleine Disco, da kommt immer Black Music. Das ist richtig meine Stammdisco, und da komme ich halt auch sehr leicht rein." (Oguz S.)

Das Publikum der „Ausländerdiscos" ist bunt gemischt, wobei z.B. in der türkischen Nacht TürkInnen in der Mehrzahl sind.

„*Internationale Besucher sind da, also Deutsche, andere, Griechen, Italiener, Jugoslawen und so weiter, finde ich eigentlich schön.*" (Oguz S.)

Auch die nicht auf bestimmte Nationalitäten ausgelegten Black Music-Nächte haben ein internationales Publikum:

„*Wenn wir Samstags drin sind, bei Soul, sind zu 99 Prozent Ausländer da. Ja, und das alles gemischt, also Griechen, Italiener, Türken, das ist gemischt von der Nationalität her.*" (Songül S.)

Neben der Vorliebe für die gespielte Musik ist die Ausländerdisco auch eine Möglichkeit, Freunde und Bekannte zu treffen. Einen weiteren wichtigen Grund für seine Besuche im GNG schildert Oguz S.:

„*Früher sind wir vielleicht auch weiter weg gefahren in eine Disco, weil wußten, wir kommen rein, aber heute traue ich mich nicht, einfach irgendwohin zu fahren, in eine bekannte Disco in einer Großstadt und da hinzulatschen, und dann komme ich nicht rein, alles umsonst. [...] Wir kommen ja auch ab und zu mal in eine Disco rein, so ist es nicht, aber unerwünscht kommen wir rein. Warum soll ich da sein, wenn ich unerwünscht bin? Wenn ich jetzt beispielsweise rein gehe und an der Tür werden ein paar Ausländer ausgewählt und wieder zurückgeschickt und ich komme halt durch, Zufall, weil ich vielleicht nicht so gewalttätig aussehe, weil ich klein und zierlich bin, vielleicht komme ich deswegen rein, weil er vor mir keine Angst hat. Aber wenn meine Freunde da nicht reinkommen, dann gehe ich da auch nicht rein. Ich komme halt durch Zufall und Glück rein. Warum soll ich den Geld verdienen lassen, warum soll ich mein Geld bei dem liegen lassen? Da gehe ich lieber ins GNG und trinke da mein Bier.*"

In diesem Zitat werden verschiedene Aspekte deutlich: Oguz S.' (auf eigener Erfahrung und Erzählungen anderer basierende) Erwartung, eventuell von TürsteherInnen abgewiesen zu werden, hält ihn heute davon ab, andere Discotheken auszuprobieren.[15] Wenn an der Tür offensichtlich Ausländer aussortiert werden oder seine Freunde bereits abgewiesen wurden, bekommt Oguz S. das Gefühl, selbst auch unerwünscht zu sein. Dies ist ein weiterer Grund, gleich die Ausländerdisco anzusteuern und dort zu konsumieren. Für ihn bieten Ausländerdiscos eine Möglichkeit, die „deutsche" Türpolitik einfach zu ignorieren. Auch Songül S. ist am liebsten im GNG und fühlt sich in ihrer Stammdisco sehr wohl. Trotzdem hat sie einen Wunsch an ihre „Idealdisco":

„*Was ich gerne loswerden möchte: Ich finde es schon ein bißchen schade, daß es strikt getrennt ist, entweder nur Ausländer oder meistens nur Deutsche in einer Disco. Es gibt so wenig Discos, wo es wirklich gemischt ist, wo es gar nicht auffällt, welcher Anteil mehr ist. Ich finde, da sollten wir vielleicht ein bißchen gucken, daß da mehr gemischtes Publikum ist.*"

Ist die Technoszene in der Lage, kulturelle Grenzen zu verwischen?

Kulturelle Grenzen entstehen nicht auf der Tanzfläche. Eine bestimmte Art zu tanzen macht die TänzerInnen nicht zu vorurteilsfreien, rundum toleranten Menschen. Die einzelnen TänzerInnen, die TürsteherInnen, ClubbesitzerInnen und TrendsetterInnen tragen ihre politischen Weltbilder und ihren kulturellen Kontext auf die Tanzfläche. Dabei versuchen sie, innen die Vorstellung von einer „grenzenlosen" Szene aufrechtzuerhalten, die aber erst durch eine Grenzziehung nach außen möglich gemacht wird.

Paradoxerweise konnten wir den 'nationenübergreifenden Tanz' gerade dort finden, wo sich die Szenen über Nationalität als ein Hauptkriterium definieren, in den Ausländerdiscos. Ein Grund für die Entstehung dieser gemischtnationalen Tanzflächen liegt gerade im oben beschriebenen Ausschluß von Nichtdeutschen. Die Technoszene müßte, um ihrer Utopie näherzukommen, die eigenen Ausschlußmechanismen neu überdenken und bewußt eine politische Strategie anwenden oder eben die Selbstbezeichnung der Grenzenlosigkeit aufgeben, wie dies der Besitzer einer großen Reutlinger Discothek tut:

„Wir können uns offene Türen nicht erlauben und dem Ideal einer absolut toleranten Gesellschaft hinterherhinken – das wäre der Tod."[16]

Anmerkungen:

1. Alle Namen sind von uns geändert, alle Bilder gestellt.
2. Zu Normierung und Schönheitsideal im Techno vgl. Kristin Pauli: Neue Freiheit Marke 'Techno'? In diesem Band.
3. Die Herausgeber beschreiben sich im Vorwort als Insider: „Wir berichten nicht von aussen über ein 'Phänomen Techno', sondern mitten aus dem Gewühl heraus [...]." In: Philipp Anz/ Patrick Walder (Hg.): Techno. Zürich 1995, S. 7.
4. Ebd.
5. Christine Steffen: Das Rave-Phänomen. In: Philipp Anz/Patrick Walder (Hg.): Techno. Zürich 1995, S. 176-181; hier S. 179.
6. Albert Kuhn: Communist Parties – Das Manifest. In: Philipp Anz/Patrick Walder (Hg.): Techno. Zürich 1995, S. 214-215; hier S. 215.
7. Zu Beginn unserer Feldforschung verschafften wir uns durch teilnehmende Beobachtung in möglichst vielen Technoclubs in der Umgebung von Tübingen und Stuttgart einen Überblick über die diversen Lokalitäten. Im Verlauf unserer weiteren Forschung konzentrierten wir uns auf den Stuttgarter Technoclub Kairo.
8. Gemeint sind hier Söhne und Töchter aus sogenannten Gastarbeiterfamilien, die seit den 60er Jahren hauptsächlich aus Griechenland, Italien, Jugoslawien und der Türkei angeworben wurden.
9. Wir bedanken uns herzlich bei Bülent, Cevat, Gönül, Katha, Oguz und Songül für die freundliche Unterstützung in kalten Nächten.
10. Unsere ausländischen InterviewpartnerInnen berichteten häufig über den Ausschluß aus anderen Discotheken verschiedener Musikrichtungen.
11. Rudolf Leiprecht: „...Pech, daß Ausländer mehr auffallen...". Zum Reden über die Kultur der „Anderen" und auf der Suche nach angemessenen Begriffen und Ansätzen für eine antirassistische Praxis (nicht nur) mit Jugendlichen. In: Rudolf Leiprecht (Hg.): Unter Anderen. Rassismus und Jugendarbeit. Duisburg 1992, S. 93-130; hier S. 108.
12. Bei der Bezeichnung „rassistisch" beziehen wir uns auf Dimitra Kongidou/Georgios Tsiakalos: „Unter Rassismus verstehen wir Einstellungen, Verhaltensweisen und/oder institutionalisierte Strukturen, die Personen wegen ihrer Gruppenzugehörigkeit zu Subordination [...] zwingen. Als Rechtfertigung wird meistens Andersartigkeit und/oder Inferiorität der diskriminierten Gruppe angeführt. Nach unserer Auffassung gehört zu einem Rassisten als konstituierendes Merkmal die Macht, die betroffenen Personen und Gruppen zu Subordination zu zwingen. In diesem Sinne darf das Verhalten von jemandem rassistisch genannt werden, auch wenn dieser kein rassistisches Gesellschaftsbild aufweist." Dimitra Kongidou/Georgios Tsiakalos: Praktische Modelle antirassistischer Arbeit. In: Rudolf Leiprecht (Hg.): Unter Anderen. Rassismus und Jugendarbeit. Duisburg 1992, S. 63-76; hier S. 71f.
13. Zitiert nach Christos Govaris: Subjektive Entwicklungsprozesse Griechischer Migrantenjugendlicher in Deutschland. Eine empirische Studie über Orientierungs- bzw. Handlungsformen und ihre subjektiven Begründungen. Dissertation, Fakultät für Sozial- und Verhaltenswissenschaften, Tübingen 1996, S. 211.
14. Vgl. Sarah Thornton: Club Cultures. Music, Media and Subcultural Capital. Cambridge 1995, S. 22-24.
15. Mehrere unserer InterviewpartnerInnen treffen diese Unterscheidung in „früher" und „heute". Sie beziehen sich dabei auf die Zeit vor bzw. nach „Solingen und Mölln": Danach haben sie eine Veränderung bei der Türpolitik in Deutschland wahrgenommen. Die Entstehungszeit der größeren 'Ausländerdiscos' fällt ebenfalls in diesen Zeitraum.
16. Zitiert nach dem Schwäbischen Tagblatt vom 7.11.1997, S. 22: „Vom Reinlassen und Rauslassen".

Beim Breakdance wird die Straße zur Bühne

Daniel Wittinger und Jorgos Zagouras

Tanz als Wettkampf

Ein Interview mit den South Side Rockers zum Breakdance

Die Ursprünge

Das Breakdancing hat seine Wurzeln in der Rapmusik, die in den 70er Jahren in den Städten der amerikanischen Ostküste, vor allem in New York, entstand. Diese Straßenkultur beschränkte sich zumeist auf die Armenviertel der ethnischen Minderheiten. Dort bildeten sich die ersten Breakdance-Gruppen, „Crews", die sich in Parks oder auf öffentlichen Plätzen trafen, um miteinander zu üben und Choreographien zu entwickeln. Das bedeutendste Beispiel hierfür ist die New Yorker „Rock Steady Crew". In diesem Umfeld entstanden immer wieder neue Bewegungsabläufe und Figuren, die in Wettkämpfen gegen andere Crews eingesetzt werden konnten.

Von New York aus breitete sich die HipHop-Bewegung und somit auch der Breakdance in andere Ballungszentren, insbesondere Los Angeles, aus. Mit steigender Popularität und Medienpräsenz griff die HipHop-Welle zunächst auf Europa und später auch auf Asien über. Neben der Musik wurde Breakdance über Kultfilme der HipHop-Szene wie *Wild Style*, *Beat Street* und *Breakin'* verbreitet. Seine Hochphase erlebte er Anfang bis Mitte der 80er Jahre.

Die deutsche HipHop-Szene bezieht sich zwar auf die Wurzeln und Werte der amerikanischen Bewegung, sie ist jedoch nicht wie dort auf soziale Unterschichten oder ethnische Minderheiten beschränkt.

Szene aus dem Film Wild Style

Der Tanz

Die Entstehung der Bezeichnung „Breakdance" leitet sich aus dem Begriff „Break" ab. Als Break (wörtlich: „Lücke, Unterbrechung") wird eine vorwiegend rhythmusbetonte Instrumentalsequenz von beispielsweise Disco-, Funk- oder Jazz-Stücken, die sich nur wenige Takte lang hinzieht, bezeichnet. Diese aneinandergereiht ergeben den Breakbeat. Bei Breakdance – dem Tanz auf Breakbeats – handelt es sich nicht um *einen* Tanzstil, sondern vielmehr um das Prinzip, verschiedene Bewegungsabläufe (Moves) miteinander zu kombinieren.

Jeder Breakdancer beherrscht ein bestimmtes Repertoire an Moves. Diese werden in den Wettkämpfen aneinandergesetzt, wobei versucht wird, eine bessere Choreographie als die der Kontrahenten zu gestalten. Die einzelnen Breaker können auch als Gruppe (Crew) auftreten.

In der Regel bilden beim Breakdance die Zuschauer einen Kreis, in dessen Mitte die Breaker ihr Können zeigen. Der Boden wird zur Bühne. Damit hat Breakdance Merkmale eines Bühnentanzes, obwohl er lediglich bei größeren Veranstaltungen tatsächlich auf einer Bühne stattfindet.

Wettkampf statt Gewalt

Nach dem Selbstverständnis der Szene besteht HipHop aus vier Pfeilern:

„DJing", „MCing", „Graffiti" und „Breakdancing". Die vier Elemente des HipHops sind durch das Prinzip des „Battlens" verbunden – ein Wettstreit oder Kräftemessen innerhalb der jeweiligen HipHop-Disziplin. Anlässe für derartige Battles sind in der Regel HipHop-„Jams", an denen verschiedene DJs, MCs, Sprüher oder auch Breaker-Gruppen teilnehmen, um dort ihr Können unter Beweis zu stellen. Hier werden die Fähigkeiten der Beteiligten im direkten Vergleich – ähnlich wie in einem sportlichen Wettkampf – ermittelt. Die Grundidee des Battlens besteht darin, jugendliche Energie in einen kreativen Wettkampf zu leiten, um so Gewalt zu vermeiden. Doch Breakdancer kopieren auch den Modestil von Straßengangs und stilisieren Gewalt in ihrem Tanz. Die Forderung nach Gewaltlosigkeit steht – nach dem Selbstverständnis der Szene – nicht im Widerspruch zur Stilisierung von Gewalt.

Das Interview

Auszüge aus einem Interview[1] mit vier Mitgliedern der Stuttgarter South Side Rockers (Aydin, Dev Rock, Sci-Fi und Sir Scott) sollen einen Einblick in die HipHop-Szene geben. Die S.S.R. gehören zu den erfolgreichsten Crews Europas und haben bereits mehrere internationale Breakdance-Contests – z.B. in Zürich (Urban Skillz) und Offenbach (Battle of Hygeccer) – gewonnen. Die internationale Crew besteht insgesamt aus acht Mitgliedern, die zwischen 17 und 24 Jahre alt sind und beruflich eine bunte Mischung aus Auszubildenden, Schülern und Zivildienstleistenden darstellen.

Dani:
Wo kommt Breakdance eigentlich her?...Ist Europa das Stiefkind der USA?

Sir Scott:
Vor allem in Europa ist die Szene sehr, sehr groß geworden, auch wenn sie jahrelang ziemlich undercover war. Heute haben wir eine der stolzesten Szenen auf der ganzen Welt. Man hat sogar die Leute, die schon aufgehört hatten, wieder dazu gebracht zu tanzen.

Dev Rock:
Es ist nicht einfach so, daß man sagt, die Leute [die Rock Steady Crew] haben das früher aufgebaut. Die Leute waren früher Idole und sind es immer noch. Die sind noch immer die Trendsetter. Die zeigen den Leuten noch immer, daß sie das Ding [den Breakdance] aufgebaut haben. New York ist Europa immer ein paar Jahre voraus. Wir lassen uns sehr viel durch New York inspirieren.

Sir Scott:
In Deutschland sind wir die zweite Generation. Für uns in der zweiten Generation war es etwas schwerer anzufangen. Man mußte sich alles selber aus Beat Street beibringen.

Dani:
Ist Breakdance in Deutschland nur die Sache armer Leute oder ethnischer Minderheiten?

Sci-Fi:
Es waren zu Beginn des HipHops mit Sicherheit nicht nur Schwarze. Das waren Puertoricaner, Latinos...Es war ein 'Gemischte-Völker-Armen-Tanz'...Klar, der Rockefeller hat seinem Sohn das Breaken nicht beigebracht. Aber man kann nicht einfach sagen, ein Reicher tanzt keinen Breakdance.

Dev Rock:
Hier [in Stuttgart] ist es bestimmt nicht mehr der Fall. Aber ich möchte mal sagen, in Berlin existiert das noch.

Dani:
Es gibt da ein paar Klassifikationen: Einzeltanz, Paartanz, Gruppentanz, Bühnentanz... Was ist eigentlich Breakdance?

Sci-Fi:
Zuerst mal ist es ein Einzeltanz. Man kann das natürlich durch Kreativität wie eine Einheit aussehen lassen. Du bist auf dein eigenes Können angewiesen. Und dann überlegst du, wie kann ich unseren Tanz verkaufen. Oder wie kann ich es eventuell noch cooler aussehen lassen gegenüber einer anderen Gruppe. Und dann denkst du dir: Komm, machen wir vier einfach einmal ein synchrones Ding. Ein Tänzer ist irgendwie ein Entertainer. Du stellst praktisch irgendwas als Show dar. Diesen coolen Angeberstyle-Kick, diesen harten B-boy, diesen harten Breaker...du mußt den Leuten praktisch eine gute Show abgeben. Der Typ muß einfach cool sein. Das Bragging ist wichtig...der Gegner muß voher schon eingeschüchtert sein.

Sir Scott:
Früher haben die Breaker getanzt, um den Mädels zu gefallen.

Dani:
Wie stellt ihr euch den idealen Jam vor?

Sir Scott:
Eine sehr hohe Bühne, daß jeder die Tänzer von unten sehen kann, und eine Treppe, die jeder hochkommen kann. Ein guter MC, der das Ding gut toastet, eine gute Rapgruppe und viele Frauen.

Dani:
Gibt es einen Geist oder eine Idee der HipHop-Bewegung?

Aydin:
Am Anfang waren die ganzen Kids, ob Tänzer, ob Sprüher, alle auf der Straße. Und die ganzen Kinder, die auf der Straße abhingen und sich gegenseitig abgestochen haben, als Bandenkrieg war. Dann entstand die Zulu Nation, die meinte, macht lieber etwas Kreatives, anstatt gegeneinander zu kämpfen. Bei einem Streit haben sie gegeneinander getanzt. Bei einem Streit haben sie gegeneinander gesprüht. Bei einem Streit haben sie gegeneinander gerappt. Kreativität ohne Gewalt ist das größte Ding, von Anfang an.

Sir Scott:
Die ersten Tänzer haben immer Bestätigung gesucht und haben Gruppen geformt und sind gegeneinander angetreten. Nur halt ohne Gewalt. Das hatte Africa Bambaataa eingeführt. Die Wettkämpfe nannten sich Battles. Man hat gegen einen Kontrahenten getanzt und hat versucht auszumachen, wer der bessere ist.

Sir Scott:
Der Brooklyn Rocks ist eine Art Kampftanz, der meistens zwischen zwei Kontrahenten im Vierertakt geführt wird, indem sich beide mit Pantomime etwas entgegensetzen. Man kann halt alles Mögliche machen, alles Mögliche andeuten. Man darf sich nur nicht berühren, das ist die Regel. Es ist in den letzten Jahren Mode geworden, einige Kung Fu-Schritte in den Tanz einzuführen. Damals gab es auch für die jeweiligen Gangs ein paar Tänzer, die haben dann auch Kämpfe gegeneinan-

215

Crew-Logo der South Side Rockers

der ausgetragen. Es gab zum gleichen Zeitpunkt Gangs und Tänzer. Tänzer wurden halt akzeptiert. Als Tänzer konntest du überall hingehen. Du hast nichts mit Gewalt am Hut gehabt.

Sci-Fi:
Du hast was aufs Maul bekommen, weil die Leute gedacht haben, du seist von der Gang, dabei warst du nur von der Crew. Die Tanzgruppen waren praktisch so gekleidet wie Gangs. Es waren aber nur Tanzgruppen, die zeigen wollten, daß sie es drauf haben.

Dani:
Danke für das Interview.

Glossar

Africa Bambaataa: DJ aus New York, Gründer der Zulu Nation
B-boy/B-girl: Die ursprüngliche Bedeutung im Bereich des Breakdance lag bei „break-boy" oder „boogie-boy"; mittlerweile ein Begriff für alle, die sich aktiv am HipHop-Geschehen beteiligen
Backspin: Tanzfigur, bei der man sich vorwiegend auf dem Rücken dreht
Battle: Wettkampf in einer der vier HipHop-Disziplinen
Battle Moves: kampfähnliche Bewegungsabläufe, die in der Regel mit direkten Gegnern getanzt werden
Bragging: (pantomimisch) prahlen oder angeben
Brooklyn Rock/Uprocking: ein aus Brooklyn/New York stammender Tanzstil, mit dem sich zwei Gegner pantomimisch bekämpfen
DJ; DJing: Diskjockey; Form des Plattenauflegens – gekennzeichnet durch Abmischen und Übereinanderlegen verschiedener Musikstücke sowie durch Scratchen (manuelles Hin- und Herbewegen der Platte mit aufgesetzter Tonnadel)
Electric Boogie: maschinenähnliche Tanzbewegungen, die aber fließender sind als der Robot
Freeze: das „Einfrieren" der Körperhaltung am Ende einer Tanzsequenz, das den Körper quasi zu einer Statue werden läßt
Graffiti/Writing: mit Spraydosen praktizierte Kunst, bei der Wände, U-Bahnzüge oder Omnibusse mit bunten Schriftzügen oder Bildern bemalt werden
Headspin: Drehung auf dem Kopf
Jam: HipHop-Veranstaltung
MC; MCing: Master of Ceremony; der MC liefert zum Mix des DJs seinen Sprechgesang (Rap), zusammen erzeugen sie die Rap-Musik
Moves (Power Moves/Battle Moves/Floor Moves): Oberbegriff für Tanzfiguren, die stark körperbetont und akrobatisch getanzt werden
Robot: stark mechanischer Tanzstil, bei dem sich der Tänzer stockend wie eine Maschine bewegt
Snake: Mit den Armen wird pantomimisch eine Schlange dargestellt
Turtle: Drehungen auf dem Rücken, bei denen der Tänzer einer auf dem Boden liegenden Schildkröte ähnelt
Waving: Tanzstil, bei dem wellenartige Bewegungen dargestellt werden
Windmill: Während sich der Tänzer auf Schultern und Brust am Boden dreht, kreisen seine Beine wie Windmühlenflügel in der Luft
Zulu Nation: eine Selbsthilfeorganisation gegen Gewalt, die sich für die Belange Jugendlicher einsetzt

Anmerkungen

1 Das Interview (18.12.1997) wurde für den Abdruck gekürzt und sprachlich leicht bearbeitet.

Anhang

Die Projektgruppe „Tanzen" vor ihrem Ausstellungsbus

AutorInnenverzeichnis

Franz-Xaver Baur, Jg. 1968; studiert Empirische Kulturwissenschaft und Pädagogik; während des Studiums folgende Interessengebiete: Jugendkultur, Männerforschung, der Zusammenhang zwischen Religion, Gesellschaft und Individuum sowie Medienanalyse. Das Tanzen wissenschaftlich zu erforschen, war für ihn Neuland. Selbst tanzen zu gehen, jedoch nicht: Mit 14 in einer Tanzschule, wie es sich gehört, die Grundlagen des Standardtanzes, dabei ist es dann aber auch geblieben. Richtig Spaß macht ihm Tanzen in der Disco. Egal, ob zu Alternativ Rock, Discomusik oder seit neuestem eben auch zu Techno. Aber es kann auch sein, daß er mal zu Hause das Tanzbein schwingt. Warum? Weil's "Spaß" macht...

Ute Bechdolf, Dr. rer. soc., Jg. 1960; hat in Stuttgart die Fachhochschule für Bibliothekswesen absolviert und danach Empirische Kulturwissenschaft und Amerikanistik in Tübingen und Iowa City (USA) studiert. Als Hochschulassistentin am Ludwig-Uhland-Institut lehrt, forscht und veröffentlicht sie seit 1990 zu den Schwerpunkten Populäre Kultur, Medien und Geschlechterforschung. Mit Gesellschaftstänzen macht sie sich jeden Sonntag abend für die Projektarbeiten fit – besonders liebt sie den Walzer mit seiner rauscherzeugenden Eigenschaft. Doch mindestens genauso gern betreibt sie das ungestüme Tanzen in Discos und auf Parties zu Rock, Soul, Disco, House – und mitunter auch zu Stehblues.

Heiko Berner, Jg. 1968; studiert Empirische Kulturwissenschaft und Ostslavische Philologie. Seine einzige einschlägige Tanzerfahrung ist ein Beinbruch, doch eine ist keine.

Annabelle Cecilie von Girsewald, Jg. 1972; B.A. in Women's Studies und Art History, University of Wisconsin in Milwaukee (USA). Seit 1996 studiert sie Empirische Kulturwissenschaft und Amerikanistik in Tübingen mit den Schwerpunkten Geschlecht, Generation und Ethnizität. Ihre Tanzerfahrung beinhaltet Ballet, Modern Jazz und die obligatorische Tanzschule. Während der Pubertät entdeckte sie Meccanik Dancing in Discotheken, heute tanzt sie zu House Music in Clubs.

Ulrich Hägele, Dr. rer. soc., Jg. 1958, Gastautor. Studierte Empirische Kulturwissenschaft und Kunstgeschichte in Tübingen. Museumsarbeit, Lehrbeauftragter und freie publizistische Tätigkeit. Forschungen und Veröffentlichungen über Fotografie, Jugendkultur und NS-Heimatgeschichte. Lebt in Tübingen. Er hat keinen Tanzkurs besucht, besitzt jedoch reichhaltige Rocktanz- und Stehblues-Erfahrungen.

Achim Haibt, Jg. 1971; studiert Empirische Kulturwissenschaft und Soziologie im puppenstubenidyllischen Tübingen. Mitarbeiter eines Tübinger Tanzstudios und freie Medienarbeit. Seine praktischen Tanzerfahrungen aufzuzählen, würde diesen Rahmen sprengen; bis auf Kreistanzrituale ist ihm, in dessen Leben Tanzen eine elementare Rolle spielt, keines der in diesem Band bearbeiteten Tanzgebiete fremd. Zur Zeit beschränkt sich seine tänzerische Aktivität auf Flamenco und Freistil-Tanzen bei Festen.

Sabine Kiefer, M.A., Jg. 1962, Gastautorin. Studierte Ethnologie, Portugiesisch und Volkswirtschaft an der Universität zu Köln und promoviert dort über Volkstanz in Blumenau. Lebt in Köln. Sie geht gern in die

Disco zu Rock, Pop und anderem, betreibt jedoch weder exotischen noch Volkstanz.

Ivonne Launhardt, Jg.1971; studiert Empirische Kulturwissenschaft und Soziologie, bislang in Frankfurt/M., Tübingen und Puebla (Mexiko). Vor ihrem Studium kurze Karriere als Vorpraktikantin in einem Frankfurter Kindergarten und als Eisverkäuferin in London. Seit ihrem Mexiko-Aufenthalt tanzt sie bei jeder sich bietenden Gelegenheit Salsa und ist auch sonst absolut kein weiblicher Tanzmuffel. Sie versuchte sich schon im Afrikanischen Tanzen, im Bauchtanz und nahm für das Projekt an einem Samba- und an einem Tango Argentino-Kurs teil.

Michael Marek, Jg. 1969; studiert Allgemeine Rhetorik und Empirische Kulturwissenschaft. Nach allen möglichen Jobs arbeitete er seit 1993 als wissenschaftliche Hilfskraft in verschiedenen Instituten. Nebenbei noch Tätigkeit im Computerhandel, seit März 1998 in der Kunsthalle Tübingen beschäftigt. Tanzerfahrung: Klammer- oder Stehblues im vorpubertären Alter; Tanzkurs während der Pubertät – danach Verleugnung jedweder Tanzlust bis zur Bekehrung während der drei gemeinsamen Projekt-Wochenenden.

E. Hollister Mathis, Jg. 1966, Gastautorin. B.A. in Soziologie und Politik, Antioch University in Yellow Springs, Ohio (USA), derzeit Studium der Empirischen Kulturwissenschaft und Soziologie in Tübingen. Sie studierte Tanz an der Youth Performing Arts School in Louisville, Kentucky (USA) und bei James Truitte in Cincinnati, Ohio (USA). Tanzte bei der Afterimages Repetory Dance Company und der Louisville Ballet Company in Louisville. Unterrichtet Ballett und Modern Dance in der Region, ist Mitbegründerin und Tänzerin der TanzProduktion Tübingen (TaPro Tü).

Kristin Pauli, Jg. 1971; volontierte nach der Schule beim "Mühlacker Tagblatt" und studiert seit 1993 Politikwissenschaft und Empirische Kulturwissenschaft. Besonderes Interesse an den Schwerpunkten Medien- und Jugendkulturforschung. Die eigene Tanzgeschichte reicht von Ballett über Standard bis Rock'n'Roll, endet aus Zeitgründen allerdings mit Beginn des Studiums. Seither nur noch sporadische Disco-Gängerin.

Gergana Panova, Jg. 1969, Gastautorin. Sie hat das Choreographische Gymnasium in Sofia (Bulgarien) besucht und an der Hochschule in Plovdiv Choreographie, Regie und Tanzpädagogik studiert. Auslandsstipendien führten sie ans Mozarteum in Salzburg und an die Folkwang-Hochschule für Musik und Darstellende Kunst in Essen. Sie war Solotänzerin beim Staatlichen Ensemble für Volkslieder und Tänze "Philip Koutev", hat als Choreographin gearbeitet und war als wissenschaftliche Mitarbeiterin an der Bulgarischen Akademie der Wissenschaften tätig. Die international gefragte Tanzpädagogin hat umfassende Tanzerfahrung in zahlreichen Tanzarten.

Harald Aeneas Rechberger, Jg. 1963; Ausbildung zum Krankenpfleger, studiert in Tübingen Philosophie, Zeitgeschichte und Empirische Kulturwissenschaft. Als Tanzmuffel besitzt er kaum eigene Tanzerfahrung.

Gaby Reichel, Jg. 1962; Steuerfachgehilfin, studiert Empirische Kulturwissenschaft, Psychologie und Biologie seit 1995 mit Schwerpunkt Geschlechterforschung, Körper und Bewegung sowie Motivationsforschung. Sie bevorzugt Gesellschaftstanz und Boogie.

Anja Rützel, Jg. 1973; studiert Empirische Kulturwissenschaft und Allgemeine Rhetorik. Freie journalistische Tätigkeit. Feierte in früher Jugend schöne Erfolge in der Volkstanz- und Trachtengruppe Burgsinn. Erlebte ihr Tanz-Waterloo unter Mitwirkung ihres Vaters beim Wiener Walzer auf einem Abschlußball und läßt es seither bleiben.

Mo Sauer, Jg. 1972; Ausbildung zur Schwesternhelferin und Landwirtin (abgebrochen), studiert Empirische Kulturwissenschaft, Anglistik und Philosophie. Interessensschwerpunkte sind populäre Kultur und Theater, sie arbeitet als Schauspielerin und Regisseurin. Tanzt seit dem dritten Lebensjahr alles, was ihr zwischen die Füße kommt, ernsthafter vor allem Ballett, Rhythmische Sportgymnastik sowie Turniertanz in Standard und Latein, zur Zeit jedoch nur im Forschungsfeld Tanzcafé.

Monique Scheer, Jg. 1967; studierte Geschichte, Germanistik und Amerikanistik an der Stanford University (B.A. 1989) und in Heidelberg, bevor sie sich 1994 dem Studium der Empirischen Kulturwissenschaft und Religionswissenschaft zuwandte. Sie arbeitete als Journalistin und Englisch-Lehrerin, später als Redakteurin beim Georg Thieme Verlag. Vor dem Projekt seltenes Exemplar eines weiblichen Tanzmuffels, doch in letzter Zeit ist sie etwas öfter auf der Disco-Tanzfläche zu entdecken.

Sandra Schönbrunner, Jg. 1969; Fotografin, die Empirische Kulturwissenschaft, Ethnologie und Koreanistik studiert. Seit ihrer Forschung über rituelles Kreistanzen dreht sich alles bei ihr. Abgesehen von kreisenden Freudentänzen, wenn sie ein Fußballtor für den TV Derendingen schießt, tanzt sie der Projektgruppe Schuhplattler vor.

Martina Schuster, Jg. 1968; studiert Politikwissenschaft mit Regionalschwerpunkt Lateinamerika und Empirische Kulturwissenschaft. Nach der Ausbildung zur Krankenschwester Studium in Freiburg, Guadalajara (Mexiko) und Tübingen. Hat vor Beginn der Projektarbeit mehrere Kurse im Standardtanz besucht und war vor allem bei ihren Lateinamerika-Aufenthalten begeisterte Salsa- und Merenguetänzerin. Kubanische Freunde versuchten vergeblich, ihr Cumbia und Danzón beizubringen. Für die Forschung sammelte sie nun Tanzerfahrung im Samba und im Tango Argentino. Mit ihrer Schwester tanzt sie auch mal einen schottischen Kailie, und bei Festen und Discobesuchen kommt sie nicht erst bei „Highway to Hell" von AC/DC in die Gänge.

Christine Skwara, Jg. 1973; studiert Empirische Kulturwissenschaft, Erziehungswissenschaft und Neuere Deutsche Literatur. Nach überstandenem Tanzkurs zog es sie doch eher auf die Tanzflächen verschiedener Diskotheken. Auch in einer Jazztanz-Formation tanzte sie eine Zeitlang aus der Reihe. Durch das Projekt steht sie im Moment eher neben als auf der Tanzfläche, doch ab und zu läßt sie auf Parties ihrer Tanzlust freien Lauf.

Ellen Staudenmaier, Jg. 1973; Studium der Politikwissenschaft und Empirischen Kulturwissenschaft in Tübingen und Paris. Ihre Tanzerfahrungen halten sich in Grenzen: Mit 15 Tanzkurs in Gesellschaftstänzen mit weiterführendem F-Kurs, später dann Auffrischungskurse. Durch die intensive theoretische Auseinandersetzung mit dem Thema verging ihr leider etwas die Lust am Tanzen...

Almut Sülzle, Jg. 1967; Buchhändlerin. Studium in Berlin und Tübingen: Erwachsenenpädagogik und Empirische Kulturwissenschaft mit Interessensschwerpunkt Geschlechterforschung und Arbeitsschwerpunkt Internet. Die Girliekultur-Expertin steht lieber hinter dem Mischpult als auf der Tanzfläche.

Tanja Wedel, Jg. 1970; Fächerkombination: Empirische Kulturwissenschaft und Ethnologie. Studium in München, Leiden (NL), Hamburg und Tübingen. Hat während des Projektes staunend festgestellt, daß sie in ihrem Leben doch einiges an Tanzerfahrung gesammelt hat: Kinderballett und Volkstanz in der Schule, der obligatorische Tanzkurs mit 14, sogar mit anschließendem F-Kurs, später Tango Argentino, Afrikanischer Tanz, Salsa/Merengue und ein kläglicher Versuch, indonesische Tänze zu lernen – und das, obwohl sie ja in der Disco eigentlich erst bei „Highway to Hell" von AC/DC in die Gänge kommt.

Steffen Walz, Jg. 1973; studiert seit 1993 in Tübingen, München, Berlin (und ab August 1998 in Austin, Texas) Empirische Kulturwissenschaft, Rhetorik und Politologie mit den Schwerpunkten Diskursanalyse und

Populäre Musik. Getanzt wird im Walzschen Haushalt ständig, meist zu anspruchsvoller Country-Musik und den postmodernen Auswüchsen elektronischer Klangerzeugungsgeräte. Die ersten Erfahrungen hierzu sammelte er bei amerikanischen Freunden seiner Eltern, die ihn bereits mit sechs Jahren in die Geheimnisse des Square-Dance einweihten.

Daniel Wittinger, Jg. 1972; studiert Politikwissenschaft und Empirische Kulturwissenschaft mit dem Schwerpunkt Jugendkultur. Im Forschungsgebiet Techno und House fühlt er sich derzeit zuhause.

Jan Michael Zinnäcker; Jg. 1969; studiert Empirische Kulturwissenschaft und Allgemeine Rhetorik. Freie Medienarbeit. Tanzerfahrungen beschränken sich auf zwei Tanzkurse im Alter von 13 und 14 Jahren und auf Techno-Abende an allen möglichen Orten – vom Jugendhaus bis zum Technoclub.

Jorgos Zagouras, Jg. 1974, Gastautor. Studiert seit 1993 Jura in Marburg. Studentische Hilfskraft im Bereich Medienrecht, gleichzeitig DJ und Moderator (alias Abullah Superstar) bei Radio Unerhört Marburg, schwergewichtig in HipHop, Breakbeats/Jungle und TripHop.

Literaturverzeichnis*

Abraham, Anke: Frauen, Körper, Krankheit, Kunst. Zum Prozeß der Spaltung von Erfahrung und dem Problem der Subjektwerdung von Frauen. Dargestellt am Beispiel des zeitgenössischen künstlerischen Tanzes. 2 Bd. Oldenburg 1992.

Alkemeyer, Thomas: Gesellschaft, Körper, Tanz. Zur Kritik des Glaubens an den universalen Körper – Folgerungen für den Gebrauch das sozialen Körpers als Medium einer „zweiten Aufklärung" in Kunst und Erziehung. In: Jahrbuch Tanzforschung, Bd. 6, 1995, S. 9-26.

Artmaier, Herrmann u.a. (Hg.): Techno zwischen Lokalkolorit und Universalstruktur. Dokumentation zum Workshop im Haus der Jugendarbeit vom 24.-25. Januar 1997. München 1997.

Anz, Philipp/Walder, Patrick (Hg.): Techno. Zürich 1995.

Baxmann, Inge: „Die Gesinnung ins Schwingen bringen". Tanz als Metasprache und Gesellschaftsutopie in der Kultur der zwanziger Jahre. In: Hans Ulrich Gumbrecht/ K. Ludwig Pfeiffer (Hg.): Materialität der Kommunikation. Frankfurt/M. 1988, S. 360-373.

Behrens, Roger: Pop, Kultur, Industrie. Zur Philosophie der populären Musik. Würzburg 1996.

Berk, Bernard: Face-Saving at the Singles' Dance. In: Social Problems, 24. Jg. 1997, H. 5, S. 530-544.

Bochsler, Regula/Storrer, Markus: Techno wirkt. In: Philipp Anz/Patrick Walder (Hg.): Techno. Zürich 1995, S. 150-155.

Boehn, Max von: Der Tanz. Berlin 1925.

Böhle, Reinhard (Hg.): Aspekte und Formen interkultureller Musikerziehung. Frankfurt/M. 1996.

Böpple, Friedhelm/Knüfer, Ralf: Generation XTC. Techno und Ekstase. Berlin 1996.

Borja, Jordi: Tango Argentino. Eine Melodie der Vorstädte. In: Lettre International, Nr. 8, 1990, S. 82-85.

Bradby, Barbara: Sampling Sexuality. Gender, Technology and the Body in Dance Music. In: Popular Music, 12. Jg. 1993, H. 2, S. 155-177.

Braun, Rudolf/Gugerli, David: Macht des Tanzes – Tanz der Mächtigen. Hoffeste und Herrschaftszeremoniell 1550-1914. München 1993.

Breuer, Henning: Techno, Tekkno, Textasy. Berlin 1994.

Bröcker, Marianne: Tanzforschung zwischen Tradition und Disco. In: Günther Noll (Hg.): Musikalische Volkskunde – heute. Symposion anläßlich des 25jährigen Bestehens des Instituts für Musikalische Volkskunde am 1. und 2. Dez. 1989 in Köln. Köln, 1992, S. 203-217.

Buonaventura, Wendy: Bauchtanz. Die Schlange und die Sphinx. München 1984.

Buonaventura, Wendy: Die Schlange vom Nil. Frauen und Tanz im Orient. Hamburg 1990.

Clemens, Michael: Popularität und Kontinuität. Anmerkungen zur Rolle des Körpers in der Rockkultur. In: Bernd Hoffmann/Winfried Pape/Helmut Rösing (Hg.): Rock/ Pop/Jazz im musikwissenschaftlichen Diskurs. Ausgewählte Beiträge zur Popularmusikforschung. Hamburg 1992, S. 135-147.

Collier, Simon u.a.: Tango. The Dance, the Song, the Story. New York 1995.

Copeland, Roger/Cohen, Marshall (Hg.): What is Dance? Readings in Theory and Criticism. Oxford 1983.

Cottle, Thomas: Social Class and Social Dancing. In: Sociological Quarterly, 7. Jg. 1966, H. 2, S.179-196.

Daly, Steven/Wice, Nathaniel: alt.culture. an a-z guide to 90s america. London 1995.

Dieckelmann, Heinrich: Kleines Volkstanzlexikon. Hamburg 1927/1958.

Du. Die Zeitschrift der Kultur. Themenheft: Tango. Eine Art Sehnsucht, 57. Jg. 1997, H. 11.

Dyer, Richard: In Defense of Disco. In: Simon Frith/ Andrew Goodwin (Hg.): On Record. Rock, Pop, and the Written Word. London 1990, S. 410-418.

Eichberg, Henning: Leistung, Spannung, Geschwindigkeit. Sport und Tanz im gesellschaftlichen Wandel des 18./ 19. Jahrhunderts. Stuttgart 1978.

---

* Dieses Literaturverzeichnis stellt eine Auswahlbibliographie dar, die sich auf das Thema Tanzen konzentriert. Da in den Endnoten jedes Einzelbeitrags die kompletten Angaben der jeweils benutzten Literatur genannt sind, wurde hier z.T. auf eine Wiederholung verzichtet.

Eichberg, Henning: Immer wieder aus der Rolle tanzen. In: Sportpädagogik, 9. Jg. 1985, H. 4, S. 16-19.

Eichstedt, Astrid/Polster, Bernd: Wie die Wilden. Tänze auf der Höhe ihrer Zeit. Berlin 1985.

Elsner, Monika/Müller, Thomas: Das Ich und sein Körper. Europa im Tango-Fieber. In: Manfred Pfister (Hg.): Die Modernisierung des Ich. Studien zur Subjektkonstitution in der Vor- und Frühmoderne. Passau 1989, S. 312-323.

Etgeton, Stefan: Der Tanz der sieben tekknologischen Schleier und das 'postmoderne' Raumschiff. In: Ästhetik und Kommunikation, 23. Jg. 1994, H. 87, S. 77-81.

Faulstich, Werner: Das Medium Tanz und seine Funktionen. In: Ders.: Die Geschichte der Medien, Bd. 1. Göttingen 1997, S. 83-108.

Featherstone, Mike: The Body in Consumer Culture. In: Mike Featherstone/Mike Hepworth/Bryan S. Turner (Hg.): The Body. Social Process and Cultural Theory. London 1991, S. 170-196.

Feldmann-Bürgers, Johannes: Tango und Jazz. Kulturelle Wechselbeziehungen? Münster 1996.

Field, David: Der Körper als Träger des Selbst. Bemerkungen zur sozialen Bedeutung des Körpers. In: Kurt Hammrich/Michael Klein (Hg.): Materialien zur Soziologie des Alltags. Sonderheft 20 der Kölner Zeitschrift für Soziologie und Sozialpsychologie. Köln 1978, S. 244-264.

Fischer, Cornelia: Tanz. In: Arthur Fischer/Werner Fuchs/Jürgen Zinnecker (Hg.): Jugendliche und Erwachsene '85. Generationen im Vergleich, Bd. 2. Freizeit und Jugendkultur. Opladen 1985, S. 60-106.

Francia, Luisa: Mond-Tanz-Magie. München 1986.

Frith, Simon: Jugendkultur und Rockmusik. Soziologie der englischen Musikszene. Reinbek 1981.

Frith, Simon: Music and Identity. Stuart Hall/Paul Du Gay (Hg.): Questions of Cultural Identity. London 1996, S. 108-127.

Fritsch, Ursula: Chancenungleichheit in körperlichen Präsenzen. Nachdenken über den Tanz im Sportzeitalter. In: Michael Klein (Hg.): Sport und Körper. Reinbek 1984, S. 65-75.

Fritsch, Ursula: Etwas sagen, was man nicht sagen kann. Ästhetische Erfahrungen im Tanz. In: Ursula Fritsch (Hg.): Tanzen. Ausdruck und Gestaltung. Reinbek 1985, S. 11-24.

Fritsch, Ursula: Tanz, Bewegungskultur, Gesellschaft. Verlust und Chancen symbolisch-expressiven Bewegens. Frankfurt/M. 1988.

Geng, Anastasia: Bach-Blüten-Tänze. Hamburg 1996.

Ghazal, Eluan: Bauchtanz. Wellen des Körperglücks. Genf 1995.

Gimbutas, Marija: The Language of the Goddess. San Francisco 1989.

Goldschmidt, Aenne: Handbuch des deutschen Volkstanzes. Wilhelmshaven 1981.

Griffiths, Vivienne: Stepping Out. The Importance of Dancing for Young Women. In: Erica Wimbush/Margaret Talbot (Hg.): Women and Leisure. Milton Keynes 1988, S. 113-125.

Griffiths, Vivienne: Getting in Step. Young Girls and Two Dance Cultures. In: Women's Studies International Forum, 19. Jg. 1996, H. 5, S. 481-491.

Günther, Helmut/Schäfer, Helmut: Vom Schamanentanz zur Rumba. Die Geschichte des Gesellschaftstanzes. Stuttgart 1959.

Günther, Helmut: Tanzunterricht in Deutschland. Eine kultursoziologische Studie. Informationen über Tanz. 2. Aufl. Berlin 1970.

Günther, Helmut: Die Tänze und Riten der Afroamerikaner. Vom Kongo bis Samba und Soul. Bonn 1982.

Hanna, Judith Lynne: To Dance is Human. Chicago 1987.

Hanna, Judith Lynne: Dance, Sex and Gender. Signs of Identity, Dominance, Defiance, and Desire. Chicago 1988.

Hanna, Judith Lynne: Moving Messages. Identity and Desire in Popular Music and Social Dance. In: James Lull (Hg.): Popular Music and Communication. London 1992, S. 176-195.

Hegers, Ulrike: Bauchtanz. Stärkung von Körper und Geist. Düsseldorf 1986.

Henley, Nancy: Der Lebenstanz. Posen, Gesten und Körperbewegung. In: Dies.: Körperstrategien. Geschlecht, Macht und nonverbale Kommunikation. Frankfurt/M. 1988, S. 183-219.

Hess, Remi: Der Walzer. Geschichte eines Skandals. Hamburg 1996.

Heyer, Friedrich (Hg.): Der Tanz in der modernen Gesellschaft. Theologen, Tanzlehrer, Pädagogen, Musikwissenschaftler, Ärzte und Soziologen deuten das Phänomen des Tanzens. Hamburg 1958.

Hoerburger, Felix: Wechselbeziehungen im Volkstanz der slawischen und germanischen Völker. In: Treci Kongres Folklorista Jogoslavije 1956. Cetinje 1958.

Horak, Karl: Volkstanz zwischen Tradition und Folklorismus. In: Walter Brandsch (Hg.): Zur Praxis und Theorie gegenwärtiger Volksmusikpflege. Protokoll der Arbeitstagung der Kommission für Lied-, Musik- und Tanzforschung in der Deutschen Gesellschaft für Volkskunde, 26.-30.9.1976 in Murnau. Neuss 1977, S. 94-109.

Horak, Karl: Tanz als Wesensteil des Brauchtums. In: Renate Brockpähler (Hg.): Lied, Tanz und Musik im Brauchtum. Münster 1985, S. 85-102.

Hubert, Andrea: Das Phänomen Tanz. Gesellschaftstheoretische Bestimmung des Wesens vom Tanz. Ahrensburg 1993.

Hughes, Walter: In the Empire of the Beat. Discipline and Disco. In: Andrew Ross/Tricia Rose (Hg.): Microphone Fiends. Youth Music & Youth Culture. London 1994, S. 147-157.

Jakubs, Deborah L.: From Bawdyhouse to Cabaret. The Evolution of the Tango as an Expression of Argentine Popular Culture. In: Journal of Popular Culture, 18. Jg. 1984, H. 1, S. 133-145.

Janke, Eberhard: Tango. Die Berührung. Gießen 1984.

Jeggle, Utz: Im Schatten des Körpers. Vorüberlegungen zu einer Volkskunde der Körperlichkeit. In: Zeitschrift für Volkskunde, 76. Jg. 1980, H. 2, S. 169-188.

Jonas, Gerald: Dancing. Wir tanzen, weil wir leben. Köln 1993.

Kacarova, Raina: Dances of Bulgaria. London 1951.

Karina, Lilian/Kant, Marion: Tanz unterm Hakenkreuz. Eine Dokumentation. Berlin 1996.

Karkutli, Dietlinde Bedauia: Bauchtanz. Rhythmus, Erotik, Lebensfreude. München 1989.

Karkutli, Dietlinde: Das Bauchtanz Buch. Reinbek 1983.

Karoß, Sabine: Tanz für Kinder im Vorschulalter. Eine Studie zur Tanzerziehung an privaten Schulen in Köln. In: Jahrbuch Tanzforschung, Bd. 4, 1993, S. 129-164.

Karrer, Wolfgang/Kerkhoff, Ingrid (Hg.): Rap. Hamburg 1996.

Keim, Gerhard: „Wer tanzen kann, ist sexuell und gesellschaftlich reif." Tanzschritte ins Erwachsensein. In: Projektgruppe „Partykultur der 50er Jahre", Ludwig-Uhland-Institut für Empirische Kulturwissenschaft der Universität Tübingen (Hg.): Partykultur? Fragen an die Fünfziger. Tübingen 1991, S. 158-165.

Kemp, Sandra: „Let's Watch a Little how He Dances". Performing Cultural Studies. In: Terry Lovell (Hg.): Feminist Cultural Studies, Bd. 2. Aldershot 1995, S. 327-341.

Klein, Gabriele: FrauenKörperTanz. Eine Zivilisationsgeschichte des Tanzes. Weinheim 1992/München 1994.

Klein, Gabriele: Tanz als Space-Shuttle. Techno – die Popkultur der 90er Jahre. In: Ballett International/Tanz Aktuell, 1996, H. 8/9, S. 54-59.

Klein, Gabriele: Body Talk. Zum Tanz der Raver. In: Hermann Artmaier u.a. (Hg.): Techno zwischen Lokalkolorit und Universalstruktur. Dokumentation zum Workshop im Haus der Jugendarbeit vom 24.-25. Januar 1997. München 1997, S. 67-70.

Koch, Marion: Salomes Schleier. Eine andere Kulturgeschichte des Tanzes. Hamburg 1995.

Koch, Marion/Buschmann, Frank: Wer tanzt hier eigentlich noch? Historischer Wandel und jugendliche „Unordnung". In: Dieter Baacke (Hg.): Handbuch Jugend und Musik. Opladen 1998, S. 93-113.

Kopp, Kathrin: Tanzvorschriften in Anstandsbüchern. In: Hessische Blätter für Volks- und Kulturforschung, Nr. 30, 1993, S. 81-93.

Krafeld, Franz Josef: Wir tanzen nicht nach eurer Pfeife. Zur Sozialgeschichte von Volkstanz und Volkstanzpflege in Deutschland. Lilienthal 1985.

Kramer, Klaus: Volkstanz auf der Bühne? Gedankensplitter zu einem Reizthema. In: Tanzen, 1996, H. 4, S. 13.

Kuhn, Albert: Communist Parties – Das Manifest. In: Philipp Anz/Patrick Walder (Hg.): Techno. Zürich 1995, S. 214-215.

Lange, Roderyk: The Nature of Dance. London 1975.

Liechtenhan, Rudolf: Vom Tanz zum Ballett. Eine illustrierte Geschichte des Tanzens von den Anfängen bis zur Gegenwart. Zürich 1983.

Liechtenhan, Rudolf: Vom Tanz zum Ballett. Geschichte und Grundbegriffe des Bühnentanzes. Stuttgart 1993.

Linke, Norbert: Musik von Johann Strauß/Vater und Johann Strauß. Walzertanzen als Droge? In: Helmut Rösing (Hg.): Musik als Droge? Mainz 1990, S. 31-37.

Lippe, Rudolf zur: Naturbeherrschung am Menschen. Bd. 1. Körpererfahrung als Entfaltung von Sinnen und Beziehungen in der Ära des italienischen Kaufmannskapitals. Frankfurt/M. 1974.

Lippe, Rudolf zur: Es ist der Leib, der die Musik macht. In: Werner Pütz (Hg.): Musik und Körper. Essen 1990, S. 43-55.

Lorenz, María Haydée Malugan de: Europäischer Tango versus Tango Argentino oder: Ein Mißverständnis, das man tanzt. In: Zeitschrift für Kulturaustausch, 41. Jg. 1991, H. 2, S. 239-249.

Lorius, Cassandra: Desire and the Gaze. Spectacular Bodies in Cairene Elite Weddings. Women's Studies International Forum, 19. Jg. 1996, H. 5, S. 513-523.

Maaz, Markus: Sich einfach nur drehen und an nichts denken. Techno als Flowerfahrung. Konstanze Kriese (Hg.): Zwischen Rausch und Ritual. Zum Phänomen des Starkults. Berlin 1994, S. 30-53.

Marquart, Volker: Klang und Körper. Von der Selbstfindung in der Musik. In: Kursbuch, H. 121, 1995, S. 79-94.

Mayer, Günther (Hg.): Aufsätze zur populären Musik. Sonderpublikation des Forschungszentrums Populäre Musik der Humboldt-Universität zu Berlin aus Anlaß des VI. Kongresses der International Association for the Study of Popular Music. Berlin 1991.

McRobbie, Angela: Dance and Social Fantasy. Angela McRobbie/Mica Nava (Hg.): Gender and Generation. London 1984, S. 130-161.

McRobbie, Angela: Dance Narratives and Fantasies of Achievement. In: Dies: Feminism and Youth Culture. From „Jackie" to „Just Seventeen". London 1991, S. 189-219.

McRobbie, Angela: Shut Up and Dance. Youth Culture and Changing Modes of Femininity. In: Young. Nordic Journal of Youth Research, 1. Jg. 1993, H. 2, S. 13-31.

Meerloo, Joost A. M.: Rhythmus und Ekstase. Vom primitiven Tanz zum Rock'n'Roll und modernen Ballett. Wien 1959.

Meueler, Christof: Auf Montage im Techno-Land. In: SPoKK (Hg.): Kursbuch Jugendkultur. Stile, Szenen und Identitäten vor der Jahrtausendwende. Mannheim 1997, S. 243-250.

Meueler, Christof: Pop und Bricolage. Einmal Underground und zurück: Kleine Bewegungslehre der Popmusik. In: SPoKK (Hg.): Kursbuch Jugendkultur. Stile, Szenen und Identitäten vor der Jahrtausendwende. Mannheim 1997, S. 32-39.

Mitterlehner, Ferdinand: Let's Fly Together. Zur Untersuchung veränderter Bewußtseinzustände während einer Technoparty. In: Helmut Rösing (Hg.): Mainstream, Underground, Avantgarde. Rockmusik und Publikumsverhalten. Beiträge zur Popularmusikforschung, Nr. 18. Karben 1996, S. 23-35.

Möckel, Margarete/Volkmann, Helga (Hg.): Spiel, Tanz und Märchen. Regensburg 1995.

Müller, Hedwig/Stöckemann, Patricia: „... jeder Mensch ist ein Tänzer." Ausdruckstanz in Deutschland zwischen 1900 und 1945. Gießen 1993.

Neff, Kurt: Vom Tanz. Frankfurt/M. 1993.

Neißer, Horst F./Mezger, Werner/Verdin, Gunter: Jugend in Trance? Discotheken in Deutschland. Heidelberg 1979.

Noll, Günther: Tanz und Tanzmusik in Überlieferung und Gegenwart. In: Marianne Bröcker (Hg.): Tanz und Tanzmusik in Überlieferung und Gegenwart. Bamberg 1992, S. 19-34.

Novack, Cynthia J.: Ballett, Gender, and Cultural Power. In: Helen Thomas (Hg.): Dance, Gender, and Culture. London 1993, S. 34-49.

O'Connor, Barbara: Safe Sets. Women, Dance and 'Communitas'. In: Helen Thomas (Hg.): Dance in the City. London 1997, S. 149-172.

Oetke, Herbert: Der deutsche Volkstanz. 2 Bd. Berlin 1982.

Onori, Piero: Sprechende Körper. Capoeira - Ein afrobrasilianischer Kampftanz. St. Gallen 1988.

Otterbach, Friedemann: Die Geschichte der europäischen Tanzmusik. Wilhelmshaven 1983.

Otterbach, Friedemann: Einführung in die Geschichte des europäischen Tanzes. Ein Überblick. Wilhelmshaven 1992.

Perrottet, Claude: Ausdruck in Bewegung und Tanz. Ein Handbuch der Bewegungs- und Tanzerziehung auf den Grundlagen der Konzepte Rudolf von Labans. Stuttgart 1988.

Peters, Kurt: Auf der Suche nach dem verlorenen Volkstanz. In: Jochen Schmidt/Hans-Dieter Dyroff (Hg.): Tanzkultur in der Bundesrepublik Deutschland. Bonn 1990, S. 54-65.

Peters, Sally: From Eroticism to Transcendence. Ballroom Dance and the Female Body. In: Terry Lovell (Hg.): Feminist Cultural Studies, Bd. 2. Aldershot 1995, S. 314-326.

Poschardt, Ulf: DJ Culture. Discjockeys und Popkultur. Reinbek 1997.

Rathner, Herbert: Volkstanzforschung in Österreich. In: Jahrbuch des österreichischen Volksliedwerkes, Bd. 39/40, 1990/91, S. 46-64.

Reichardt, Dieter: Tango. Verweigerung und Trauer. Kontexte und Texte. Frankfurt/M. 1984.

Richard, Birgit/Krüger, Heinz-Hermann: Vom „Zitterkäfer" (Rock'n Roll) zum „Hamster im Laufrädchen" (Techno). Streifzüge durch die Topographie jugendkultureller Stile am Beispiel von Tanzstilen zwischen 1945 und 1994. In: Wilfried Ferchhoff/Uwe Sander/Ralf Vollbrecht (Hg.): Jugendkulturen – Faszination und Ambivalenz. Einblicke in jugendliche Lebenswelten. Festschrift für Dieter Baacke zum 60. Geburtstag. Weinheim 1995, S. 93-109.

Ritzel, Fred: „Schöne Welt, Du gingst in Fransen!" Auf der Suche nach dem authentischen deutschen Tango. In: Bernd Hoffmann/Winfried Pape/Helmut Rösing (Hg.): Rock/Pop/Jazz im musikwissenschaftlichen Diskurs. Ausgewählte Beiträge zur Popularmusikforschung. Hamburg 1992, S. 43-60.

Rose, Elisa: Die Aesthetik von Techno. In: Philipp Anz/Patrick Walder (Hg.): Techno. Zürich 1995, S. 162-169.

Rose, Lotte: Das sportliche Weiblichkeitsideal – Vorbild oder Falle? In: Hessische Blätter für Volks- und Kulturforschung, Nr. 31, 1996, S. 155-167.

Royce, Anya Peterson: The Anthropology of Dance. Bloomington 1977.

Rumpf, Wolfgang: Stairway to Heaven. Kleine Geschichte der Popmusik von Rock'n'Roll bis Techno. München 1996.

Sachs, Curt: Eine Weltgeschichte des Tanzes. Berlin 1933/Hildesheim 1976.

Said-Locke, Rosa: Von innen nach außen. Orientalischer Tanz und Körpererfahrung. Witzenhausen 1989.

Savigliano, Marta E.: Tango and the Political Economy of Passion. Boulder 1995.

Schär, Christian: Der Schlager und seine Tänze im Deutschland der zwanziger Jahre. Zürich 1991.

Schepping, Wilhelm: Lied- und Musikforschung. In: Rolf W. Brednich (Hg.): Grundriß der Volkskunde. Einführung in die Forschungsfelder der Europäischen Ethnologie. Berlin 1994, S. 467-492.

Schmidt, Marianne: „Irgendwie lebe ich eben mit dem Tanzen". Zur Bedeutung des Volkstanzes für die Tanzenden. Magisterarbeit am Ludwig-Uhland-Institut für Empirische Kulturwissenschaft, Universität Tübingen 1992. Unveröffentlichtes Manuskript.

Schneider, Otto: Tanzlexikon. Der Gesellschafts-, Volks- und Kunsttanz von den Anfängen bis zur Gegenwart. Mainz 1985.

Schrade, Rolf: Sowjetisches Ballett. Berlin 1977.

Schreiner, Claus (Hg.): Flamenco. Frankfurt/M. 1985.

Schütz Volker: It's Good for Your Body, it Eases Your Soul. Zur Funktion und Bedeutung von Rocktanz. In: Motorik, 11. Jg. 1988, H. 3, S. 101-107.

Schütz, Volker: „Das Glück ist körperlich". Überlegungen zur Genese, Form und Funktion von Rocktanz. In: Helmut Rösing (Hg.): Spektakel/Happening/Performance. Rockmusik als 'Gesamtkunstwerk'. Mainz 1993, S. 41-51.

Schwedes, Sonja: Tango Passion. Geschichte eines Tanzes zwischen Mythos und Realität. In: Blätter des Informationszentrums Dritte Welt, Nr. 218, 1996, S. 38-39.

Seifert, Manfred: Blaskapellen und moderne Tanzmusik. Zum Wandel des Repertoires im Bayerischen Inntal zwischen 1930 und 1940. Passau 1991.

Sellers-Young, Barbara: Raks el sharki. Transculturation of a Folk Form. In: Journal of Popular Culture, 26. Jg. 1992, H. 2, S. 141-152.

Seuling, Margrit: Tanz. Modeerscheinung und Ausdruck verschiedener Zeiten. In: Marina Scheinost (Hg.): Haube – Hausfrau – Halloween. Lebendige Kulturwissenschaft. Festschrift für Elisabeth Roth zum 75. Geburtstag. Hildburghausen 1996, S. 183-191.

Shuker, Roy: „Dance to the Music". Public Performance. In: Ders.: Understanding Popular Music. London 1994, S. 198-224.

Sorell, Walter: Der Tanz als Spiegel der Zeit. Eine Kulturgeschichte des Tanzes. Wilhelmshaven 1985.

SpoKK (Hg.): Kursbuch Jugendkultur. Stile, Szenen und Identitäten vor der Jahrtausendwende. Mannheim 1997.

Steffen, Christine: Das Rave-Phänomen. In: Philipp Anz/Patrick Walder (Hg.): Techno. Zürich 1995, S. 176-181.

Stocker, Karl: Techno. Die List des Objekts. In: Österreichische Zeitschrift für Geschichtswissenschaft, 6. Jg. 1995, H. 4, S. 531-554.

Strobl, Ingrid: Bauchtanz. Zwischen Harem und Wohnzimmer. In: Emma, 1984, Nr. 8, S. 54-61.

Suppan, Wolfgang: Der musizierende Mensch. Eine Anthropologie der Musik. Mainz 1984.

Szymanska, Guido: Techno Inside. Zwischenprüfungsarbeit am Ludwig-Uhland-Institut, Universität Tübingen, 1997. Unveröffentlichtes Manuskript.

Taylor, Julie: Tango. Ethos of Melancholy. In: George E. Marcus: Rereading Cultural Anthropology. Durham 1992, S. 377-389.

Thiessen, Rudi: Mit den Ohren denken, mit dem Körper hören. In: Dietmar Kamper/Christoph Wulf (Hg.): Der andere Körper. Berlin 1984, S. 41-48.

Thomas, Helen: (Hg.): Dance, Gender, and Culture. London 1993.

Thomas, Helen: Dance, Modernity and Culture. Explorations in the Sociology of Dance. London 1995.

Thomas, Helen: Dancing the Difference. In: Women's Studies International Forum, 19. Jg. 1996, H. 6, S. 505-511.

Thomas, Helen (Hg.): Dance in the City. London 1997.

Thornton, Sarah: Club Cultures. Music, Media and Subcultural Capital. Cambridge 1995.

Thornton, Sarah: Moral Panic, The Media and British Rave Culture. In: Andrew Ross/Tricia Rose (Hg.): Microphone Fiends. Youth Music & Youth Culture. London 1994, S. 176-192.

Toop, David: Rap Attack. London 1992.

Torp, Lisbet: Hip Hop Dances. Their Adoption and Function among Boys in Denmark from 1983-84. In: Yearbook for Traditional Music, 1986, S. 29-36.

Treptow, Rainer: Bewegung als Erlebnis und Gestaltung. Zum Wandel jugendlicher Selbstbehauptung und Prinzipien moderner Jugendkulturarbeit. Weinheim 1993.

Voigt, Ziriah: Ritual und Tanz im Jahreskreis. Bonn 1997.

Vollhardt, Anja: Flamenco. Kunst zwischen gestern und morgen. Weingarten 1988.

Waganowa, Agrippina J.: Grundlagen des klassischen Tanzes. Wilhelmshaven 1979.

Weber, Annette: Miniaturstaat Rave-Nation. In: Tom Holert/Mark Terkessidis (Hg.): Mainstream der Minderheiten. Pop in der Kontrollgesellschaft. Berlin 1996, S. 41-54.

Weidig, Jutta: Tanz-Ethnologie. Einführung in die völkerkundliche Sicht des Tanzes. Ahrensburg 1984.

Wittke, Eleonore: Gewagte Schritte, neue Sprünge. Contact Jam und New Dance in der Südstadt. In: Tübinger Blätter, 84. Jg. 1998, S. 50-55.

Witzmann, Reingard: Der Ländler in Wien. Ein Beitrag zur Entwicklungsgeschichte des Wiener Walzers bis in die Zeit des Wiener Kongresses. Wien 1976.

Wolfram, Richard: Reigen- und Kettentanzformen in Europa. Berlin 1986.

Ziegenrücker, Wieland/Wicke, Peter: Sach-Lexikon Popularmusik. Pop, Rock, Jazz, Folk. Mainz 1989.

Bildquellenverzeichnis

S. 39: In & Out. Regie: Franz Oz, Prod.: Paramount Pictures, USA 1997.
S. 46, 49, 54, 55: Claus Langer, Jugendkunstschule Labyrinth.
S. 62, 64: Privatbesitz E. Hollister Mathis.
S. 79: Institut für Auslandsbeziehungen und Württembergischer Kulturverein: Exotische Welten – Europäische Phantasien. Stuttgart 1987, S. 385.
S. 80: Dietlinde B. Karkutli: Bauchtanz. Rhythmus, Erotik, Lebensfreude. München 1989, S. 80.
S. 81: © Tomus Verlag. Juliane Poloczek: Bauchtanzen. Ein fröhliches Wörterbuch für die Fans der orientalischen Tanzkunst... Mit Zeichnungen von Viviane Charrier. München 1996, S. 14.
S. 83: Wendy Buonaventura: Bauchtanz. Die Schlange und die Sphinx. München 1991, S. 60.
S. 84, 85: Privatbesitz Marlies Guckes, Tanzstudio Orientalischer Tanz, Tübingen.
S. 92-97: Privatbesitz Mary Ann Fröhlich.
S. 101: Sandra Schönbrunner.
S. 102, 103: du. Die Zeitschrift der Kultur. Tango. Eine Art Sehnsucht. 57. Jg., Nov. 1997, Heft 11.
S. 105: Sandra Schönbrunner.
S. 106, 109: Ivonne Launhardt.
S. 112: Privatbesitz Gergana Panova.
S. 118: Manfred Stingl, Volkstanzgruppe Frommern.
S. 119: Zeichnung von Christian Schütte: „Folklore und mitmachen." Raben Hof, Hedo Holland, Dorfstr. 45, 19258 Lüttenmark-Mecklenburg.
S. 120: Manfred Stingl, Volkstanzgruppe Frommern.
S. 123-126: Presseamt Blumenau, Brasilien.
S. 129-133, 136: Privatbesitz Gergana Panova.
S. 137: Veranstaltungsprogramm, Bildungszentrum und Archiv zur Frauengeschichte Baden-Württembergs, 1998.
S. 139-142: Ziriah Voigt: Ritual und Tanz im Jahreskreis. Bonn 1997.
S. 156: Sandra Schönbrunner.
S. 163: Achim Thumm, Schwäbisches Tagblatt.
S. 197: Privatbesitz Michael Matz, „Train to Love".
S. 199: Privatbesitz Christina Schlett.
S. 212: Medienconcret Special I/97, Jugendkulturen in den 90er Jahren, S. 17.
S. 218: Sandra Schönbrunner.

Für alle nicht näher bezeichneten Bilder liegen die Rechte bei den AutorInnen bzw. der Projektgruppe.

Wir haben uns bemüht, die Bildrechte vorschriftsgemäß bei den Verantwortlichen einzuholen. Für nicht sachgerechte Kennzeichnung bitten wir um Nachsicht oder gegebenenfalls um Meldung.

Danke

Wir danken den folgenden Personen, Institutionen und Firmen ganz herzlich für die Unterstützung des Projekts „Tanzen":

Verein der Freunde der Universität Tübingen e.V.
Projekt „Schwabenbilder" am Ludwig-Uhland-Institut
ASTA und Räte-VV der Universität Tübingen

Volker Lamm, Vereinigte Lichtspiele K. Lamm GmbH & Co.KG und „Filmforum"
Heinz Martin Schuchmann, Volkshochschule Tübingen und „Filmforum"
Elfriede Arnold, Volkshochschule Tübingen
Yvonne Schaarschmidt, Volkshochschule Stuttgart
Dr. Paula Lutum-Lenger, Haus der Geschichte, Stuttgart
Dr. Susanne Knödel, Museum für Völkerkunde, Hamburg
Bettina Milz, TanzRegion Stuttgart

Dr. Manfred Heinisch, Stadtwerke Tübingen
Hermann Kost und Mitarbeiter, Fahrdienst der Universität Tübingen
Sprayerteam Oliver Finkelde und Florian Ruta, „KEEPING COLORS ALIVE", Agentur für innovative Kunst und Graffitigestaltung
Steffen Rompel, Tübinger Vereinigung für Volkskunde e.V.
Ralph Winkle
Wolfgang Friedrich
Norbert Heinz

Bruce Macfarlane und Jazztanzformation des Tanzstudios „Leila"

Anna Sigrid Böhler und TangotänzerInnen der Tanzschule „Tango Dialogo"
Gottfried Kress, Steptänzer
Michael Zimmermann und Harald Schwarz
Marlies Guckes, Tanzstudio „Orientalischer Tanz", Tübingen
Mary Ann Fröhlich, „Afrikanischer Tanz und Rhythmus", Tübingen
Jutta Haar, „Aloha International"/„Aloha Europe"
Bianca Schwidrowski
Erich und Karin Küster, „Färberei 4", Reutlingen

Theater in der Tonne, Reutlingen
Jochen Schönleber, „Rossini" in Wildbad
Praktiker Baumarkt
GEFAKO Reutlingen
Marktkauf Reutlingen
Handelshof Tübingen
Weinmarkt Mattheis, Tübingen

allen LeihgeberInnen von Fotografien
allen Fahrern unseres Ausstellungsbuses
allen KooperationspartnerInnen vor Ort
allen Befragten und InterviewpartnerInnen
allen Ehe- und LebenspartnerInnen, den Kindern und anderen Angehörigen der Projektmitglieder

einem Sponsor, der nicht namentlich genannt werden möchte
sowie den folgenden Firmen:

TANZ BALLETT GYMNASTIK SHOP *Gindorf*

Haslach, Weinbergstr. 37
71083 Herrenberg
Tel. 07032 21694

Öffnungsz.: Di, Do, Fr, Sa 10 - 12 Uhr
Di, Do, Fr 15 - 18 Uhr

Spaß und heiße Sohlen
Schritt für Schritt !
Alles für: Ballett, Step-, Jazztanz,
Turnier-, Gesellschafts- und Freizeittänze.

Schuhe, Stoffe, Straß, Boa, Pailletten,
Accessoires, Bekleidung, ...

Tanzen ist die Poesie des Fußes

Tango Dialogo
Sprache der Bewegung

Führen und Folgen
Schreiten und Begleiten,
mit dem ganzen Körper zuhören und
sprechen ist der Dialog des Tango

Improvisation zu zweit
für alle mit und ohne feste
Tanzpartner(innen)

07071 - 36 88 63
Schnupperabende
Tanzkurse
Workshops
Freizeiten
Seminare
Abendgestaltung

Tango Argentino
Tango Tanz Theater
„Führen und Folgen"

Anna Sigrid Böhler
Ulrichweg 10
71083 Herrenberg
07032 - 23463

DIE REUTLINGER KULTUR - FABRIK
Ziegelweg 3 · Tel. 07121 / 33 08 10

GRASY VERSICHERUNGEN
Allianz

Im Steingraben 21
71083 Herrenberg

Andreas Grasy
Allianzvertretung

Tel. (0 70 32) 93 86 06
Fax (0 70 32) 93 86 46

Dieter Balsies
Versand und Verlag

Unterrichtsmaterial
für Kindertänze, Volkstänze,
Seniorentänze, Folklore,
Round- und Squaredance,
Meditative Tänze u.v.a.

Bücher

Tonträger, Videos

geschwindigkeits-
regelbare
Musikanlagen

Tanzschuhe
Stepschuhe

Katalogzusendung bei Einsendung eines
mit 3,– DM frankierten Rückumschlags DIN A 5
(Betrag wird bei Erstbestellung verrechnet)

Ahlmannstraße 18 (Hof)　　Telefon 0431 / 56 34 59
24118 Kiel　　　　　　　　Telefax 0431 / 56 83 26

Zeller
TANZSCHUHE

Tanzschuhversand Zeller
Öffnungszeiten: Mo - Do 9.00 - 18.00 Uhr, Fr 9.00 - 15.30 Uhr
Böttgerstraße 4 [Querstraße der Geisfelderstraße], 96050 **Bamberg**
Telefon (09 51) 1 45 55 • Fax (09 51) 1 77 97
Internet http://www.tanzschuhe.de, http://www.danceshoes.com
e-Mail u.zeller@tanzschuhe.de